Christin Stock / Joachim Goldberg

Genial einfach entscheiden

GENIAL EINFACH ENTSCHEIDEN

Besser denken, handeln und investieren im täglichen Entscheidungsdschungel

Christin Stock
Joachim Goldberg

FBV

Bibliografische Information der Deutschen Nationalbibliothek
Die Deutsche Nationalbibliothek verzeichnet diese Publikation in der Deutschen Nationalbibliografie; detaillierte bibliografische Daten sind im Internet über **http://d-nb.de** abrufbar.

Für Fragen und Anregungen:
stock@finanzbuchverlag.de
goldberg@finanzbuchverlag.de

1. Auflage 2013

Nymphenburger Straße 86
D-80636 München
Tel.: 089 651285-0
Fax: 089 652096

Redaktion: Bärbel Knill
Korrektorat: Rainer Weber
Umschlaggestaltung: Judith Wittmann
Satz: Grafikstudio Foerster, Belgern
Druck: CPI Ebner & Spiegel, Ulm
Printed in Germany

ISBN Print 978-3-89879-796-2
ISBN E-Book (PDF) 978-3-86248-430-0

Inhalt

1. Vorwort

Geld allein macht nicht glücklich, sagt der Volksmund. Tatsächlich steckt hinter dieser Banalität viel mehr Wahrheit, als man auf den ersten Blick vermuten möchte. Denn sie gilt nicht nur für diejenigen, die von Berufs wegen mit Geld zu tun haben, wie etwa Börsianer, sondern auch für Nichtbörsianer, für Laien und Profis, ja, für jeden von uns. So geht es den meisten von uns bei dem, was wir entscheiden, nicht nur um den Gewinn – eine gute Entscheidung muss vielmehr auch Spaß machen. Anders ausgedrückt: Die Menschen möchten sich bei dem, was sie tun, wohlfühlen. Und wenn es ums Geld geht, dann spielen Faktoren wie gesteigertes Selbstwertgefühl und hohes Sozialprestige eine mindestens so große Rolle wie Geld. Ganz zu schweigen von einem möglichen Gesichtsverlust und der etwaigen Schadenfreude, wenn die Dinge einmal nicht so laufen, wie man sich das vorgestellt hat, und Verluste drohen. Keiner will als »Loser« dastehen, jeder am Ende als Sieger triumphieren. In diesem Widerstreit zwischen materiellen und ideellen Beweggründen befinden sich die meisten Menschen, die mit Geld zu tun haben. Es soll sogar welche geben, die auf Geld verzichten, nur um sich wohlfühlen zu können.

Es spielen bei unseren Entscheidungen also andere Motive eine gewichtige Rolle, als uns etwa die Profis an den Finanzmärkten, Unternehmenslenker oder Ökonomen immer wieder glauben machen wollen. Denn in der Realität gibt es nicht den rein rationalen und idealtypisch handelnden Kunstmenschen Homo oeconomicus. Menschen verhalten sich beileibe nicht immer so vernünftig, wie man erwarten dürfte. Der kühle Kopf, der rationale Entscheider, der nur nach Maximierung seiner Gewinne strebt, bleibt ein theoretisches Konstrukt – in der Praxis ist er nur selten anzutreffen.

Tatsächlich spielen bei unseren Entscheidungen auch ganz andere Motive eine Rolle. Da ist oft von Fairness die Rede. Vielleicht geht es aber auch nur darum, nach außen gut dazustehen, möglicherweise sind Neid oder Gier sogar wesentliche Antriebe – alles Motive, die ein Homo oeconomicus nicht kennt und die an den Finanzmärkten zumindest laut Lehrbuch nichts verloren haben sollten. Offenbar haben die Wirtschaftswissenschaftler uns in ihren Modellen unterschlagen, was die Menschen auszeichnet, was ihre Entscheidungen maßgeblich beeinflusst. Es handelt sich um Emotionen, Regungen und Gefühle, die jeder kennt und die immer wieder auftreten. Manchmal ist es aber auch nur die Suche nach Spannung und Nervenkitzel oder schlicht der Wunsch nach Kommunikation. Ob man nun ein neues Kleid, ein paar schöne Schuhe, eine Waschmaschine, ein Auto oder ein Haus kauft. Oder an den Finanzmärkten handelt. Und so ist es auch nicht verwunderlich, dass unter dem Namen Behavioral Finance seit mehr als zwei Dekaden und unter dem Begriff Behavioral Economics bereits lange Zeit zuvor Ökonomie und Psychologie zu einer wissenschaftlichen Disziplin zusammengeführt werden sollen.

Und so entstand, als wir – Christin Stock und Joachim Goldberg – vor gut drei Jahren bei einem Glas Bordeaux zusammensaßen, die Idee, ein neues Buch zu diesem Themenkreis zu schreiben. Denn seit Erscheinen des Buches *Behavioral Finance – Gewinnen mit Kompetenz*, das Goldberg zusammen mit Rüdiger von Nitzsch 1999 veröffentlichte, haben nicht nur mehrere Krisen die Finanzwelt in ihrem Innersten erschüttert. Auch sind die bisherigen grundlegenden Erkenntnisse durch so viele neue Erfahrungen erweitert worden, dass es an der Zeit schien, diese Entwicklungen in einem weiteren Werk darzustellen und zusammenzufassen. Doch soll sich das Buch dieses Mal nicht nur an Finanzprofis und Börsianer wenden. Vielmehr möchten wir auch andere Entscheider, wie Unternehmer oder Politiker, aber auch Privatpersonen erreichen, die Tag für Tag Entscheidungen mit kleinen und großen Konsequenzen treffen müssen und diese Entscheidungen verbessern möchten.

Als das erste Buch zur Behavioral Finance 1999 auf den Markt kam, befanden sich die Finanzmärkte noch in einem wahren Höhenrausch. Die Dotcom-Blase war noch nicht geplatzt, und die Aktienkurse erklommen weltweit so abenteuerlich hohe Niveaus, dass nicht wenige Analysten und Ökonomen ihre aus den Fugen geratenen Modelle über den Haufen werfen wollten und angesichts des neuen »ewigen Wachstums« forderten, neue Bewertungsmaßstäbe für Aktien einzuführen. Und in Deutschland hatte gerade eine neue Gruppe von Privatanlegern den Aktienmarkt für sich entdeckt. Wer damals auf einer Party nicht über Aktien mitreden und nicht wenigstens über fünf Werte des Neuen Marktes philosophieren konnte, war schlichtweg »out«. Richtig schlimme Finanzkrisen hatte man seit Ende des Zweiten Weltkrieges nicht mehr erlebt, und die große Depression als Folge der Börsenpanik von 1929 galt zu dieser Zeit als nicht wiederholbare Historie. Zwar gab es den Börsencrash von 1987 und das Scheitern des Hedgefonds LTCM im Jahre 1998 samt der Krise der fernöstlichen Märkte, aber stets behielt man das Vertrauen, die Finanzmärkte würden sich dank der US-Notenbank, oder genauer: dank der schützenden Hand von deren damaligem Präsidenten Alan Greenspan, letztlich immer wieder von alleine erholen und stabilisieren.

Dieser Optimismus ist mit der Jahrtausendwende geschwunden. So mussten die Marktteilnehmer leidvoll erfahren, dass Aktienmärkte nicht nur nach oben, sondern auch über viele Monate hinweg deutlich nach unten gehen können. Die fürchterlichen Terroranschläge des 11. September 2001, für die Börsen ein unkontrollierbarer externer Faktor, haben diesen Trend nicht, wie oft fälschlicherweise behauptet, ausgelöst, aber rasant beschleunigt. Mit dem Beginn der Invasion der USA im Irak im Jahr 2003 begannen die Aktienmärkte in den Vereinigten Staaten und Europa wieder zu haussieren – allerdings hatten sich viele Marktteilnehmer zuvor so sehr die Finger verbrannt, dass sie am Aufwärtstrend der folgenden Jahre, wenn überhaupt, nur sehr spät teilgenommen haben. Es folgten Jahre der Selbstoptimierung der Arbeitskraft und Jahre der Optimierung der Finanzmärkte, vornehmlich in Form von intransparenten, sogenannten strukturierten Produkten. Im Jahr 2007 kam es, beginnend in den USA, schließlich zu einer Immobilienkrise, in deren Folge die Investmentbank Lehman Brothers pleiteging. Im Jahr 2008 wurde schließlich nicht nur ein wichtiges Kapitel Börsengeschichte geschrieben, vielmehr handelte es sich um ein Jahr neuer, in ihrer Dimension bislang nie gekannter negativer Superlative. Es brach eine Zeit über uns herein, die selbst die Veteranen unter den Börsianern noch nicht erlebt und nicht für möglich gehalten hatten.

Der Begriff Krise war mit einem Mal so allgegenwärtig, dass sich im Jahr 2008 in Lindau am Bodensee bei einem Treffen der Ökonomie-Nobelpreisträger einige Wissenschaftler die Frage stellten, ob die Finanzmärkte denn überhaupt effizient seien. Der Nobelpreisträger Joseph Stieglitz ging sogar so weit, die Behauptung aufzustellen, eine Reihe ökonomischer Theorien würden die Krise nicht überleben. Professor Daniel McFadden aus Berkeley erklärte, vor allem die weitverbreitete Annahme, Finanzmärkte funktionierten effizient und verarbeiteten stets alle verfügbaren Informationen und Meinungen, sei nicht mehr haltbar: »Wir werden uns fragen müssen, ob es sich bei der Theorie von der Markteffizienz um gute Wissenschaft handelt«, sagte er damals zu seinen Kollegen. Man konstatierte allgemein, dass die klassische Ökonomie versagt habe und dass sie hinter der Realität um Jahrzehnte hinterherhinke. Die moderne Kapitalmarkttheorie konnte nämlich weder erklären, wie es zur Krise gekommen war, geschweige denn ihren weiteren Verlauf prognostizieren, denn sie hatte in ihren Modellen den Menschen schlichtweg vergessen.

Was im Jahr 2007 als Subprime-Krise begann und sich in den beiden folgenden Jahren zu einer Weltwirtschaftskrise auswuchs, hat die moderne Finanzökonomie in ihren Grundfesten erschüttert. Es sind Ereignisse eingetreten, die nach den Annahmen, auf denen sowohl die klassischen Finanzmarktmodelle als auch die Frühwarnsysteme der Banken beruhen, nicht einmal alle 1000 Jahre passieren dürften – und schon gar nicht alle auf einmal. Mehr noch: In den gängigen Modellen der Ökonomen waren Krisen überhaupt nicht vorgesehen. Denn angeblich sorgen Angebot und Nachfrage dafür, dass die Preise sich in vernünftigen Bahnen entwickeln und sich der Markt selbst hilft. Dennis Snower, Ökonom und Chef des Kieler Instituts für Weltwirtschaft, brachte es vor nicht allzu langer Zeit in einem Interview mit der *Financial Times Deutschland* auf den Punkt: »Viele Volkswirte verteidigen die alten Modelle, obwohl sie die Krise überhaupt nicht erklären können.« Mehr noch, so haben Forscher der Schweizer Universität St. Gallen herausgefunden, scheint eine große Mehrheit von Lehrbeauftragten in Europa und den USA immer noch mit der althergebrachten Form der Makroökonomie zufrieden zu sein. Schließlich schätzten 72 Prozent von 259 Befragten die unterrichteten Modelle als nützlich ein. Und Dennis Snower geht sogar noch weiter, wenn er behauptet, im herrschenden System könnten junge Ökonomen vor allem dann Karriere machen, wenn sie alte Ideen nur leicht veränderten. Wer aber auch ohne mathematische Formeln erforschen wolle, warum Menschen irrational handeln, laufe Gefahr, als »exotisch« zu gelten, warnte der Wissenschaftler, und »exotisch« ist vermutlich nur eine vornehme Umschreibung für »unseriös«.

Tatsächlich hatten sich die Krisen in einem Maße gehäuft, dass die langjährigen ökonomischen Modelle einfach versagen mussten. Merkwürdigerweise findet sich jedoch die fast schon zwingende Erkenntnis aus der Lindauer Konferenz, dass nämlich die Wirtschaftswissenschaften der Psyche der Menschen viel mehr Rechnung tragen müssten, kaum Erwähnung. Wenn überhaupt, dann als altbekanntes Muster, auf dem Niveau von Angst, Hoffnung, Herdenverhalten, Panik und Verzweiflung. Jene Begriffe, die immer fallen, wenn man von der Psychologie der (Finanz-)Märkte spricht. Und das, obwohl es seinerzeit bereits Erkenntnisse der Behavioral Finance gab, mit denen man zumindest wichtige Entscheidungsprozesse schon im Vorfeld dieser Krisen hätte günstig beeinflussen können. Aber diese neue Wissenschaft der Finanzmärkte war damals vermutlich noch zu jung und zu unerforscht, als dass sie von einer breiten Schicht von Wirtschaftswissenschaftlern und Praktikern hätte akzeptiert werden können. Zumal die konsequente Anwendung der Erkenntnisse aus der Psychologie zwar zu einer Synthese mit der Ökonomie geführt, aber am Ende ein Umdenken bei den traditionellen Wirtschaftswissenschaftlern erfordert hätte.

Obwohl Daniel Kahneman im Jahre 2002 als erster Psychologe den Nobelpreis für Ökonomie erhielt, konnte man sich auch in den Jahren danach nicht des Eindrucks erwehren, dass man zwar 90 Prozent dessen, was an den Finanzmärkten geschah, theoretisch durchaus den psychologisch bedingten Verhaltensweisen ihrer Akteure zurechnen wollte, aber sich gleichzeitig in der Praxis dennoch weiterhin an den lieb gewonnenen, aber dennoch irreführenden Modellen der Standardökonomie orientierte.

Statt sich also die Erkenntnisse der verhaltensorientierten Finanzforschung endlich zunutze zu machen, waren selbst am bisherigen Höhepunkt der Krise immer wieder nur ein paar banale Weisheiten aus der psychologischen Hausapotheke zu vernehmen. Etwa, als der damalige deutsche Außenminister Frank-Walter Steinmeier forderte, Leichtsinn, Gier und Unvernunft müssten in Zukunft verhindert werden. Tatsächlich hat es in Jahrtausenden noch keine der Weltreligionen geschafft, dem Menschen die Gier auszutreiben, und keiner Wissenschaft ist es bislang gelungen, seine Unvernunft zu besiegen. In dem Moment, wo wir glauben, etwas Neues gelernt zu haben, meinen wir es auch gleich besonders gut zu können. Dieses als Overconfidence bezeichnete Phänomen führt übrigens an den Finanzmärkten dazu, dass die Akteure, die theoretisch eigentlich alle die gleichen Informationen besitzen und als rational handelnde Individuen auch alle die gleichen Schlussfolgerungen ziehen müssten, viel zu häufig gegeneinander handeln.

Ihren dramatischen Höhepunkt hatte die Finanzkrise wohl im Oktober 2008 erreicht. Jeder schwarze Börsentag wurde damals von einem noch schwärzeren abgelöst, sodass die Angst selbst in jedem noch so hartgesottenen Börsenprofi hochkroch und minütlich drohte, sich zur Massenpanik auszuwachsen. Tatsächlich hätte vermutlich nicht mehr viel gefehlt und es wäre in Deutschland zum gefürchteten Run auf Kassenschalter und Bankautomaten gekommen. Aber zum Glück ist das ja nicht passiert. Und bereits ein Jahr später wurde hier und da bereits in aufgekratzter, fast frivoler Stimmung die freche Frage aufgeworfen, ob das »schon alles gewesen« sei. Wo man doch gerade erst dem Desaster entkommen war.

Manch einer wird sich nun fragen, was wir denn aus der Krise gelernt haben. Eine Krise, die, als dieses Buch entstand, immer noch ungelöst war und uns immer wieder mit neuen Facetten überraschte. Und wenn unsere Kinder eines Tages wissen wollen, was wir damals getan haben, um mit heiler Haut davonzukommen, werden viele antworten, sie hätten einfach abgewartet und erst einmal gar nichts gemacht. Denn verlässliche ökonomische Prognosen habe es damals schlichtweg nicht gegeben, aber immerhin seien wir doch lernfähig gewesen. Aber nur so lange, wie wir die Symptome der Krise wie eine Schlinge empfanden, die sich langsam um unseren Hals zuzuziehen drohte. Sobald aber der Druck nachgab, ließ gleichzeitig auch der Wunsch der Menschen nach, an ihrem Verhalten irgendetwas zu verändern.

Tatsächlich aber lassen sich die Krise und die Geschichte ihrer Lösungsansätze wie ein Lehrstück darüber lesen, wie sehr Verlustaversion, eskalierende Commitments und falsche Referenzpunkte damals alle beteiligten Akteure, nicht nur die politischen Entscheider, beeinflusst haben. Natürlich muss es bei einer globalen Krise auch ein globales Krisenmanagement geben, aber gleichzeitig ist damit ein starker sozialer Sog verbunden, den die Psychologen als Herdenverhalten bezeichnen. Keine Regierung der großen Industrienationen möchte in so einer Situation eine folgenschwere Fehlentscheidung treffen, schon gar nicht, wenn Wahlen anstehen.

Aber es hat sich leider gezeigt, dass die Menschen, egal, ob es sich nun um aktive Entscheider in der Finanzkrise oder Teilnehmer an den Märkten handelte, selbst wenn sie wollten, nicht allzu viel gelernt haben. Denn die Beobachter und Kommentatoren der Finanzmärkte sind heute genauso wie vor gut zehn Jahren, als Joachim Goldbergs erstes Buch erschien, immer noch irritiert, wenn Investoren auf politische Ereignisse oder neue ökonomische Daten ganz anders als erwartet reagieren. Immer noch können viele Menschen einfach nicht begreifen, warum diese Informationen oder sogenannten Fundamentaldaten einmal den Preis von Wertpapieren bestimmen und ein anderes Mal nicht. Das kann sogar so weit gehen, dass Anleger auf der einen Seite Kostensenkungen als Folge von Entlassungen bejubeln, sich aber gleichzeitig darüber wundern, dass im weiteren Zeitablauf auch die Arbeitslosenquote steigt. Es kann passieren, dass der Aktienkurs eines Unternehmens regelrecht abgestraft wird, wenn die Quartalszahlen besser als von Analysten prognostiziert ausfallen. Heute kann eine bestimmte Marktinformation noch positiv, morgen genau um 180 Grad verdreht, also negativ wahrgenommen werden.

Schnell ist man deswegen geneigt, das Verhalten der Anleger als unangemessen oder gar irrational abzutun. Dabei handeln sie wahrscheinlich vernünftiger, als man annehmen möchte, denn alle Menschen und ganz besonders diejenigen, die im rasanten Hin und Her der Finanzmärkte ihre Entscheidungen treffen müssen, setzen ihre vielfach begrenzten intellektuellen Fähigkeiten im Grunde optimal ein, um so der mittlerweile schier unbegrenzten Informationsmassen Herr zu werden. Ja, im Vergleich zu vor zehn Jahren hat sich diese Flut fast zu einem Overkill an Daten ausgeweitet. Deswegen ist es nur verständlich, dass nicht nur Finanzmarktteilnehmer, sondern auch auf allen Feldern des Geschäftslebens und natürlich auch im privaten Alltag Menschen auf vertraute Muster wie etwa Faustregeln oder andere Denkschemata zurückgreifen, um die Fülle der auf sie einströmenden Daten zu sichten, zu ordnen und zu bewerten.

Ob das nun beunruhigend oder tröstlich klingen mag, dass wir Menschen eben nur begrenzt rational denken und entscheiden – zu irrationalem Verhalten muss dies nicht zwangsläufig führen. Nein, die Behavioral Finance oder im weiteren Sinne die Behavioral Economics, die Verhaltensökonomie, hat es sich nicht zum Ziel gesetzt, menschlichen Entscheidern permanent Irrationalität oder Fehler nachzuweisen, ihnen also im bildlichen Sinne den Spiegel vorzuhalten. Vielmehr geht es darum, Kapitalmarktprofis, Investoren, Privatanlegern, aber auch all denen, die mit den Finanzmärkten nichts zu tun haben, die Erkenntnisse der verhaltensorientierten Ökonomie näher zu bringen und ihnen damit zu zeigen, wie sich bessere Entscheidungen treffen lassen – in ihrem Berufs- und Privatleben.

In diesem Buch werden Ihnen jedoch nicht nur Ökonomen und Psychologen, sondern auch Biologen, Hirnforscher und Philosophen begegnen. Genauso wie Fondsmanager, Kleinanleger, Hausfrauen, Internetauktionsliebhaber, Ehepaare, Nachbarn und Verbraucher. Sie alle müssen ständig Entscheidungen treffen. Mittlerweile beschäftigen sich viele wissenschaftliche Disziplinen damit, wie diese Entscheidungen tatsächlich aussehen. Auch wenn unterschiedliche Menschen in unterschiedlichen Situationen andere Maßnahmen treffen, ist ihr Entscheidungsprozess dennoch häufig derselbe. Ein Ziel dieses Buches ist es daher, hinter die Kulissen der eigenen Entscheidungen zu blicken, um unsere Handlungsweisen zu verstehen und zu verbessern. Dabei geht es bei Weitem nicht immer um Angst, Hoffnung oder Verzweiflung. Vielmehr konzentriert sich die Verhaltensökonomie darauf, die Systematik im Verhalten der Marktteilnehmer zu erkennen und zu beschreiben. Denn genau diese Systematik gibt einem die Möglichkeit, auch künftige Entscheidungen von Finanzmarktakteuren oder Menschen aus unserem persönlichen Umfeld zuverlässig einzuschätzen und manchmal auch vorherzusagen.

Wirtschaftskrisen entstehen nicht aus dem Nichts. Sie entwickeln sich immer da, wo Menschen miteinander interagieren – sie haben ihren Ursprung in typisch menschlichen Eigenschaften und Verhaltensweisen. Man nehme doch nur einmal die Bonus-Systeme als eine der vielen Krisenursachen: Unternehmenslenker, insbesondere Banker, wurden für kurzfristig erzielte Erfolge belohnt, weswegen sie folgerichtig dazu tendierten, Risiken zwar langfristig einzugehen, aber vornehmlich nach ihrem kurzfristig erzielbaren Gewinn zu beurteilen. Krisen wird es, solange es uns Menschen gibt, immer wieder geben. Und zwar vor allem dann, wenn falsch gesetzte Anreize sich ungünstig miteinander kombinieren. Der fromme Wunsch der Politik, mit einer neuen Finanzmarktarchitektur und strengerer Regulierung künftige Miseren zu vermeiden, wird jedoch eine bloße Wunschvorstellung bleiben, wenn sich Politiker, Ökonomen und Investoren den Menschen nicht näher anschauen. Wer ist dieser Mensch? Wie entscheidet und handelt er, wozu fühlt er sich motiviert? Die Behavioral Finance und die weiter gefasste Disziplin der Behavioral Economics geben Antworten auf viele dieser Fragen und dürften somit einen wichtigen Beitrag für die Neugestaltung von Ökonomie und Politik leisten.

Anhand anschaulicher Beispiele aus Finanzwelt und Alltag, in denen sich der geneigte Leser leicht wiederfinden kann, zeigt dieses Buch die wichtigsten Erkenntnisse der Behavioral Economics auf – es nimmt den Menschen sowohl als individuellen Entscheider als auch als Teil der weltweiten Finanzmarktgemeinde unter die Lupe. Aber es veranschaulicht nicht nur, welche typischen Stolperfallen einem Entscheider immer wieder im Wege liegen, und wie man diese typischen psychologischen Fallstricke geschickt umgehen kann, um am Ende bessere Entscheidungen zu erzielen.

Im Gegensatz zu früheren Ausführungen beschäftigt sich dieses Werk nicht nur mit den Erkenntnissen aus Psychologie und Ökonomie, die in den vergangenen Jahren kaum revidiert, sondern vor allem ergänzt und erweitert wurden. Stattdessen hat sich in den vergangenen Jahren der Drang der Menschen nach Glück und Wohlbefinden, nach Selbstoptimierung erheblich gesteigert, ohne dass man eigentlich genau weiß, wohin man sich wenden, woran man sich in dieser Suche orientieren soll. Aber selbst wenn wir zu wissen meinen, wo der Schlüssel zu unserem Glück liegt, werden wir kurzfristig immer wieder vom Weg abkommen, wegen all der Verlockungen und Ablenkungen, die am Wegesrand winken. Viele Entscheidungen treffen wir aus dem Bauch heraus, was jedoch ein schiefes Bild ist. Denn auch Bauchentscheidungen werden natürlich im Kopf getroffen. Mit einer Bauchentscheidung sind all diejenigen Urteile und Bewertungen gemeint, die unser Gehirn automatisch trifft. Neben dem logischen, bewussten Denken gibt es also noch einen menschlichen Autopiloten – gemeint ist damit die Intuition, das sogenannte Bauchgefühl, die Geistesgegenwart. Worin eine gewisse Gefahr liegt: Auch wenn wir glauben, eine Entscheidung völlig bewusst und auf Basis rationaler, logischer Argumente getroffen zu haben, war unser Autopilot in Wahrheit viel öfter am Werk, während unser logisches, bewusstes Denken wieder einmal Energie gespart und eine Pause eingelegt hat.

Natürlich erhebt auch das vorliegende Buch keinesfalls Anspruch auf Vollständigkeit. In seinem ersten Teil beschäftigt es sich vor allem mit den Grundannahmen und wichtigsten Erkenntnissen der Behavioral Economics. So werden im zweiten Kapitel die Grenzen der modernen Kapitalmarkttheorie, der Effizienzmarkthypothese aufgezeigt, weswegen auf die Vorstellung des rationalen Homo oeconomicus und die Frage nach dessen Daseinsberechtigung noch einmal eingegangen werden muss, abgerundet durch einen Nachruf auf die Theorie der effizienten Märkte.

Die folgenden Kapitel widmen sich den Grundlagen der Behavioral Economics, angefangen (Kapitel 3) mit dem Bedürfnis der Entscheider nach einem dissonanzfreien Leben, aber auch dem Wunsch, vor allem die monetäre Zukunft unter Kontrolle zu halten. Die Theorie der kognitiven Dissonanz – eine der ältesten Theorien der Psychologie, wenn nicht gar der Sozialwissenschaften, stellt dabei einen wichtigen Meilenstein der Behavioral Economics dar. Diese Theorie ist deswegen so wichtig, weil sie davon ausgeht, dass Menschen so gut es geht versuchen, ihr Wohlbefinden vor der simplen Tatsache zu schützen, dass sie möglicherweise mit einer Entscheidung nicht richtig liegen. Dieser Mechanismus sorgt dafür, dass wir Informationen, die mit unseren Wertvorstellungen nicht übereinstimmen, systematisch ausblenden. In Hinblick auf die Finanzmärkte bedeutet das, dass Marktpreise nicht zu jeder Zeit sofort auf neue Informationen reagieren können, wie es etwa die Standardökonomie vorsieht. Aber auch in anderen Lebensbereichen sind damit systematische Zerrbilder programmiert: Die Welt wird schön geredet, Probleme werden verharmlost. Anders ausgedrückt beschäftigt sich dieser Teil des Buches damit, wie das psychische Bedürfnis der Menschen nach Dissonanzfreiheit und nach Kontrolle ihre Wahrnehmung von Informationen beeinflusst.

Das vierte Kapitel geht indes auf die physischen Beschränkungen der Menschen bei der Informationsaufnahme ein. Im Gegensatz zu früheren Ausführungen steht hier der Autopilot des Menschen im Mittelpunkt. Wir fragen nach, wie Menschen tatsächlich Informationen wahrnehmen, verarbeiten und welche nicht immer vorteilhaften Tricks sie verwenden, um ihre Urteile zu finden.

Im Mittelpunkt des fünften und sechsten Kapitels steht das Kernstück der Behavioral Economics: die Prospect-Theorie der Psychologen Daniel Kahneman und Amos Tversky, die mittlerweile eine gewichtige Alternative zur Erwartungsnutzentheorie darstellt. Im Wesentlichen wird geschildert, wie die Menschen im Alltag, aber auch an den Finanzmärkten, mit Gewinnen und Verlusten tatsächlich verfahren. Dass wir beides ganz unterschiedlich bewerten, ist für die menschlichen Entscheidungen von wesentlicher Bedeutung. Denn die Tatsache, dass Verluste schwerer wiegen als Gewinne in gleicher Höhe, hat Folgen für das Risikoverhalten der Menschen.

Schließlich riskieren die Autoren auch noch einen Blick hinter die Kulissen von Gewinnen und Verlusten und gehen der Frage nach, warum wir so gerne ganz schnell Gewinne realisieren, an Verlusten indes oftmals viel zu lange festhalten. Die Erkenntnisse der Prospect-Theorie gelten jedoch nicht nur für Entscheider an den Finanzmärkten. Vielmehr sind die in diesem Teil skizzierten Verhaltensmuster auf fast allen Feldern des geschäftlichen Alltags und natürlich auch im Privatleben anzutreffen. Hier wie dort wird übrigens eine weitere Annahme der Standardökonomie widerlegt: Menschen bewerten Situationen und Handlungen nicht absolut und nicht in Hinblick auf ihr Endvermögen. Vielmehr vergleichen sie sich stets und gern mit anderen – wichtiger als der tatsächliche Betrag ist doch für die meisten, ob sie mehr oder weniger als andere gewonnen oder verloren haben. Entscheider bewerten Erfolg und Misserfolg also stets relativ.

Im zweiten dieser beiden Kapitel wird schließlich gezeigt, wie die Menschen oft unbewusst die Erkenntnisse der Prospect-Theorie verwenden, um sich bei ihren Entscheidungen am Ende wohlzufühlen, wie sie sich buchstäblich mit einer Manipulation ihrer internen Buchhaltung mehr Wohlbefinden verschaffen. Wohlbefinden, das jedoch auch Geld kosten kann. Und ein Wohlbefinden, das, wie das siebte Kapitel zeigt, auch zulasten anderer gehen kann, wenn sich die ethischen Normen mit der Zeit verschieben – es geht um Moral und darum, warum sich in der Krise etwa die Wertewelt eines Investmentbankers ganz anders als die von Otto Normalverbraucher darstellt und warum Ersterer womöglich überhaupt keine Schuldgefühle entwickelt. Die Autoren gehen an dieser Stelle mithin der Frage nach, ob auch moralische Werte relativ sind.

Die zweite Hälfte des Buchs befasst sich schließlich mit den jüngeren Erkenntnissen der Behavioral Economics. Kapitel 8 analysiert zunächst den Einfluss der Zeit auf unsere Entscheidungen. Warum wir etwa lieber heute einen Geldgewinn einstreichen, zulasten eines noch größeren Gewinns in der Zukunft. Oder sogar unter Inkaufnahme künftiger Risiken. Gleichzeitig wird für den Leser auch erkennbar, warum kurzfristige monetäre Anreize für Entscheider nicht zu optimalen Ergebnissen führen. Zu den jüngeren Erkenntnissen der Verhaltensökonomen gehört auch das Thema Adaption: Wie schnell sich die Menschen an Neues gewöhnen – im Guten wie im Schlechten –, wie die Zeit fast alle Wunden heilt. Und wie wenig wir uns aufgrund dieser Gewöhnungsprozesse vorstellen können, wie sich Gewinne oder Verluste aus Entscheidungen in der Zukunft anfühlen werden. Im weitesten Sinne geht es also um die Verhaltensökonomie des Glücks, die sogenannten *hedonomics*. Also wie man etwa den Eindruck eines positiven Erlebnisses oder einer Anschaffung (etwa eines Traumautos) in seiner Wahrnehmung so optimiert, dass man eine größtmögliche Befriedigung daraus zieht. Dabei beantworten wir auch die Frage, ob Geld glücklich macht. Mehr noch ist Hedonomics die Lehre, die einem erklärt, wie man mit den Erkenntnissen der Verhaltensökonomik wirtschaftliche Entscheidungen trifft, die langfristig auch zufriedener machen: Dem Leser soll dabei geholfen werden, mit wenig Geld ein Maximum an Wohlbefinden zu erzielen.

Im Grunde ist es doch ganz einfach: Um glücklich zu sein, müssen wir nur diejenigen Dinge wählen, die uns die meisten positiven Erfahrungen vermitteln. Dennoch, was vordergründig so leicht erscheint, ist in Wahrheit erstaunlich schwer zu erreichen. Zum einen, weil wir meist nicht alle Aspekte und Momente überblicken, die zu einem positiven Erlebnis und Ergebnis führen, was zur Folge haben kann, dass wir nicht immer die richtigen Dinge optimieren. Zum zweiten sind wir nicht besonders gut darin, im Voraus einzuschätzen, welche Erfahrung uns glücklich und welche uns unglücklich machen wird, sodass wir oft das Falsche wählen.

Im neunten und zehnten Kapitel bewegen wir uns weg von der Psychologie hin zum Kopf des Entscheiders. Wir betrachten das menschliche Gehirn als ein lebendes Fossil. Es ist zwar bestens spezialisiert, aber die Evolution konnte mit der rasanten Entwicklung, die die Welt in den letzten Jahrhunderten genommen hat, nicht Schritt halten. Vielfach waren typisch menschliche Verhaltensweisen dazu geeignet, in der Steinzeit den Erfolg zu sichern, in der Gegenwart aber zeitigen sie keine optimalen Ergebnisse. Aber immerhin können Hirnforscher mittlerweile den Akteuren direkt in den Kopf schauen, während diese mit Aktien handeln oder Kaufentscheidungen treffen. So erforschen Neurowissenschaftler zurzeit die biochemischen Grundlagen vieler menschlicher Phänomene, die Psychologen und Verhaltensökonomen bereits analysiert und beschrieben haben. Exemplarisch werden hier einige faszinierende Entdeckungen der Hirnforschung vorgestellt.

Die nächsten beiden Kapitel beschäftigen sich schließlich mit praktischen Anwendungen der Behavioral Finance bzw. Economics: So trägt Kapitel 11 die Überschrift »Wenn alles zusammenkommt« und beschreibt, wie Trends in den Finanzmärkten aus Sicht des Praktikers entstehen, in welchem Stadium sich jene gerade befinden und wie man mit Stimmungserhebungen und Befragungen feststellen kann, ob diese Trends stabil sind oder sich bereits in einer gefährlichen Endphase befinden – ein Modell, das auch für andere Lebensbereiche anwendbar ist. Kapitel 12 beleuchtet die Erkenntnisse des Buches noch einmal aus unterschiedlichen Blickwinkeln und gibt Tipps für Privatanleger und Profis wie auch für Einkaufsbummler, Sportler, Politiker und andere. Dabei werden die Erkenntnisse in einzigartiger Weise verknüpft: Damit man nicht nur erfolgreichere, sondern auch glücklichere Entscheidungen treffen kann.

Am Ende zeigt sich immer wieder: Die Behavioral Economics ist noch ein vergleichsweise junges und schnell wachsendes Forschungsfeld, auf dem sich zwar immer wieder neue Facetten ergeben, die aber häufig nur die Grundannahmen in neuem Licht und anderer Farbe reflektieren. Gerade in der jüngsten Vergangenheit haben die Erkenntnisse aus der Neurobiologie und der Hirnforschung viel Bestätigendes und Erhellendes zu den Erkenntnissen der Verhaltensökonomen beigetragen. Mitunter sogar täglich.

In unzähligen Stunden haben wir über die Themen und Inhalte diskutiert, die wir unseren Lesern näherbringen wollten. Dabei geht der Großteil der schriftlichen Ausarbeitung dieses Werkes auf den unermüdlichen Einsatz von Christin Stock zurück. Dennoch mussten wir irgendwann einen Schlusspunkt setzen, um unser Buch fertigstellen zu können. Wohl wissend, dass wir zwar nicht alle Seiten menschlichen Entscheidungsverhaltens beleuchten konnten, doch in der Hoffnung, dass wir die zumindest uns am wichtigsten erscheinenden hier abgehandelt haben. Dabei haben wir uns bewusst auf Handlungsweisen von Einzelpersonen beschränkt und sind nicht auf deren Zusammenwirken innerhalb organisierter Kleingruppen eingegangen – dies hätte den Rahmen dieses Buches ganz sicher gesprengt.

An dieser Stelle möchten wir uns bei allen bedanken, die uns bei der Erstellung des Buches geholfen haben. Insbesondere gilt dies für Herman Brodie von der cognitrend GmbH, der uns nicht nur intensiv begleitet, sondern unsere Gedanken und Diskussionen mit vielen Ideen und konstruktiver Kritik bereichert hat. Großer Dank gilt Professor emeritus Dr. Lorenz Fischer von der Universität zu Köln, der uns aus Sicht der Sozialpsychologie unterstützte und uns mit wertvollen Anregungen zur Seite stand. Überdies danken wir sehr Dr. Dr. Svenja Caspers für ihre fachliche Unterstützung bei der Erstellung des Kapitels »Dem Entscheider in den Kopf geschaut«. Nicht vergessen möchten wir aber auch all diejenigen Menschen, denen wir während der Erstellung des Buches begegnet sind und deren persönliche Erfahrungen im Umgang mit Entscheidungen uns an der einen oder anderen Stelle zu eindrucksvollen Beispielen verholfen haben. Zum einen, weil wir ihre Verhaltensweisen als typisch für bestimmte Entscheidungssituationen empfunden haben. Zum anderen, weil wir erfahren haben, wie unsere Handlungsempfehlungen diesen Menschen in mancherlei Hinsicht helfen konnten.

Im Januar 2013

Christin Stock
Joachim Goldberg

2. Der Mensch ist kein Homo oeconomicus

Die klassische Ökonomie schuf den Homo oeconomicus: rational, berechnend, eigennützig, emotionslos, und er weiß ganz genau, was er will. Er ließ sich wunderbar in Modelle pressen und ermöglichte so Vorhersagen für Wirtschaft und Finanzmärkte. Ob der echte Mensch jedoch auch nur im Entferntesten verwandt ist mit diesem Modellwesen?

2.1 Denn wir wissen nicht, was wir wollen sollen …

Der Mensch ist ein seltsames Wesen: Er träumt, er tut und macht, er strebt. Zugegeben, oft fällt seine Strebsamkeit dem inneren Schweinhund zum Opfer: Er nimmt sich vor, mehr Sport zu treiben oder seine Altersvorsorge aufzubessern, nur um kurz darauf gemütlich auf der Couch zu lümmeln und seine Ersparnisse für einen neuen Fernseher aufzuwenden. Und seine Träume? Für das ersehnte Auto, den Computer oder die Gehaltserhöhung hat er sich so lange abgestrampelt. Und selbst wenn er endlich am Ziel seiner Wünsche angekommen ist, ist er oftmals doch nicht zufrieden. Das Glücksgefühl schlägt allenfalls kurzfristig Wellen, danach flaut es wieder ab. Das liegt schlicht und ergreifend daran, dass der Mensch im Vorhinein nur schwerlich einschätzen kann, was für ihn und sein Wohlbefinden gut ist. Er weiß gar nicht, was er wollen sollte. Und genau dieser sonderbare Mensch ist es auch, der das Herz sämtlicher Märkte bildet, ob es sich dabei um die Nachfrage nach Erdbeermarmelade im Feinkostladen, den Handel mit Aktien oder auch die bunte Welt der Singles handelt; auch das ist letztlich nichts anderes als ein Markt. Der Mensch und der Markt – diese beiden sollen hier näher beleuchtet werden. Denn in der Welt der Wirtschaftswissenschaften bleiben immer noch elementare Eigenschaften dieser beiden im Dunkeln.

2.2 Gestatten, Homo oeconomicus

Der »ökonomische Mensch«[i] wurde im 19. Jahrhundert geboren – man führt ihn auf das Werk des englischen Philosophen und Ökonomen John Stuart Mill zurück.[1] Seinen lateinischen Namen ***homo oeconomicus*** und seinen festen Platz in der Wissenschaft erhielt er aber erst später. Vilfredo Pareto, italienischer Ingenieur, Ökonom und Soziologe, hauchte dem Begriff »Homo oeconomicus« 1906 Leben ein: Er handelt logisch und ist auf materiellen Nutzen aus. Der Homo oeconomicus legte eine glänzende Karriere hin: Er wurde die Nummer eins, das vorherrschende Menschenbild in den Wirtschaftswissenschaften.

Seine Schöpfer waren sich vollauf bewusst, dass man damit den echten Menschen auf wenige Annahmen reduzierte und ihm damit nicht ganz gerecht wurde. Man wollte ihn lediglich mathematisch greifbar machen, ihn in Zahlen erfassen, um sein Handeln vorherzusagen. Er eignete sich vorzüglich – mehr noch: er war die Grundvoraussetzung – um überhaupt ökonomische Modelle bauen zu können und damit die konjunkturellen Auswirkungen (geld)politischer Entscheidungen sowie das Verhalten von Gruppen und Märkten zu prognostizieren.

Die Modelle der klassischen Kapitalmarkt- und Portfoliotheorie erfreuten sich derart hoher Beliebtheit, z. B. das Capital Asset Pricing Model (CAPM), dass sich kaum mehr jemand veranlasst sah, die Anforderungen an den Homo oeconomicus ernsthaft in Zweifel zu ziehen. Heute weiß man: Der Homo oeconomicus wird dem tatsächlichen Verhalten der Menschen überhaupt nicht gerecht. Denn seine wichtigsten Eigenschaften sind dem Entscheider aus Fleisch und Blut ungefähr so nah wie das Seelenleben kleiner grüner Männchen aus einem entfernten Sonnensystem.

Laut Modellvorstellung ist der Homo oeconomicus ein selbstsüchtiger Nutzenmaximierer.[ii] Das bedeutet, dass er sich immer für diejenige Alternative entschei-

---

i John Stuart Mill (1806–1873) nannte den *economic man* nie bei diesem Namen. Der Begriff taucht nur in den Reaktionen seiner Kritiker auf. Dieses hypothetische Subjekt hatte die Anhäufung von Wohlstand, aber auch Freizeit, Luxus und Fortpflanzung zum Ziel.

ii Für eine ausführliche Darstellung des Homo oeconomicus siehe: Kirchgässner, G. (2008): *Homo oeconomicus*, 3. Auflage, Mohr Siebeck Tübingen.

det, die ihm den größten zu erwartenden ökonomischen Nutzen verspricht.[iii] Erkennen Sie sich wieder? Manchmal vielleicht, aber der Mensch wird von vielen anderen Motivationen getrieben, kann ein völlig anderes Ziel im Sinn haben als die Maximierung seines eigenen ökonomischen Nutzens. Wie sonst ist es zu erklären, dass die Ökonomen Andrew Oswald und Daniel Zizzo in einer Studie belegten, dass ihre Testpersonen mehr als schnell bereit waren, Geld dafür auszugeben, dass der unliebsame Nachbar einen finanziellen Schaden erleidet?[2] Denn auch Missgunst, Neid, Moral, Altruismus oder Wohlbefinden können wichtige Motive menschlichen Handels und Entscheidens sein (insbesondere das Thema Wohlbefinden wird im Kapitel 3.1 ausführlich beleuchtet), sodass nicht nur der Einzelne, sondern auch die Gesamtheit der menschlichen Entscheider vom Homo-oeconomicus-Modell abweichen.

Vielleicht erkennen Sie sich hier wieder: Sie und ein Ihnen unbekanntes Gegenüber sollen mit einem Geldbetrag von 100 Euro bedacht werden. Einzige Bedingung: Sie müssen sich über die Verteilung einig werden. Ihr Mitstreiter darf über die Verteilung entscheiden, Sie hingegen haben ein Vetorecht. Das heißt, stimmen Sie der Verteilung zu, so wird der Geldsegen entsprechend verteilt, lehnen Sie hingegen ab, erhält keiner von Ihnen auch nur einen Heller.[3] Bei halbe-halbe sind Sie vermutlich guter Dinge und nehmen den Vorschlag an. Doch was ist, wenn Ihnen der Mitspieler nur 20 Euro abgeben und den Rest für sich beanspruchen möchte? Wenn er Ihnen gar noch weniger zuspricht? Freilich sind Sie alles andere als begeistert und lehnen sein unfair erscheinendes Angebot vielleicht sogar ab. Damit gehen Sie zwar leer aus, aber Ihr gieriges Gegenüber auch!

---

iii Nutzen ist nichts anderes als der Grad der Befriedigung, den der Homo oeconomicus durch den Konsum eines Gutes oder einer Dienstleistung erfährt. Hierzu berechnet er für jede sich ihm bietende Alternative den zu erwartenden Nutzen (Erwartungsnutzen). Dieser ergibt sich, wenn man den Nutzen aller möglichen Konsequenzen einer Alternative mit ihrer jeweiligen Eintrittswahrscheinlichkeit multipliziert und anschließend alles addiert. Beispiel Glücksspiel: Der Spieler kann sich entscheiden, ob er an einem Münzwurf teilnimmt, bei dem er im Falle von »Kopf« 200 Euro erhält, bei »Zahl« jedoch 100 Euro zahlen muss. Der Erwartungswert des Spiels ist 50 Prozent × 200 Euro + 50 Prozent x (-100 Euro) = 50 Euro. Nun muss der Entscheider nur noch bestimmen, wie viel Nutzen ihm 50 Euro verschaffen, um sich zu entscheiden. Denn der Grenznutzen der Geldbeträge nimmt mit zunehmender Höhe des Gesamtbetrages immer mehr ab. Die Alternative, das Spiel abzulehnen, entspricht einem Erwartungswert und einem Nutzen von null.

Tatsächlich setzen die meisten Menschen – so konnte man in Hunderten von derartigen Ultimatum-Spielen nachweisen – mit sehr hoher Wahrscheinlichkeit ihr Vetorecht ein, sofern ihnen weniger als 20 Prozent des Gesamtbetrages zugedacht werden sollen.[4] Und das nicht nur, wenn es um monetäre Pappenstiele geht: Bei einem gleichartigen Experiment in Indonesien ging es etwa um die Aufteilung von Summen, die dem Dreifachen des durchschnittlichen Monatseinkommens der Teilnehmer entsprachen![5] Der Homo oeconomicus jedoch würde nicht einmal mit der Wimper zucken, er nimmt jeglichen Geldbetrag, der ihm zugeteilt werden soll, und geht. Ein Euro ist schließlich besser als nichts – Neid ist ihm völlig fremd.

Umgekehrt wollen die wenigsten Teilnehmer bei diesen Ultimatum-Spielen den vollen Betrag für sich einheimsen. Die Mehrheit ist großzügig und teilt: Im Durchschnitt werden dem Spielpartner mit Vetorecht zwischen 40 und 50 Prozent des Gesamtbetrages angeboten.[6]

Fairness ist für jede Gesellschaft wichtig, ganz gleich, ob es sich dabei um ein hoch technologisiertes, globalisiertes und vermeintlich zivilisiertes Volk handelt oder um einen völlig abgeschiedenen Nomadenstamm im tiefsten Hinterland. Allen Völkern ist mehrheitlich faires Verhalten sowie die Bestrafung von unfairem Vorgehen gemeinsam – wenn auch in unterschiedlichen Ausprägungen und mit abweichenden Fairnessregeln. Während die Lamalera, Walfänger in Indonesien, am großzügigsten teilen, sind die Machinguenga, ein Volk im Regenwald Perus, am geizigsten – für ihre Stammesbrüder ist das aber völlig in Ordnung. Wichtig: Alle Volksgruppen weichen vom Homo-oeconomicus-Modell ab. Die Differenzen zwischen den einzelnen Gruppen können sich die Forscher nur so erklären: Gerechtigkeit ist umso wichtiger, je mehr die Menschen Handel betreiben und je mehr sie aufeinander angewiesen sind. Die Machinguenga sind vornehmlich Individualisten – jede Familie lebt für sich. Die Walfänger der Lamalera sind in höchstem Maße voneinander abhängig. Nur wenn sie alle zusammenarbeiten, können sie ihre Beute erlegen und überleben.[7]

Welche wichtige Rolle etwa Fairness und Gerechtigkeit im Leben des echten Menschen spielen, zeigt auch das Beispiel einer französischen Ausgabe der weltweit beliebten TV-Show *Wer wird Millionär*: Ein Kandidat sah sich nicht in der Lage, die Frage »Welcher Himmelskörper rotiert um die Erde?« korrekt zu beantworten, und erbat die Hilfe des Publikums. Die Antwortmöglichkeiten: Mond, Sonne, Mars oder Venus. Kurioserweise votierten nur 42 Prozent der Studiozuschauer für die richtige Antwort »Mond«, dafür aber 56 Prozent für die falsche Lösung »Sonne«. Ein Interview unter den Zuschauern ergab schließlich, dass sich viele Studiobesucher des Fehlers vollauf bewusst waren und mit Absicht die falsche Antwort gewählt hatten. Es sei ihm nicht gerecht erschienen, dass ein Kandidat, der eine derart einfache Frage nicht beantworten könne, mit seiner Hilfe zu Geld komme, so die Antwort eines Zuschauers.[8]

Um eine zweite wichtige Eigenschaft des Homo oeconomicus ist es noch schlechter bestellt – in seiner ursprünglichen, strengsten Form wird ihm vollständige Informiertheit unterstellt.[9] Doch längst haben Biologen und Mediziner erkannt, dass ein Mensch nicht in der Lage ist, alle verfügbaren Informationen aufzunehmen, geschweige denn, sie adäquat zu bewerten. Dazu reicht die Gehirnkapazität der menschlichen Spezies nicht aus.

Deswegen hält auch diese Charakteristik des Homo oeconomicus einer Prüfung nicht stand: die absolute Rationalität, die den Gesetzen von Logik und Wahrscheinlichkeit folgt. Dass ein frisch Verliebter kaum klar denken kann, mag jedem einleuchten. Aber auch ein bedachter, analytisch begabter Statistiker ist der absoluten Rationalität kaum näher als ein Verliebter mit Schmetterlingen im Bauch. Denn absolute Rationalität ist wohl ausschließlich einer übermenschlichen Instanz vorbehalten: Sie muss über sämtliche Informationen und die entsprechenden Bewertungskapazitäten verfügen und später auch noch folgerichtig und konsequent die ökonomisch beste Alternative auswählen, um den eigenen Nutzen zu maximieren. Nutzenmaximierung ist also untrennbar mit Rationalität verbunden. Der Mensch hingegen kann derlei »Superkräfte« nicht vorweisen – seine Kapazitäten sind beschränkt und wie es um die Nutzenmaximierung bestellt ist, wissen Sie ja bereits.

Die Vorlieben des Homo oeconomicus bleiben immer stabil, sie ändern sich auch dann nicht, wenn die Alternativen auf andere Art und Weise, in anderer Reihenfolge oder zu unterschiedlichen Zeiten präsentiert werden[10] – es herrscht das Prinzip der Unveränderlichkeit (Invarianz). Seine Präferenzen sind in Stein gemeißelt.

Um festzustellen, dass sich der Mensch jedoch häufig nicht an diesen Grundsatz der Rationalität hält, muss man kein Sozialwissenschaftler sein. Hier eine kleine Kostprobe: Noch am Ersten eines Monats mag man sich vorgenommen haben, endlich einmal mehr zu sparen – für das ersehnte Eigenheim oder die Altersvorsorge. Der emotionslose, berechnende Homo oeconomicus hält sich selbstverständlich an seine guten Vorsätze. Dem Menschen jedoch fällt das weitaus schwerer. Er hat ein Selbstkontrollproblem: Da lockt nur eine Woche später ein Kinobesuch, das neue Mobiltelefon eines angesagten Herstellers oder die aktuelle Kollektion des Lieblingsdesigners – und schon werden die guten Vorsätze über Bord geworfen.

Dazu kommt: Selbst wenn der Mensch ans Ziel seiner Wünsche und Vorlieben gelangt, so muss er oft feststellen, dass die Erfüllung seiner Träume ihn gar nicht so zufrieden macht wie erhofft. Das Modellwesen Homo oeconomicus hingegen wird nie enttäuscht sein – er weiß schließlich ganz genau, was er will, und kann schon im Vorhinein exakt beziffern, wie viel Nutzen ihm ein Gut oder eine Dienstleistung verschaffen wird.

2.3 Die Psychologie auf dem Vormarsch

Bevor der Homo oeconomicus erschaffen wurde, war die Ökonomie der Psychologie gar nicht so fremd. 1789 definierte der englische Jurist, Philosoph und Sozialreformer Jeremy Bentham[iv] Nutzen noch als all das, was Gewinn, Vorteil, Freude, Wohl und Glück hervorbringt oder was Unheil, Leid, Böses und Unglück verhindert.[11] Diese Auffassung kam allerdings mit der Zeit der Neoklassik aus der Mode – das Nützlichkeitsprinzip von Bentham, gefühlter Nutzen, wurde weitgehend ignoriert und als nicht messbar abgetan. Nunmehr wurde Nutzen allein auf die Präferenz des Entscheiders reduziert: Was der Mensch bzw. der Homo oeconomicus sich aussucht, wird ihm wohl den größten Nutzen ver-

iv Jeremy Bentham (1748–1832) gilt als einer der Begründer des klassischen Utilitarismus.

schaffen, folgerten die neoklassischen Ökonomen.[12] Das Glück hielt erst kürzlich wieder Einzug in die Ökonomie, wie im Kapitel 8.3 zu lesen sein wird.

Und endlich kam auch die Psychologie wieder ins Spiel: Kritiker, die die Verwandtschaft des Homo oeconomicus mit dem realen Menschen bestritten und offen ihre Zweifel an der Aussagekraft klassischer Marktmodelle äußerten, gab es zwar immer schon. Erst in den 1980er-Jahren aber bildete sich daraus in den USA eine ganz neue Strömung innerhalb der Wirtschaftswissenschaften heraus – die Behavioral Economics, zu Deutsch: verhaltensorientierte Ökonomie. Ihr Einflussbereich erstreckt sich auf sämtliche ökonomische Bereiche, so auch die Finanzmärkte (Behavioral Finance), und auf ganz alltägliche Entscheidungen.

Die Anhänger der Behavioral Economics stellten den Menschen in den Mittelpunkt – so wie er wirklich ist, nicht wie er sein sollte.[v] Sie beobachteten zunächst das Individuum und untersuchten dann das Verhalten von Gruppen, etwa das von Akteuren, die auf den verschiedenen Märkten aufeinandertreffen.

Statt den Menschen als rationales Superhirn zu beschreiben, sprechen die Anhänger der Behavioral Economics von **begrenzter Rationalität** (*bounded rationality*)[13] – den Ausgangspunkt für dieses Konzept bildet die Arbeit des amerikanischen Sozialwissenschaftlers Herbert Simon. Der Pionier identifizierte mehrere Beschränkungen, denen sich der menschliche Entscheider stellen muss: Er verfügt nur über unvollständige Informationen zu seinen Handlungsalternativen und deren Konsequenzen. Das menschliche Gehirn unterliegt daneben physischen Limitierungen, was die Informationswahrnehmung, -verarbeitung und -beurteilung betrifft.[14] Und natürlich ist auch Zeit für den sterblichen Homo sapiens ein wichtiger Faktor. Ihm bleiben meist nicht Monate Zeit, um eine Aufgabe zu lösen, sondern oftmals nur Bruchteile von Sekunden – beispielsweise, um ein heranrollendes Auto als Gefahr zu identifizieren und zur Seite zu springen.

Begrenzt rational bedeutet jedoch nicht, dass der menschliche Entscheider mit den physischen Beschränkungen des Gehirns so gut es geht die beste ökono-

v Eine Theorie, die beschreibt, wie sich Marktteilnehmer tatsächlich verhalten, ist eine deskriptive Theorie.

mische Optimierung zu erreichen sucht – das wäre die Vorgehensweise eines Computers. Man denke beispielsweise an einen Hochleistungsrechner, der in der Wissenschaft eingesetzt wird und oft über Monate hinweg eine einzige Aufgabe berechnet, sämtliche verfügbare Alternativen durchspielt. Der Mensch geht einen völlig anderen Weg. Dieser ist deswegen jedoch nicht unbedingt irrational. Vielmehr ist sein Gehirn nahezu perfekt an seine Umwelt angepasst, trotz aller physischen Limitierungen. Es nimmt Abkürzungen, indem es Erfahrungen und Gefühle nutzt – kurz: Es spart Energie, Kapazität und Zeit.

Der Mensch in seiner begrenzten Rationalität ist laut Herbert Simon kein Nutzenoptimierer, er gibt sich stattdessen auch schon mit weniger als dem Maximum zufrieden. Simon identifizierte eine der typisch menschlichen Abkürzungen bei der Suche nach einer guten Entscheidung daher als ***satisficing*** (eine Wortschöpfung aus den englischen Worten *satisfying* (befriedigen) und *suffice* (genügen)): Bekanntermaßen kann der Mensch die Suche nach dem Maximum meist nicht bewältigen – zu viele Informationen müssten ausgewertet, zu viel Zeit und Ressourcen aufgewendet werden. Daher sucht der Mensch, der *satisficer*, nur so lange nach Alternativen, bis er die erstbeste Lösung gefunden hat, die seinen Ansprüchen genügt. Dieses Anspruchsniveau beruht auf Erfahrungen der Vergangenheit und solchen, die er erst während der Suche nach Alternativen sammelt. Findet er nach längerem Suchen keine solche Alternative, senkt er seine Ambitionen.[15]

Eine Hausfrau zum Beispiel, die einen Socken stopfen möchte, sucht nicht nach der weltbesten Nadel. Stattdessen stellt sie die Suche ein, sobald sie in ihrem Nähkästchen ein passendes Werkzeug, bei dem sie das Nähgarn einfädeln kann, gefunden hat.

Diese Abkürzungen, die den Menschen durch den täglichen Entscheidungsdschungel führen, sind sicher nicht rational im Sinne der klassischen Definition. Nach dem Bild »Homo oeconomicus« ist menschliches Verhalten nur dann rational, wenn es mit den Normen von Logik, Statistik und Wahrscheinlichkeit konform geht. Dennoch verdient der Entscheider aus Fleisch und Blut nicht den Stempel der Irrationalität. Schließlich sind viele der alltäglichen Entscheidungen, die der Mensch trifft, mindestens genauso treffsicher wie eine komplizierte, zeitraubende logische Abwägung. Stellen Sie sich einen Jongleur vor: Er fängt immer wieder seine Keulen und Bälle, obgleich er keine langwierigen, mathematischen Berechnungen für die Flugbahn jedes einzelnen Objekts anstrengt.

Stattdessen spricht mancher verhaltensorientierte Autor mittlerweile auch von ökologischer Rationalität (*ecological rationality*).[16] Sie ist dann gegeben, wenn das Verhalten eines Organismus, ob einfacher Mehrzeller oder hoch entwickelter Homo sapiens, an die jeweilige Umgebung und die spezifische Problemsituation angepasst ist. Um das Überleben und die Reproduktion zu sichern, müssen alle Organismen in der Lage sein, blitzschnelle, sparsame und akkurate Schlüsse zu ziehen. Darauf, dass es dennoch immer wieder zu verzerrten Urteilen kommt, hat das Konzept der zeitversetzten Rationalität (*time-shifted rationality*) eine Antwort: Das menschliche Gehirn ist zwar an seine Umwelt angepasst – aber an ein Umfeld, in dem der Mensch den Großteil seines evolutionären Daseins verbracht hat, nämlich in kleinen Gruppenverbänden von Jägern und Sammlern. Das, was als »irrational« kritisiert wird, spiegelt häufig nichts anderes wider als die Diskrepanz zwischen der Gegenwart, in der das Gehirn operiert, und der Steinzeit, in der es sich vornehmlich entwickelt und entfaltet hat.[17]

Weitere dieser evolutionären Überlegungen finden Sie im Kapitel 9, »Evolutionäre Psychologie«. Um Entscheidungswege abzukürzen, nutzt das Gehirn ein reiches Instrumentarium an einfachen Faustregeln, sogenannte Heuristiken. Ihre Funktionsweise wird umfassend in Kapitel 4, »Der Mensch und sein Autopilot«, erklärt.

2.4 Das Ende des Homo oeconomicus?

Das Modell des Homo oeconomicus ist zwar modernisiert worden – weg vom reinen, immer optimal handelnden, vollständig informierten Nutzenmaximierer, der blitzschnell wie ein Computer immer die beste aller Möglichkeiten ermittelt, und hin zu einem Modellmenschen, der sich durchaus bewusst ist, dass er nicht allein lebt. Missgunst, Neid und Altruismus sind daher nicht mehr vollständig ausgeschlossen, bleiben aber die Ausnahme. Mittlerweile besteht er nicht mehr nur auf dem Optimum, sondern gibt sich bei einigen Modellvätern sogar mit weniger zufrieden – man hat also tatsächlich versucht, dem Homo oeconomicus das Satisficing beizubringen. Er entscheidet unter unvollständiger Information und unter Zeitdruck, seine Vorlieben können sich ändern – aber nur selten.[18] Dennoch: Soviel man ihn auch modifiziert hat, um ihn menschlicher zu machen – der Homo oeconomicus bleibt dem Menschen fremd. Mediziner, insbesondere die Hirnforscher, und Sozialwissenschaftler können nach wie vor keine enge Verwandtschaft feststellen.

Der Mensch besteht eben genau aus dem, was selbst dem modernen Homo oeconomicus nur in Ausnahmefällen zugestanden wird: Ihn treiben Neid, Schadenfreude, aber auch Altruismus und Moralvorstellungen um. Er muss sich mit psychischen Kosten herumschlagen, gibt Gewinnen ein völlig anderes Gewicht als Verlusten, verstößt wiederholt gegen die Gesetze der Logik und ändert ständig seine Vorlieben. Mehr noch: Er kennt seine wahren Neigungen häufig noch nicht einmal, sondern strebt nach etwas, das ihn am Ende oft gar nicht zufriedenstellt. All das ist nicht die Ausnahme – es tritt systematisch immer wieder auf.

Noch wollen viele Ökonomen den Homo oeconomicus aber nicht zu Grabe tragen. Denn seinen besonderen Charme hat er nach wie vor – er eignet sich vorzüglich für die Konstruktion ökonomischer Modelle. Doch auch Letztere haben ihre Haken und Ösen, wie der folgende Abschnitt verdeutlicht.

2.5 Alles ist Psychologie

Da es auf sämtlichen Märkten immer um das Verhalten von Menschen geht, ist jeder Markt von Natur aus *behavioral* (verhaltensorientiert). Um Psychologie ging es aber in der Ökonomie, der Wissenschaft, die den Märkten auf den Grund gehen möchte, lange Zeit ganz und gar nicht.

Mithilfe der Abstraktion »Homo oeconomicus« wollte die moderne Kapitalmarkttheorie, die die Wissenschaft über Jahrzehnte hinweg dominierte, nicht nur das Individuum ökonomisch greifbar machen. Vor allem wollte man das

Verhalten einer Gruppe, das Verhalten eines Marktes, messen, testen und in Zahlen erfassen, um schließlich Vorhersagen anstellen zu können. Um bei aller Komplexität der ökonomischen Zusammenhänge zu einigermaßen überschaubaren Gesetzmäßigkeiten zu kommen, traf man dabei allerdings Annahmen über den Entscheider, die ihn weitgehend entmenschlichten. Man beschrieb, wie er sich verhalten sollte[vi], um rationale Entscheidungen gemäß den Gesetzen der Wahrscheinlichkeit und der Logik zu treffen – nicht aber, wie er in der Realität tatsächlich entscheidet und handelt.

Die Wirtschaftswissenschaftler standen der Arbeit der Psychologen lange skeptisch gegenüber. Sie sahen schlicht und einfach nicht die Notwendigkeit, sich mit den psychischen und physischen Besonderheiten des Menschen auseinanderzusetzen, die diesem absolute Rationalität im Sinne der klassischen Schule unmöglich machen. Irrationales Verhalten schloss die Lehre zwar nicht kategorisch aus, es herrschte und herrscht jedoch auch heute noch vielerorts die Überzeugung vor, dass Verhaltensweisen, die gegen die Gesetze von Wahrscheinlichkeit und Logik verstoßen, sich auf einem Markt gegenseitig ausgleichen. Oder aber, dass der als irrational titulierte Akteur sein Tun nicht lange durchhält, Geld verliert und schließlich vom Markt verschwindet[19]. In der Realität ist das aber längst keine ausgemachte Sache: Preisverzerrungen (*noise*) und ihre »irrationalen« Verursacher (sogenannte *noise trader*) haben oftmals einen längeren Atem, als den angeblich rationalen Händlern lieb ist. Mehr noch: Ein und dieselbe Person kann gleichzeitig auf einem Markt als »rationaler Händler« auftreten, auf einem anderen aber als »irrationaler« Anleger engagiert sein – deswegen können noise und noise trader so lange überleben. Vermeintlich risikolose Arbitrage-Möglichkeiten – hierbei nutzt der »rationale Akteur« Preisverzerrungen zwischen verschiedenen Märkten gewinnbringend aus – entpuppen sich häufig als riskant und kostspielig.[20]

Die Theorie und die Modelle der klassischen ökonomischen Schule waren zwar eine runde, testbare Sache – das sind sie auch heute noch! Aber sie werden der alltäglichen Wirklichkeit bei Weitem nicht immer gerecht. Sowohl bei den Marktteilnehmern als auch an den Märkten selbst sind Verhaltensweisen

vi Eine Theorie, die vorgibt, wie sich ein Marktteilnehmer verhalten sollte, nennt man eine normative Theorie.

und Phänomene zu beobachten, die mittels dieser Überzeugung nicht erklärbar sind und in der Vergangenheit hartnäckig als Ausnahmen abgetan wurden. Allerdings häufen sich diese Ausnahmephänomene – sie treten immer wieder auf. Es lässt sich etwa beobachten, dass sich Aktienkurse gewöhnlich deutlich schwankungsfreudiger (volatiler) zeigen, als sie es laut der klassischen Lehre eigentlich sein dürften[21]

Schlimmer noch: Immer wieder brechen Ereignisse und Krisen über die Finanzwelt oder gar die Weltwirtschaft herein, die laut der klassischen Prognosemodelle eigentlich nur alle paar Hundert Jahre eintreten dürften.

2.6 Ein neues Menschenbild und neue Modelle

Die Botschaft der Psychologen ist mittlerweile an höchster Stelle angekommen – zumindest in einigen Ländern. In Großbritannien umgibt sich die Regierung von David Cameron etwa mit Beratern aus dem Bereich Behavioral Economics. Zu diesem »Behavioral Insight Team« gehört auch Universitätsprofessor Richard Thaler, gegenwärtig einer der bedeutendsten Vertreter auf diesem Gebiet. Das Gremium soll der Regierung Wege aufzeigen, wie man die Bürger zu gesünderem und sozialverträglicherem Verhalten ermutigt – nicht durch Ge- und Verbote, sondern durch richtig gesetzte Anreize. Auch US-Präsident Barack Obama schätzt Thalers Rat.

Vor allem aber, was die Themen Wirtschaft und Wirtschaftsmodelle betrifft, besteht großer Nachholbedarf sowohl bei den Regierungen als auch in der Privatwirtschaft. Schließlich haben die Risikomodelle vieler Banken in der jüngsten Krise kläglich versagt: Selbst wenn einige signalisiert haben mögen, dass eine Krise nur einen Wimpernschlag entfernt sei, konnten sie weder den Zeitpunkt des Ausbruchs noch auch nur annähernd ihr Ausmaß prognostizieren. Dazu kommt: Die Entscheider in den Kreditinstituten haben solche Warnungen ihrer Modelle oft in den Wind geschlagen – sie wollten weiterhin an den noch boomenden Märkten Geld verdienen, genauso übrigens wie die Anteilseigner der Banken. Die Behörden wiederum verfügten zumeist nicht einmal über derlei Risikofrühwarnsysteme – die Folgen der Lehman-Pleite konnten die Offiziellen nur kläglich aus dem Bauch heraus schätzen und sie lagen damit völlig daneben. Und die involvierten Politiker konnten sich nicht annähernd vorstellen, dass die nur allzu menschlichen Entscheider in den Banken derlei hohe, eng verflochtene, existenzielle Risiken eingegangen waren.

Sowohl in den mathematischen Modellen der Banken als auch in den bis dato nur »mentalen« Modellen der Regierungen und Zentralbanken wurden der Mensch und seine Motivationen schlichtweg nicht ausreichend berücksichtigt. Er ist es aber, der an den Märkten für die Preisbildung sorgt. An den Börsenplätzen dieser Welt werden nicht in erster Linie Güter oder Aktien gehandelt, sondern die Erwartungen der menschlichen Käufer und Verkäufer. Der Mensch ist es auch, der Trends, Zyklen und Investmentblasen verursacht und die immer wieder auftretenden Krisen, die die Wirtschaft eines Landes erschüttern.

***

Krisen werden sich kaum abwenden lassen – auch die beste (Finanz-)Marktregulierung wird sie nicht abwenden können. Immer wieder werden falsch gesetzte Anreize, Übertreibungen und eine Verkettung unterschiedlicher Faktoren zu neuen Wirtschafts- und Finanzkrisen führen. Versteht man jedoch den Menschen, den Urheber solcher Krisen, lassen sich bessere Frühwarnsysteme entwickeln. Zudem lassen sich Vorkehrungen treffen, um die Konsequenzen in Zukunft besser abfedern zu können.

Und man versteht den Menschen immer besser: Mittlerweile werden nämlich immer mehr empirische Untersuchungen und Annahmen der Psychologen von den Medizinern bestätigt. Hirnforscher können dem realen Entscheider direkt in den Kopf schauen, während er unter verschiedenen Alternativen auswählt (werfen auch Sie einen Blick in das Innere des menschlichen Gehirns – im Kapitel 10, »Dem Entscheider in den Kopf geschaut«).

Natürlich werden psychologisch angehauchte Prognosemodelle deutlich komplexer ausfallen. Die gesamte Ökonomie wird dadurch komplizierter – dafür aber lebensnäher.

Der Mensch ist kein Homo oeconomicus

Der Mensch ist kein Homo oeconomicus (Nutzenmaximierer, absolut rational), wie ihn klassische ökonomische Modelle vorsehen. Bestimmte Verhaltensmuster bei Mensch und Markt, die als Ausnahmephänomene abgetan wurden, tauchen systematisch immer wieder auf. Die verhaltensorientierte Ökonomie beleuchtet den Menschen als Ganzes – sowohl das Verhalten des Einzelnen als auch das Verhalten von Gruppen auf diversen Märkten: Neben dem eigenen Nutzen spielen vor allem Motive wie Missgunst, Neid, Moral, Altruismus, Gerechtigkeit, Wohlbefinden oder auch der Drang, sich innerhalb einer Gruppe konform zu verhalten, für den Menschen eine tragende Rolle.

Exkurs: Nachruf an die Theorie der effizienten Märkte

Zwei Männer gehen eine Straße entlang und entdecken einen 20-Euro-Schein im Rinnstein. Sagt der eine, ein Verfechter der Effizienzmarkthypothese, zum anderen: »Mach dir nicht die Mühe, ihn aufzuheben – wenn es wirklich ein 20-Euro-Schein wäre, würde er nicht da liegen.«

Eine weitverbreitete Überzeugung der klassischen ökonomischen Schule muss begraben werden: Die Annahme, dass Finanzmärkte effizient seien. Die Lehre vom effizienten Markt geht auf das Werk des US-Wirtschaftswissenschaftlers Eugene F. Fama zurück. Er veröffentlichte 1970 seinen Artikel »Efficient Capital Markets«.

Auf einem effizienten Markt nach Fama sind alle gehandelten Güter genau so viel wert, wie dafür bezahlt wird (der fundamentale, innere Wert ist hierbei gleich der diskontierten Summe aller künftigen Kapitalzuflüsse). Ob dabei die Werthaltigkeit dieses Gutes von den Marktteilnehmern richtig oder falsch interpretiert wurde, ist nicht relevant. Und: Alle verfügbaren Informationen werden zu jedem Zeitpunkt im Kurs reflektiert, schon bevor man als Investor mit dieser Information gewinnbringend handeln kann. Auch alle Erwartungen der Marktteilnehmer werden als verfügbare Informationen angesehen und sind damit im Kurs bereits eingepreist.[22]

Ändert sich der Wert von Aktien, Anleihen und Co. (oder auch der »Marktwert« eines Singles), so ist das auf Veränderungen ihres fundamentalen Wertes zurückzuführen, so der klassische Ansatz.[23] Dass das Auf und Ab an den Märkten – hier: an den Finanzmärkten – mit fundamentalen Veränderungen recht wenig zu tun hat, geschweige denn mit den rationalen Erwartungen, die die Akteure hegen sollen, erkannten etwa die Ökonomen Cutler, Poterba und Summers. Letzterer war übrigens Finanzminister im Kabinett des ehemaligen US-Präsidenten Bill Clinton und bis 2010 Vorsitzender des National Economic Council (NEC), des Nationalen Wirtschaftsrates im Weißen Haus. Auch hier wird deutlich: Die Ideen der Behavioral Economics haben endlich Einzug in die Politik gehalten.

Cutler, Poterba und Summers untersuchten die Entwicklung des amerikanischen Aktienmarktes zwischen 1926 und 1986 und stellten fest, dass lediglich 18 Prozent der monatlichen Kursveränderungen mit makroökonomischen Daten (z. B. Dividenden, Inflation und Industrieproduktion) erklärbar waren.[24] Also mit solchen Daten, von denen man eigentlich annahm, dass sie den fundamentalen Wert und damit auch den Kurs der gelisteten Titel wesentlich beeinflussen.

Wie sehr die Hypothese vom effizienten Markt in der Realität hinkt, verdeutlicht der eingangs angeführte Scherz über die beiden Männer, die einen 20-Euro-Schein im Rinnstein entdecken. »Mach dir nicht die Mühe, ihn aufzuheben – wenn es wirklich ein 20-Euro-Schein wäre, würde er nicht da liegen« heißt nichts anderes als: Da die Marktpreise zu jedem Zeitpunkt bereits alles reflektieren, was es über das Gut zu wissen gibt, kann es keinen versteckten Zusatzwert geben, den man einfach so »aufheben« kann.

Die Lehre von den effizienten Märkten hat das ökonomische Denken über Jahrzehnte hinweg dominiert, doch mittlerweile äußern sogar Nobelpreisträger offen ihre Zweifel – so geschehen beim dritten Ökonomie-Nobelpreisträgertreffen in Lindau im Jahr 2008. Einer der Teilnehmer, Daniel McFadden, der den Preis für Wirtschaftswissenschaften im Jahr 2000 entgegennehmen durfte, warf sogar die Frage auf, ob das große Vertrauen, das die Wirtschaftswissenschaft in das effiziente Funktionieren von Märkten gesetzt hat, richtig gewesen sei. Er bezweifelte zugleich, ob es sich dabei überhaupt um gute Wissenschaft handelt. Diese Theorie sei nicht mehr haltbar – die Ökonomen würden die Welt künftig mit anderen Augen sehen, so der Ökonometrie-Professor.[25]

3. Typisch Mensch: harmoniesüchtig und kontrollwütig

Um den Menschen und seine Entscheidungen verstehen zu können, muss man sich zunächst seiner Motive bewusst werden: Er hat ein unbändiges Verlangen nach Wohlbefinden. Dazu gehören die urtypischen Bedürfnisse nach Harmonie und Kontrolle, die ihn immer wieder zu Entscheidungen und Handlungsweisen treiben, die dem Modellmenschen Homo oeconomicus, der im vorangegangenen Kapitel vorgestellt wurde, völlig fremd sind.

3.1 Das Bedürfnis nach Harmonie

Der Bräutigam strahlt über das ganze Gesicht. Gerade hat er seiner Angebeteten vor Gott das Jawort gegeben und nun führt er seine frisch gebackene Ehefrau aus der Kirche, vorbei an all den fröhlichen Gesichtern der Verwandten und Freunde. In der letzten Reihe jedoch erblickt er seine Jugendliebe, die er schon seit Jahren nicht mehr gesehen hat. Seit dem Tag nicht mehr, an dem er sich von ihr getrennt hatte. Sein Herz macht einen Sprung und für einen kurzen Moment zweifelt er: Hat er gerade die richtige Entscheidung getroffen?

3.1.1 Umgang mit kognitiver Dissonanz

Immer dann, wenn der Mensch zwischen zwei oder mehreren Alternativen wählen muss, entsteht ein Zwiespalt. Denn die gewählte Alternative birgt vielleicht auch negative Eigenschaften, während die verworfene Alternative einige positive Merkmale für sich verbuchen kann. Dieser Umstand schmeckt dem Entscheider gewöhnlich gar nicht. Er wünscht sich Eindeutigkeit, denn nur die Konsistenz von Wertvorstellungen, Wahrnehmung und Handeln verschafft ihm

Wohlbefinden, also einen Zustand der inneren Ausgeglichenheit, nach dem die gesamte Menschheit strebt. Aber kaum eine Entscheidung gleicht der Wahl zwischen Schwarz und Weiß, und so grübelt man, ob man wirklich die bessere Alternative favorisiert hat. Diesen Widerspruch nannte der amerikanische Sozialpsychologe Leon Festinger im Jahr 1957 kognitive Dissonanz.[26]

»Kognitiv« leitet sich von »Kognition« ab. Als Kognition gilt in diesem Zusammenhang jede Art von Bewusstseinsprozess, beispielsweise Informations-, Glaubens- oder Wissenseinheiten – eine Kognition ist jedes Bruchstück Wissen, über das eine Person verfügt. In der Wertewelt eines Anlegers mögen etwa die Kognitionen »Geld hat einen hohen Status« und »Erfolg ist mir wichtig« vorkommen. Stehen Kognitionen im Einklang miteinander, so besteht eine konsonante Beziehung – es passt alles zusammen. Wenn ein Anleger, der Geld in seinem Leben ohnehin einen hohen Stellenwert beimisst, gerade einen Gewinn erzielt, ist alles im Lot. Ein Verlust würde dagegen einen Widerspruch zu seiner Wertewelt hervorrufen, denn die Kognitionen stehen nun in einem dissonanten Verhältnis.

Genauso wie der Mensch Hunger und Durst schnellstmöglich zu beseitigen sucht, genauso zügig wird er auch Unstimmigkeiten zwischen Wahrnehmung, Denken und Handeln ausräumen wollen, da er sie als unangenehm empfindet – das ist die Kernaussage der Theorie von der kognitiven Dissonanz, die von unzähligen Sozialpsychologen weiterentwickelt wurde.

3.1.2 Klebstoff Commitment

Damit kognitive Dissonanz überhaupt erst entsteht, muss man eine emotionale Bindung zu seiner Entscheidung aufbauen, das sogenannte ***commitment***.[27] Man kann sich das Commitment auch als eine Art Klebstoff vorstellen, der den Menschen an seine einmal getroffene Entscheidung bindet. Je stärker die Selbstverpflichtung, desto stärker auch das unangenehme Gefühl, wenn die getroffene Entscheidung nicht die erwarteten Folgen nach sich zieht.

Wie hoch das Commitment ausfällt, hängt von mehreren Faktoren ab, die der Mensch teilweise selbst beeinflussen kann. Das heißt, man kann in einem gewissen Rahmen das Ausmaß der unangenehmen Dissonanz selbst steuern. Die entsprechenden Determinanten werden im Folgenden umrissen:

Entscheidungsfreiheit

Dissonanz kann nur entstehen, wenn eine Entscheidung freiwillig und nicht von Dritten getroffen wird. Es bedeutet, dass man aus mindestens zwei Alternativen ohne Zwang auswählen darf.[28] Führt ein Angestellter lediglich eine Weisung seines Vorgesetzten aus, so fühlt er sich diesem Engagement emotional nicht verbunden. Ebenso ergeht es dem Händler, der lediglich einen Kundenauftrag ausführt. Es entsteht kein Commitment und somit auch keine kognitive Dissonanz. Die meisten Akteure an den internationalen Finanzmärkten werden aber für gewöhnlich nicht zum Kauf eines bestimmten Wertpapiers gezwungen. Sie entscheiden meist selbst, was einen überaus günstigen Nährboden für die Entstehung von kognitiver Dissonanz darstellt.

Verantwortung

Grundsätzlich wächst mit der Verantwortung für eine Entscheidung auch das Potenzial für kognitive Dissonanz[29] – wer ist verantwortlich, wenn eine Entscheidung negative Konsequenzen nach sich zieht? Dabei spielt die individuelle Wahrnehmung eine ganz entscheidende Rolle. Während man die Ursache für eigene Misserfolge lieber in den äußeren Umständen sucht, übernimmt man nur allzu gern die Verantwortung für einen Erfolg (*self-serving attribution bias*). Beurteilt man jedoch Dritte, so wird man tendenziell sämtliche Ergebnisse, ob gut oder schlecht, eher einer Person und weniger den Umständen zuschreiben (fundamentaler Attributionsfehler)[30]. Bei einem Autounfall beispielsweise wird man sich zunächst eher fragen, ob der Fahrer nicht aufgepasst hat, übermüdet oder zu schnell war, als die Unfallursache in der nassen, mit einer Ölspur verschmierten Straße zu suchen. Außenstehende erklären manchen Fondsmanager schlicht für unfähig, wenn er mit seiner gerade erst eröffneten Aktienposition herbe Verluste einfährt, obwohl ihm ein völlig unvorhergesehenes – etwa ein politisches – Ereignis einen Strich durch die Rechnung gemacht hat. Hat er zuvor jedoch aus unerfindlichen

Gründen rechtzeitig ein großes Aktienpaket verkauft, wird man ihm einen »guten Riecher« attestieren und ihm künftig häufiger sein Geld anvertrauen, auch wenn sich in diesem Fall Erfolg oder Misserfolg völlig seiner Kontrolle entzogen haben.

Menschen, deren Entscheidungen von allen Seiten beobachtet und verfolgt werden, Fondsmanager oder Vermögensverwalter, fühlen daher womöglich ein höheres Commitment als ein Kleinanleger, der im Stillen agiert. Schließlich müssen Sie damit rechnen, für jeglichen Misserfolg verantwortlich gemacht zu werden. Gleiches gilt für Politiker und Personen, die im Licht der Öffentlichkeit stehen, im Gegensatz etwa zum kleinen Angestellten.

Normabweichung

Das Commitment fällt umso größer aus, je stärker eine Handlung von der Norm – das kann etwa eine gesellschaftliche Norm sein oder der eigene persönliche Standard – abweicht. Entscheidungen erfordern hingegen eine weit geringere Selbstverpflichtung, wenn sie im Einklang mit der Norm stehen. Aber was ist normal und was ist normabweichend? Hierauf gibt die Normtheorie[31] eine Antwort: Das leicht Vorstellbare gilt als normal und das schwer Vorstellbare als normabweichend. Die augenblickliche Situation, in der man sich befindet, erscheint natürlich am einfachsten vorstellbar, sie ist am leichtesten verfügbar. Kein Wunder, dass Entscheidungen, die den Status quo bewahren, für normal gehalten werden. Maßnahmen, die eine Veränderung herbeiführen, werden daher leicht als Abweichung von der Norm angesehen. Man denke da zum Beispiel an den Fußballtrainer, der frei nach dem Motto *never change a winning team* seine Mannschaft beim nächsten wichtigen Spiel in altbewährter Formation auflaufen lässt. Denn würde er mit einer neu zusammengestellten Mannschaft antreten und eine Niederlage kassieren, fiele die nachfolgende kognitive Dissonanz nebst den Vorwürfen der Fans umso größer aus.

An den Finanzmärkten ist die Norm das, was die Masse tut und für korrekt empfindet – unabhängig davon, ob sie damit tatsächlich recht oder unrecht hat. Liegt man als Außenseiter mit seiner Position falsch, fühlt sich das sehr unangenehm an. »War doch klar«, bekommt der Händler dann von zahlreichen Kollegen inklusive seines Vorgesetzten unter die Nase gerieben. Fährt er jedoch gemeinsam mit der breiten Mehrheit Verluste ein, kann er sich hinter der Masse verstecken: »Den anderen ist es ja auch nicht besser ergangen«, kann er später sich und seinen Chef besänftigen.

Irreversible Kosten bzw. Kosten einer Entscheidungsrevision

Kosten, die eine Entscheidung verursacht hat und die sich nicht mehr rückgängig machen lassen, nennt man auch »versunkene Kosten«. Darunter fallen zum Beispiel die Rechnung für die letzte Autoreparatur, die Gebühren beim Wertpapierkauf, aber auch bereits aufgelaufene Verluste aus einem Investment. Unglücklicherweise weigern sich die meisten Menschen regelmäßig, anzuerkennen, dass diese irreversiblen Kosten der Vergangenheit angehören. Darauf wird im Kapitel 6.3, »Der Fluch der versunkenen Kosten«, noch einmal tiefer eingegangen.

Nicht nur die Höhe dieser Kosten, sondern auch die Höhe des Investments selbst hat Einfluss auf das Commitment. Und hier kann der Anleger ansetzen: z. B. wenn er sich an eine selbst gesteckte Regel hält, sein Engagement maximal bis zu einem Betrag X auszuweiten. Gewinne wiederum senken die emotionale Bindung.

Neben diesen materiellen Kosten fordert manche Entscheidung auch ihren psychischen Preis.[32] Etwa, wenn man all sein Herzblut in eine Angelegenheit hineingesteckt oder sein Vorhaben publik gemacht hat. Je höher dieser psychische Einsatz ist, desto schwieriger wird es, von einer einmal getroffenen Entscheidung zurückzutreten. Schließlich möchte man am Ende nicht öffentlich versagt haben. Mit jedem weiteren Kollegen, den etwa ein Händler von seinem jüngsten Investment informiert, erweitert sich der Kreis der Zeugen, bindet er sich enger an sein Engagement. Genauso ergeht es dem Privatanleger, der seinen »heißen Investment-Tipp« an Freunde und Verwandte weitergibt.

Oder stellen Sie sich einen Single vor, der auf der Suche nach der Richtigen ist. Der vermeintliche Traumpartner läuft ihm tatsächlich über den Weg, die beiden verabreden sich, lernen einander besser kennen. Nach wenigen Wochen jedoch muss er feststellen, dass die neue Beziehung doch nicht das Wahre ist. Sie trennen sich. So weit, so einfach. Doch was, wenn er den neuen Partner bereits der

Familie und den Freunden vorgestellt hat? Wenn die beiden doch gerade noch so sehr Verliebten schon zusammengezogen sind, Möbel gekauft und den gemeinsamen Urlaub angezahlt haben? Dann ist eine Trennung schon nicht mehr so einfach über die Bühne zu bringen. Der Umzug, die neuen Möbel, die Urlaubsanzahlung – all das sind materielle, reale Kosten, die größtenteils unwiederbringlich verloren sind. Und was würden Freunde und Familie nur zu der Trennung sagen, wo man sich doch gerade erst enthusiastisch in diese Partnerschaft gestürzt hat? Hierbei handelt es sich um psychische Kosten.

***

Die emotionale Bindung an eine Entscheidung steigt und fällt also je nach Ausprägung der genannten Faktoren. Wie gut der »Klebstoff« Commitment haftet, hängt davon ab, wie hoch die mit der Entscheidung verbundenen Kosten sind und ob man sie freiwillig, eigenverantwortlich oder entgegen einer Norm trifft. Dass das Commitment auch extreme Ausmaße annehmen kann, illustriert die folgende Anekdote.

3.1.3 Wenn das Commitment eskaliert: die Dollar-Auktion

Max Bazerman macht sich offenbar gern unbeliebt bei seinen Studenten: Immer zu Semesterbeginn veranstaltet der Professor an der Harvard Business School unter seinen neuen Zöglingen eine Versteigerung. Auktionsobjekt: 20 US-Dollar – es darf immer nur in Ein-Dollar-Schritten geboten werden. Klingt zunächst harmlos. Ist es aber nicht. Denn die Auktion hat noch eine Besonderheit[vii]: Natürlich gewinnt der Höchstbietende, aber auch das zweithöchste Gebot wird »bedacht«. Wer auf diesem Platz landet, muss nämlich auch den gebotenen Betrag zahlen, ohne jedoch etwas dafür zu bekommen.[33]

Es ist immer dasselbe: Zunächst sind die Studenten begeistert, aber entspannt bei der Sache. So lange, bis die Gebote etwa zwischen 12 und 16 Dollar betra-

vii Dieses Spiel hat er sich übrigens von Martin Shubik abgeschaut: Shubik, M. (1971): *The Dollar Auction Game: A Paradox in Noncooperative Behavior and Escalation*, Journal of Conflict Resolution, Vol. 15 (1), S. 109–111.

gen. Dann dämmert es jedem der Bietenden, dass er nicht der Einzige ist, der sich schnell einmal günstig 20 Dollar verdienen will. Alle bis auf die beiden Höchstbietenden steigen dann aus. Für die beiden verbliebenen Bieter gibt es jedoch kein Zurück mehr. Ging es zu Beginn der Versteigerung noch darum, das schnelle Geld zu machen, ist ihr Bestreben nun ein anderes: Keiner der beiden will als der Dummkopf dastehen, der gutes Geld für nichts vergeudet hat. Sie spielen nur noch, um nicht zu verlieren – das Commitment vergrößert sich mit jedem Gebot, es eskaliert.

Die Auktion geht weiter, den beiden Verbliebenen steht der Schweiß längst auf der Stirn: 18 Dollar, 19 Dollar, 20 Dollar. Rational betrachtet wäre das nun der Zeitpunkt, das Weiterbieten sein zu lassen, und seinen Verlust zu akzeptieren – aber genau das können sie nicht. Die beiden schaukeln sich immer weiter hoch: 21 Dollar, 22 Dollar, 23 Dollar, 50 Dollar – sogar mehr als 500 Dollar hat Professor Bazerman in einer einzigen Auktion schon erzielt. Noch nie hat er bei diesem Spiel Verlust gemacht. Die Gewinne – innerhalb einer Dekade über 20 000 Dollar – spendet er übrigens für wohltätige Zwecke. Egal, wer die Teilnehmer seiner Auktion sind, ob Studenten oder Manager in einem Seminar – sie alle verfallen dem Sog der Auktion.

Dieses Prinzip haben sich mittlerweile auch Internet-Auktionsplattformen zunutze gemacht: Nicht nur der Gewinner der Auktion wird zur Kasse gebeten, sondern auch die unterlegenen Mitbietenden. Einziger, wenn auch schwacher Trost: Wer bei diesen Internetauktionen verliert, kann hinterher immerhin das versteigerte Gut – unter Anrechnung des bereits investierten Geldes – käuflich erwerben.

Dieser Art von Auktionen mit dem besonderen Kick haben die Betreiber übrigens den wohlklingenden Namen »Entertainment-Shopping« gegeben.

3.1.4 Was nicht passt, wird passend gemacht

Leon Festinger verglich kognitive Dissonanz mit unangenehmen Zuständen wie Hunger und Durst. Je größer der Hunger, desto größer das Verlangen, sich satt zu essen – entsprechend steigt auch mit dem Ausmaß der Dissonanz der Drang, sie zu reduzieren. Jeder Mensch wird zunächst versuchen, kognitiven Dissonanzen aus dem Weg zu gehen. Ist das jedoch nicht möglich und die innere Harmonie erst einmal gestört, so wird er alles daran setzen, diese wiederherzustellen. Auch die Hirnforscher sind der kognitiven Dissonanz mittlerweile auf die Spur gekommen: Wenn man etwas tut, das nicht zu seinen vorherigen Verhaltensweisen und Einstellungen passt, lässt sich erhöhte Neuronenaktivität in Gehirnbereichen feststellen, die gewöhnlich bei Ekel und Abneigung (anteriore Insula) bzw. auch bei anderen Konflikten (anteriores Cingulum) reagieren (Näheres zu den Aufgaben dieser Hirnregionen finden Sie im Kapitel 10, »Dem Entscheider in den Kopf geschaut«). Gleichzeitig beobachteten sie, dass die Testpersonen versuchten, die Dissonanz umgehend wieder loszuwerden, indem sie ihre persönliche Einstellung adjustierten.[34]

Wissenschaftler wollen zwar entdeckt haben, dass sich kleine Bedenken an einer Entscheidung auch schon durch bloßes Händewaschen bereinigen lassen – man kann sich offenbar nicht nur von Schmutz, sondern auch von Zweifeln reinwaschen. Sie konnten in einem Experiment nachweisen, dass der Rechtfertigungsdruck nach dem Waschprozess sinkt.[35] Gegen stärkere kognitive Dissonanz müssen aber schon andere Methoden her. Um die Kognitionen wieder in Einklang zu bringen und mit sich ins Reine zu kommen, hat der Mensch im Laufe der Evolution daher einige findige Strategien entwickelt:

Sind Verhalten und Überzeugung inkonsistent, so ändert der Mensch entweder sein Verhalten oder er variiert seine Einstellung. Hierbei gilt das Prinzip der Einfachheit und der Effizienz – kurzum: Es werden diejenigen Kognitionen geändert, die sich am einfachsten ändern lassen.

Natürlich ist es naheliegend, die Entscheidung, die doch so viel Unwohlsein bereitet hat, einfach rückgängig zu machen. Und schon ist alles wieder schön harmonisch. Ganz so einfach ist das in der Realität aber nicht. Eine Entscheidung, die Früchte getragen hat, aber dennoch im Nachhinein infrage gestellt wird (z. B. wenn sich ein Anleger von seinem Aktienengagement wegen moralischer Bedenken trennen möchte), lässt sich häufig noch revidieren. Oftmals ist aber eine Verhaltensänderung oder eine Revision der Entscheidung nicht ohne größere Kosten – ob materieller oder immaterieller Natur – zu erreichen.

Der Frischverheiratete kann sich nicht einfach zum Pfarrer oder zum Standesbeamten umdrehen und sagen: »Ich hab's mir anders überlegt.« Abgesehen von den realen Kosten, die auf ihn zukommen – wie würde er vor seiner Angetrauten, der Familie und Freunden dastehen? Ihnen zu gestehen, dass die Hochzeitsparty abgeblasen ist und dass er heimlich eine andere liebt, würde ihm vermutlich noch größeres Unbehagen bereiten.

Dem Aktienbesitzer sind längst Transaktionskosten entstanden, und womöglich notiert sein Papier schon weit in den Miesen. Würde er seinen Kauf revidieren, wäre sein Wohlbefinden aufs Neue angeknackst, es entstünde zusätzliche kognitive Dissonanz.

Besteht also nicht die Möglichkeit, den Spannungszustand direkt zu beseitigen, muss man sich anderer Mittel bedienen: Gemäß der Devise »Was nicht passt, wird passend gemacht« werden Kognitionen kurzerhand zu den eigenen Gunsten umgedeutet. Gleichzeitig wird bewusst nach passenden Kognitionen gesucht, die gesondert herausgestellt werden. Andere wiederum werden kurzerhand ignoriert oder verdrängt.

Klassisch: Der Fuchs in der Fabel des altgriechischen Dichters Äsop, der die begehrten dicken, blauen Trauben nicht erreichen kann, so sehr er sich auch bemüht. Er schnappt ins Leere, sie hängen zu hoch. Und zu allem Überfluss muss er sich auch noch den Spott von Maus und Spatz gefallen lassen. Seine kognitive Dissonanz ist wahrlich hoch, zumal er auch noch beobachtet wird und sich nach Leibeskräften abmüht. Schlussendlich beißt der Fuchs jedoch die Zähne zusammen, rümpft die Nase und meint hochmütig: »Sie sind mir noch nicht reif genug, ich mag keine sauren Trauben.« Und stolziert erhobenen Hauptes zurück in den Wald – Seelenfrieden wiederhergestellt. Der zweifelnde Bräutigam wird sich entsprechend die Vorzüge seiner Angetrauten noch einmal in Erinnerung rufen und sich ganz fest einreden: »Meine Jugendliebe hat ohnehin nicht zu mir gepasst. Wir haben uns doch ständig gestritten.«

Ähnlich ideenreich wie der Fuchs oder der Bräutigam zeigt sich der Mensch, wenn er sich ein wenig abseits des Pfads der Tugend bewegt. Ertappt er sich selbst – oder schlimmer noch: Wird er von anderen bei einer Schummelei ertappt – beruhigt er sein Gewissen gern mit Floskeln wie »andere machen's doch auch« und »ich schade damit doch niemandem« (Weitere Hintergründe zum Thema »Moral« entnehmen Sie übrigens Kapitel 7) Auch ein Verbrecher muss sich solcher Neutralisierungsstrategien bedienen, um seine Hemmungen zu überwinden: Ein Sexualstraftäter wird beispielsweise sein wehrloses Opfer abwerten, entmenschlichen, indem er es etwa als »Schlampe« tituliert, »die es nicht besser verdient hat«.

Exkurs: Kleine Manipulationen im Alltag

Dem Konzept der kognitiven Dissonanz begegnet man überall: An den Finanzmärkten, in der Kriminologie, in der Pädagogik oder auch im Marketing. Clevere Strategen haben längst findige Verkaufstaktiken entwickelt: Da wird der Kunde geködert, indem man ihm die Vorzüge des Produktes in den schillerndsten Farben ausmalt. Hat sich der Kunde festgelegt, schiebt der Verkäufer dann noch ein »Ach, übrigens, da wär noch was ...« nach und rückt mit den Nachteilen heraus. Ist die Entscheidung aber schon einmal gefallen, ist es für den Kunden umso schwieriger, davon noch einmal abzurücken. Im Marketing-Jargon spricht man in diesem Fall von Low-Ball-Taktik.[36]

Oder die Foot-in-the-door-Technik (»Fuß in der Tür«), die sich längst mancher ideenreiche Bettler zu eigen gemacht hat: Da werden Sie nicht mehr mit »Haste mal 'nen Euro?« angesprochen, sondern mit: »Entschuldigung, wie viel Uhr ist denn, bitte?« Diesen Gefallen werden Sie ihm wohl kaum verweigern. Sind Sie aber erst einmal stehen geblieben und haben ihm die Uhrzeit mitgeteilt, fällt es Ihnen schwer, seine eigentliche Bitte nach einem Geldstück noch abzulehnen. Schließlich will man konsistentes bzw. konsequentes Verhalten an den Tag legen.

Aber auch Sie selbst können diesen kleinen Kunstgriff anwenden: Wollen Sie Ihren Kollegen bitten, für Sie den leidigen Botengang in die oberste Etage zu übernehmen – Sie beide haben Ihr Büro im Erdgeschoss und der Aufzug ist defekt – dann fragen Sie ihn doch ganz unverfänglich: »Kannst du bitte im ersten Stock die Post abholen? Ich bin gerade fürchterlich beschäftigt.« Willigt er ein und ist schon im Begriff, sich aus seinem Stuhl zu erheben, fügen Sie schnell hinzu: »Und wenn du schon dabei bist, kannst du diese Unterlagen bitte zum Chef in den vierten Stock bringen? Aber natürlich nur, wenn es dir nichts ausmacht. Danke.« Nachdem er einmal zugestimmt hat, ist er viel empfänglicher für Ihr wahres Anliegen – und schon bleibt Ihnen das anstrengende Treppensteigen erspart. Das Prinzip ist immer dasselbe: Zuerst nach einem kleinen Gefallen fragen, und nach der Zustimmung die eigentliche, umfangreichere Bitte nachschieben. Das Gegenüber muss aber immer das Gefühl haben, aus freien Stücken zu handeln. Will die Person konsistent bleiben, wird sie schwer Nein sagen können. Dergestalt kann man anderen Leuten auf sanfte Weise abtrotzen, was sie von selbst wohl abgelehnt hätten.[37] Aber bitte nicht vergessen, sich bei dem netten Kollegen bei Gelegenheit zu revanchieren!

3.1.5 Die rosarote Brille: Selektive Wahrnehmung

Schon beim ersten Anzeichen, dass sich eine Entscheidung als Missgriff entpuppen könnte – eine Entscheidung, die auch noch mit einem erhöhten persönlichen Engagement (Commitment) verbunden war – setzt man die rosarote Brille auf: Man registriert nur noch, was den eigenen Entschluss in günstiges Licht rückt. Hierzu erfasst und verarbeitet der Mensch Informationen (auch diese sind nichts anderes als Kognitionen) auf eine Art und Weise, die seiner eigenen Einstellung, seinem eigenen Verhalten zupasskommt. Da werden neue Informationen mitunter unbewusst überbewertet, umgedeutet, heruntergespielt oder sogar einfach ignoriert – und alles nur, um das aufkeimende Gefühl von Dissonanz wieder zu verringern. Diese Strategie nennt man **selektive Wahrnehmung**[38] – sie ist nicht nur das Produkt beschränkter Hirnressourcen, sondern ist auch ein ideales Instrument, um bewusst oder unbewusst die Welt der Kognitionen wieder ins Reine zu bringen.

Eine Frischverliebte nimmt keinerlei Fehler am neuen Partner wahr. Einige Macken, die sie bereits in den ersten Wochen beobachtet, tut sie als unbedeutend ab oder ignoriert sie gänzlich. Stattdessen preist sie bei Freunden und Bekannten die Vorzüge des Partners und beschreibt ihn in den schillerndsten Farben. Erst Monate oder Jahre später wird sie die rosarote Brille abnehmen – und dann womöglich ihren Partner verlassen.

Auch für die Akteure an den internationalen Finanzmärkten kann selektive Wahrnehmung schwerwiegende Konsequenzen haben, denn neue Nachrichten werden lediglich aus dem Blickwinkel der aktuellen Transaktion wahrgenommen und daher verzerrt bewertet. Der Anleger macht sich mitunter ganz bewusst auf die Suche nach Informationen und Personen, die seine ursprüngliche Entscheidung unterstützen. Da mag ein Händler sogar seinem Kollegen eine Zeitlang aus dem Weg gehen, nur weil er weiß, dass dieser seine momentane Markteinschätzung nicht teilt.

Nun wird auch klar, warum manche Neuigkeiten und Wirtschaftsdatenveröffentlichungen an den Finanzmärkten völlig untergehen, andere jedoch plötzlich hochgespielt werden. Stellen Sie sich vor, Sie als reger Börsianer schlagen heute morgen den Wirtschaftsteil Ihrer Zeitung auf. Da ist ein ausführlicher Artikel über das Unternehmen »Alpha« zu lesen, mit folgenden Zwischenüberschriften:

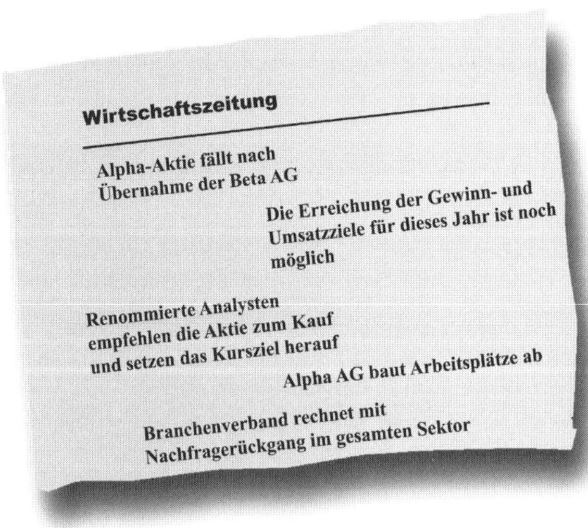
Wirtschaftszeitung

Alpha-Aktie fällt nach Übernahme der Beta AG

Die Erreichung der Gewinn- und Umsatzziele für dieses Jahr ist noch möglich

Renommierte Analysten empfehlen die Aktie zum Kauf und setzen das Kursziel herauf

Alpha AG baut Arbeitsplätze ab

Branchenverband rechnet mit Nachfragerückgang im gesamten Sektor

Abbildung 1: Selektive Wahrnehmung von Unternehmensnachrichten

Sie haben die Aktie der Alpha AG erst vor wenigen Tagen gekauft. Leider hat sie sich bislang noch nicht nach Ihren Wünschen entwickelt. Welche Teile des Artikels würden Sie besonders aufmerksam lesen? Vermutlich doch wohl den günstigen Analystenreport sowie den Bericht über die mögliche Erreichung der Geschäftsziele. Der Arbeitsplatzabbau kann Sie nicht schocken, »schließlich begünstigen die Rationalisierungen doch nur, dass das nächste Geschäftsergebnis noch besser ausfällt, oder nicht? Und die etwas mageren Branchenaussichten sind doch längst eingepreist. Ich habe genau die richtige Aktie aus dem Sektor erwischt, sie wird sich glänzend entwickeln.«

Versetzen Sie sich nun stattdessen in die Lage eines Börsianers, der diesen Titel vor Kurzem erst verkauft hat, aber ein wenig zweifelt, ob es wirklich der richtige Entschluss war. Er wird sich auf die Nachricht vom Kursverfall stürzen und sich auch den trüben Branchenausblick auf der Zunge zergehen lassen. »Da ist es doch kein Wunder, dass Alpha Arbeitsplätze abbauen muss«, sagt er sich. »Und wenn sich das Unternehmen schon gezwungen sieht, zu solchen Mitteln zu greifen, dann liegt dort wohl noch mehr im Argen. Gut, dass ich die Aktie verkauft habe!«

Ganz offensichtlich nehmen zwei Marktteilnehmer mit gegenteiliger Positionierung den ausführlichen Pressebericht völlig unterschiedlich wahr. Beide haben jegliches Unwohlsein ausradiert, indem sie die einzelnen Informationen zu ihren Gunsten umgedeutet haben. Beide sind sich ihrer Entscheidung nun wieder sicher, obwohl sich in der Realität nichts verändert hat. Problematisch wird dieses Selbstschutz-Phänomen, die selektive Wahrnehmung, vor allem dann, wenn noch weitere Entscheidungen anstehen. Dann nämlich wird auf den bereits verzerrten Informationsstand zurückgegriffen – weitere fehlerhafte Entscheidungen sind vorprogrammiert.

Um zu beobachten, wie nah das Anlegerherz etwa dem Fußballerherz steht, reicht schon der gelegentliche Gang zum heimischen Sportplatz. Ein kleiner Zweikampf wird vom einen sofort als Foul identifiziert, vom nächsten allenfalls als »Ball gespielt« interpretiert. Je nachdem, für welche Mannschaft das Herz schlägt, wird das Spielgeschehen völlig unterschiedlich wahrgenommen. Genauso, wie der Anleger Neuigkeiten im Lichte seiner aktuellen Position sieht, wertet auch der Fußballfan neue Informationen gemäß der Vorliebe für sein Team aus.

3.1.6 Selektives Entscheiden

Es ist der 22. Januar 2008. Es ist Finanzkrise, und es ist Feiertag in den USA. Im Rest der Welt, insbesondere in Europa, rauschen die Aktienkurse in den Keller. Den US-Notenbankern wird es daraufhin ziemlich ungemütlich: Sie haben offenbar den eigenen Leitindex im Blick und fürchten böses Ungemach für das Finanzsystem. In einer eilends einberufenen Notfallsitzung senken sie am nächsten Morgen schließlich den Leitzins um 75 Basispunkte. Erst Tage später fliegt in Frankreich ein Händlerskandal auf: Jérôme Kerviel hat sich mit Spekulationen auf Aktienindizes immer tiefer in Verluste verstrickt. Seine Handelsposition hat sich zuletzt – natürlich unerlaubt und unentdeckt – zu einem Volumen von rund 50 Milliarden Euro aufgebläht. Schließlich muss er kapitulieren und sein damaliger Arbeitgeber, die französische Bank Société Generale, liquidiert die Position. Die Glattstellungsgeschäfte dürften ein wesentlicher Auslöser für eine Kettenreaktion gewesenen sein, sprich: für den Kursrutsch an diesem besagten 22. Januar.

War die Zinssenkung womöglich gar nicht nötig gewesen? Hatte man wertvolles Zinspulver umsonst verschossen? Schließlich lag keine Bedrohung für das Finanzsystem oder die Preisstabilität vor. War man stattdessen den betrügerischen Machenschaften eines einzelnen Händlers aufgesessen? Denn es handelte sich ja lediglich um einen Einzelfall. Bei der nächsten ordentlichen Sitzung am 30. Januar standen die Notenbanker vor der Frage: Noch einmal Zinsen senken oder nicht? Sicherlich war auf dem Höhepunkt der Finanzkrise auch in diesem Monat eine Zinssenkung angemessen, aber gleich zwei? Fed-Chef Ben Bernanke und seine Mitstreiter dürften sich mit einem ordentlichen Maß an kognitiver Dissonanz herumgeschlagen haben, die die erste Zinssenkung, die Notfallmaßnahme, nachträglich hervorgerufen hatte. Doch die Zentralbanker wahrten ihr Gesicht, blieben konsistent und senkten die Zinsen ein zweites Mal.

Dieses Verhalten ist das Resultat einer **selektiven Entscheidung**, das heißt einer Entscheidung, die vom Erfolg oder Misserfolg vorangegangener Entschlüsse abhängig gemacht wird. Folgt eine Entscheidung einer anderen, die bereits kognitive Dissonanz erzeugt hat, wird sie typischerweise so ausfallen, dass sie die Erfolgsaussichten des ersten Entschlusses verbessert. Längst werden damit nicht mehr die ursprünglichen Ziele verfolgt – man möchte lediglich konsistent bleiben; volkstümlich gesprochen: nicht alt aussehen. Unter anderen Umständen wäre der Entschluss vermutlich völlig anders ausgefallen. Diese selektiven Entscheidungen stellen eine Variante des Sunk-Cost-Effekts dar (siehe Kapitel 6.3, »Der Fluch der versunkenen Kosten«). Der Mensch rechtfertigt sein Handeln nur allzu gern mit den Worten: »Was man begonnen hat, muss man auch zu Ende führen.«

In der Realität gehen selektive Wahrnehmung und selektives Entscheiden natürlich Hand in Hand.

3.2 Damit kognitive Dissonanz erst gar nicht entsteht

Damit das unangenehme Gefühl der Dissonanz gar nicht erst aufkommt, versucht der Mensch ihm tunlichst aus dem Weg zu gehen: Er hat ein feines Gespür für Entscheidungen, die seine innere Harmonie stören könnten, und meidet sie.[39]

3.2.1 Die Abneigung gegen Verluste

Verluste werden im Schnitt zwei bis zweieinhalb Mal stärker wahrgenommen als Gewinne in gleicher Höhe, wie zahllose Studien, etwa die von Kahneman und Tversky, belegen.[40] Dieses Phänomen, die **Verlustaversion**, lässt sich mithilfe der Dissonanztheorie erklären: Während sich Gewinne normalerweise perfekt in das innere Harmoniegebäude einfügen – sie bestätigen die ursprüngliche Entscheidung – erzeugen Verluste kognitive Dissonanz. Sie tun richtiggehend weh, wie Hirnforscher mittlerweile bestätigen konnten (siehe Kapitel 10, »Dem Entscheider in den Kopf geschaut«). Verluste stellen den eigenen Entschluss infrage. Der Rechtfertigungsdruck ist natürlich umso größer, je höher das persönliche Engagement, das Commitment, ist.

Die Dissonanz, die durch kleine Aktienkursverluste hervorgerufen wird, kann ein Anleger noch leicht mittels selektiver Wahrnehmung beseitigen. Rutscht das Papier aber immer weiter in die Miesen, reicht auch die rosarote Brille irgendwann nicht mehr aus. Der Anleger zieht es in Erwägung, die Notbremse zu ziehen: Das würde aber eine neue Entscheidung erforderlich machen, eine Entscheidung, bei der der Verlust auf dem Papier in einen echten, unwiderruflichen Verlust umgewandelt würde. Er würde gleichzeitig jegliche Chance auf Wiedergutmachung dieser Verluste aufgeben und müsste sich endgültig eingestehen, dass er versagt hat. Diese neue Entscheidung würde natürlich neuerliche kognitive Dissonanz erzeugen. Deswegen zögert man solch einen Entschluss auch so gern hinaus, will heißen: Man hält, solange es irgend möglich ist, an der verlustreichen Aktie fest. Auch wenn man sich das im Vorhinein sicherlich nicht hatte vorstellen können, so lange tatenlos den purzelnden Aktienkursen zuzuschauen. Interessanterweise erkennt der Mensch das Phänomen der Verlustaversion in seiner eigenen Handlung nämlich meist nicht – auch bei Dritten zieht er es naturgemäß nicht ins Kalkül.[41]

Für manchen ist die Aussicht auf Verluste in der Zukunft derart verstörend, dass er ihnen bevorzugt schon von Anfang an aus dem Weg geht, indem er gar nicht erst in Aktionismus verfällt und gar keine Entscheidung trifft, die mit späteren Verlusten behaftet sein könnte. Der Mensch belässt am liebsten erst einmal alles so, wie es ist (siehe hierzu auch Status-quo-Bias in Kapitel 6.2, »Warum wir unsere Schätze so ungern hergeben«)

Aber seien Sie unbesorgt: Nicht bei jedem Lebensmitteleinkauf, nicht bei jeder kleinen Geldausgabe droht Verlustaversion. Bei Routinetransaktionen, etwa bei den regelmäßigen Einkäufen am Wochenmarkt, muss man sich nicht mit seiner Verlustabneigung auseinandersetzen. Viele glückliche Konsumenten haben in ihrem monatlichen Budget überdies einen Ausgabespielraum für »Diverses«. Hierunter fallen etwa kleinere Lustkäufe, wie der neue Schal oder die Portion Käse vom Feinkosthändler. Auch der Ersatz der Turnschuhe ist miteingeschlossen. Bei allem, was jedoch über diesen Budgetrahmen hinausgeht, sieht man sich mit der leidigen Verlustaversion konfrontiert.

Der Inhaber eines Schuhgeschäfts leidet ebenfalls nicht unter diesem Phänomen, wenn ein Kunde mit seinen funkelnagelneuen Schuhen aus dem Laden stolziert. Schließlich besitzt er sein weitreichendes Sortiment nur, um es gegen Geld abzugeben. Alles, was beabsichtigt ist, erzeugt also keine Verlustaversion.[42]

3.2.2 Die Angst vor der Reue

Der Mensch entscheidet sich immer gern für diejenige Alternative, die die geringste Gefahr birgt, es später bedauern zu müssen – dieses Phänomen nennt sich **Regretaversion**, Angst vor künftigem Bedauern.[43]

Zunächst ein Beispiel zur Verdeutlichung:

Stellen Sie sich vor, sie hätten einst Aktie A besessen. Im letzten Jahr haben Sie sie mit einem erklecklichen Gewinn verkauft und stattdessen in Aktie B investiert. In der Zwischenzeit hat sich Aktie A weiter außergewöhnlich gut entwickelt, während Aktie B sich kaum vom Fleck bewegt hat.

Jetzt führen Sie sich bitte vor Augen, Sie besäßen Aktie B: Sie haben zwar in Erwägung gezogen, dieses Jahr die Aktie A zu kaufen, aber sich am Ende doch dagegen entschieden. Hätten Sie sie erworben, hätten Sie einen beachtlichen Profit mit Aktie A erzielt. Stattdessen sind Sie aber bei Aktie B geblieben, die unglücklicherweise gar keinen Gewinn abgeworfen hat.

Die meisten Marktteilnehmer fragen sich regelmäßig: »Was wäre passiert, wenn ich mich anders entschieden hätte?« Im eben geschilderten Beispiel wäre die Verärgerung der Anleger wohl mehrheitlich im ersten Fall größer. Obgleich das Ergebnis natürlich dasselbe ist: Man hält die bewegungslose Aktie B.

Es ist typisch menschlich: Kurzfristig bedauert man das unangenehme Ergebnis einer aktiven Handlung mehr als das Resultat einer Unterlassung. Daher vermeidet man es, in Aktionismus zu verfallen, sondern tut lieber gar nichts. Ergo: Der Anleger hält zu lange an seinem kränkelnden Wertpapier fest, in der Hoffnung, dass es sich irgendwann schon wieder berappeln wird. Die altbekannte Ausrede »Wenn ich die Aktie heute verkaufe und ausgerechnet morgen macht sie den gewaltigen Kurssprung, auf den ich so lange gewartet habe, dann ärgere ich mich grün und blau!« ist ein klassisches Beispiel für Regretaversion. Übrigens: Auf lange Sicht wiederum bereut man sein Nichtstun – weniger aber seine Entscheidungen.[44]

Die Erwartung von Reue ist für den Menschen eine Art Notbremse. Sie ermöglicht es ihm, seine Zukunft zu planen und bewahrt ihn davor, jedem gierigen Impuls nachzugeben. Allerdings hält das den Investor bisweilen davon ab, Verluste rechtzeitig zu begrenzen.

Mehr noch: Es hält die meisten Menschen immer wieder davon ab, sich auf Neues einzulassen. Hirnforscher haben kürzlich herausgefunden, dass allein die Tatsache, an Altem, Wohlbekanntem festzuhalten, im Gehirn schon wie eine Belohnung wirkt, wohingegen der Gedanke an eine Veränderung Gehirnareale aktiviert, die gewöhnlich auf Abneigung und Ekel reagieren. Die Testpersonen, die sich solchen Untersuchungen unterzogen haben, berichteten nicht nur, dass sie einen Verlust nach einer Abweichung vom Status quo als schlimmer empfunden haben, als wenn sie beim Altbekannten geblieben wären. In ihren Köpfen lässt sich tatsächlich messen, dass das Bedauern größer ist, wenn ein Verlust aus einer Handlung statt aus Nichtstun und Festhalten am Alten entstanden ist.[45]

Den Umstand, dass Konsumenten immer gern beim Standard bleiben, nutzen Marketing-Strategen natürlich weidlich aus. Sie sind sich dessen bewusst, dass Verbraucher insbesondere in Situationen, in denen sie von all den Angebotsalternativen überfordert sind, gerne zu einem Standard greifen, ob das nun beim Autokauf, beim Abschluss einer Versicherung oder bei Ähnlichem ist. Entsprechend wird ein findiger Verkäufer ein Standardpaket schon entsprechend großzügig ausstatten – wohl wissend, dass sich der Konsument vermutlich daran orientieren wird. Das Standard-Autopaket enthält dann schon das kostspielige integrierte Navigationssystem, die Einparkautomatik und andere technische Spielereien, die der Kunde andernfalls weder gekauft noch wirklich benötigt hätte.

Selbiges gilt auch für Geschäfte im Internet, wo der Kunde gern bei der »voreingestellten« Option bleibt, die keine weitere aktive Entscheidung mehr erfordert, z. B. bei kostenpflichtigen Sitzplatzreservierungen für Bahntickets. Steigt man nach dem Online-Fahrkartenkauf in den Zug und stellt fest, dass man die nächsten zwei Stunden auf dem Gang im Stehen verbringen muss, ärgert man sich umso mehr, wenn man sich zuvor aktiv gegen die Sitzplatzreservierung entschieden hat. Die Entscheidung für die vorgefertigte Auswahl hat neben der

Angst vor künftigem Bedauern aber noch einen weiteren Ursprung: die bloße Trägheit der Konsumenten, die sich aus Entscheidungsmüdigkeit nicht die Mühe machen, vom Standard abzuweichen.

Auch Regierungen können diese typischen Verhaltensweisen ihrer Bürger nutzen, um beachtliche Veränderungen zu erreichen: Wirkungsvoll können etwa gesetzlich verordnete betriebliche Altersvorsorgeverträge sein, die automatisch nach Eintritt in ein Unternehmen in Kraft treten, sofern man nicht aktiv innerhalb einer bestimmten Frist widersprochen hat. Mehr hierzu lesen Sie im Kapitel 12.3, »Politik«.

***

Verlustaversion geht damit einher, dass die »mentale Tortur« durch einen Verlust deutlich stärker ausfällt als die »mentale Belohnung« bei einem Gewinn. Regretaversion entsteht jedoch, weil der Mensch dem Gefühl des Bedauerns über eine mögliche Fehlentscheidung aus dem Weg gehen möchte. Der Unterschied zwischen den beiden Phänomenen wird vor allem dann deutlich, wenn man sich Folgendes verdeutlicht: Bedauern kann auch dadurch entstehen, dass man eine Entscheidung eben nicht getroffen hat. Hat man den Tipp eines Kollegen, ein bestimmtes Wertpapier zu kaufen, ausgeschlagen, und entpuppt sich dieses kurze Zeit später als Goldgrube, dann bereut man seine Tatenlosigkeit. Auch wenn kein echter Verlust entstanden ist, so ist dennoch ein entgangener Gewinn zu beklagen. Auch das erzeugt kognitive Dissonanz.

In der Praxis treten Verlust- und Regretaversion natürlich in Kombination auf. Und es gilt wieder einmal der Grundsatz: Je größer das Commitment, desto schlimmer die Angst vor künftigem Bedauern.

Kognitive Dissonanz

Der Mensch strebt nach Konsistenz von Wertvorstellungen, Wahrnehmung und Handeln. Geraten diese in Widerspruch, entsteht ein unangenehmer Spannungszustand, den der Mensch durch Veränderung der inkonsistenten Kognitionen zu beseitigen sucht. Voraussetzung für die Entstehung: persönliche Bindung an eine Entscheidung (Commitment).

→ Vermeiden Sie Zeugen, wenn es um Anlageentscheidungen geht. Denn je mehr Kollegen und Freunden Sie von Ihrem neuesten Coup erzählen, desto schwieriger wird es, sich von ihrer Position im Misserfolgsfall wieder zu lösen.

→ Wollen Sie jedoch das Rauchen aufgeben oder eine Diät beginnen, sind Zeugen nur förderlich: Ihr innerer Schweinehund wird es deutlich schwerer haben, sich durchzusetzen, wenn er nach einem Schokoriegel oder einer Zigarette lechzt. Denn Sie sind durch Ihr Publikum stärker an Ihren Entschluss gebunden.

→ Kleine Kunstgriffe wie die Foot-in-the-door-Technik, um Ihrem Kollegen oder einem Familienmitglied einen Gefallen abzutrotzen, sind erlaubt. Noch mehr dieser kleinen Manipulationen im Alltag entnehmen Sie übrigens dem Büchlein von Joule und Beauvois (Joule, R.-V. und Beauvois, J.-L. (1998): *Kurzer Leitfaden der Manipulation zum Gebrauch für ehrbare Leute*, Aufbau Taschenbuch Verlag, Berlin).

→ Legen Sie schon zu Beginn die maximale Höhe Ihres Investments oder Ihres Internet-Auktionsgebots fest, damit Sie dem Sog des eskalierenden Commitments entgehen. Ähnliches gilt für Freundschaftsdienste. Ziehen Sie schon zu Beginn eine Grenze, damit es nicht ausufert.

→ »Super-Anlagetipps« von Bekannten sind oft keine Goldgrube, sondern lediglich ein Spiegel ihrer eigenen Position.

3.3 Alles unter Kontrolle – oder doch nicht?

Zwei schon ein wenig tattrige Rentner, die in einem städtischen Seniorenheim wohnen, erhalten regelmäßig Besuch von einigen Studenten – es ist ein neues Projekt einer Universität. Einer der beiden darf selbst bestimmen, wann sein Gast wiederkommt, bei seinem Freund hingegen ist es der Student, der entscheidet, wann der nächste Besuch stattfindet (»Ich komme am Donnerstag für eine Stunde«). Als das Projekt nach zwei Monaten endet, ist der Erste der beiden Rentner deutlich zufriedener, gesünder, aktiver und muss weniger Medikamente nehmen. Monate später erhalten die Studenten jedoch die traurige Nachricht, dass ebendieser verstorben ist. Und mit ihm eine auffallend hohe Zahl an betagten Teilnehmern dieses wissenschaftlichen Experiments, vornehmlich aus derjenigen Gruppe, die selbst über den Studentenbesuch bestimmen durfte.[46]

3.3.1 Wir alle wollen Herr der Lage sein

Jeder Mensch hat das Bedürfnis, sich als Verursacher von Veränderungen seiner Umwelt wahrzunehmen. Er möchte seine gegenwärtige wie seine künftige Umwelt verstehen, vorhersagen und beeinflussen können, das heißt schlichtweg: Er möchte Kontrolle besitzen[47]. Dieses Bedürfnis ist biologisch fest verankert – dafür spricht, dass es sich auch bei Tieren und schon bei menschlichen Babys beobachten lässt.[48]

Hierbei ist nicht die tatsächliche Kontrolle entscheidend, sondern die erlebte, die wahrgenommene Kontrolle (**kognizierte Kontrolle**). Deshalb müsste man korrekter sagen: Der Mensch hat das Bedürfnis, zu glauben, er besäße die Kontrolle und könne somit gewünschte Ereignisse herbeiführen und unerwünschte vermeiden.[49] Der Selbstwert des Menschen wird dabei durch das Gefühl der eigenen Kompetenz positiv beeinflusst. Zwar haben Wissenschaftler vielfältige Theorien über das Kontrollmotiv entworfen. Ihnen ist jedoch eines gemeinsam: Der Verlust der Kontrolle, auch wenn sie nur illusorisch war, kann schwerwiegende negative Konsequenzen für das Wohlbefinden – und sogar für die Gesundheit haben. Das obige Beispiel zeigt anschaulich, wie die erlebte Kontrolle des ersten Rentners zunächst sogar zu einer Verbesserung seines Allgemeinbefindens führt. Mit dem Ende des Experiments – diese Studie wurde tatsächlich im Jahr 1978 durchgeführt – entfiel jedoch auch der wöchentliche Besuch des Studenten, und das bis dahin erlebte Kontrollgefühl entpuppte sich als Illusion. In der Folge verschlechterte sich der Gesundheitszustand des Rentners rapide. Ein solches Kontrolldefizit empfinden die meisten Menschen als unangenehm, weshalb sie nicht kontrollierbaren Situationen gern aus dem Weg gehen.

Es sind verschiedene Formen der Kontrolle denkbar. Der US-Psychologe Julian Rotter führte den Begriff locus of control ein: Man kann ein Ereignis als das Resultat einer eigenen Aktivität interpretieren (interne Kontrolle) oder aber als das Ergebnis externer Faktoren (Kontrolle).[50] Erfolgreiche Menschen verspüren oft einen ziemlich starken internen locus of control. Weniger Erfolgreiche hingegen berichten immer wieder, sie könnten kaum etwas an ihrer Situation ändern und fühlten sich als Spielball fremder Interessen.

Hier werden nun nach Stärke gestaffelt unterschiedliche Formen der (internen) Kontrolle vorgestellt.[viii] Je schwächer die Kontrollmöglichkeiten, desto schwieriger wird es für den Entscheider, sein Kontrollbedürfnis zu befriedigen.

- Kontrolle durch **Beeinflussung**: Wer den Eindruck hat, den Lauf der Dinge maßgeblich zu beeinflussen, erlebt die stärkste Form von Kontrolle. An den Finanzmärkten haben die Akteure gewöhnlich keine Gelegenheit, Kursverläufe direkt zu beeinflussen. Selbst schwergewichtige Marktteilnehmer wie Zentralbanken sind nicht immer in der Lage, den Kurs in ihrem Sinne zu lenken.

- Kontrolle durch **Vorhersage**: Sind Ereignisse bis zu einem gewissen Grad prognostizierbar, kann der Mensch seine eigene künftige Lage und seine Handlungen um dieses Ereignis herum gestalten. Er kann entsprechende Vorkehrungen treffen, um das erwartete Ereignis erfolgreich zu meistern. Die Prognostizierbarkeit von Kapitalmarkt- und Konjunkturtrends wird aber regelmäßig überschätzt, wie man etwa an den ständigen Anpassungen von Kurszielen und Wachstumsprognosen oder der Tatsache, dass immer wieder völlig Unvorhergesehenes passiert, sehen kann.

- Kontrolle durch **Kenntnis der Einflussgrößen**: Finanzmarktakteure lieben Szenarioanalysen – je detaillierter und logischer sie klingen, umso sicherer fühlen sie sich ihrer Sache. Denn hierbei meint der Entscheider, zumindest die Faktoren zu kennen, die ein bestimmtes Ereignis bedingen, ohne

viii Die vorgestellten Kontrollvarianten (Ausnahme: Kontrolle durch Delegation) sind an die Typologie von Thompson angelehnt. Thompson, S.C. (1981): *Will It Hurt Less If I Can Control It? A Complex Answer to a Simple Question*, Psychological Bulletin, Vol. 90 (1), S. 89–101.

jedoch in irgendeiner Form Einfluss nehmen zu können. Dadurch sieht er sich in der Lage, seine eigene Situation zu beurteilen, und vermindert so seine Hilflosigkeit. Dass ein solches Szenario eintrifft, wird jedoch gleichfalls bei Weitem überschätzt.

Die Vorhersagbarkeit und die Kenntnis der Einflussgrößen kann im weitesten Sinne auch als Kontrolle durch Information[51] zusammengefasst werden. Dabei reicht es vielen Menschen, alleine durch das Beschaffen von möglichst vielen Informationen ein Kontrollgefühl zu erreichen, ohne dass deren Qualität eine Rolle spielt.

- **Nachträgliches (retrospektives) Erklären von Ereignissen**: Indem der Entscheider versucht, ein Ereignis rückblickend zu erklären, kann er das Erlebte leichter bewältigen und akzeptieren. Mehr noch: Er gewinnt Erkenntnisse über zukünftige, ähnliche Ereignisse und erhofft sich in vergleichbaren Situationen künftig bessere Kontrolle. Natürlich ist für einen Anleger auch das nachträgliche Erkennen von Ursache und Wirkung von großer Bedeutung. Es besteht aber die Gefahr, dass er zur schnellen Befriedigung des drängenden Kontrollbedürfnisses vorschnell Erklärungen heranzieht, die nicht notwendigerweise richtig sein müssen. Mögliche Konsequenz: Auch in einer späteren, vergleichbaren Situation wird er sich wieder hilflos fühlen.

- Kontrolle durch **Schönfärberei**: Bei dieser Variante werden mögliche negative Folgen des eigenen Handelns bagatellisiert – man kann zwar das Geschehen nicht beeinflussen, hat aber eine kognitive Strategie entwickelt, um mit den negativen Folgen eines unvorhergesehenen Ereignisses besser zurechtzukommen. Ein Investor spielt etwa einen noch nicht realisierten Verlust herab. Allerdings ändert sich lediglich die eigene Wahrnehmung; die Realität bleibt leider dieselbe.

- **Delegation** der Kontrolle: Wer den Eindruck hat, dass eine andere Personen eher in der Lage ist, einen positiven Ausgang einer Situation herbeizuführen, wird die Kontrolle bewusst an diese anscheinend kompetentere Instanz abgegeben.[52] Das kann etwa der Aktienanleger sein, der seinen Berater bittet, ihm die Entscheidung abzunehmen, oder der Angestellte, der seinem Kollegen die Auswahl überlässt.[ix]

An den Finanzmärkten ist die direkte Einflussnahme allenfalls sehr gewichtigen Marktteilnehmern vorbehalten. Für alle anderen Investoren spielen die Kontrolle durch (vermeintliche) Vorhersagbarkeit, Kenntnis der Einflussgrößen und nachträgliche Erklärbarkeit eine große Rolle: Ständig sind Investoren auf der Suche nach Handelsmustern, Einflussvariablen, Indikatoren und anderen Informationen, um ihrem Kontrollbedürfnis gerecht zu werden.

3.3.2 Nur eine Illusion

Depressive können ihre Kontrollmöglichkeiten oft ziemlich realistisch einschätzen. Ihre gesunden Mitmenschen hingegen glauben gern, eine bestimmte Situation zu beherrschen, obwohl dies in der Realität nicht der Fall ist.[53] Selbst bei völlig zufallsabhängigen Situationen überschätzen sie gerne ihre eigenen Einflussmöglichkeiten. Beispielsweise sind Lottospieler weniger dazu bereit, ihr Lotterielos gegen ein anderes einzutauschen, wenn sie es selbst ausgewählt haben, als wenn es ihnen vom Losverkäufer zugeteilt wurde.[54]

Die **Kontrollillusion** ist ein Nährboden für böse Überraschungen: Immer wieder muss man feststellen, dass man seine Kontrollmöglichkeiten viel zu optimistisch eingeschätzt hat. Die Folge: Da der Mensch nicht nur kontrollbedürftig, sondern von Natur aus auch risikoscheu ist, kann ein Kontrolldefizit entstehen, das im schlimmsten Fall zu Panikreaktionen führt (siehe Abschnitt 3.3.4, »Kontrolle verloren – was nun?«).

Die Überzeugung, dass man Ereignisse beeinflussen kann, obwohl sie dem Zufall unterliegen mögen[55], wird gefördert durch einen weiteren typisch menschlichen Aspekt: Viele Entscheider sind grenzenlose Optimisten, aber selbst der größte (gesunde) Realist sieht sich gern in günstigem Licht, das heißt, Erfolge

---

ix Streng genommen ist Delegation keine interne Kontrollmöglichkeit, denn spätestens in dieser Situation hat man anerkannt, dass sich die Ereignisse der eigenen Kontrolle gänzlich entziehen.

schreibt er seinem persönlichen Talent zu, Misserfolge jedoch schiebt er auf die äußeren, widrigen Umstände (self-serving attribution bias)[56].

Selbstüberschätzung

Was glauben Sie, sind Sie ein guter Autofahrer? Sind Sie besser im Job als der Durchschnitt? Sind Sie ein guter Liebhaber? Die meisten Menschen werden diese Fragen bejahen – und sprengen damit jeden mathematischen Mittelwert. Die Neigung, die eigenen Fähigkeiten bzw. die Genauigkeit der eigenen Vorhersagen zu überschätzen (auch eine Form der Kontrollillusion) heißt ***overconfidence*** und ist weit verbreitet. Je kompetenter man sich fühlt, desto größer ist das Risiko, die eigenen Fähigkeiten überzubewerten. Auch dies ist ein Produkt des Phänomens, sich selbst als Urheber jeder günstigen Entwicklung zu sehen. Selbst Fondsmanager sind hiervor nicht gefeit[57]: Sie rechnen sich selbst zu viele Lorbeeren bei einer guten Performance an, schieben die Verantwortung für eine miese Kursentwicklung aber gern von sich.[58]

Dabei ist Erfolg oder Misserfolg oftmals nur ein Produkt des Zufalls. Doch der Mensch ist ein Meister darin, im Nachhinein viele plausible Erklärungen für den Gang der Ereignisse zu finden, die so gar nicht zufällig klingen, und es entsteht der Eindruck, als wäre das Ereignis nur allzu leicht vorhersagbar gewesen.[59] Doch die Illusion, dass die Vergangenheit einfach nachvollziehbar und verständlich ist, nährt den Glauben und die Zuversicht, eine ungewisse, oft völlig zufällige Zukunft vorhersagen zu können. Auch wenn sich jemand seiner Vorhersage sehr sicher ist, heißt das noch lange nicht, dass seine Prognose eintrifft, es bedeutet vor allem, dass er eine besonders plausibel klingende Erklärung parat hat.[60]

Kontrollillusion bzw. Selbstüberschätzung oder übersteigerte Hoffnung führen dazu, dass selbst gesteckte Ziele leichter erreichbar erscheinen, und dass Informationen nicht mehr sorgfältig ausgewertet oder gar ignoriert werden. Das Kontrollbedürfnis ist in diesem Fall deutlich reduziert. Dennoch: Eine Prise Selbstüberschätzung ist wichtig! Andernfalls würde sich niemand trauen, über den eigenen Schatten zu springen und etwa die Dame der Wahl zum Essen einzuladen. Ohne dieses etwas übersteigerte Selbstwertgefühl würde es mancher noch nicht einmal wagen, die Straße zu überqueren. Kaum einer würde sich mit einer völlig neuen Geschäftsidee selbstständig machen. Ohne diesen – oft übermäßigen – Optimismus wären viele Erfindungen nie gemacht worden, hätten viele Produkte, ohne die man sich die Welt heute gar nicht mehr vorstellen kann, gar nicht das Licht der Welt erblickt. Auch wenn viele dieser Optimisten scheitern, so sorgen die Überlebenden, Erfolgreichen, doch für die wirtschaftliche Dynamik in einer Gesellschaft.

Genauso ist eine gewisse Selbstüberschätzung eine notwendige Voraussetzung für einen funktionierenden Finanzmarkt – es entsteht nur dort ein liquider Markt, wo unterschiedliche Erwartungen vorherrschen und wo die Marktteilnehmer von der Richtigkeit ihrer eigenen Vorhersagen überzeugt sind.

Erst die menschliche Neigung zur Overconfidence erklärt, warum Portfoliomanager so viel handeln, warum Pensionsfonds so gerne aktive Fondsmanager engagieren und warum sogar Finanzmarktexperten ihre Depots aktiv managen – weil sie glauben, den Markt schlagen zu können, weil sie überzeugt sind, einen guten Riecher zu haben.[61]

Doch wie sieht die Realität aus? An den Finanzmärkten lässt sich Overconfidence anhand übermäßiger Handelsaktivitäten messen. Laut einer Studie schlagen Discount-Broker-Kunden jährlich 70 Prozent ihres gesamten Depots um. Allerdings mussten die Forscher auch feststellen, dass ihr Erfolg durch ständige Positionsverschiebungen die entstehenden Transaktionskosten nicht wettmachen konnte. Mehr noch: Transaktionskosten einmal nicht berücksichtigt, führte das exzessive Trading-Verhalten sogar zu niedrigeren Renditen, als wenn sie ihr Ursprungsinvestment beibehalten hätten. Diejenigen, die am häufigsten handeln, sind offenbar auch diejenigen mit dem geringsten Profit.[62]

Im Alltag geht die Überschätzung der eigenen Fähigkeiten oftmals mit zu schnellem Autofahren einher – immerhin hält sich die Mehrheit aller Autofahrer für talentierter als der Durchschnitt! Interessant: Übermütige Autofahrer kassieren nicht nur häufiger Strafzettel wegen zu schnellen Fahrens, sondern neigen auch zu erhöhten Aktivitäten an den Finanzmärkten.[63]

Und wer overconfident ist, sucht natürlich auch schneller den Streit mit seinem Nachbarn – immerhin ist er von seinen unumstößlichen Argumenten überzeugt. Gäbe es die typisch menschliche Eigenschaft der Selbstüberschätzung nicht, gäbe es längst nicht so viele Auseinandersetzungen und Konflikte zwischen Nachbarn, Parteien oder gar ganzen Nationen.[64]

Exkurs: Der kleine Unterschied – Frauen investieren anders, Männer auch!

Dass Männer und Frauen unterschiedlich ticken, haben uns Bücher à la *Warum Männer nicht zuhören und Frauen schlecht einparken* schon zuhauf unter die Nase reiben wollen. Doch gibt es den kleinen Unterschied zwischen den Geschlechtern auch an den Finanzmärkten? Befragt man die Anleger einmal selbst, so halten sich die Damen für risikoscheuer als ihre männlichen Mit-Börsianer. Ein Blick in die Depots lässt tatsächlich auf einen Unterschied im Risikoverhalten schließen, denn weibliche Portfolios sind oftmals konservativer strukturiert – was langfristig in Ertragsnachteile und eine Versorgungslücke im Alter münden könnte. Allerdings führt diese Statistik in diesem Fall womöglich in die Irre, denn das unterschiedlich hohe Risiko in den Depots lässt sich auch durch die Vermögens- und Einkommensunterschiede erklären – geringerer Wohlstand geht nämlich mit erhöhter Wahrnehmung des Risikos einher; oft sind riskantere Anlagemöglichkeiten auch erst ab einem gewissen Kapitaleinsatz möglich und sinnvoll.[65] Wenig überraschend: Frauen verfügen nach wie vor über deutlich weniger Vermögen (im Jahr 2004 betrug das Geldvermögen der männlichen Haushaltsvorstände im Durchschnitt rund 41 000 Euro, das der Frauen nur rund 21 000 Euro)[66] und auch in puncto Einkommen haben weibliche Arbeitskräfte bekanntlich weiterhin das Nachsehen.[67]

Daneben ist auch der Informationsstand eines Anlegers ganz entscheidend für sein Verhältnis zum Risiko. Und hier finden wir tatsächlich den kleinen, entscheidenden Unterschied zwischen Männlein und Weiblein: Das vermeintlich schwache Geschlecht hat einen deutlich höheren Informationsbedarf. Untersuchungen zufolge beschäftigt sich eine Anlegerin 1,5-mal länger als ein Anleger mit einem Finanzprodukt, bevor es in das Depot wandert. Überdies interessant: Je ausgeprägter das Finanzwissen, je größer die Erfahrung, umso risikofreudiger verhält sich eine Frau.[68] Das lässt sich auch an den Daten von Online-Brokern festmachen – sehr häufig aktive Traderinnen handeln ähnlich riskant wie ihre männlichen Mitstreiter.[69]

Umgekehrt führt rudimentäres Finanzwissen zu weiblicher Vorsicht. Hier sind die Frauen immer noch im Nachteil, schließlich waren Geldangelegenheiten traditionell und sogar gesetzlich verankert Männersache. In Deutschland etwa dürfen Frauen erst seit den Fünfzigerjahren frei über ihr eigenes Geld verfügen – zuvor oblag dies dem guten Willen ihres Gatten. Die weibliche Aufholjagd, was Wissen um und Interesse an Finanzen betrifft, ist zwar seit Jahrzehnten im Gange, aber die Defizite sind längst noch nicht ausgeräumt. Denn immer wieder belegen Umfragen unter Bankkunden, dass sich beim Thema Geld immer noch deutlich mehr Damen als Herren zieren und weniger Interesse zeigen.

Eines enthüllt die Statistik zweifelsfrei: Männer sind deutlich optimistischer, wenn es um ihren Investmenterfolg geht. Per se ist das noch nichts Schlimmes. Doch ähnlich wie die Überschätzung des eigenen Fahrtalents vermehrt Knöllchen wegen zu schnellen Fahrens nach sich zieht, führt solch eine Overconfidence auch zu vermehrten Handelsaktivitäten. Männliche Investoren halten sich gar für derart begabt, dass sie ihr Depot deutlich öfter – genauer gesagt um 45 Prozent häufiger – umschlagen als ihre weiblichen Konkurrenten.[70] Damit erzeugen sie natürlich deutlich höhere Transaktionskosten, die sie erst einmal wieder wettmachen müssen, um auch die erfolgreicheren Anleger zu sein.

An dieser Stelle soll keine Lanze gebrochen werden für spezielle Frauenprodukte – sondern vielmehr für eine bedarfsgerechte Beratung: Frauen benötigen keine Frauen-Produkte, sondern umfassende Informationen und ein Mehr an Finanzwissen. Erfolgreich investieren fängt schon in der Schule an und hört beim Bankberater noch lange nicht auf.

3.3.3 Die Abneigung gegen Risiko und Unsicherheit

Bei jeder Entscheidung unter Risiko und Unsicherheit zieht man seine persönliche Neigung, Risiken einzugehen (Grad der Risikotoleranz) bzw. Unsicherheiten zu tolerieren, in Betracht und wägt die wahrgenommenen Risiken bzw. Unsicherheiten[x] und die wahrgenommenen Konsequenzen ab.[71]

Die grundsätzliche Abneigung gegen Risiken und Unsicherheiten – in der Praxis sind diese beiden Konzepte oft kaum voneinander zu trennen – ist Grundvoraussetzung dafür, dass überhaupt ein Kontrolldefizit entsteht. Zunächst werden diese Abneigungen beleuchtet. Erst im darauf folgenden Abschnitt wird zu lesen sein, wie das Kontrolldefizit entsteht und von welchen Faktoren es beeinflusst wird.

Risikoaversion

Naturgemäß schrecken Menschen vor Risiken zunächst zurück. Die Risikotoleranz, bzw. andersherum formuliert: die Risikoaversion, ist bei jedem individuell verschieden, aber über die Zeit hinweg ziemlich stabil – rund zwei Drittel der Risikotoleranz könnten gar genetisch festgelegt sein.[72]

Neben der genetischen Veranlagung beeinflussen besonders das Alter und das Geschlecht die individuelle Risikotoleranz. Mit fortgeschrittenem Alter geht die Bereitschaft, Risiken einzugehen, zurück. Das liegt vor allem an der zunehmenden Eintrübung kognitiver Fähigkeiten.[73] Auf die Frage: »Wenn fünf Leute mit denselben Gewinnzahlen sich einen Lottogewinn von 2 Millionen Dollar teilen müssen, wie viel bekommt dann jede Person?« konnten in einer Studie noch mehr als 50 Prozent der 53-Jährigen die richtige Antwort geben. Bei den 90-Jährigen konnten nur noch 10 Prozent der Befragten ausrechnen, dass jeder Lottospieler 400 000 Dollar erhält.[74] Wenn es zunehmend schwieriger wird, die

x Hier wird zwischen Risiko und Unsicherheit unterschieden: Beim Risiko sind die Eintrittswahrscheinlichkeiten (etwa Kugeln in einer transparenten Urne) bekannt und objektiv bestimmbar. Bei Unsicherheit/Ambiguität können diese Wahrscheinlichkeiten etwa aufgrund fehlender Informationen nicht berechnet werden.

Risiken und Konsequenzen einer Entscheidung zu verstehen, geht man ihnen lieber aus dem Weg.

Frauen halten sich nicht nur für risikoscheuer als Männer, sondern verhalten sich auch so, wenn man ihnen eine hypothetische Lotterie anbietet. Wie es um ihre tatsächlichen Investmententscheidungen bestellt ist, wurde bereits im Exkurs »Der kleine Unterschied – Frauen investieren anders, Männer auch!« beschrieben.

Wer eine starke Risikoabneigung an den Tag legt, wird auch eine Wette ablehnen, bei der mit einer 50-prozentigen Wahrscheinlichkeit 200 Euro zu gewinnen sind, wenn man ihm stattdessen eine sichere Auszahlung von 50 Euro anbietet. Ein anderer hingegen wird die Wette auch dann annehmen, wenn ihm mit einer 50-prozentigen Wahrscheinlichkeit lediglich 110 Euro winken. Letzterer ist weniger risikoscheu.

Ambiguitätsaversion

Menschen mögen es auch nicht, wenn sie nicht wissen, was auf sie zukommt – diese Abneigung gegen Mehrdeutigkeit und Unsicherheit nennt man Ambiguitätsaversion und ist bei jedem unterschiedlich ausgeprägt.

Steht man vor einer Entscheidung, bei der man sich unsicher über die Wahrscheinlichkeit eines Ereignisses ist, wächst das Gefühl, die Situation womöglich nicht unter Kontrolle zu haben.

Sehen Sie selbst: Stellen Sie sich vor, Sie dürfen bei einer Wette aus einer Urne ziehen (Abbildung 2) und gewinnen für jede gezogene weiße Kugel 100 Euro, für eine schwarze Kugel erhalten Sie jedoch nichts. Ziehen Sie die Urne vor, bei der die Eintrittswahrscheinlichkeiten sichtbar sind, im Beispiel 50 : 50 – eine Verteilung, bei der klar ist, wie viele weiße und wie viele schwarze Kugeln im Spiel sind? Oder aber gehen Sie auf eine Wette ein, bei der die Gewinnwahrscheinlichkeit unbekannt und zufällig ist; die Urne könnte etwa voller weißer Kugeln, aber natürlich auch voller schwarzer sein – hier müssten Sie aus einer

»Black Box« ziehen. Es gibt keinen logischen Grund, warum man eine der beiden Urnen favorisieren sollte. Dennoch neigen die meisten Menschen zu der Version mit den klaren Wahrscheinlichkeiten; konkret bezifferbare Chancen und Risiken werden unberechenbaren Handlungsalternativen vorgezogen.[75]

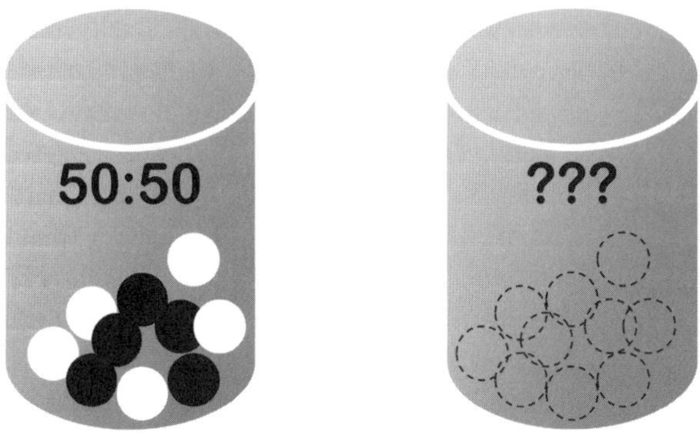

Abbildung 2: Die Abneigung gegen Mehrdeutigkeit (Ambiguitätsaversion)

Entsprechend ergeht es einem Investor: Kann er nur eine vage oder gar keine Wahrscheinlichkeitsaussage treffen, wächst der Eindruck, die Situation nicht unter Kontrolle zu haben. Er schreckt vor Unsicherheit zurück.

Da Ungewohntes abschreckende Wirkung hat, ist der Grad der eigenen (wahrgenommenen) Kompetenz und Fachkenntnis für die Entscheidung bedeutsam.[76] Anleger etwa fokussieren sich gern auf Investments, die ihnen vertraut sind, und mit denen sie sich identifizieren können.[77] In der Folge konzentrieren sie ihr Engagement häufig auf den inländischen Markt, denn sie fühlen sich bei der Beurteilung heimischer Aktien kompetenter. Dieses Phänomen ist bekannt als ***home bias***.

Grundsätzlich ist das noch keine Fehlentscheidung, zu der die Intuition den Anleger verleitet. Allerdings verzichten viele Investoren dabei auf die Vorteile internationaler Streuung, wie Sie im folgenden Exkurs sehen werden.

Exkurs: Zu viel Deutschland im Depot

»Home sweet home«: Im Alltag umgibt man sich gern mit Vertrautem. Vor Fremdem schreckt man jedoch zunächst zurück, denn es löst ein diffuses Gefühl von mangelnder Kontrolle aus. Selbiges am Aktienmarkt: Wer regelmäßig BMWs auf der Straße herumfahren sieht, glaubt nur allzu leicht, eine BMW-Aktie besser einschätzen zu können als das Papier eines nahezu unbekannten japanischen Mitbewerbers. Beim BMW-Investment hat der Anleger vermeintlich alles unter Kontrolle. Auch wenn dieses Kontrollgefühl zumeist nicht mehr als eine Illusion ist – schließlich bewegt sich ein Aktienkurs auf Basis vielfältiger Faktoren, die selbst ein BMW-Liebhaber nur schwer beurteilen kann.

Dazu kommt: Die meisten Anleger dürften einen Kursverlust umso mehr bedauern, wenn er mit einer unbekannten Automobil-Aktie aus dem Ausland entstanden ist, als wenn der Verlust einem Investment in die vertraute BMW-Aktie geschuldet ist. Man kann sich schließlich sehr leicht vorstellen, den ungewohnten, gewagten Schritt in Richtung Ausland eben nicht getan zu haben.

Die altbekannte Folge dieses Verhaltens: Im Depot liegen hauptsächlich Dividendentitel von Unternehmen, die vertraut wirken, also hauptsächlich heimische Titel. Daran ist grundsätzlich auch nichts verkehrt, doch der Anleger verzichtet damit auf die Vorteile internationaler Streuung. Diese sogenannte Home Bias, also die Neigung, hauptsächlich heimische Aktien im Depot zu haben, ist schon lange bekannt. Seit Jahren predigen viele Behavioral-Finance-Experten und Investmentberater, dass man sein Vermögen besser streuen sollte. Dennoch schlummerten Ende 2010 in Deutschlands Depots noch 48,8 Prozent heimische Aktien. Dabei stellen deutsche Aktien auf dem Weltmarkt gerade einmal 2,55 Prozent, das heißt, würde man seine Investments auf die ganze Welt gleichmäßig verteilen wollen, dürften deutsche Aktien nur ebendiesen Anteil eines jeden Depots ausmachen. Deutsche Anleger halten also 46,25 Prozent zu viel an heimischen Dividendentiteln.

In den USA ist die Home Bias ähnlich stark ausgeprägt: Per Ende 2010 lagen in US-Depots rund 76 Prozent an amerikanischen Aktien – gleichfalls 46 Prozent zu viel, gemessen am Weltmarktanteil der USA.

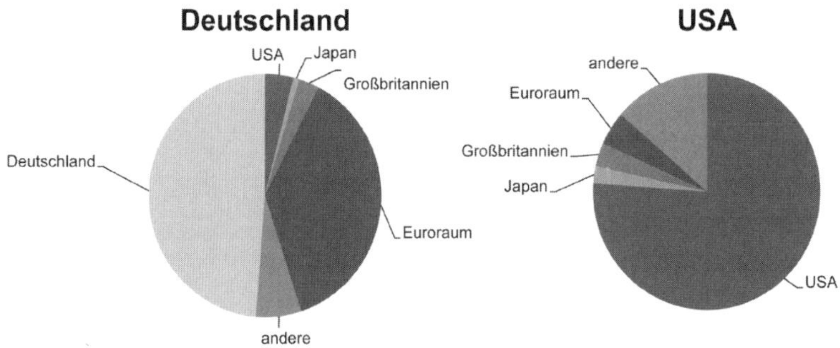

Abbildung 3: Home Bias in Deutschland und den USA 2010[xi]

Anscheinend sind die Gardinenpredigten der Berater nicht ganz verhallt: Die Home Bias hat sich in den letzten Jahren etwas verringert, wie man der nächsten Grafik entnehmen kann: 2001 besaßen deutsche Anleger noch rund 66 Prozent zu viel an Aktien hiesiger Unternehmen – der übermäßige Hang zu deutschen Dividendentiteln hat sich seither immer weiter verringert.

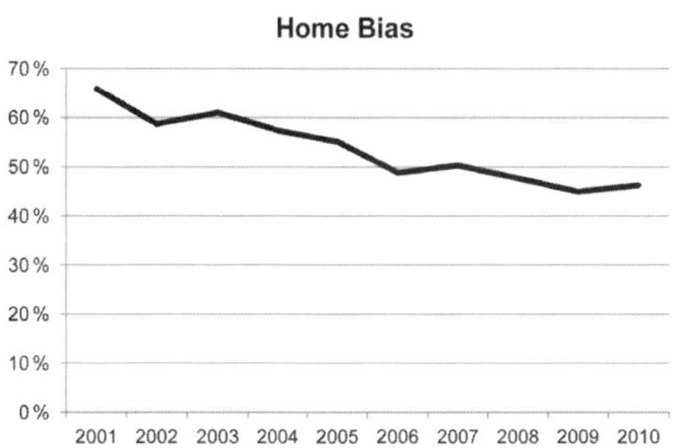

Abbildung 4: Home Bias in Deutschland lässt nach[xii]

xi Eigene Berechnung Christin Stock: Hierbei wurden Daten des Internationalen Währungsfonds (Coordinated Portfolio Investment Survey; Equity Securities) verwendet. Für die Marktkapitalisierung wurden Daten der Weltbank herangezogen. Die Berechnung erfolgte nach dem Beispiel von Fidora, M., Fratzscher, M. und Thimann, C. (2007): *Home Bias in Global and Equity Markets: The Role of Real Exchange Rate Volatility*, Journal of International Money and Finance, Vol. 26 (4), S. 631–655.

xii Eigene Berechnung Christin Stock: Hierbei wurden Daten des Internationalen Währungsfonds (Coordinated Portfolio Investment Survey; Equity Securities) verwendet. Für die Marktkapitalisierung wurden Daten der Weltbank herangezogen. Die Berechnung der Intensität der Home Bias erfolgte nach dem Beispiel von Chen, S. und Yuan, C-D. (2011): *Home Bias and the International Cost of Equity: Global Evidence from CAPM Perspective*, International Research Journal of Finance and Economics, Issue 74, S.152–168.

Es lässt sich nur vermuten, aber der Rückgang mag nichts damit zu tun haben, dass deutsche Anleger plötzlich Behavioral-Finance-Experten geworden sind. Wenn man die Daten indes einmal mit früheren Jahren vergleicht, wird deutlich, dass verstärkt die Eurozone angesteuert wurde. Dank der gemeinsamen Währung wirkten die anderen Euroländer schon gar nicht mehr so fremd und die Investmentfonds- und Zertifikateanbieter dürften in den letzten Jahren ihr Übriges getan haben, indem sie verstärkt europäische Produkte bewarben und verkauften. Da zumindest private Anleger nicht nur zur Home Bias, sondern auch zu naiver Diversifikation neigen – gern wird ein Investmentbetrag schön gleichmäßig auf sämtliche vom Berater vorgelegten Alternativen verteilt – landeten diverse europäische Produkte in den Depots. Internationale Streuung ist so jedoch immer noch nicht erreicht.

Es wäre alles kein Problem mit der Konzentration auf deutsche Aktien, wenn man damit tatsächlich besser abschneiden würde als mit einer Verteilung auf internationale Titel. Nur um einmal eine Idee zu geben, worauf man verzichtet, wenn man ausländische Aktien außen vor lässt: Seit Anfang 2001 hat der DAX eine annualisierte[xiii] Performance von minus 0,79 Prozent abgeliefert – zum Vergleich: Der MSCI World Index[xiv] hat sich im selben Zeitraum annualisiert um 2,06 Prozent befestigen können (Voraussetzung: Man sichert das Währungsrisiko regelmäßig ab), und das bei deutlich geringerer Volatilität.

Keine Sorge: Niemand verlangt, die Neigung, zu viele heimische Aktien ins Depot zu nehmen, gänzlich abzulegen. Es wäre schließlich viel zu teuer, ein kleines oder mittleres Vermögen auf die ganze Welt zu verteilen. Auch die Informationsbeschaffung und -bewertung wird kostspieliger und zeitaufwendiger, sobald man die Grenzen des eigenen Landes oder des eigenen Kontinents verlässt. Tröstlich: Streng genommen muss diese Kurve (Abbildung 4) sich nicht einmal bis zur Nulllinie abschwächen, denn die Diversifikation kommt oft durch die Hintertür. Selbst wenn man nur deutsche Aktien besäße, würde man dennoch ausländische Erträge erzielen. Schließlich generieren die 30 größten deutschen

---

xiii Basierend auf der monatlichen Rendite des DAX Performance Index.

xiv Er beinhaltet die wichtigsten Dividendentitel aus 23 Ländern; hierzu wurde die monatliche Rendite des MSCI World Performance Index (Gross) herangezogen.

Aktiengesellschaften 75 Prozent ihres Umsatzes im Ausland.[xv] Doch wie eben schon gezeigt: Trotz seiner Internationalität hinkt der DAX dem MSCI World hinterher. Zumal die Eurozone der Hauptabnehmer deutscher Exportprodukte ist. Auch abzüglich dieser indirekten internationalen Streuung wäre die Home Bias lange noch nicht ausgemerzt. Wie man es auch dreht und wendet, Anleger täten gut daran, einmal über den deutschen und europäischen Tellerrand hinauszuschauen, um so ein gesünderes Verhältnis zwischen dem Wohlfühlfaktor Heimat und der reinen Performance unseres Depots zu schaffen.

3.3.4 Kontrolle verloren – was nun?

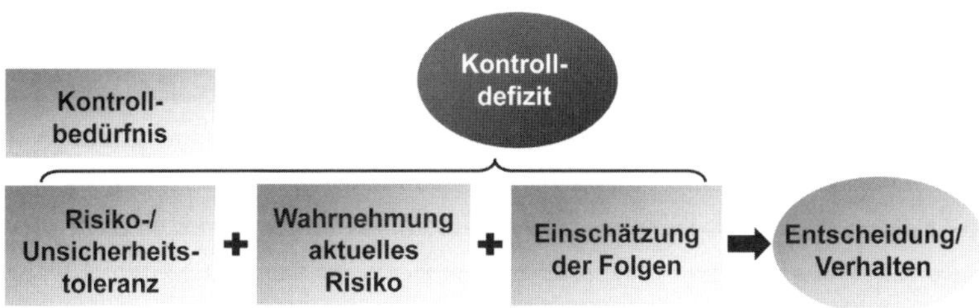

Abbildung 5: Potenziale für Kontrolldefizit

Das Verhalten in riskanten/unsicheren Situationen wird vor allem durch die individuelle grundsätzliche Risiko- und Unsicherheitstoleranz sowie durch die persönliche Risikowahrnehmung bestimmt. Ein erfahrener Pilot, der sein Flugzeug durch ein Unwetter steuert, wird das Risiko eines Absturzes anders einschätzen als ein unerfahrener Flieger. Genauso wird ein langjähriger Alpinist die Risiken anders wahrnehmen, wenn er einen neuen Hang erklimmt, als ein unerfahrener Bergsteiger, da Ersterer solche Situationen bereits unzählige Male erfolgreich gemeistert hat. Denn auch die gefühlte eigene Kompetenz, mit den wahrgenommenen Risiken bzw. Unsicherheiten und Konsequenzen umzuge-

xv Ernst & Young (2011): Entwicklung der DAX-30-Unternehmen 2009/2010.

hen, fließt in die Entscheidung mit ein. Freilich: Das tatsächliche Risiko eines Absturzes ist beim unerfahrenen Piloten oder Bergsteiger ohnehin höher als bei ihren erfahren Kollegen. Entscheidend ist aber, dass die erprobten Flieger und Alpinisten dank jahrelangen Trainings die Gefahren realistischer einschätzen können. Die Kluft zwischen Realität und Wahrnehmung fällt gewöhnlich geringer aus als bei den Neulingen.

Der erfahrene Flieger und der frischgebackene Pilot mögen eine ähnliche grundsätzliche Risikoneigung (Risikotoleranz) an den Tag legen, weil sie die Risiken in der aktuellen Situation – sie fliegen durch ein heftiges Unwetter – aber völlig gegensätzlich wahrnehmen, treffen sie andere Entscheidungen. Dank dieser unterschiedlichen Risikowahrnehmung, die sehr stark von den eigenen Kenntnissen abhängt, kann sich ein grundsätzlich risikobereiter Extremsportler bei der Geldanlage als richtiger Angsthase entpuppen – denn hier kennt er sich schlichtweg nicht aus.

Muss man feststellen, dass man entweder die eigene Kompetenz überschätzt oder die wahrgenommenen Risiken und die Folgen falsch bewertet hat – das kann zunächst an unvollständiger Information, aber auch an diversen Informationsverarbeitungs- und Urteilsbesonderheiten liegen, die in den Folgekapiteln noch vorgestellt werden – stellt sich ein Kontrolldefizit ein. Im Extremfall kann sich dieses Defizit gar bis zum Totalverlust der Kontrolle auswachsen.

Beispiele dieser Art kennen Sie sicherlich zuhauf: Eine Aktie entwickelt sich völlig anders als erwartet. Der Hobby-Bergsteiger, der eben noch hoch motiviert die Steilwand erklimmen wollte, traut sich mit einem Mal nicht mehr weiter. Der Autofahrer, der mit 200 Stundenkilometern selbstbewusst über die Autobahn rast, gerät plötzlich in eine unvorhergesehene gefährliche Situation und entrinnt einem Unfall nur durch eine Vollbremsung. In allen Fällen entsteht ein Kontrolldefizit – oder schlicht: Angst, weil der Aktionär, der Bergsteiger oder der Autofahrer die Risiken und Konsequenzen ihrer Entscheidung falsch eingestuft haben.

Die Höhe dieses Kontrolldefizits hängt wesentlich davon ab, wie groß die Kluft zwischen den einstmals wahrgenommenen und den tatsächlichen Risiken und

Folgen ist. Beim langjährigen Bergsteiger und Piloten wird diese Kluft dank intensiven Trainings geringer ausfallen, in noch komplexeren Systemen, die zunehmend vom Zufall geprägt werden, etwa die Finanzmärkte, wird der Erfahrungsvorsprung allerdings kleiner ausfallen. Wichtig überdies: Der Entscheider wird bei steigenden Einsätzen (ob monetär oder nicht monetär) umso sensibler reagieren; genauso sind die Vorzeichen (handelt es sich um Gewinne oder Verluste) von Bedeutung. Hier verhält es sich ganz ähnlich wie mit der kognitiven Dissonanz – mit steigenden Kosten bzw. Verlusten steigt das Commitment, die persönliche Bindung an eine Entscheidung, und auch das Bedürfnis nach Kontrolle.[78]

Wer das Gefühl hat, in einer Situation nicht mehr Oberhand zu haben, wird mit allen Mitteln versuchen, sie zurückzugewinnen. Ähnlich wie schon bei der kognitiven Dissonanz wäre es auch im Falle des Kontrolldefizits oftmals die schnellste Lösung, sein Verhalten zu ändern: Der verängstigte Bergsteiger ändert seine Pläne und kehrt um, der Raser fährt nach der Vollbremsung mit halbem Tempo weiter. Auch der Anleger könnte das Risiko in seinem Portfolio reduzieren, indem er einen Teil seiner riskanten Wertpapiere verkauft – wenn ihm da nicht die schmerzliche Abneigung gegen Verluste immer wieder in die Quere käme. Während der Finanzkrise 2008/2009 etwa stieg mit den immer größer werdenden Verlusten in den Depots von rund 1500 Kunden des größten niederländischen Online-Brokers auch deren Risikowahrnehmung (wahrgenommenes Anlagerisiko).[79] Dennoch haben die Anleger das Risiko in ihren Portfolios nicht zurückgeschraubt.[80] Stattdessen sahen sich die Investoren augenscheinlich in ihren Verlustengagements gefangen und behielten ihren riskanten Portfolio-Mix bei – trotz erhöht wahrgenommener Risiken und erhöhtem Kontrollbedürfnis.

Statt ihr Verhalten anzupassen, bedienen sich Investoren oft anderer Strategien, um die Kontrolle wiederzuerlangen: Entweder man orientiert sich an einer Instanz, die es vermeintlich besser wissen muss – immer wieder gern bemüht in diesem Fall: Börsenbriefe, Aktionärsmagazine und Ähnliches. Das heißt, man beschafft sich fehlende Informationen – dabei spielt aber die Quantität zunächst eine größere Rolle als die Qualität. Oder der Investor sucht den Meinungsaustausch mit Gleichgesinnten und befriedigt damit sein Kontrollbedürfnis, allerdings stellt sich deswegen noch lange kein Erfolg ein. Denn er hat sich lediglich die Kluft zwischen Realität und Risikowahrnehmung wieder kleingeredet.

Verliert man die Kontrolle völlig und hilft auch Kleinreden und Schönfärben nicht mehr, fällt die Reaktion deutlich drastischer aus. Kontrollverlust ist nichts anderes als der Übergang von interner zur externer Kontrolle: Man muss erkennen, dass die Kontrolle außerhalb des eigenen Handlungsspielraums liegt. Dann werden zunächst allgemeine und schnell verfügbare Reaktionsmuster aktiviert: Ähnlich wie ein Tier in freier Wildbahn reagiert man mit Wut und Angriff[81] – ein Finanzmarktakteur verdoppelt plötzlich seine Position und kauft nach – oder aber mit Rückzug, übersetzt ins Finanzmarktgeschehen also mit dem panikartigen Verkauf seines Engagements, was oft mit hohen Verlusten einhergeht.[82]

Ein Aktien-Crash, eine allgemeine Verkaufspanik, ist dementsprechend nichts anderes als ein kollektiver Kontrollverlust.

Hält das Gefühl des Kontrollverlusts an und gibt man die Hoffnung auf, den Lauf der Dinge künftig wieder beeinflussen zu können, entwickelt sich ein Syndrom, das »gelernte Hilflosigkeit« getauft wurde. Statt mit Angst und Panik reagiert jemand, der sich ständig der Tatsache vor Augen sieht, die Geschehnisse in keiner Weise kontrollieren zu können, mit Frustration, Resignation, Demotivation bis hin zu vollkommener Passivität und Apathie sowie Traurigkeit oder gar depressiven Verstimmungen.[83]

3.3.5 Die Qual der Wahl

Zum Kontrollbedürfnis gehört natürlich auch der Wunsch, jederzeit eine Wahl zu haben. Schließlich kann man seine Umwelt nur kontrollieren, wenn man eine Auswahl trifft. Je mehr Auswahl, desto besser, desto mehr Kontrolle, ist man geneigt zu glauben. Zwar erscheint eine größere Auswahl zunächst attraktiver, doch wenn man mit zu vielen Handlungsalternativen konfrontiert wird, schrecken viele vor einer Entscheidung zurück oder schieben sie auf.

Man wünscht sich zwar maximale Auswahl, doch am Ende wird aus der Wahl eine Qual: Wofür man sich auch entscheidet – jede Alternative birgt zumeist nicht nur Vorteile, sondern bringt auch Nachteile mit sich. Man hat Angst, die Entscheidung später zu bereuen[84] – obwohl eine größere Auswahl mehr Möglichkeiten zur »Kontrolle« bietet, erzeugt augenscheinlich die Masse an Optionen eine gewisse Unsicherheit und ein neuerliches Kontrolldefizit. Und selbst wenn man sich entschieden hat, vergällt das Wissen um die Vorzüge der verworfenen Alternativen ein wenig die Freude an der auserkorenen Option.

In einer einfachen Studie – an einem Tag konnten Einkäufer eines Feinkostladens sich zwischen 6 verschiedenen Marmeladen entscheiden, am nächsten Tag durften die Feinschmecker zwischen 24 unterschiedlichen Geschmacksrichtungen wählen – wiesen Forscher nach: Die Konsumenten lassen sich zwar leichter von dem umfangreicheren Marmeladenregal begeistern. Doch bei geringerer Auswahl waren sie eher bereit, tatsächlich etwas zu kaufen, und waren danach auch zufriedener mit ihrer Entscheidung. Vor der größeren Auswahl schreckten sie hingegen zurück.[85]

Zu viel Auswahl ist oft zu viel des Guten: Das erklärt auch, warum viele Konsumenten gern eine Standard-Option wählen (siehe hierzu Näheres im Kapitel 3.2.2, »Die Angst vor der Reue«) oder die Entscheidung an andere delegieren, wenn sie sich mit Angeboten überfrachtet fühlen. Es empfiehlt sich schon von vornherein bei der Entscheidung für das nächste Reiseziel oder den neuen Computer, seine persönlichen Alternativen einzugrenzen, indem man seine Vorlieben, sein Budget etc. festlegt und die angebotenen Optionen entsprechend filtert bzw. filtern lässt. Nur dann führt eine größere Auswahl im Reisebüro oder im Elektromarkt auch zu besseren Ergebnissen.[86]

***

Jeder bedient sich einer Vielzahl an Strategien, um die Kontrolle zu behalten – oder besser: um zu glauben, selbst Herr der Lage zu sein. Regelmäßig klaffen Wahrnehmung und Realität aber weit auseinander, sodass sich ein Kontrolldefizit auftut. Unter dem Eindruck dieses Defizits, schlimmer noch: bei Totalverlust der Kontrolle, trifft man nur allzu leicht suboptimale Entscheidungen.

Kontrolle

Der Mensch hat ein natürliches Bedürfnis, Kontrolle auszuüben. Ein Verlust tatsächlicher oder vermeintlicher Kontrolle hat schwerwiegende negative Konsequenzen auf das persönliche Wohlbefinden. Typische Begleiterscheinungen des Kontrollmotivs: Risikoaversion, Angst, Overconfidence (Überschätzung der eigenen Fähigkeiten), Kontrollillusion, Hoffnung, Home Bias etc.

→ Überprüfen Sie Ihre Handelsaktivitäten: Handeln Sie zu viel? Fressen die Transaktionskosten Ihre Gewinne auf? Das können Sie etwa herausfinden, indem Sie Ihren Depoterfolg einmal nachrechnen, davon die Transaktionskosten abziehen und das Ergebnis mit längerfristig orientierten Anlegern oder ähnlich aufgestellten Fonds und Indizes vergleichen. Reduzieren Sie, wenn nötig, Ihre Trading-Frequenz.

→ Bei allem Optimismus: Haben Sie in den letzten Jahren wirklich den Markt, etwa den DAX, schlagen können? Nicht? Dann empfiehlt sich z.B. ein Investment in Indexfonds.

→ Konzentrieren sich Ihre Investments hauptsächlich auf den inländischen Markt? Passen Sie Ihre Verteilung an.

→ Der Panik am Aktienmarkt entgeht man, indem man mit Stopp-Loss-Marken arbeitet: Überlegen Sie schon im Vorhinein, welchen Verlust Sie angesichts Ihrer Kurserwartungen maximal zulassen wollen, und platzieren Sie entsprechend Ihre automatischen Verkaufsmarken. Oder aber Sie sichern einen Teil Ihres Portfolios mit entsprechenden Optionsstrategien ab – hierbei dürfen Sie aber die Kosten nicht aus den Augen lassen.

→ Vorsicht vor Overconfidence: Sie wollen ein neues Produkt auf den Markt bringen oder in eine neue Kapitalanlage investieren und sind fest von Ihrem Erfolg überzeugt? Stellen Sie sich einmal vor, es wäre ein Jahr später und Ihr Geschäft schreibt rote Zahlen, Ihr Produkt will niemand kaufen, Ihr Investment hat Ihnen Verluste eingebracht. Nun stellen Sie sich die Frage, welche Umstände zu diesen Ergebnissen geführt haben könnten. Aus diesem Blickwinkel lässt sich ein Vorhaben realistischer und objektiver beleuchten. Wenn Sie sich selbstständig machen wollen, holen Sie Informationen ein über vergleichbare Unternehmen in Ihrer Region. Wie viele dieser Unternehmen haben überlebt, warum sind andere gescheitert? Arbeiten Sie diese Statistiken in Ihre Vorhaben mit ein. Lassen Sie Zweifel zu: Warum könnten Sie gleichfalls scheitern?

→ Qual der Wahl: Werden Sie sich Ihrer Vorlieben bewusst, legen Sie Ihr Budget fest etc. Filtern Sie die angebotenen Optionen und verkleinern Sie damit die Auswahl.

4. Der Mensch und sein Autopilot

Pro Sekunde wird das menschliche Gehirn mit rund elf Millionen Bits an Informationen konfrontiert – die Augen senden in jeder Sekunde schätzungsweise zehn Millionen Bits[87] an das Gehirn, die Haut rund eine Million, Ohren und Nase 100 000 und die Zunge noch einmal 1000 Bits. Und das ist nur die konservativste aller Schätzungen.[88] Elf Millionen Bits, das bedeutet, dass alle Sinne Daten an das Gehirn übertragen mit mindestens derselben Geschwindigkeit wie eine moderne Internet-Leitung.

Ein Bit ist die kleinste Informationseinheit; das Wort Information leitet sich aus dem Lateinischen ab und bedeutet »bilden« oder »Gestalt geben«. In unserem modernen Verständnis vermittelt eine Information einen Unterschied in jeglicher Hinsicht, das heißt, sie erweitert die Kenntnis über einen Sachverhalt. Auch Nachrichten sind natürlich Informationen – eine Nachricht vermittelt Wissen an einen Empfänger, ein Gerücht ist übrigens nichts anderes als eine unverbürgte Nachricht.

Das Angebot an Nachrichten hat durch die Entwicklung der modernen Medien, etwa die Verbreitung via Internet, sprunghaft zugenommen. Aber wie geht das menschliche Gehirn mit dieser Informationsflut um? Es ist ein echter Alleskönner: Es verarbeitet Unmengen an Informationen, es kann blitzschnell Entscheidungen treffen, ohne dass der Mensch es bewusst mitbekommt, geschweige denn mentale Beanspruchung verspürt. Es geht aber auch anders: Es kann ausführliche Analysen anstrengen und die Vor- und Nachteile eines Aspekts bis ins kleinste Detail durchdenken.

Es kennt den langen, ausführlichen Weg durch den täglichen Entscheidungsdschungel, gleichzeitig aber auch die vielen Abkürzungen. Vor allem den Abkürzungen und ihren Stolpersteinen ist das folgende Kapitel gewidmet.

4.1 Zwei Systeme und wie sie sich miteinander verstehen

Das menschliche Gehirn leistet sich einen besonderen Luxus: Es bedient sich gleich zweier verschiedener Systeme – der Psychologe und Nobelpreisträger Daniel Kahneman nennt sie »System 1« und »System 2«.[89] Das eine arbeitet rasend schnell, automatisiert, ganzheitlich und unterhalb der Bewusstseinsschwelle: Der Mensch merkt nicht einmal, dass sein Gehirn auf Hochtouren läuft. Es wird in der Folge als System 1 bezeichnet. Ganz anders das kontrollierte, bewusste System (System 2): Hierbei spürt der Mensch ganz deutlich den mentalen Aufwand. Steht er vor einer kniffligen Aufgabe, die er Schritt für Schritt (bzw. Element für Element) logisch durchdenkt, raucht ihm am Ende förmlich der Kopf. Entsprechend konnten die Hirnforscher auch Aktivitäten in unterschiedlichen Gehirnarealen messen.[90]

Das automatische System 1 greift auf Erfahrungen, Emotionen und Normen zurück und nutzt findige Abkürzungen in Form von Faustregeln, sogenannten Heuristiken. Es arbeitet immer – man denke etwa an Alltagsroutinen wie eine Tür abschließen, das Radio einschalten, mit Messer und Gabel essen. Oder aber daran, dass ein Passant binnen Sekundenbruchteilen zur Seite springt, wenn er ein Auto auf sich zurasen sieht. Über all das muss der Mensch nicht lange nachdenken, er tut es intuitiv, impulsiv, automatisch. Würde er bewusst über die drohende Gefahr des heranrasenden Wagens grübeln, wäre es schon zu spät. Die Routinen wollen aber erst einmal erlernt werden: Für einen Fahranfänger ist die erste Fahrstunde ein mentaler Kraftakt. Erst nach und nach geht ihm das gleichzeitige Bedienen von Pedalen, Lenkrad und Schalthebel in Fleisch und Blut über – sprich: es wird Teil eines automatisch und unbewusst ablaufenden Prozesses.

Das automatische System ist also das menschliche Standardprogramm, es lässt sich nicht abschalten. Erst wenn ein ungewohntes oder unbekanntes Problem auftaucht, wird ein bewusster, kontrollierter Prozess (er wird als System 2 bezeichnet) zusätzlich in Gang gesetzt. Überdies kann man das vernünftige, vorsichtige System 2 willentlich zuschalten, wenn die Aufmerksamkeit auf ein bestimmtes Problem fixiert wird, etwa auf die Steuererklärung oder eine bestimmte Rechenaufgabe. Gewöhnlich arbeiten beide Systeme friedfertig zusammen, hin und wieder konkurrieren sie aber miteinander[91] – das logische System 2 kontrolliert und hat dann das letzte Wort. Das bewusste Denksystem ist daher auch für die Selbstkontrolle zuständig.[92]

Das, was man landläufig als rational bezeichnet, bedeutet nicht etwa, dass man die Intuition, die auf Emotionen und Erfahrungen basiert, abstellt und sich stattdessen des kühl agierenden, kontrollierten Systems 2 bedient. Allein kann Letzteres nämlich gar nicht bestehen – der Mensch wäre schon mit seinem Alltag überfordert, wenn er jedes Mal darüber nachsinnen müsste, wie man Messer und Gabel bedient. Stattdessen kommt es auf das Zusammenspiel des automatischen und des kontrollierten Systems an; Denken, Wahrnehmen und Erinnern lassen sich oftmals vom Fühlen gar nicht trennen. Der Neurowissenschaftler António Damásio konnte in seinen Studien zeigen, dass Patienten mit einer Schädigung eines bestimmten Hirnareals, des präfrontalen Kortex, nicht in der Lage waren, selbst simple Entscheidungen zu ihrem eigenen Besten zu treffen. Sämtliche intellektuelle Fähigkeiten blieben zwar intakt – die Patienten konnten nach wie vor rechnen, schreiben, lesen und sich erinnern. Aber aufgrund einer Verletzung in diesem Hirnsektor war bei den Betroffenen die Verbindung, die Zusammenarbeit zwischen den beiden Systemen gestört, was ein normales Leben unmöglich machte.[93]

Auf den Menschen prasseln pro Sekunde elf Millionen Bits Informationen ein, selbst wenn er nur entspannt auf der heimischen Wohnzimmercouch döst. Das bewusste System 2 schafft es aber gerade einmal, rund 40 bis 50 dieser Informationsteilchen gleichzeitig zu verwalten. Den Rest muss man dem unterbewussten, automatisierten System überlassen. Das bedeutet auch: Ist System 2 mit einer anderen Aufgabe beschäftigt, ist es kaum in der Lage, andere Entscheidungen und Urteile, die der menschliche Autopilot in Form von System 1 zeitgleich fällt, noch zu kontrollieren. Man glaubt unbesehen jeglicher eigenen intuitiven Bewertung.[94]

Das Gehirn ist überdies ein Energiespar-Wunder: Mittlerweile gibt es zwar Super-Computer, die so viele Operationen gleichzeitig durchführen können wie das menschliche Gehirn, dafür benötigen sie aber Unmengen an Energie – so viel Energie wie mehr als 1000 Haushalte. Zum Vergleich: Der Energieverbrauch des Gehirns beträgt nicht mehr als der eines handelsüblichen Laptops. Das ist nur deshalb möglich, weil der menschliche Autopilot (System 1) mit findigen Abkürzungen arbeitet, um die tägliche Informationsflut zu bewältigen. Derlei Abkürzungen gilt es nun näher zu beleuchten.

4.2 Der Mensch denkt in Schubladen

»Technologie-Aktien sind viel zu gefährlich!« – »Ich bin nicht gut in Mathe.« – »Dafür bist du noch zu jung.« – »Frauen können nicht einparken.« – »Die sind doch alle gleich«. Kommt Ihnen das bekannt vor? Sicherlich, denn der Mensch tut es ständig – »Schubladendenken« ist weit verbreitet. Mehr noch: Es ist ein wesentliches Merkmal menschlichen Denkens – und das ist gut so. Denn obgleich es wenig edel klingen mag, alles und jeden in eine Schublade zu stecken, ohne diese Schubladen wäre der Mensch nicht in der Lage, seinen Alltag zu bewältigen.

4.2.1 Schubladen im Kopf

Um Informationen zu strukturieren und zu speichern, nutzt das menschliche Gehirn, genauer: das unbewusst, rasend schnell arbeitende System 1, sogenannte Schemata. Ein **Schema** ist eine mentale Wissensstruktur. Es enthält Erwartungen und Informationen über bestimmte Objekte, Personen oder Konzepte in abstrakter, generalisierter Form sowie über die Abhängigkeiten zwischen den einzelnen Eigenschaften[95]. Das Schema wird durch Erfahrungen in der Vergangenheit »gefüllt« und immer wieder aktualisiert.

Während der Mensch seine Umwelt wahrnimmt, versucht er gleichzeitig, die Informationen einzuordnen und zu verstehen – dies tut er, indem er jeden Reiz (Stimulus) mit einem der Schemata in seinem Gehirn vergleicht und auch zusammen mit diesem abspeichert. Wahrnehmen, Sprachverstehen und Erinnern sind eine ständige Interaktion von neuen Informationen mit alten, im Schema bereits enthaltenen Informationen (schemakonsistente Informationen).[96]

Man kann sich solch ein Schema wie eine Schublade vorstellen, oder aber wie eine Schablone. Sie kennen es vielleicht noch aus Kindertagen: Ein Blatt voller scheinbar zusammenhangloser Buchstaben ergab erst dann einen Sinn, wenn man eine Schablone, in die Löcher eingestanzt waren, darüberlegte – plötzlich war eine geheime Botschaft lesbar. Der Mensch kann seine komplexe Umwelt schneller verstehen und die schier unendliche Informationsflut bewältigen, indem er eine solche Schablone über die Wirklichkeit legt. Gleichzeitig ersetzt das Schema aber auch fehlende aktuelle Informationen: Sieht man beim abendlichen Strandspaziergang während des Sommerurlaubs einen dunklen Fleck am Horizont, wird man womöglich ein Schiff erkennen. Auch wenn die wahrgenommenen Schatten nicht ausreichen, um ein Schiff zu sehen, fügt das menschliche Gehirn die fehlenden Informationen aus der verfügbaren Schublade »Schiff« kurzerhand hinzu. Ganz einfach weil man es erwartet, am Meer Schiffe zu Gesicht zu bekommen.

Der Mensch versucht, eine Information immer zusammen mit einem passenden Schema zu sehen, nie die Information allein. Andernfalls wäre er gezwungen, die langwierige Prozedur der Aufnahme, Verarbeitung und Auswertung sämtlicher Informationen jedes Mal wieder von vorn zu durchlaufen. Das wäre nicht nur ein mentaler Kraftakt, sondern würde den Passanten, der ein Auto auf sich zurasen sieht, das Leben kosten. Nur mithilfe der Schemata, die auf seinen Erfahrungen basieren, kann er in Sekundenbruchteilen reagieren: Das Gehirn zieht blitzschnell die passenden Schubladen, die das rollende Etwas als Auto und als Gefahr identifizieren.[97]

Der menschliche Denkapparat verfügt über ein umfangreiches Schubkastenrepertoire: Er hat eine Reihe von Schemata über Ereignisse, Personen und verschiedene Rollen in der Gesellschaft abgespeichert. Ein Ereignis-Schema kann als eine Art Drehbuch verstanden werden. Beispielsweise wartet man im Restaurant, bis man zu seinem Platz geführt wird, schaut sich die Speisekarte an, bestellt, isst, zahlt. Schon bevor man den Gourmet-Tempel betritt, hat man gewöhnlich ein bestimmtes Szenario im Kopf.

Den US-Regisseur Woody Allen würde man vielleicht in die Schublade »Neurotiker« stecken, während man den Popstar Robbie Williams womöglich als typisch »extrovertiert« kategorisieren könnte – das sind Personen-Schemata. Hinter einem Selbst-Schema wiederum verbirgt sich die Antwort auf die Frage: »Wie würde ich mich selbst beschreiben?« Rollen-Schemata enthalten schließlich das Wissen um Normen und erwartetes, typisches Verhalten – ein Patient etwa hat eine bestimmte Vorstellung, wie sich ein Arzt verhält. Besonders hervorzuheben sind hierbei die Stereotypen – in diesen Schubladen sind die Informationen und das Wissen über Menschen aus unterschiedlichen sozialen Kategorien enthalten.[98] Insbesondere bei einem ersten Aufeinandertreffen beurteilt man sein Gegenüber gern nach den Eigenschaften, die sofort ins Auge fallen – man kategorisiert etwa nach Alter, Geschlecht und ethnischer Herkunft.[99]

Allerdings verstecken sich in den Schubladen mitunter Vorurteile. Dann nämlich, wenn das Schema eine fehlerhafte Generalisierung, z. B. einer ethnischen Gruppe, enthält – eine derartige Antipathie »lernt« der Mensch womöglich schon im Elternhaus. Ein solch vorurteilsbehaftetes Schema zeigt sich zunächst ziemlich resistent gegenüber neuen Informationen – schlichtweg unflexibel.[100] Das bedeutet aber nicht, dass man seinen eigenen, gewachsenen Vorurteilen hilflos ausgeliefert ist. Vielen Menschen gelingt es, diesem automatischen Prozess durch bewusstes, kontrolliertes Überdenken entgegenzuwirken. Mit purer Willenskraft kann man förmlich sein bewusstes Denksystem 2 aktivieren, um das (Vor-)Urteil aus dem unbewussten, intuitiven System 1 zu korrigieren: Auch wenn den einen oder anderen zunächst ein ungutes Gefühl überkommen mag, wenn er einem Menschen mit anderer Hautfarbe die Hand schüttelt – er kann sein Vorurteil überwinden, indem er bewusst eine andere Schublade aufzieht, in der er mit der Zeit gute Erfahrungen mit Vertretern dieser Volksgruppe abgespeichert hat.[101]

Es ist keinesfalls typisch menschliche Faulheit, in Schubladen zu denken – es ist eine geniale Energiesparmethode. Die Verwendung von Schemata läuft automatisch und blitzschnell ab, sodass das Gehirn seine limitierten Ressourcen optimal einsetzen kann; die freien Denkkapazitäten können anderweitig genutzt werden.[102]

4.2.2 Anwendbarkeit und Verfügbarkeit von Informationen

Wird der Mensch mit einer bestimmten Situation oder einer Person konfrontiert, werden die Reize mit den Schubladen im Gehirn verglichen. Passt ein Schema, so wird mit diesem weiterverfahren. Doch woher weiß der menschliche Denkapparat, welches Schema er anwenden soll? Das ist schlichtweg von der Anwendbarkeit und der Verfügbarkeit des Schemas abhängig. Stellen Sie sich vor, Sie werden Ohrenzeuge eines Gesprächs über eine bestimmte Aktie. Würden Sie die Schublade »Autorennen« aufziehen, könnten Sie dem Gespräch wohl kaum folgen – es passt nicht. Stattdessen müssten Sie Ihr Schema »Geldanlage« bemühen. So mag Ihr Gegenüber im Restaurant oder im Büro in das Schema »Banker« passen. Gleichzeitig aber auch in die Schublade »Mann« oder »Freizeitsportler«.

Sehen Sie sich einmal folgende Abbildung an: Was könnte das sein?

Abbildung 1: Anwendbarkeit von Schemata

System 1 im Gehirn zieht nun einige Register, und zwar so lange, bis es ein passendes Schema gefunden hat. Aus der abgebildeten Kurve wird sich wohl kaum ein Quadrat formen lassen – dieses Schema ist nicht anwendbar. System 1 sucht weiter. In vielen Fällen aber ist mehr als ein Schema anwendbar. Auch zur obigen Abbildung passen mehrere Schemata: z. B. »Liebe« oder »Geld«. Die ursprüngliche Kurve lässt sich zu einem Herz ergänzen oder auch zu einem US-Dollar-Zeichen.

Abbildung 2: Anwendbarkeit von Schemata – mehrere passen

Das Gehirn wird aber nicht sämtliche Schubladen öffnen, um dasjenige Schema zu finden, das am besten passt, denn das würde zu viel Zeit und Ressourcen beanspruchen. Es stoppt vielmehr die Suche, sobald es ein einziges passendes Schema gefunden hat. Welches Schema als Erstes auf seine Anwendbarkeit geprüft wird, hängt davon ab, wie schnell es verfügbar ist.[103] Natürlich testet das Gehirn zunächst jene Schemata, die es zuletzt oder sehr häufig genutzt hat. Wer frisch verliebt ist, wird nur allzu leicht die obige Form zu einem Herz ergänzen. Wer jedoch ohnehin gerade an seine Geldanlage und seinen US-amerikanischen Immobilienfonds gedacht hat, dem mag als Erstes das Dollar-Zeichen einfallen.

Leichter verfügbar wird ein Schema auch, indem es speziell aktiviert wird: Lässt ein Gesprächspartner zu Beginn einer Konversation ein bestimmtes Wort fallen, z. B. »Frau«, wird im Gehirn die entsprechende Schublade geöffnet. Sofort drängen sich Assoziationen wie »feminin«, »mütterlich« oder »fürsorglich« auf. Das Gespräch wird nun womöglich im Lichte dieses Standards, dieser Schablone, gesehen, interpretiert und bewertet.

Interessant: Vielfach werden Sie fest davon überzeugt sein, ein bewusstes, vernünftiges Urteil getroffen zu haben. Sie glauben, System 2, Ihr bewusstes Denksystem, habe gerade die Oberhand. Doch in Wahrheit kommen derlei Bewertungen einzig und blitzschnell aus dem impulsiven, intuitiven System 1, über das Sie nur wenig Kontrolle haben. Mehr noch: Oft wird erst im Nachhinein das bewusste Denksystem 2 dazugeschaltet. Nicht etwa, um die intuitive Interpretation infrage zu stellen, sondern um Argumente und Informationen zu sammeln, die im Einklang mit den bereits gefällten Urteilen und Überzeugungen stehen. Deshalb sind Vorurteile und negative Stereotype nur schwer korrigierbar.

Um ein bestimmtes Schema zu aktivieren – diese Methode nennt sich übrigens ***priming***[104] – reicht es sogar schon aus, wenn zu Beginn eines Werbefilms ein Wort nur für wenige Millisekunden über den Bildschirm flimmert[xvi] – definitiv viel zu kurz, als dass es das menschliche Bewusstsein erfassen könnte.[105] Auch dann wird im Gehirn ohne eigenes Zutun die entsprechende Schublade aufgestoßen.

4.2.3 Der Preis des Schubladendenkens

Dieses blitzschnelle Verstehen per Schemata hat seinen Preis: Denken Sie noch einmal an die geheime Botschaft im Buchstabensalat. Sobald die passende Schablone gefunden wurde, um die Nachricht zu entschlüsseln, kümmert man sich nicht mehr um die restlichen Buchstaben. Womöglich hätte man auch eine andere Schablone verwenden können, die eine andere Botschaft sichtbar gemacht hätte – ein Teil der Informationen wird nicht beachtet, geht verloren.

Wenn uns jemand einen Stempel aufdrückt

Daneben hat das Schemadenken noch einen weiteren Haken: Nicht nur, dass es vorurteilsbehaftetes Verhalten unterstützt. Es lässt sich überdies kaum kontrollieren. Es ist gar ein derart machtvolles Instrument, dass der Mensch sich oftmals dem Stereotyp, dem man ihm zuordnet, beugt: Studentinnen, bei denen man zuvor bewusst ein Geschlechter-Schema aktiviert hatte, schnitten in Tests zu räumlichem Vorstellungsvermögen deutlich schlechter ab als ihre männlichen Kollegen – sie entsprachen damit der stereotypen Vorstellung, dass das männliche Gehirn derlei Aufgaben besser bewältigen kann. Der Unterschied schmolz jedoch dahin, wenn man zuvor ihre herausragenden Qualitäten als Stu-

xvi Dem Missbrauch sind hier natürlich Tür und Tor geöffnet. Allerdings ist es in der Wissenschaft umstritten, ob diese Methode das Kaufverhalten verändert. Viele Studien konnten aber einen gewissen Einfluss nachweisen, etwa dass die blitzschnell eingeblendeten Worte »drink« und »coke« das Durstgefühl erhöhen. Kleiner Trost: Auch wenn die Teilnehmer danach tatsächlich mehr tranken, zeigten sie zumindest keine Präferenz für Cola.

denten etwa einer Privat-Universität betonte.[106] Asiatischstämmige Amerikanerinnen lieferten daneben bessere Tests ab, wenn man sie zuvor an ihre ethnische Herkunft erinnerte – schließlich schreibt man den Asiaten gemeinhin ein gutes mathematisches Verständnis zu.[107]

Es ist noch nicht einmal notwendig, dass der Betroffene weiß, in welche Schublade er gerade gesteckt wurde, wie das folgende Beispiel zeigt: Offiziersanwärtern ordnete man vor einem Lehrgang eine fiktive Beurteilung ihrer Führungsqualitäten zu – die rein nach dem Zufallsprinzip verteilten Noten lagen allerdings nur den leitenden Offizieren vor; auch diese waren nicht eingeweiht, dass es sich um ein Experiment handelte. Nach Abschluss des Lehrgangs mussten die Soldaten eine schriftliche Prüfung ablegen. Und siehe da: Diejenigen, von denen die Kursleiter glaubten, dass sie ein höheres Führungspotenzial besäßen, schnitten tatsächlich deutlich besser ab als ihre Kollegen. Die Teilnehmer nahmen die Eigenschaften an, die ihnen das Etikett »hohe« oder nur »normale« Führungsqualität zugewiesen hatte. Denn ohne es zu beabsichtigen und völlig unbewusst hatten die Kursleiter sie unterschiedlich behandelt und gefördert, sodass die nach dem Zufallsprinzip verteilten »Erwartungen« an ihre Eleven wahr wurden.[108] Ähnlich ergeht es Arbeitnehmern, die das Glück haben, für einen Chef zu arbeiten, der sie schätzt und an sie glaubt. An den hochgesteckten Erwartungen scheint der Angestellte zu wachsen. Andererseits gibt es kaum etwas Demoralisierenderes als einen Boss, der seine Mitarbeiter für inkompetent hält.[109]

Sogar auf lange Sicht bleibt der Einfluss eines Stereotyps bestehen: Senioren, die mit dem Altern hauptsächlich negative Eigenschaften verbanden – man hatte sie drei Jahre zuvor gefragt, welche fünf Begriffe ihnen zu einem alten Menschen einfallen – büßten ihre Hörfähigkeit deutlich schneller ein als die positiv oder neutral gestimmten Teilnehmer derselben Studie.[110] Wer das Alter negativ wahrnimmt, altert körperlich offenbar schneller. Die klischeehafte, negative Selbstwahrnehmung wirkt sich nicht nur auf das Gehör aus, sondern begünstigt auch Gedächtnisverlust[111] und Arterienerkrankungen. Mehr noch: Die Lebenserwartung ist um 7,5 Jahre reduziert.[112]

Steckt man erst einmal in einer Schublade, kann dies eine Eigendynamik entwickeln. Ganz schnell macht man sich das Etikett zu eigen und verhält sich entsprechend. Dieses Phänomen nennt man Pygmalioneffekt, sofern die Eigenschaften, die man annimmt, positiv sind. Für negative Eigenschaften ist der Begriff Golemeffekt reserviert.

Solche sich selbst erfüllenden Prophezeiungen lassen sich vor allem dann beobachten, wenn ein Mensch unter Stress steht, wenig Zeit zum Entscheiden hat oder abgelenkt ist – kurz: wenn er das Denken komplett seinem Autopiloten überlässt. Dennoch ist der Effekt limitiert: Der Mensch ist längst nicht immer ein hilfloses Opfer seines Schubladendenkens oder desjenigen seines Gegenübers. Auch wenn der Personalbeauftragte eines Unternehmens das Gespräch schon mit der Erwartung, der Kandidat werde ohnehin nicht zum Unternehmen passen, beginnt, vermag der Bewerber während des Vorstellungsgesprächs möglicherweise doch noch positiv zu überraschen. Aber nur sofern der potenzielle Arbeitgeber sich Zeit nimmt und dem Bewerber ganz bewusst volle Aufmerksamkeit schenkt. Auf diese Weise kann der Personalbeauftragte seine womöglich verzerrten Erwartungen beiseiteschieben und zu einem angemesseneren Urteil gelangen.[113] Es ist überdies hilfreich, wenn man das Vorstellungsgespräch schon im Vorhinein strukturiert, Fragen vorbereitet, die allen Bewerbern gleichermaßen gestellt werden, und das Interview gemeinsam mit einem Kollegen führt.[114] Völlig immun gegen das Schubladendenken ist man jedoch auch in einem strukturierten Vorstellungsgespräch nicht. Selbst dann, so haben zahlreiche Studien gezeigt, steht der Personalbeauftragte immer noch unter dem Einfluss solcher Faktoren, die mit der Berufsqualifikation des Bewerbers wenig zu tun haben: geschickte Gesprächstaktiken des Bewerbers, sein Geschlecht oder seine Attraktivität.[115]

Erinnerungen hinzufügen

Das Gehirn spart Platz: Beim Abspeichern werden Erfahrungen und Erlebnisse auf wenige Gedankengänge und Informationen reduziert wie »Abendessen war enttäuschend«. Informationen, die zum Schema passen (schemakonsistent) werden unter »wie üblich« abgetan und gespeichert. Wenn sich der Restaurantgast zurückerinnert, formt das Gedächtnis die Erinnerung jedes Mal neu aus den wenigen abgespeicherten Informationen und dem passenden Schema. Die ursprüngliche Information, sofern sie schemakonsistent war, ist dabei kaum mehr vom Schema zu trennen. Das geschieht so schnell und mühelos, dass es den Anschein hat, als hätte man die gesamte Erinnerung als Ganzes im Kopf abgespeichert. Dabei erinnert man sich an Dinge, die möglicherweise gar nicht vorhanden waren, sondern lediglich einen Teil des Schemas repräsentieren: Die Frage, ob Sie beim jüngsten Restaurant-Besuch von einem Kellner bedient wurden, werden Sie vermutlich sofort bejahen. Aber tun Sie das, weil Sie sich sicher sind, von einem Kellner bedient worden zu sein, und sein Bild genau vor Augen haben, oder weil Sie finden, dass es nun einmal die Norm ist und es daher in das Schema passt, in einem Restaurant von einem Kellner bedient zu werden?

Sicherlich sind auch Sie schon einmal zu Ihrem Haus zurückgelaufen, um zu überprüfen, ob die Tür richtig verschlossen ist. Man sieht sich im Geiste zwar die Tür verschließen, aber ob das heute, gestern oder vor einer Woche war, lässt sich nur schwerlich sagen – denn das, woran man sich so schnell erinnert, ist lediglich das Schema, die Routine »Tür schließen«.

Schleichen sich bei der Rekonstruktion von Ereignissen konsistente Informationen in die Erinnerung, die gar nicht vorhanden waren, so spricht man vom **Intrusionsfehler** (*intrusion error*).[116] Dieser ist natürlich besonders fatal, wenn man beispielsweise als Zeuge vor Gericht geladen wird.

Dieses Phänomen tritt sogar dann auf, wenn man vorgewarnt wird: Lesen Sie sich bitte die folgende Wortliste durch und decken Sie sie danach ab.

Abbildung 3: Erinnerungsfehler mit Ansage

Beantworten Sie nun folgende Frage: Welches der Wörter war nicht auf der Liste? – Bonbon, Honig, süß oder Benzin? Richtig, Benzin war natürlich nicht auf der Liste, aber es gibt noch eine zweite richtige Antwort: süß.[117] Viele Teilnehmer einer solchen Umfrage glauben, sich an »süß« erinnern zu können, weil sich sämtliche Worte dieser Liste um eben dieses Thema drehen. Das Gedächtnis legt nicht jedes Wort einzeln ab. Es beschränkt sich stattdessen auf das Wesentliche: Einige Worte, die mit »süß« zu tun haben. Und bei der Rekonstruktion fügt das Gedächtnis fälschlicherweise Informationen hinzu, die nicht auf der Liste standen, sondern lediglich Teil des Schemas waren.

Das Wort Benzin wäre Ihnen zweifelsohne in dieser Auflistung aufgefallen – es hätte sich Ihnen eingeprägt, denn es passt nicht zu den anderen Worten. Genauso könnten Sie sich sehr wohl daran erinnern, wenn Sie beim letzten Besuch in Ihrem Stammlokal von einem Kellner in einem Mickymaus-Kostüm bedient worden wären – es passt nicht in Ihr Restaurant-Schema (schemainkonsistent). Deshalb verarbeitet das Gehirn diese Information nicht mit der gewohnten Energiesparmethode. Stattdessen muss es dieses nicht ins Konzept passen wollende Mickymaus-Kostüm gedanklich aufwendig verarbeiten und abspeichern. Entsprechend kann man sich hieran später ganz genau entsinnen – schemainkonsistente Informationen haben (zumindest auf kurze Sicht) einen Erinnerungsvorteil.[118]

»Wusste ich's doch« – Erinnerung an Vorhersagen, die man nicht getroffen hat

»Hab ich's doch gewusst« – ein anderes unliebsames Nebenprodukt der genialen Sparmaßnahmen des menschlichen Gehirns verbirgt sich häufig hinter diesem nur allzu oft gehörten Ausspruch. Kommentare, wie »wusste ich's doch, dass das mit euch beiden nicht gut geht« oder »wusste ich's doch, dass der DAX fällt« – hört man immer wieder. Ob es sich dabei um die Mutter handelt, der es schon von Anfang an klar war, dass die Beziehung mit dem neuen Freund der Tochter nicht halten wird, oder ob es der Nachbar ist, der am Stammtisch stolz erzählt, er habe den Einbruch der Weltbörsen kommen sehen. Allerdings müssen sich die beiden die Frage gefallen lassen, warum sie nicht schon früher damit herausgerückt sind. Bevor die Liaison in einem Scherbenhaufen endete, bevor der DAX gefallen ist. Und warum der Nachbar sich nicht längst mit entsprechenden Instrumenten aus dem kunterbunten Zertifikate-Universum eingedeckt hat, um vom angeblich erwarteten Kursverfall zu profitieren. Die Antwort des Psychologen fällt ziemlich banal aus: Mutter wie Nachbar erinnern sich an Vorhersagen, die sie gar nicht getroffen haben.

Das beschriebene Phänomen nennt sich **Rückschaufehler** (*hindsight bias*): Sobald ein Ereignis eingetreten und sein Ausgang bekannt ist, sind viele Menschen sicher, dass sie genau dieses Resultat vorhergesehen haben. Sie erinnern sich oft fälschlicherweise an Prognosen, die sie niemals geäußert oder nicht einmal gedacht haben.[119]

Bekanntlich werden die Schemata, die »Schubladen«, mit deren Hilfe man seine Umwelt blitzschnell bewerten kann, ständig mit neuen Informationen aktualisiert. Wenn der Mensch sich eine Entscheidung oder eine Vorhersage ins Gedächtnis ruft, wird die Erinnerung im unbewussten Denksystem 1 jedes Mal mithilfe der Schemata und den wenigen extra abgespeicherten Informationen komplett neu geformt. Das geht so schnell, dass man fälschlicherweise annimmt, man habe eine Erinnerung wie ein Computer komplett aus dem Gedächtnis abgerufen. Stattdessen rekonstruiert man das Gelernte. Hierbei nutzt das Gedächtnis aber womöglich Informationen, die zum Zeitpunkt der ursprünglichen Entscheidung bzw. der ursprünglichen Prognose noch gar nicht verfügbar waren, denn die Informationsspeicher und Schubladen im Kopf waren nicht die ganze Zeit über hermetisch verschlossen.

Ganz im Gegenteil: Zwischen dem Ereignis und der späteren Rückbesinnung hat der Betroffene Unmengen weiterer Erfahrungen gemacht, neue Erkenntnisse gesammelt. Der neue Freund der Tochter mag sich plötzlich als Ladendieb entpuppen – auch diese Information ist längst irgendwo im Gehirn abgelegt. Während sich die Mutter zurückerinnert an ihre ursprüngliche Einschätzung des Schwiegersohns, schleicht sich schnell die deutlich jüngere Information »Ladendieb« in ihr Urteil ein, das nun plötzlich völlig anders ausfällt als beim ersten Kennenlernen. Sie erinnert sich mit einem Mal an eine Vorhersage, die sie niemals getroffen hat. Gleiches gilt für den Nachbarn und seine DAX-Prognose: Erst nachdem neue Informationen, etwa über die jüngste Finanzkrise, sein Erinnerungsvermögen beeinflusst haben, glaubt er, den Kursverfall der Aktienindizes längst vorausgesehen zu haben.

Das menschliche Gedächtnis ist fehlerhaft. Das bedeutet zwar nicht, dass Erinnerungen uns mehrheitlich in die Irre führen – man muss jedoch sehr vorsichtig im Umgang mit ihnen sein. Denn manchmal ist die Erinnerung nicht mehr als eine Illusion. Der Mensch lernt aus Fehlern. Nur kann er das schlecht, wenn er sich an deutlich weniger Fehler erinnert, als er eigentlich verursacht hat.

Im Nachhinein ist es immer einfach zu beurteilen, warum etwas schiefgegangen ist. Zwar führt das dazu, dass man sich an mehr richtige Vorhersagen erinnert, als man tatsächlich getroffen hat, aber man kann diesen Umstand auch zu seinem Vorteil nutzen. Ziehen Sie doch einmal folgende Situation in Betracht:

Wie wahrscheinlich ist es, dass der DAX in einem Jahr um 60 Prozent niedriger notiert? Welche Ereignisse könnten zu solch einem Ergebnis geführt haben?

Schauen Sie sich nun diese Fragestellung an:

Stellen Sie sich vor, es ist ein Jahr später – der DAX ist um 60 Prozent gefallen. Was könnten die Gründe sein, die dazu geführt haben? Wie hoch schätzen Sie die Wahrscheinlichkeit für diesen Ausgang ein?

Es macht einen Unterschied, ob Ereignisse, die in der Zukunft liegen, einfach prognostiziert werden, oder ob unterstellt wird, sie wären zu einem künftigen Zeitpunkt bereits eingetreten: In letzterem Fall reist man in seiner Vorstellung in die Zukunft und blickt von dort aus zurück – in dieser Situation fällt es den Befragten meist leichter, Gründe aufzuzählen. Sie können sie sich detailreicher und lebhafter ausmalen, sodass sie mehr Argumente finden und das Endergebnis gar für wahrscheinlicher halten.[120] Ist man dabei, mögliche Gegenargumente für eine Entscheidung, z. B. den Kauf einer Aktie, zu sammeln, sollte man diesen Kniff anwenden: Statt darüber nachzusinnen, was schiefgehen könnte, sollte man sich besser vorstellen, es hätte bereits in einem Misserfolg geendet.

Ihnen werden nun mehr Gründe, sprich: Gegenargumente einfallen, um die Situation womöglich realistischer beurteilen zu können.

Denken in Schemata

Das menschliche Gehirn arbeitet mit zwei Systemen – eines arbeitet bewusst und kontrolliert, das andere blitzschnell, automatisiert, unterbewusst und auf Basis von Erfahrungen, unter anderem mittels Schemata. Ein Schema ist eine mentale Wissensstruktur, eine Schublade, die generalisierte Informationen über ein bestimmtes Objekt, Personen oder Ereignisse enthält. Der Mensch nimmt seine Umwelt wahr, indem er jeden Reiz mit einem Schema in seinem Gehirn vergleicht. Dieser automatische Prozess ist kaum kontrollierbar.

→ Auch wenn das Denken in Schemata nur schwer zu beeinflussen ist: Sind Sie ein geübter Fußballer, so sollten Sie sich beim Elfmeter auf Ihre Routine und Erfahrung – sprich, das automatische System – verlassen. Damit erzielt man bessere Erfolge, als ginge man im Kopf vorher noch einmal jede Bewegung durch. Als Anfänger jedoch sollten Sie sich bewusst konzentrieren und noch einmal die einzelnen Schritte in Erinnerung rufen – Sie schalten so das bewusste System zu.[121]

→ Um pessimistischen selbst erfüllenden Prophezeiungen vorzugreifen oder Vorurteile bei sich selbst auszuhebeln, schenken Sie Ihrem Gegenüber bzw. Ihrer Entscheidung Ihre volle Aufmerksamkeit. Bei Einstellungsgesprächen empfiehlt sich überdies, diese im Vorhinein zu strukturieren und zielführende Fragen (z. B. zu früheren Erfahrungen, Einschätzungen bestimmter Situationen) zu stellen.

→ Sind Sie Chef, Trainer oder Lehrer? – Ihre Angestellten und Ihre Schüler wachsen an Ihren hohen Erwartungen. Vorsicht aber vor zu hohen Erwartungen: Sie könnten Ihren Mitarbeiter weit in die mentale Verlustzone versetzen (siehe Bonusproblematik in Kapitel 5, »Alles ist relativ«).

→ Stehen Sie vor einer wichtigen Entscheidung, etwa dem Kauf eines Wertpapiers? Versetzen Sie sich in die Zukunft und blicken Sie zurück: Welche Gründe könnten dazu geführt haben, dass die Aktie fällt und sich Ihr Investment als Missgriff bzw. Erfolg entpuppt? Auf diese Weise stellen Sie sicher, dass Sie nicht nur unterstützende Argumente finden, sondern auch Gegenargumente, um die Situation womöglich besser einschätzen zu können.

→ Ist das (finanzielle) Risiko hoch und selbst kleinste Fehler wären fatal? Nehmen Sie sich Zeit, lenken Sie Ihre Aufmerksamkeit bewusst auf dieses Problem und überdenken Sie die Alternativen.

4.3 Heuristische Tricks und ihre Tücken

Das menschliche Gehirn arbeitet mit allen Tricks und Kniffen: Stellt man ihm bzw. seinem Träger eine komplizierte Frage, auf die er so schnell keine Antwort weiß, antwortet er kurzerhand auf eine einfache Frage. Die Antwort auf »Wie zufrieden sind Sie mit Ihrem Leben« spiegelt womöglich nur das aktuelle Glücksempfinden Ihres Gesprächspartners wider. Und das lässt sich leicht beeinflussen: etwa vom Wetter oder von der simplen Tatsache, dass der Befragte wenige Minuten zuvor ein Zehn-Cent-Stück auf der Straße gefunden hat.

Der menschliche Autopilot (System 1) nimmt eine Abkürzung und ersetzt völlig unbewusst das eigentliche Ziel der Frage mit einem anderen, weniger komplexen Ziel, ohne überhaupt das eher langsame, energieaufwendige System 2 zu belästigen. Hierbei benutzt der Mensch einfache Faustregeln, sogenannte Heuristiken. Diese mentalen Abkürzungen und Strategien, die auf den eigenen Erfahrungen aufbauen, nutzt das Gehirn ständig – auch sie gehören vornehmlich zum automatisierten, unbewussten Teil des menschlichen Denkapparats.[xvii] Sie dienen der Verarbeitung umfangreicher, komplexer Informationen und der schnellen Urteilsfindung.

Schnelligkeit geht vor Genauigkeit: Mittels dieser Kniffe kommt man mit geringem Aufwand zu einem schnellen, aber nicht garantiert optimalen Ergebnis. Sie leiten den Menschen gewöhnlich sicher durch den Alltag, aber häufig ist ein verzerrtes Urteil programmiert, das oftmals nicht vom bewussten, kontrollierten zweiten System des Gehirns korrigiert wird. Vor allem dann nicht, wenn der Mensch unter Zeitdruck steht oder abgelenkt ist. Es folgt eine Auswahl der typischen heuristischen Stolpersteine sowie Vorschläge, wie diese zu umgehen sind.

---

xvii Einige Heuristiken können völlig bewusst angewendet werden, um zu einem schnellen Urteil zu gelangen. Hier ein mathematischer, bewusster Kniff: Will man im Kopf schnell die Zahl 11 mit einer zweistelligen Zahl (z. B. 41) multiplizieren, bildet man einfach die Quersumme aus dem Multiplikanden (4+1) und platziert das Ergebnis (4+1=5) zwischen erster und zweiter Ziffer desselbigen (4»5«1; das Ergebnis lautet also 451).

4.3.1 Der hinterlistige Zufall

Werfen Sie sechs Mal hintereinander eine Münze: Welche dieser Serien ist die wahrscheinlichste? Welche Abfolge von Zahl und Kopf ist die am wenigsten wahrscheinliche? (K steht für Kopf, Z für Zahl)

1. Z, K, Z, K, K, Z

2. K, K, K, Z, K, Z

3. K, K, K, K, K, K

Das menschliche Gehirn ist ständig auf der Suche nach Mustern und kausalen Zusammenhängen, auch wenn gar keine vorhanden sind. Offenbar existiert in der linken Hirnhälfte ein Modul, das den Menschen veranlasst, beständig nach solchen Ausschau zu halten.[122] Auch in diesem Münzwurfbeispiel sucht man natürlich nach einem Muster: Wissenschaftler beobachteten, dass die meisten Menschen die ersten beiden Serien für repräsentativer für eine übliche Münzwurffolge und damit für wahrscheinlicher halten.[123] Repräsentativität drückt eine bestimmte Beziehung eines Objektes zu einer Kategorie aus: Ein Objekt ist dann repräsentativ, wenn eine hohe Ähnlichkeit zu typischen oder vielen Vertretern dieser Kategorie wahrgenommen wird.[124] Das bedeutet: Passt eine Beobachtung »gut in ein Schema« (eines der vielen Denkmuster, die im Kopf verfügbar sind), so ist eine hohe Repräsentativität gegeben. Ähnliche Serien wie in den Beispielen 1 und 2 hat jeder schon zuhauf gesehen, sie passen in die typische Vorstellung zufälliger Folgen.

Kann man eine Serie schnell einem der zahlreichen Denkmuster und Schubladen in seinem Kopf zuordnen, neigt man allerdings dazu, die Wahrscheinlichkeit dieser repräsentativen Ereignisse zu überschätzen – hier ist natürlich auch wieder der Autopilot, das intuitive Denksystem 1, am Werk. Diese ganz natürliche menschliche Verhaltensweise bezeichnet man als **Repräsentativitätsheuristik**.[125]

Diese intuitive Abkürzung, die das Gehirn ohne großen mentalen Aufwand regelmäßig vollführt, hilft in vielen Fällen weiter und liefert brauchbare Ergebnisse:

Zum Beispiel wird man mit den intuitiven Annahmen »Akademiker abonnieren häufiger ein Wirtschaftsblatt als Schulabbrecher« oder »Junge Männer sind wahrscheinlich aggressivere Autofahrer als ältere Damen« sicherlich richtig liegen, ohne eine zeitraubende, aufwendige Analyse seines bewussten, logischen Denksystems 2 anstrengen zu müssen. Der Autopilot liefert eine adäquate Schätzung.

Allerdings hat diese Heuristik ihre Tücken: Im Münzbeispiel führt sie den Spieler oft auf eine falsche Fährte, und auch Rouletteliebhaber scheitern häufig an ihr: Ein Glücksspieler sagt intuitiv einen Farbwechsel voraus, nachdem mehrmals hintereinander »Rot« gefallen ist. Aber: Das Roulette hat, genau wie die Münze, kein Gedächtnis; jeder Durchgang ist unabhängig vom vorherigen – die Wahrscheinlichkeit, dass »Kopf« erscheint, ist immer 50 Prozent. Im Beispiel beträgt die Eintrittswahrscheinlichkeit jeder beliebigen Folge demnach 0,56. Viele Spieler missverstehen allerdings den Zufall. Dieser sorgt lediglich auf lange Sicht für den Ausgleich: Nur bei sehr langen Serien tauchen Kopf und Zahl gleich oft auf. Beim Glücksspiel nennt sich dieser spezielle Fall der Repräsentativitätsheuristik *gambler's fallacy* (zu Deutsch: Trugschluss des Spielers). Umgekehrt bedeutet es nicht, dass ein Roulettespieler, der fünfmal hintereinander richtig liegt, vom Schicksal begünstigt ist. Das ist keine Glückssträhne – das ist Zufall!

Ein Investor ist vor der Repräsentativitätsheuristik natürlich ebenso wenig gefeit: In einem Experiment konnten Versuchspersonen Aktien kaufen, deren Kursentwicklung rein zufällig war. Dabei zeigte sich, dass die Mehrheit der Probanden bei Aktien, die eine längere Abwärtsbewegung hinter sich hatten, wieder mit steigenden Kursen rechneten und diese deshalb überdurchschnittlich lange hielten.[126]

Auch wenn man sich gerne einredet, bewusst zu denken beim Schätzen von Wahrscheinlichkeiten, so ist es oftmals lediglich unser unbewusstes, automatisches Denksystem, das diese Aufgabe völlig allein übernimmt – und das arbeitet nun einmal mit der Repräsentativitätsregel.

Fatal ist diese Heuristik, eine der zahlreichen Abkürzungen des Gehirns, vor allem deswegen, weil sie oft mit der erwähnten Overconfidence, der Überschätzung der eigenen Fähigkeiten (siehe auch Kapitel 3.3.2, »Nur eine Illusion«), einhergeht. Ähnlich dem Roulettespieler ist ein Anleger, der mehrmals hintereinander den Markt in puncto Performance überboten hat, nicht unbedingt ein Genie – auch das kann Zufall sein. Dennoch lässt sich beobachten, dass Fondsmanagern genau dann auffallend viel Kapital von Privatanlegern zufließt, wenn sie in letzter Zeit hohe Gewinne erzielt haben.[127] Diese kurze Beobachtungsperiode reicht aber längst nicht aus, um den Zufall als Erfolgsfaktor auszuschließen – die außerordentliche Entwicklung in einigen vergangenen Perioden ist kein Garant für künftige Kursgewinne.[xviii]

Ein häufiges Fehlurteil tritt auch bei der Bewertung verbundener Ereignisse auf (*conjunction fallacy*). Werfen Sie einmal einen Blick auf folgende Fragestellung:

A) Eine Flut in Nordamerika tötet 1000 Menschen
B) Ein Erdbeben in Kalifornien löst eine Flut aus und tötet 1000 Menschen

Für wie wahrscheinlich halten Sie diese Szenarien?

In einer Umfrage sahen die Testpersonen die beiden Varianten als gleich wahrscheinlich an. Das kann nicht sein! Nicht nur, dass bei der zweiten Alternative Kalifornien genannt ist, das nur einen Teil von Nordamerika repräsentiert. Überdies wird in Variante B noch eine dritte Variable hinzugefügt: Die Flutwelle wird in diesem Szenario durch ein Erdbeben ausgelöst. Dabei kann ein solches Naturereignis theoretisch auch durch heftigen Regen oder etwa einen Staudammbruch ausgelöst werden. Variante B muss also deutlich seltener eintreten als Variante A.

Dieselben Testpersonen, übrigens Profi-Investoren, hielten es in dieser Befragung für wahrscheinlicher, dass der amerikanische Aktienindex Dow Jones gemeinsam mit dem japanischen Leitindex NIKKEI fällt, als dass der NIKKEI alleine schwächelt – ganz gleich, was die anderen Börsen tun.[128]

---

xviii Den Investmentfonds fließt zwar mehr privates Kapital zu, wenn sie sich in der jüngsten Vergangenheit überdurchschnittlich gut entwickelt haben. Gleichzeitig unterlassen es die Privatanleger aber, ihr Kapital bei den schlecht abschneidenden Fonds wieder abzuziehen.

Dabei gilt generell: Die Kombination mehrerer Ereignisse (in diesem Fall Dow Jones fällt und Nikkei fällt) kann niemals gleich oder gar größer sein als die Wahrscheinlichkeit jedes einzelnen Ereignisses (Dow Jones fällt *oder* Nikkei fällt) – das ist ein mathematisches Grundgesetz. Doch selbst Mathematikstudenten unterlaufen bei der Einschätzung solcher verbundenen Wahrscheinlichkeiten Fehler. Obwohl sie es dank ihrer statistischen Kenntnisse eigentlich besser wissen müssten, vertrauen sie unter Zeitdruck auf ihr intuitives Urteil, das vom unbewussten Denksystem 1 generiert wird. Wie bei allen Menschen ist auch bei Mathematikstudenten das Gehirn nur allzu oft einfach zu faul, um das energieaufwendige, kontrollierende, logisch arbeitende System 2 in Gang zu setzen.

Verbundene Wahrscheinlichkeiten können überraschend niedrig ausfallen.[xix] Doch offenbar kommt die detailreiche Beschreibung kombinierter Ereignisse dem menschlichen Szenario-Denken derart entgegen – der Mensch verfügt schließlich über eine Vielzahl solcher Szenarien in seinem Erfahrungsschatz (siehe vorherigen Abschnitt 4.2, »Der Mensch denkt in Schubladen«) – dass man das Eintreten einer solchen Ereigniskombination überschätzt. Nur weil etwas plausibler klingt, ist es nicht wahrscheinlicher!

Da der Mensch vor allem die Repräsentativität eines Ereignisses beurteilt, rückt dessen zugrunde liegende Wahrscheinlichkeit (Prävalenz oder Basisrate)[xx] in den Hintergrund.[129] Hat die Lieblingsfußballmannschaft, die schon seit Jahren in der untersten Liga kickt und dort beständig einen Platz auf den unteren Rängen einnimmt, nun doch einmal überraschend drei Spiele hintereinander gewonnen, freut der Fan sich womöglich zu früh. Zwar wittert er bereits das Muster einer Trendwende nach drei gewonnen Begegnungen – sein unbewusstes Denksystem 1 hat just ein Gewinner-Muster ausgemacht – doch die langfristige Statistik, die Basisrate, spricht nach wie vor eher für einen Verbleib im Tabellenkeller.

---

xix Beispiel: Die einzelnen Wahrscheinlichkeiten dreier Ereignisse seien 75 Prozent, 65 Prozent und 30 Prozent. Die Wahrscheinlichkeit, dass sie gemeinsam auftreten, beträgt allerdings nur knapp 15 Prozent (denn $0{,}75 \times 0{,}65 \times 0{,}30 = 0{,}1463$).

xx Prävalenz oder Basisrate bezeichnet die Verteilung einer Variable A über eine bestimmte Grundgesamtheit.

Gerade die Vernachlässigung der Basisrate wurde in der Wissenschaft kontrovers diskutiert.[130] Für diese Faustregel des menschlichen Autopiloten gilt aber dasselbe wie für alle anderen Heuristiken auch: Manchmal wird das erste instinktive, womöglich fehlerhafte Urteil vom bewussten Denksystem korrigiert, manchmal nicht. Das ist abhängig von der Präsentation des Problems, der statistischen Expertise sowie der Intelligenz des jeweiligen Befragten. Es spielt überdies eine wichtige Rolle, wie viel Aufmerksamkeit der Entscheider der Aufgabe widmet – durch Zeitdruck, Stimmung und mentale Überbelastung mag er abgelenkt sein. In diesen Fällen gewinnt das unbewusste, instinktive Denken mit seinen fixen Faustregeln die Oberhand.[131]

Die Repräsentativitätsheuristik, die der schnellen Urteilsfindung dient, zeigt sich überdies in zwei anderen Ausprägungen. Neben der Überschätzung von Wahrscheinlichkeiten lässt sich immer wieder die Neigung beobachten, empirische und kausale Zusammenhänge zu überschätzen oder sogar dort zu vermuten, wo gar keine sind: Gerne werden Ereignisse miteinander verknüpft, die gar nicht oder nur geringfügig miteinander in Zusammenhang stehen. Ein beliebtes Beispiel für eine Scheinkorrelation: Wo mehr Störche brüten, kommen auch mehr Kinder zur Welt. Oder: Wer schneller läuft, wirft auch weiter. Die Erklärung für diese Ereignisse, die scheinbar voneinander abhängig sind, ist ganz einfach – sie lassen sich mit einer dritten Variablen erklären, die beide gemeinsam haben: z. B. der Grad der Industrialisierung. Je rasanter sich eine Region wirtschaftlich entwickelt, desto größer wird die Umweltbelastung, die die Störche vertreibt. Gleichzeitig steigen etwa aber auch die Bildungs- und Berufschancen der Frauen, was zumeist mit geringeren Geburtenraten einhergeht. Und wer groß ist, läuft eben meist nicht nur schneller – er hat schließlich längere Beine –, sondern kann dank längerer Arme oftmals auch weiter werfen.

Immer wieder kommt es auch zu Urteilen wie diesem hier: Man stelle sich zwei Analysten vor, deren tägliche, kurzfristige DAX-Prognose von einem investmentwilligen Privatanleger an zwei aufeinanderfolgenden Tagen aufmerksam verfolgt wird. An diesen beiden Tagen mag der erste Analyst zweimal falsch, der zweite zweimal richtig gelegen haben. Der Anleger, der sich auch einmal am Day-Trading versuchen möchte, wird sich womöglich am nächsten Tag eher nach der Vorhersage des zweiten Analysten richten, denn längst mag er geschlossen haben: Analyst 1 ist ein schlechter Prognostiker, Analyst 2 ein guter und deswegen wird das auch in Zukunft so sein. Er sieht einen Kausalzusammenhang, wo gar keiner bestehen muss – denn nach zwei Tagen lässt sich das statistisch noch lange nicht beurteilen.

Wenn ein Fondsmanager drei Jahre hintereinander den Markt überboten hat, wird er schnell zum neuen Star am Investment-Himmel erklärt, auch wenn er vielleicht nur Glück hatte. Der Markt ist tatsächlich schlagbar, aber der Mensch ist dafür denkbar schlecht gerüstet: Vergessen Sie nicht, auch Vermögensverwalter fällen heuristische Urteile, leiden unter Verlustaversion, selektiver Wahrnehmung und vielem mehr. Statt die Verhaltensanomalien der anderen auszunutzen, werden auch professionelle menschliche Investoren immer wieder Opfer ihrer eigenen Wahrnehmungsverzerrungen.

Wissenschaftler kommen zu ziemlich pessimistischen Urteilen, was die Fähigkeit aktiver Fondsmanager, ihren Vergleichsindex auf Dauer zu überbieten, anbetrifft – vielfach führt nicht Können, sondern der Zufall zu Überrenditen.[132] Die Fähigkeiten eines Fondsmanagers zeigen sich zum Glück aber nicht nur in Überrenditen, sondern etwa auch darin, Risiken gering zu halten und eine bessere Streuung zu erreichen.

***

Warum der Mensch immer wieder das Glück überinterpretiert und Kausalzusammenhänge sieht, wo keine sind? Zunächst, weil sein Gehirn ohnehin auf der Basis von Schemata, von Denkmustern, arbeitet. Überdies möchte er seine Umwelt gern unter Kontrolle wissen. Wenn er sie schon nicht direkt beeinflussen kann, dann will er sie doch zumindest verstehen und erklären können, sodass er überall nach Mustern sucht, auch dort, wo lediglich der Zufall regiert (siehe auch Kapitel 3.3, »Alles unter Kontrolle – oder doch nicht?«).

Repräsentativitätsheuristik

Die Neigung, Informationen zu klassifizieren. Passt eine Beobachtung »gut in ein Schema« (ein Denkmuster), ist eine hohe Repräsentativität gegeben. Die Folge: Die Eintrittswahrscheinlichkeit repräsentativer Ereignisse genauso wie empirische und kausale Zusammenhänge werden häufig überschätzt.

→ So plausibel manches Szenario, auf dem Ihre Investmententscheidung fußt, auch klingen mag: Vertrauen Sie insbesondere bei der Bewertung von verbundenen Ereignissen nicht nur auf Ihre Intuition. Besonders wenn es um ein hohes finanzielles Risiko geht, sollten Sie sich einmal die mathematischen Regeln ins Gedächtnis rufen – und damit Ihr Denksystem 2 zuschalten.

→ Die vergangene Kursentwicklung eines Investmentfonds ist kein Garant für künftige Gewinne. Es kann Zufall sein, dass ein Fondsmanager z. B. in drei Perioden hintereinander den Markt schlägt. Für den Privatanleger gilt: Überrenditen kommen und gehen, die Kosten des aktiven Fondsmanagements aber bleiben! Behalten Sie also die Gebühren bei der Auswahl Ihrer Investmentfonds im Auge (Indexfonds sind sehr preisgünstig, aktiv gemanagte Fonds bieten womöglich aber die Chance auf bessere Streuung bzw. geringeres Risiko gegenüber dem Vergleichsindex.)

→ Vorsicht bei den beliebten Fußballwetten: Auch wenn die Lieblingsmannschaft, die gewöhnlich mittelprächtig spielt, endlich einmal drei Spiele hintereinander gewonnen hat, ist das nicht zwingend die Trendwende. Behalten Sie die Basiswahrscheinlichkeit im Blick – und die spricht womöglich gegen das bevorzugte Team. Auch das hilft: Schauen Sie einmal nach vergleichbaren Ereignissen. Wo stand z. B. die Mannschaft des Nachbarvereins im letzten Jahr am Ende der Saison, nachdem sie zum Saisonstart überraschend drei Siege erzielt hatte? Derlei Vergleiche sorgen für mehr Objektivität. Selbiges sollten sich auch Fondsmanager und Anleger zu Herzen nehmen: Seien Sie misstrauisch, wenn ein Unternehmen in einem Quartal mit einem außergewöhnlich guten Ergebnis überrascht.

→ Möchten Sie Ihrem bewussten Denkapparat die Gelegenheit geben, die Ergebnisse des Unterbewusstseins zu überprüfen, müssen Sie ihm Zeit lassen. Unter Stress, Zeitdruck und bei Ablenkung ist er dazu kaum in der Lage.

4.3.2 Der Fluch der Aktualität

Was glauben Sie, ist weltweit die häufigere Todesursache: ein Haibiss, ein Blitzschlag oder eine herabfallende Kokosnuss?

Tatsächlich kommen etwa zehnmal mehr Menschen pro Jahr durch einen Blitzschlag ums Leben als durch den Biss eines Hais. Und noch etwas: Angeblich sollen rund fünfzehnmal mehr Menschen sterben, nachdem sie von einer herabfallenden Kokosnuss getroffen wurden.[xxi] Falls Sie diese Frage nicht korrekt beantwortet haben sollten, befinden Sie sich in bester Gesellschaft – es geht den meisten Befragten ähnlich. Auch bei der Frage, ob in Deutschland mehr Menschen durch einen Schlaganfall oder durch einen Verkehrsunfall ums Leben kommen, verschätzen sich viele. Hätten Sie gedacht, dass sechsmal mehr Menschen an einem Schlaganfall sterben als auf Deutschlands Straßen?[133] Die Fehleinschätzung von Häufigkeiten und Wahrscheinlichkeiten rührt von der unterschiedlichen Verfügbarkeit der Ereignisse her: Die Wahrscheinlichkeit für den Eintritt eines Ereignisses wird umso höher beurteilt, je einfacher Beispiele dafür in Erinnerung zu rufen sind (kognitive Verfügbarkeit) – was im Kopf präsent ist, gilt als wahrscheinlich.[134]

Diese Neigung, die Relevanz einer Information danach zu beurteilen, wie einfach und schnell sie in der Erinnerung und der Vorstellung verfügbar ist, heißt **Verfügbarkeitsheuristik**[135] – sie ist ein Kniff des menschlichen Autopiloten, des unbewussten Denksystems 1, und dient der Komplexitätsreduktion, wodurch sich natürlich unmittelbare Konsequenzen für die Urteilsfindung ergeben.

Ausschlaggebend ist also, wie leicht man sich etwas vorstellen kann, und das ist abhängig von mehreren Faktoren. Hat ein Arzt morgens bereits drei jugendliche Patienten mit Bronchitis behandelt, wird er auch beim nächsten Teenager mit Schmerzen in der Brust womöglich vorschnell Bronchitis vermuten. Hat man gerade erst von einem Flugzeugabsturz in der Zeitung gelesen, wird man oftmals das Risiko eines solchen Unfalls überschätzen. Dabei ist das Flugzeug (per

xxi Derlei Vergleiche sind wissenschaftlich nicht ganz korrekt, da insbesondere zu den Kokosnuss-Verletzungen widersprüchliche Daten und Annahmen kursieren. Um aber einen Eindruck von der Tragweite zu gewinnen: Zwischen 1959 und 2010 starben allein im US-Küstenstaat Florida 459 Menschen durch einen Blitzschlag (Laut Daten des Florida Museum of Natural History finden in Florida rund 30 Prozent aller weltweiten Haiattacken statt). Im gleichen Zeitraum kamen in Florida gerade einmal neun Menschen durch einen Hai zu Tode – weltweit wurden 206 Hai-Tode dokumentiert. Quellen: Florida Museum of Natural History (2011): *A Comparison of Unprovoked Shark Attacks with the Number of Lightning Fatalities in Coastal United States 1959–2010*, http://www.flmnh.ufl.edu/fish/sharks/attacks/2004lightning.html und Shark Research Institute (2012): *Global Shark Accident File*, http://www.sharkattackfile.net/incidentlog.htm.

zurückgelegtem Kilometer) nach wie vor das sicherste Verkehrsmittel der Welt. Verfügbarkeit ist somit eine Frage der Aktualität, aber auch der Auffälligkeit: Ein Flugzeugabsturz oder ein Haiangriff wecken weltweit breites Medieninteresse, ein Blitzschlag oder ein Verkehrsunfall erscheinen gerade noch in den Regionalnachrichten. Der Kokosnusstod eines Plantagenarbeiters in einem kleinen Inselstaat im Südpazifik trifft jedoch auf keinerlei Medienecho. Auch die vielen Schlaganfalltoten in Deutschland finden keine Erwähnung in der Presse und entgehen daher dem Aufmerksamkeitsradar der meisten Menschen. Doch nur weil etwas weniger ins Auge springt, bedeutet das nicht, dass es selten auftritt. Und nur weil etwas spektakulär ist, kommt es nicht häufiger vor!

Wurde man selbst bereits Zeuge eines Blitzschlages, mag einem die Vorstellung, hierdurch zu Tode zu kommen, leichter fallen – eigene Erlebnisse erhöhen gleichfalls die Verfügbarkeit. Man neigt überdies dazu, die Wahrscheinlichkeit eines Ereignisses zu überschätzen, wenn es plausibel und anschaulich klingt.[136] (Ähnlich wie schon bei der Repräsentativitätsheuristik kommt ein detailreich erläutertes Szenario dem menschlichen Denken in Form von Schemata entgegen – es gilt daher als wahrscheinlicher.) Zu guter Letzt ist auch die Stimmungslage ein wichtiger Einflussfaktor: In einem bestimmten Gemütszustand abgespeicherte Erinnerungen sind bei aktuell ähnlicher Stimmungslage leichter verfügbar (affektive Kongruenz). Ist man bei bester Laune, hält man es für wahrscheinlicher, dass einem selbst oder anderen etwas Positives widerfährt. Denn man kann sich in dieser Stimmungslage leicht an viele glückliche, gute Erlebnisse erinnern. Dass einem etwas Schlimmes passieren könnte, etwa durch einen Autounfall verletzt zu werden, kann man sich in diesem Moment nur schwer vorstellen und misst ihm daher nur ein geringes Risiko bei[137] (welche große Rolle die Gefühle und Emotionen bei der Entscheidungsfindung spielen, wird im Kapitel 4.3.4, »Wer denken will, muss fühlen«, noch einmal ausführlich vorgestellt). Die Folge der unterschiedlichen Verfügbarkeit: Überreaktion auf aktuelle, auffällige, anschauliche und affektiv kongruente Informationen und solche, die sich mit eigenen Erlebnissen decken. Informationen, die nur schlecht oder gar nicht verfügbar sind, werden hingegen vernachlässigt.

Die Verfügbarkeitsheuristik lässt sich auch an den Finanzmärkten häufig beobachten: Ein Anleger, der noch nie einen Crash erlebt hat – ihm fehlen folglich die entsprechenden Erinnerungen – wird die Gefahr eines plötzlichen Kurssturzes vermutlich geringer einschätzen als ein krisenerprobter Investor. Letzterer wiederum wird die Häufigkeit eines Aktienkurssturzes jedoch eher überschätzen.

Auch in einer Studie von Barber und Odean zeigte sich, dass Finanzmarktteilnehmer häufig unter dem Eindruck der Verfügbarkeitsheuristik stehen: Sie konnten nachweisen, dass Anleger unter Tausenden von Aktien auswählen, indem sie sich auf diejenigen konzentrieren, die ihre Aufmerksamkeit erregen, z. B. solche, die in den Medien diskutiert werden oder gerade einen extremen Tagesgewinn verbucht haben.[138]

Das bewusste, logisch und detailliert arbeitende Denksystem 2 stellt dieses intuitive Urteil vor allem dann nicht infrage, wenn man gerade noch mit etwas anderem beschäftigt ist, wenn man besonders guter Laune ist, wenn man sich auf dem jeweiligen Gebiet nicht auskennt oder wenn man gewöhnlich seiner Intuition vertraut.[139]

Verfügbarkeitsheuristik

Die Neigung, die Relevanz einer Information danach zu beurteilen, wie einfach diese verfügbar ist. Die Wahrscheinlichkeit für den Eintritt eines Ereignisses wird umso höher eingeschätzt, je leichter Beispiele für dieses Ereignis in Erinnerung zu rufen sind.

→ Lassen Sie sich nicht zu sehr von aktuellen Neuigkeiten verleiten. Auch wenn die neuesten überaus positiven Ergebnisnachrichten eines Unternehmens, die in jeder Zeitung gelobt werden, zum Kauf der Aktie verlocken. Setzen Sie sich bewusst auch mit Aspekten des Unternehmens auseinander, die gerade nicht im Zentrum des Medieninteresses stehen.

→ Schnelle Urteile sind nicht immer die besten: Schlecht gelaunt kommt man oft zu anderen Ergebnissen als in gelöster Stimmung, denn in unterschiedlichen Gemütszuständen werden andere Erlebnisse leichter erinnert. Handelt es sich um eine wichtige Entscheidung, versuchen Sie, sie zurückzustellen, bis sich die Stimmungswogen geglättet haben.

4.3.3 Wenn der Anker einmal geworfen ist

Empfangen Sie gerne Gäste? Dann führen Sie doch einmal beim nächsten Besuch Ihrer Freunde dieses einfache Experiment durch: Zeigen Sie Ihren Freunden eine Flasche Weißwein. Bitten Sie Ihre Gäste auf ein Blatt Papier zu schreiben, an welchem Tag im Monat sie geboren sind. Danach sollen sie diese Zahl mit einem Euro-Zeichen dahinter versehen (hat jemand am 26. August Geburtstag, steht nun auf seinem Zettel 26 €). Fragen Sie nun in die Runde: »Wie viel würdet ihr für diese Flasche Wein zahlen?« und bitten Sie Ihre Freunde, ihr Gebot geheim auf dem Blatt zu notieren. Bei der Auswertung der »Gebote« dürfte Ihnen auffallen, dass diejenigen Gäste, die in der zweiten Monatshälfte Geburtstag haben, deutlich mehr für die Flasche geboten haben.

Alternativ versuchen Sie doch einmal die folgende Rechenaufgabe innerhalb von fünf Sekunden zu lösen:

1 x 2 x 3 x 4 x 5 x 6 x 7 x 8

Um die Aufgabe komplett durchzurechnen, fehlte Ihnen vermutlich die Zeit – es blieb Ihnen kaum etwas anderes übrig, als das Ergebnis zu schätzen. Vor dasselbe Problem stellten die beiden Psychologen Kahneman und Tversky zahlreiche ihrer Studenten. Das durchschnittliche Schätzergebnis lag bei 512. Eine andere Gruppe ließ man das Ergebnis dieser Aufgabe schätzen:

8 x 7 x 6 x 5 x 4 x 3 x 2 x 1

Es ist dieselbe Aufgabe, die einzelnen Multiplikationselemente sind nur in umgekehrter Reihenfolge aufgeführt. Die zweite Gruppe kam durchschnittlich auf ein Ergebnis von 2250. Die richtige Antwort lautet übrigens: 40 320.

Ganz offensichtlich haben sich beide Gruppen jeweils an den ersten Faktoren (Ziffern) der Aufgabe orientiert – diese haben sie tatsächlich multipliziert – und den Rest später geschätzt. Dieses vielfach zu beobachtende Phänomen wurde **Verankerungsheuristik** getauft.[140] Wendet man diese mentale Faustregel an, neigt man dazu, sich bei Schätzungen oder der Verwertung von Informationen zunächst an einem Ursprungs- oder Richtwert (Anker) zu orientieren. Anschließend wird dieser unter Berücksichtigung weiterer Informationen oder mittels genauerer Analyse mehr und mehr dem wahren Wert angepasst. Dieser Anpassungsprozess fällt jedoch regelmäßig zu knapp aus – dem Ursprungswert fällt ein zu großes Gewicht zu. Hier sind sowohl der menschliche, unbemerkt arbeitende Autopilot als auch das vollkommen bewusste, logische Denksystem am Werk.

Auch völlig absurde, irrelevante Anker – wie der Geburtstag im Beispiel mit der Weinflasche – beeinflussen das menschliche Urteil. So auch hier: Teilnehmer einer Umfrage wurden gebeten, zunächst die letzten vier Stellen ihrer Telefonnummer aufzuschreiben. Im Anschluss fragte man sie, ob die Zahl der Ärzte in ihrer Stadt höher oder niedriger liegt als dieser Wert. Schließlich wurden sie um eine Schätzung gebeten. Interessant – vielmehr amüsant: Im Durchschnitt glaubten diejenigen Probanden, bei denen die letzten vier Ziffern ihrer Telefonnummer einen Wert größer 7000 ergaben, dass in ihrer Stadt (es war London) 6762 Ärzte praktizieren. Die Befragten mit einer Nummer kleiner 2000 tippten im Schnitt auf 2270 Mediziner.[141] Es waren übrigens Investment-Profis, die hier getestet wurden.

Die Schätzung wird sicherlich vom bewussten Denksystem ausgeführt, allerdings muss es dafür in der Kürze der Zeit auf Informationen zurückgreifen, die vom intuitiven, unbewussten Denksystem 1 aufbereitet worden sind. Und darüber hat man keine Kontrolle: Ob man will oder nicht – der Autopilot berücksichtigt ohne unser Wissen auch den absurden Anker und stellt daher dem logischen Denksystem verzerrte Daten zur Verfügung.[142]

Nicht immer ist es ein amüsantes Spiel; die bisher genannten Fälle, in denen der Mensch dank der Verankerungsheuristik einem Fehlurteil aufsitzt, hatten keine realen Folgen. Diese Beispiele schon: Professionelle Händler orientieren ihre Jahresendprognose für den Leitindex an einem Ankerwert, wenn man sie zuvor mit der Frage konfrontiert: »Notiert der Leitindex am Ende des Jahres unter oder über einem Punktestand von x?«

Erschreckend: Sogar der Urteilsspruch von Richtern mit mehr als 15 Jahren Berufserfahrung orientierte sich in einer wissenschaftlichen Studie signifikant an der willkürlichen Empfehlung eines Laien, eines Informatikstudenten im ersten Semester. Forderte dieser als Ankläger in einem fiktiven Fall 34 Monate Haft, verurteilten die Richter den Angeklagten im Durchschnitt zu einer acht Monate längeren Haft, als wenn der Ankläger nur 12 Monate vorschlug.[143]

Bei dem Ankerwert muss es sich nicht notwendigerweise um einen numerischen Wert handeln, es kann auch die Meinung oder Einstellung von Freunden oder Experten sein. Auch die eigene Überzeugung wirkt wie ein Anker, von dem man nur ungern abrückt. Ein Anleger, der sehr optimistisch für den deutschen Leitindex DAX gestimmt ist, wird diese Meinung nur ungern aufgeben. Läuft in seinem Gehirn die Verankerungsheuristik ab, wird er neue, schlechte Nachrichten nur unzureichend nutzen, um seinen Standpunkt an die neue Situation anzupassen. Er bleibt zu optimistisch – diese Heuristik geht immer mit einer gehörigen Portion an Konservatismus einher: Neue Informationen werden nur zögerlich verarbeitet und fließen nur nach und nach in die Marktpreise ein. Diese Unterreaktion der Marktpreise lässt sich mittels einer Momentum-Strategie nutzen: Hierbei verkauft man Aktien, die in der jüngsten Vergangenheit schlecht abgeschnitten haben, erwirbt dagegen die Gewinner der letzten Periode und kann damit eine Überrendite erzielen.[144] Näheres über die Funktionsweise von Momentum-Strategien[xxii] ist dem Kapitel 5.7.2, »Warum spielen wir so gerne Lotto – aber kaufen ungern Aktien?«, zu entnehmen.

xxii Der Erfolg der Momentum-Strategien lässt sich nur auf kurze bis mittelfristige Sicht nachweisen. Nach drei Jahren kehrt sich der Effekt sogar um: Die »Gewinner« der Vergangenheit entwickeln sich dann unterdurchschnittlich gegenüber den einstigen »Verliereraktien«. Siehe hierzu: Lee, C. M. C. und Swaminathan, B. (2000). Andere Studien sehen schon früher eine Umkehr des Effekts: Die Momentum-Überrenditen scheinen zwischen dem sechsten und zehnten Monat nach dem Investment ihren Höhepunkt zu erreichen. Danach beginnt bereits die Korrekturphase. Siehe Griffin, J. M., Ji, X. und Martin J. S. (2003): *Momentum Investing and Business Cycle Risk: Evidence from Pole to Pole*, The Journal of Finance, Vol. 58 (6), S. 2515–2547.

Verankerungsheuristik

Die Neigung, seine Einschätzungen zunächst an Ursprungs- und Richtwerten (Anker) zu orientieren. Die anschließende Anpassung erfolgt nur unzureichend. Anker lauern überall, man kann ihnen nicht aus dem Weg gehen, aber man kann Gegenanker werfen, um seine Ziele zu erreichen.

→ Anker haben große Macht! Seien Sie sich dieser Macht bewusst, bevor Sie in Verhandlungen und Diskussionen solche Ankerwerte einsetzen (z. B. Kaufpreisverhandlungen, Schadenersatzforderungen, Aktienkursprognosen, Zielvereinbarungen für Mitarbeiter).

→ Auch Ihre eigenen Urteile können von Ankern beeinflusst sein. handelt es sich um eine wichtige Entscheidung mit hohem Risiko, nehmen Sie sich einen Moment Zeit und überdenken Sie Ihr Urteil. Könnte es womöglich von falschen Ankern verzerrt sein? Lassen Sie sich z. B. nicht von vermeintlichen Sonderangeboten verleiten. Auch der »alte« Preis für eine Waschmaschine wirkt wie ein Anker. Holen Sie stattdessen ein Vergleichsangebot ein – es wirkt wie ein neuer Anker.

→ Ein Verkäufer wird Ihnen gerne »einfach nur zu Ihrer Information« den besten Fernseher im Laden zeigen und Ihnen den Preis des guten Stücks nennen. Damit hat er den Anker schon geworfen: Führt er Sie dann zu den Fernsehern, die für Sie infrage kommen, erscheint Ihnen der Preis dieser Geräte schon gar nicht mehr so teuer. Werfen Sie einen Gegenanker! Schauen Sie sich, bevor der Verkäufer Sie in ein Gespräch verwickelt, einmal bei den preisgünstigsten Fernsehern um.

4.3.4 Wer denken will, muss fühlen

Das ganze Leben steckt voller Emotionen. Wenn der Mensch sieht, tastet, schmeckt, hört, riecht, weckt es Gefühle und Erinnerungen. Man sieht nie einfach nur ein Haus, sondern ein schönes Haus, ein hässliches Haus oder vielleicht auch ein protziges Haus. Dennoch waren Emotionen lange das Stiefkind der Entscheidungsforschung, denn sie galten als eine Art Störfeuer, das den primären, scheinbar rationalen Denkprozess nur ablenkt. Schon in der Antike hielten viele Philosophen die Kräfte im Menschen, die nicht rational denken und sprechen können, für bestenfalls zweitrangig – mehr noch: sie seien schlicht auszumerzen, forderte mancher. Mittlerweile haben die meisten Entscheidungstheoretiker zwar anerkannt, dass sie eine wichtige Rolle spielen bei der menschlichen Entscheidungsfindung, aber bislang hat sich kein allgemeiner Konsens unter den Forschern herausgebildet. Allein die Definition von Emotionen, Gefühlen und Co. ist schon schwierig.

An dieser Stelle soll es ausreichen, eine Emotion als eine bewusste oder unbewusste Gemütsregung zu bezeichnen, die gewöhnlich mit einer körperlichen Reaktion und einer kognitiven Bewertung einhergeht.[xxiii] Entsprechend seiner lateinischen Wortherkunft (*emovere*: erschüttern, aufwühlen, *movere*: bewegen) ist eine Emotion nicht nur eine Antwort auf eine wahrgenommene Veränderung, sondern motiviert auch zu einem bestimmten Verhalten. Gefühle gelten derweil als das bewusste Erleben der Emotion.

Der Neurologe António Damásio misst Emotionen sogar so einen großen Stellenwert bei, dass er behauptet, rationales Entscheiden sei ohne Gefühle und Emotionen gar nicht möglich. Mit rationalem Entscheiden meint er hier solche Entscheidungen, die den Belangen und Interessen der jeweiligen Person am besten entsprechen. Er zog seine Erkenntnisse aus Beobachtungen von Patienten, die meist durch einen Schlaganfall oder einen Unfall Schädigungen in einer Hirnregion hinter Nase und Stirn, dem präfrontalen Kortex[xxiv], erlitten hatten. Sämtliche Instrumente, die man früher für den Entscheidungsprozess für wichtig hielt, waren intakt: Sie konnten ganz normal rechnen, sprechen, logisch denken, abstrahieren, ihre Erinnerungen waren erhalten, sie waren aufmerksam und dennoch waren sie nicht in der Lage, ganz alltägliche Entscheidungen zu ihrem eigenen Besten zu treffen.[145]

Damásio und seine Kollegen konfrontierten Patienten mit einer Schädigung dieser Hirnregion sowie völlig Unversehrte mit vier Spielkartenstapeln A bis D. Ziel des Spiels war es, Geld zu verdienen, indem man wiederholt – mehr als hundert Mal – eine Karte von einem der Stapel zieht. Auf den Karten war jeweils entweder ein Gewinn oder ein Verlust in unterschiedlicher Höhe ausgewiesen. Nach jedem Zug wurde der Betrag dem Konto des Spielers gutgeschrieben bzw. abge-

---

xxiii Angelehnt an: Hastie, R. und Dawes, R. M. (2010): *Rational Choice in an Uncertain World: The Psychology of Judgment and Decision Making*, 2. Aufl., Sage Publications, Los Angeles.

xxiv Genauer: der ventromediale Teil des präfrontalen Kortex; ventral = nach unten / zur Bauchseite gelegen, medial = zur Körpermitte gelegen.

zogen. Was die Spieler nicht wussten: Die Kartenstapel A und B waren mit einem negativen Erwartungswert versehen. Das heißt, ein Spieler, der immer nur von diesen Stapeln zog, endete zwangsläufig als Verlierer. Sie waren mit hohen Gewinnen (z. B. 100 Dollar), aber auch mit hohen Verlusten ausgezeichnet (etwa 250 Dollar). Stapel C und D waren auf lange Sicht zwar vorteilhaft für die Spieler ausgelegt, zeigten aber jeweils nur moderate Profite und Verluste. Natürlich war es nicht auf den ersten Blick ersichtlich, welcher Kartenstapel der vorteilhaftere war, aber die hohen Gewinne der Stapel A und B wirkten derart verlockend, dass es sämtliche Spieler zunächst zu diesen Kartenstapeln zog. Nach einer Weile aber (typischerweise zwischen dem 20. und 40. Zug) schwenkten die Gesunden auf die beiden anderen Kartendecks um. Die Präfrontal-Patienten hingegen blieben unbeirrbar bei ihrer Vorliebe für die unvorteilhaften Karten aus Stapel A und B.

Die Teilnehmer der Kontrollgruppe, die Unversehrten, bildeten schnell Stresssymptome wie Schweiß aus, und das lange bevor sie überhaupt genau sagen konnten, was sie an den beiden ersten Stapeln genau störte. Ihr Körper spürte bereits nach etwa zehn Zügen, dass etwas nicht stimmte, dass Stapel A und B unvorteilhaft waren. Nach rund 50 Zügen äußerten sie eine Vorahnung, dass zwei von vier Kartenstapeln riskanter sind, aber sie brauchten noch weitere 30 Karten, um erklären zu können, warum ihre Ahnung die richtige war. Damásios hirngeschädigte Patienten hingegen lernten nie, die Finger von den beiden schlechten Stapeln zu lassen – sie zeigten auch keinerlei Stresssymptome, bevor sie eine Karte herumdrehten. Sie hatten keine Ahnung, wie ihnen geschah, weder bewusst noch unbewusst.[146] Näheres zu den faszinierenden Ergebnissen der Hirnforschung ist auch dem Kapitel 10, »Dem Entscheider in den Kopf geschaut«, zu entnehmen.

Bei Damásios Patienten war die Verbindung zwischen den beiden Denksystemen 1 und 2, derer sich das menschliche Gehirn bedient, offensichtlich gestört: Das langsame, analytische und bewusste System 2 kann allein nicht bestehen – der Mensch würde an alltäglichen Entscheidungen scheitern. Es benötigt parallel das rasend schnelle, automatisierte System 1, das auf der Basis von Erfahrungen und Emotionen arbeitet.[147] Damásio selbst beschrieb in einem Interview einen seiner Patienten: Er habe ihn gefragt, ob sie sich das nächste Mal in seiner Praxis oder im Café treffen sollten. Sein Patient verbrachte daraufhin über eine halbe Stunde damit, Pro- und Kontra-Argumente aufzulisten. Einfach aus dem Bauch heraus zu entscheiden, wo er sich lieber treffen wollte, war ihm nicht möglich. Er konnte nicht mehr auf seine intuitive Entscheidungsgrundlage (System 1) zurückgreifen.[148]

Dieses emotionale Erfahrungssystem führt zu blitzschnellen Urteilen bzw. zu einer Vorauswahl aus verschiedenen Optionen; der Mensch greift direkt auf seinen emotionalen Eindruck als Urteilsgrundlage zurück – Paul Slovic bezeichnete diese Form der schnellen Entscheidungsfindung auf Basis von Emotionen als **Affektheuristik**[xxv]. Affekt ist das »Gute« oder das »Schlechte«, das der Mensch mit einem Stimulus, einem Reiz, verbindet. Achten Sie selbst einmal darauf, wie schnell das Wort »Schatz« oder »Hass« bestimmte Empfindungen hervorruft.[149] Jede Wahrnehmung geht mit einem Affekt einher. Wie eingangs schon beschrieben: Es ist nie nur ein Haus, das man sieht, sondern ein schönes oder ein hässliches Haus etc.[150]

Der Mensch verfügt über einen reichen Erfahrungsschatz: All die Bilder in seinem Kopf, die er während seines Lebens angesammelt hat, sind mit positiven oder negativen Empfindungen verbunden. Steht er nun vor einer Entscheidung, die spontan eine negative emotionale Assoziation hervorruft, so schrillen bei ihm sofort die Alarmglocken, ohne bereits bewusst sagen zu können, warum.[151]

Der Mensch wägt ein Risiko nicht nur anhand dessen ab, was er darüber denkt – gleichzeitig ist es wichtig, was er darüber fühlt. Mag man etwas, hält man es für weniger riskant, seine Vorzüge aber werden umso höher bewertet und umgekehrt. Öffentlichen Widerstand gegen die Einführung umstrittener Technologien, etwa der Nuklearenergie, bricht man nicht nur durch gute Argumente, sondern vor allem durch gute Gefühle: Geben die Verantwortlichen den Bürgern ein gutes Gefühl[xxvi], nehmen diese das Risiko als geringer wahr und stufen den Nutzen höher ein. Das Gegenteil ist der Fall, wenn unangenehme Empfindungen geweckt werden.[152]

xxv Die Affektheuristik von Paul Slovic ist eng verwandt mit der Verfügbarkeitsheuristik, die von Kahneman und Tversky erforscht wurde.

xxvi Korrekterweise müsste man hier von einem positiven bzw. negativen Affekt sprechen, der die Risiko- und Nutzenwahrnehmung steuert. Slovic und seine Kollegen wählen in diesem Fall aber selbst den Terminus »Gefühl«.

Sogar professionelle Aktienanalysten sind nicht davor gefeit, Risiko und Gewinn zumindest von unbekannten Aktien emotionsgeleitet zu bewerten. Werden Aktien positiv wahrgenommen, so neigen Analysten dazu, ihnen eine hohe Gewinnmöglichkeit und ein geringeres Risiko zuzusprechen (umgekehrt bei negativer Wahrnehmung).[153]

Affektgeleitete, intuitive Entscheidungen fallen nicht nur schnell und einfach aus, sie sind oftmals sogar effizienter, so als würde man bewusst sämtliche Pros und Kontras abwägen. Ähnlich wie die anderen mentalen Abkürzungen birgt aber auch die Affektheuristik einige Stolperfallen, denn man wird nur allzu oft Opfer von Manipulation.[154] So wurde etwa das Strafmaß für Studenten, die sich eines Verstoßes gegen die Universitätsordnung schuldig gemacht hatten, untersucht. Wurde dem richtenden Gremium während der Fallbesprechung ein lächelndes Foto des Übeltäters vorgelegt, so erhielt dieser eine weniger hohe Strafe als sein nicht lächelnder Kommilitone. Die lächelnden Studenten wurden als vertrauenswürdiger, ehrlicher, gehorsamer, untadeliger und aufrichtiger eingestuft.[155]

Ähnlich dient auch das Lächeln eines Models im Versandhauskatalog keinem anderen Zweck, als die präsentierte Ware mit einem positiven Affekt zu verbinden – schlicht: um den Betrachter und potenziellen Kunden zum Kaufen zu animieren. Lebensmittel werden nicht mit einem Lächeln ausgestattet, dafür aber mit den blumigen Worten »neu«, »natürlich«, »fettfrei«, gleichfalls positive »Marker«.

Und warum glauben Sie, sind Filme mit Hintergrundmusik belegt? Die Handlung würde man zweifelsohne auch ohne die musikalische Untermalung verstehen. Aber Musik transportiert natürlich auch Affekte und verstärkt damit die Bedeutung der Handlung.[156]

Affektheuristik

Blitzschnelle Entscheidungsfindung mithilfe des emotionalen Erfahrungssystems: Der Mensch greift direkt auf seinen emotionalen Eindruck als Urteilsgrundlage zurück.

→ Emotionen lassen sich schwer kontrollieren oder unterdrücken. Möchten Sie eine Entscheidung objektiver gestalten, so können Sie allenfalls den Gefühlen vorgreifen: Denken Sie etwa an das Gremium, das über die Strafe für die studentischen Schummler berät: Hätte man ihnen kein Foto der Übeltäter vorgelegt, was für das Urteil gar nicht notwendig war, wäre ihr Urteil weniger emotional, sondern objektiver ausgefallen.

→ Emotionen sind ein wichtiges Marketing-Instrument. Als Konsument kann man sich dem schwerlich entziehen. Als Verkäufer kann man sie aber bewusst einsetzen und positive Assoziationen hervorrufen.

→ Möchten Sie Überzeugungsarbeit leisten (im Verkaufsgespräch, in einer Sitzung, bei der Einführung einer neuen Technologie etc.), dann liefern Sie nicht nur Fakten. Geben Sie Ihren Gegenübern auch ein gutes Gefühl – wecken Sie positive Emotionen.

4.3.5 Umgang mit heuristischen Urteilen

Heuristiken können auch zueinander in Konkurrenz stehen. Welche Heuristik dann im konkreten Fall angewandt wird, lässt sich nicht immer voraussagen – oftmals sind mehrere dieser mentalen Abkürzungen möglich. Auf die Frage »Sterben mehr Menschen an einem Klapperschlangenbiss oder an einem Bienenstich?« lässt sich beispielsweise sowohl mithilfe der Verfügbarkeits- als auch der Repräsentativitätsheuristik eine Antwort finden. Jemand, der kürzlich erst in der Zeitung von einem Todesfall gelesen hat, der durch eine allergische Reaktion auf einen Bienenstich hervorgerufen wurde, antwortet vermutlich mit der Verfügbarkeitsheuristik: Er wird die Gefahr von Insektenstichen womöglich überbewerten. Kommen ihm allerdings solche Beispiele nicht in den Sinn, so wird er vielleicht versuchen abzuschätzen, wie gefährlich diese Tiere generell sind – er wird die Repräsentativitätsheuristik nutzen.[157] Gewöhnlich laufen diese heuristischen Prozesse völlig unbewusst im Denksystem 1 ab und führen uns Menschen sicher und schnell durch den täglichen Entscheidungsdschungel. Mitunter sind die blitzschnellen, automatischen Urteile überraschend treffsicher, aber sie fallen eben nicht immer optimal aus, wie Sie in etlichen Beispielen erkennen konnten. Leider warnt System 1 nicht, wenn seine intuitiven Entscheidungen nicht mehr verlässlich sind. Das bewusste Denksystem 2 kann das automatische Urteil aber in vielen Fällen überstimmen und korrigieren.

Führen Sie doch einmal folgendes einfache Experiment durch: Nehmen sie vier Buntstifte zur Hand, blau, gelb, grün und rot. Mit dem blauen Stift schreiben Sie nun das Wort »grün« auf ein Blatt Papier, in Gelb schreiben Sie das Wort »blau«, in Grün das Wort »gelb« und mit dem roten Stift fügen Sie »schwarz« dazu. Schon beim Schreiben dürften Sie das erste Mal gestutzt haben. Noch schwieriger wird es, wenn Sie nun einmal versuchen, die Farbe der Worte, die Sie niedergeschrieben haben, laut zu benennen.

Ganz automatisch – Sie können das intuitive, unbewusste System 1 nicht abschalten – lesen Sie das Wort. Das Gelesene kollidiert natürlich mit der Farbe, die Sie benennen sollen. Vermutlich werden Sie gestockt haben bei der Antwort, denn hier müssen Sie Ihr bewusstes Denken (System 2) hinzuschalten, um die Aufgabe zu bewältigen. In diesem Fall muss das bewusste System das sich impulsartig aufdrängende Urteil des Autopiloten unterdrücken. Mit anderen Worten: Es fungiert als Selbstkontrolle. Das dauert länger und erfordert einen mentalen Mehraufwand. Unter Zeitdruck, Stress und mentaler Überbelastung erhöht sich die Fehlerquote bei diesem Test.[158]

Ob das kontrollierte Denksystem korrigierend eingreift bzw. eingreifen kann, hängt überdies von der Präsentation der Problemstellung wie auch von der Intelligenz, der Gemütslage und den statistischen Kenntnissen des Entscheiders ab.[159] Letzteres lässt sich immerhin durch Training und Übung verbessern.

Das heuristische und schematische Denken entzieht sich zwar zumeist dem Bewusstsein – daher ist es vermessen zu glauben, man könne jegliche Stolperfallen erkennen. Dennoch: Man kann den Autopiloten zähmen und disziplinieren. Versteht man die Funktionsweise des eigenen Gehirns und kennt man die Abkürzungen, die es nimmt, kann man seine eigenen Urteile optimieren. Man kann zum Beispiel eine weitere intuitive Bewertung hervorrufen, indem man den Rückschaufehler für sich nutzt: Man versetzt sich in die Zukunft und blickt von dort aus zurück (siehe 4.2.3, »Der Preis des Schubladendenkens«).

Ganz wichtig: Überdies kann man lernen, in welchen Situationen der Autopilot regelmäßig Fehler macht – genau dann sollte man sich ein wenig Ruhe gönnen und sich bewusst auf das Problem fokussieren. Das gilt für Entscheidungen, die mit einem hohen (finanziellen) Risiko einhergehen und bei denen selbst kleine Fehler fatale Folgen hätten. Man kann ganz bewusst über die Alternativen zum eigenen Urteil nachdenken oder gezielt die Gegenposition einnehmen, um das Problem zu beleuchten.[160] Erst dann geht vielen auf, dass die Welt auch ganz anders ausgelegt werden kann.

5. Alles ist relativ

Ein Gewinn ist nicht gleich ein Gewinn – er wird oft nur als solcher wahrgenommen, wenn er auch größer ist als der Profit von Kollegen, Nachbarn und Freunden. Mehr noch: Der Gewinn des Nachbarn kann sich gar anfühlen wie ein eigener Verlust. Auch eigene Erwartungen, eigene Ziele dienen als wichtige Referenzpunkte, die über Gewinn- oder Verlustgefühl entscheiden. Die unterschiedliche Wahrnehmung von Freud und Leid prägt das menschliche Entscheidungsverhalten.

5.1 In welcher Welt leben wir?

Möchten Sie lieber in einem 150 Quadratmeter großen Häuschen leben, in einer Siedlung, in der alle anderen Häuser lediglich 120 Quadratmeter groß sind? Oder würden Sie ein 200 Quadratmeter großes Haus bevorzugen, während sämtliche Ihrer Nachbarn deutlich größere Anwesen bewohnen als Sie selbst? Vermutlich wird es Sie nicht allzu sehr verwundern: Regelmäßig bevorzugen die Befragten das kleinere Wohnhaus, in dem sie aber im Vorteil gegenüber ihren Nachbarn sind. Das große Haus, auch wenn es mehr Platz bietet, erscheint vielen nicht attraktiv. Hätten sie doch ständig den deutlich größeren Luxus der anderen vor Augen. Und damit nicht genug: Sie sähen sich ständig im Hintertreffen – die anderen hätten einen größeren Garten, eine geräumigere Garage und vermutlich auch das exklusivere Auto. Relativ betrachtet würden sie sich immer als Verlierer fühlen.

Ein Homo oeconomicus würde über ein solches Verhalten nur den Kopf schütteln. Er würde sich selbstverständlich in dem größeren 200-Quadratmeter-Heim niederlassen. Er stellt nämlich keine Vergleiche mit anderen an, sondern schert sich nur um die absolute Größe des Hauses.

Wie der Mensch tatsächlich entscheidet, verpackten die beiden Psychologen Daniel Kahneman und Amos Tversky erstmals 1979 in einer wissenschaftlichen Theorie. Für die Prospect-Theorie wurde Kahneman als erster Psychologe überhaupt sogar 2002 mit dem Nobelpreis für Wirtschaftswissenschaften ausgezeichnet (Tversky war bereits 1996 verstorben). Die relative Bewertung ist einer der Grundpfeiler dieses Theoriegebäudes, das einen Gegenentwurf zum Entscheidungsmodell der klassischen Ökonomie, der Erwartungsnutzentheorie, bildet.

Wozu benötigt man Entscheidungsmodelle? Um vorherzusagen, wie sich Menschen in einer Welt der Unsicherheit entscheiden werden. Denn schließlich sind die wenigsten Dinge im Leben sicher: In vielen Situationen muss man Entscheidungen treffen, obwohl man nicht genau weiß, welche Konsequenzen das eigene Handeln haben wird und wie sich die Umstände künftig entwickeln. Das fängt schon bei der banalen Frage an, ob man beim Verlassen des Hauses einen Regenschirm mitnehmen soll oder nicht. Stellen Sie sich vor, sie schauen aus dem Schlafzimmerfenster; der Himmel ist grau und wolkenverhangen. Womöglich wird es heute regnen, aber Sie wissen es selbstverständlich nicht mit Sicherheit. Entscheidet man sich für den Regenschirm, wird man immerhin nicht nass, wenn es regnet. Andererseits ist das gute Stück umständlich zu tragen und man vergisst es womöglich im Bus. Bleibt es trocken, hat man ihn völlig umsonst mit sich herumgeschleppt; man ärgert sich. An den Finanzmärkten – auch diese sind natürlich mit Unsicherheit behaftet – ist der Regenschirm nichts anderes als eine Versicherung gegen Verluste.

5.2 Nur ein Modell: Der rationale Entscheider

Der Homo oeconomicus handelt vollkommen rational, berechnend, emotionslos (siehe Kapitel 2). Rationale Entscheidungen, bei denen das Individuum seinen erwarteten Nutzen immer zu maximieren versucht, können mit der Erwartungsnutzenfunktion abgebildet und vorhergesagt werden.[161] Es ist ein normatives Entscheidungsmodell, das heißt, es zeigt auf, wie sich der rationale Entscheider in unsicheren Situationen verhalten sollte, um zum optimalen Resultat zu gelangen.[xxvii] Laut Modell wird der rationale Entscheider unter allen Alternativen immer diejenige mit dem absolut betrachtet größten erwarteten wirtschaftlichen Nutzen auswählen. Der Erwartungsnutzen ergibt sich, wenn man den Nutzen aller möglichen Konsequenzen einer Alternative mit ihrer jeweiligen Eintrittswahrscheinlichkeit multipliziert und anschließend alles addiert.

Vorsicht: Nutzen ist nicht mit Geldbeträgen gleichzusetzen, denn selbst der rationale Entscheider hat irgendwann einmal genug (siehe Abbildung 1, links). Hat der Entscheider die Aussicht, am Abend zwei Bier zu trinken, so würde es ihm einen gewissen erwarteten Nutzen (u für utility) verschaffen. Das nächste Bier bringt ihm schon weniger Nutzen, und das fünfte und sechste kühle Blonde ist sogar für einen emotionslosen Homo oeconomicus kaum mehr reizvoll. Angenommen ein Bier kostet 2,50 Euro, dann kann sich der rationale Entscheider für das erste Bier und die ersten 2,50 Euro mehr Nutzen erkaufen als für das fünfte Bier und die fünften gezahlten 2,50 Euro – man spricht von abnehmendem Grenznutzen.

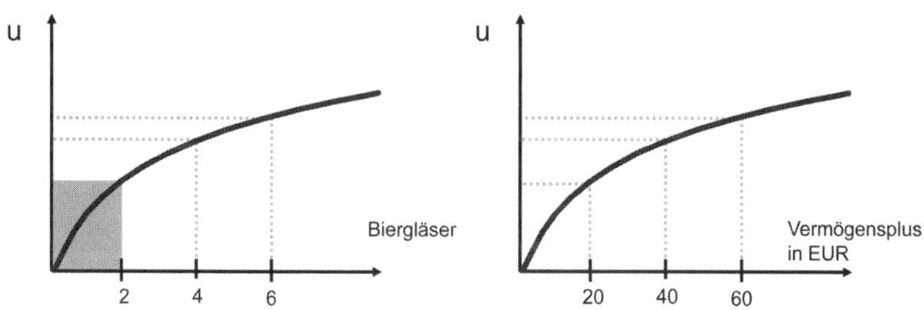

Abbildung 1: Abnehmender Grenznutzen

Entsprechend können Sie sich vorstellen, dem rationalen Entscheider würde eine Wette angeboten: Einem Gewinn von 20 Euro würde er einen gewissen Nutzen beimessen, der zusätzliche Nutzen eines weiteren 20-Euro-Gewinns ist jedoch deutlich geringer. In dieser Abbildung wird aber gleichzeitig deutlich: Drohen bei einer Wette Verluste, ist die Nutzeneinbuße von 20 Euro weit größer als der Nutzengewinn von 20 Euro.

xxvii Entscheidungen unter Risiko werden als Lotterien aufgefasst, bei denen sämtlichen möglichen Ergebnissen bestimmte Wahrscheinlichkeiten zugeordnet sind.

Der rationale Entscheider bewertet jede Lotterie, jede Geldanlage, jede Handlungsoption immer aus der Sicht seines aktuellen Vermögensstandes. Er beurteilt also in jeder Situation, welche Folgen eine Entscheidung für sein absolutes Vermögen haben wird, und greift hierzu – je nach derzeitigem Vermögensstand – das betreffende Segment seiner Nutzenfunktion heraus. Seine Nutzenfunktion (Abbildung 2) ändert sich nicht, seine Präferenzen sind über die Zeit hinweg stabil, auch dann, wenn er zwischenzeitlich einmal verarmt oder außergewöhnlich reich war.

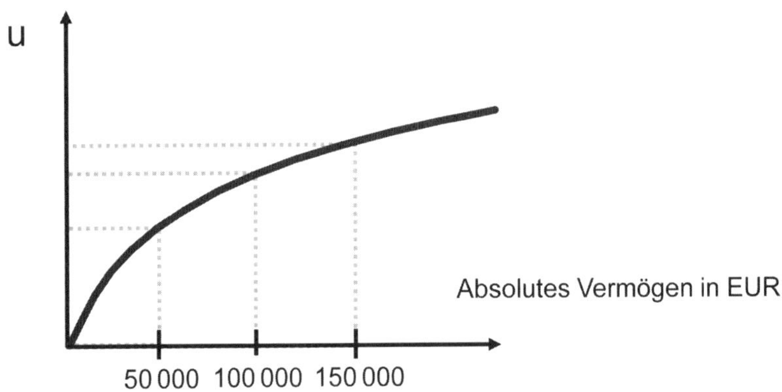

Abbildung 2: Klassische Nutzenfunktion

Aus der Nutzenfunktion ist nicht erkennbar, ob und inwieweit dieser rationale Entscheider einem Risiko aus dem Weg geht. Scheut man das Risiko, wird man einen sicheren Gewinn (z. B. 20 Euro) einer Wette mit demselben Erwartungswert (z. B. mit einer Wahrscheinlichkeit von 20 Prozent 100 Euro gewinnen, andernfalls leer ausgehen; Erwartungswert: 0,2 × 100 Euro = 20 Euro) immer vorziehen. Die Risikoneigung bleibt konstant. Wie der abnehmende Grenznutzen führt auch die Abneigung gegen Risiko dazu, dass die Kurve konkav gekrümmt ist. In der klassischen ökonomischen Fachliteratur wird Risikoscheu als vernünftig und rational angesehen, Risikofreude grundsätzlich jedoch nicht.

Allerdings lehrt die Realität, dass der Mensch regelmäßig gegen das Nutzenmodell verstößt: Statt wie im Modell gefordert immer seinen absoluten Vermögensstand im Hinterkopf zu haben, beurteilt er jedwede mögliche Veränderung relativ zu einem bestimmten Orientierungspunkt. Auch mit der Risikoabneigung ist es nicht weit her: Das Risikoverhalten ändert sich je nach Situation erstaunlich schnell. Ein risikoscheuer Erwartungsnutzen-Maximierer, der zwar eine 50/50-Wette, 10 Euro zu verlieren oder 10,10 Euro zu gewinnen, ablehnt, müsste konsequenterweise auch ein 50/50-Spiel ablehnen, bei dem er 800 Euro verlieren, aber auch 3494 Euro gewinnen kann. Mehr noch: Er würde auch eine Wette ausschlagen, bei der er entweder 1000 Euro verlieren oder unendlich viel Geld gewinnen könnte.[162] Mit Verlaub: Viele Menschen könnten bei solch einem verlockenden Angebot nicht länger Nein sagen!

5.3 Der Entscheider aus Fleisch und Blut in der Prospect-Theorie

Der echte Mensch lebt in einer völlig anderen Welt als der Homo oeconomicus. Die beiden Psychologen Daniel Kahneman und Amos Tversky griffen die menschlichen Besonderheiten auf und entwarfen ein Gegenmodell zur Erwartungsnutzentheorie: die Prospect-Theorie. Sie beschreibt das tatsächliche menschliche Entscheidungsverhalten (deskriptives Entscheidungsmodell). Mittlerweile ist die **Prospect-Theorie** zum bekanntesten deskriptiven Modell für Entscheidungen unter Unsicherheit avanciert.

5.3.1 Die Wertfunktion

Auf Basis ihrer Beobachtungen unter menschlichen Entscheidern statteten die beiden Wissenschaftler ihr Modell mit drei elementaren Eigenschaften aus: relative Bewertung, die Gewinne und Verluste überhaupt erst sichtbar macht, zunehmende Abstumpfung bei Erfolg und Misserfolg (abnehmende Sensitivität) und die Scheu vor Verlusten (Verlustaversion) – allesamt kognitive Besonderheiten, die sich aus der automatischen Funktionsweise des Denksystems 1 (siehe Kapitel 4, »Der Mensch und sein Autopilot«) ergeben.[163]

Die beiden Wissenschaftler bildeten die Art und Weise, wie Menschen bewerten, in einer sogenannten Wertfunktion nach und boten damit eine Alternative zur Nutzenkurve, nach der lediglich der Homo oeconomicus urteilt.

Die Wertfunktion – sie ist das Herzstück der Prospect-Theorie – zeigt auf, welchen subjektiven Wert (v, value; y-Achse) der Entscheider Gewinnen bzw. Verlusten (x-Achse) beimisst. Die Nutzenkurve der klassischen Schule hatte lediglich den wirtschaftlichen Nutzen (*utility*) für den jeweiligen Vermögensstand[xxviii] berücksichtigt.

Die einzelnen Aspekte der Kurve bzw. des menschlichen Bewertungsverhaltens werden in den folgenden Abschnitten erklärt.

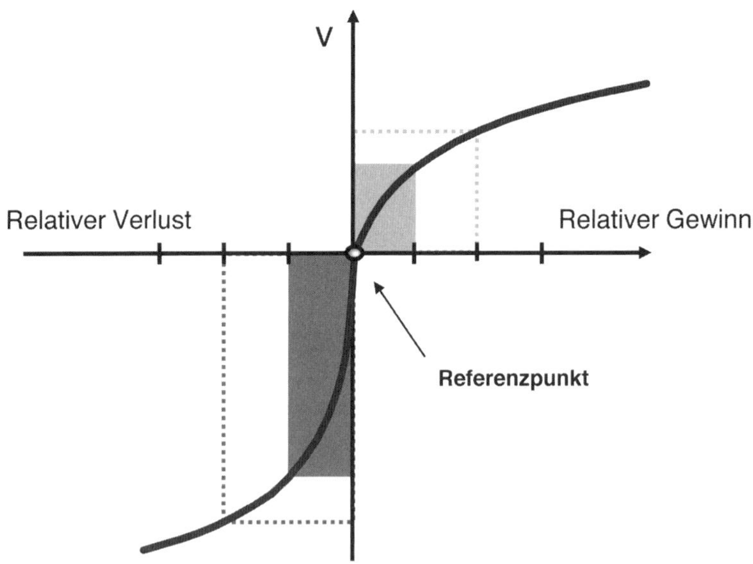

Abbildung 3: Hypothetische Wertfunktion der Prospect-Theorie

xxviii Das Erwartungsnutzenmodell kennt keinen »negativen« Vermögensstand. Er muss immer größer oder gleich *Null* sein.

5.3.2 Relative Bewertung

Fast alles ist relativ

Stellen Sie drei Schüsseln auf: Die erste füllen Sie mit kaltem Wasser, die nächste mit lauwarmem und die dritte mit heißem Wasser. Wenn Sie Ihre Hand für einige Zeit zuerst in das kalte Wasser und danach in das lauwarme Wasser tauchen, werden sie Letzteres als nahezu heiß wahrnehmen. Halten Sie Ihre Hand aber zuerst in heißes Wasser und anschließend in das lauwarme, wird ihnen dasselbe Wasser richtiggehend kalt vorkommen. Obwohl es nach wie vor dieselbe Temperatur hat – es ist lauwarm.

Diese relative Wahrnehmung kann mit der menschlichen Eigenschaft der Gewöhnung erklärt werden (siehe Kapitel 8.2). Harry Helson entdeckte 1964, dass eine subjektive Erfahrung – man taucht seine Hände in lauwarmes Wasser – von vorherigen Eindrücken (kaltes bzw. warmes Wasser) beeinflusst wird.[164]

Diese Erkenntnisse aus der Psychophysiologie lassen sich direkt auch auf den menschlichen Entscheidungsprozess übertragen. Hier etwa ein Beispiel aus dem Alltag eines Finanzmarktteilnehmers: Die Veröffentlichung des monatlichen US-Arbeitsmarktberichts ist für die meisten Akteure von großer Bedeutung, er ist derzeit das Flaggschiff aller amerikanischen Konjunkturdaten. Im Vorfeld wird immer eifrig diskutiert, analysiert und prophezeit, wie hoch der Stellenverlust bzw. der -zuwachs wohl im letzten Monat ausgefallen ist. Hieraus bildet sich der Marktkonsens. In den letzten Stunden vor der Veröffentlichung – jeweils am ersten Freitag jedes Monats um 14.30 Uhr – kursieren oftmals Flüsterzahlen durch die Handelssäle. Informationen, die angeblich schon vorab durchgesickert sind. All diese Vorabschätzungen sind nichts anderes als die verschiedenen Wasserschüsseln, in die Sie Ihre Hände zunächst getaucht haben. Eine Neuschaffung von 100 000 Stellen kann die Akteure in einem Monat völlig euphorisieren, im nächsten total kalt lassen oder aber die Hände über dem Kopf zusammenschlagen lassen. Je nachdem, wie das Endergebnis im Vergleich zum Vormonatswert, zur Konsensschätzung oder den Flüsterzahlen ausfällt, können sich 100 000 neu geschaffene Arbeitsplätze also einmal kalt, einmal lauwarm oder ein anderes Mal kochend heiß anfühlen.

Ganz gleich, ob man Wirtschaftsdaten, den Kursverlust einer Aktie, die Klassenarbeit des Sohnes oder das neue Auto der Nachbarin beurteilt: Nicht das absolute Resultat ist entscheidend, sondern das relative Ergebnis im Vergleich zu einem bestimmten Orientierungspunkt: Da wird der aktuelle Kurs einer Aktie immer im Lichte des ursprünglichen Kaufpreises oder des anvisierten Kursziels gesehen. Das Auto der Nachbarin wird kritisch beäugt – das Gefährt in der eigenen Garage ist natürlich der Vergleichsmaßstab. Und während man sich in gemütlicher Runde regelmäßig über den aktuellen Stand der Karriere austauscht und im nächsten Atemzug über die Fortschritte der Kinder in der weiterführenden Schule, ist nie etwas einfach nur gut oder schlecht. Es ist immer besser oder schlechter verglichen mit einem Referenzpunkt.

Der Drang, relativ zu bewerten, ist umso stärker ausgeprägt, wenn es um Güter geht, die die eigene Rangordnung innerhalb der Gesellschaft festigen. Jene bezeichnet man daher auch als Positionsgüter – ihr Wert bestimmt sich vor allem durch den Vergleich mit Besitztümern, dem sozialen Status oder der beruflichen Position anderer Menschen, das heißt, es handelt sich regelmäßig um sichtbare Statussymbole.

Güter, deren Bewertung indes nicht so sehr von derlei Vergleichen abhängt, nennt man positionsunabhängige Güter.[165] Etwa Wohlbefinden, Glück, Erholung, Urlaub oder auch Pendeln zum Arbeitsplatz.

Beim Essen geht es gewöhnlich nicht um einen Wettlauf um die ersten Plätze innerhalb einer Gesellschaft. Wenn man in einem Restaurant aber Kaviar bestellt, dann schon. Kaviar ist nicht nur ein Genuss, sondern auch ein Mittel, um zu zeigen, dass man sich mehr leisten kann als andere. Beim Autokauf wird der Kampf um Positionsgüter und den höchsten gesellschaftlichen Rang nur allzu deutlich: Der Trend zu schweren Geländewagen, die niemals durch unwegsames Gebiet gefahren werden, unterstreicht, dass es weniger um den praktischen Zweck geht, sondern oft darum, den Nachbarn oder den Kollegen auszustechen. Auch an der Größe ihres Hauses oder der Höhe ihres monatlichen Gehaltsschecks machen auffallend viele Menschen ihren Status fest und bewerten daher relativ zum Nachbarhaus (siehe Beispiel am Anfang des Kapitels) oder zur Lohntüte des Kollegen.[166]

Nur allzu oft konzentriert sich der Mensch auf den schier unendlichen Wettlauf um Positionsgüter – und gerät dadurch in ein Hamsterrad, die hedonistische Tretmühle. Positionsunabhängige Werte wie Schlaf und freie Zeit (private Ebene) oder Umweltschutz, medizinische Vorsorge und Sicherheit (öffentliche Ebene) kommen in einer Gesellschaft regelmäßig zu kurz. Hier spielt relative Bewertung eine untergeordnete Rolle bzw. ist mitunter gar nicht möglich. Dies wird auch in Kapitel 8.3.3, »Auch Glück ist relativ – aber nicht immer!«, wieder aufgegriffen.

Gewinne und Verluste

Ob etwas als Gewinn oder als Verlust wahrgenommen wird, ist abhängig von den mannigfaltigen Referenzpunkten im Leben. Nur dann, wenn das eigene Auto schneller ist als das des Nachbarn, nimmt man es als positiv wahr. Solange man jedoch das selbstgesteckte Diätziel oder das Verkaufsziel, das der Chef einem zu Beginn des Jahres aufgedrückt hat, noch nicht erreicht hat, befindet man sich in einer emotionalen oder auch tatsächlichen Verlustzone. Überwog eben noch der Stolz, als der Filius mit einer Zwei in Mathematik nach Hause kam, macht sich sogleich ein wenig Enttäuschung breit, wenn die meisten Klassenkameraden besser abgeschnitten haben. Und natürlich nimmt der Börsianer eine Aktie, deren aktueller Kurs unter dem Einstandspreis rangiert, als Verlustbringer wahr. Ist der Referenzpunkt aber eine jüngst markierte Höchstmarke, kann der Anleger sogar einen Verlust fühlen, obwohl sein Depotauszug einen Kursgewinn ausweist.

Entspricht ein Resultat dem Referenzpunkt, fühlt es sich neutral an. Resultate oberhalb des Bezugspunktes sind also relative Gewinne, unterhalb jener Marke werden sie als relative Verluste empfunden.[167] Sollte sich dieser Referenzwert verschieben, ändert sich natürlich auch die Wahrnehmung von Gewinnen bzw. Verlusten.

Sogar vor der Liebe macht die Verhaltensökonomie nicht halt: Es ist doch so bei der Partnersuche, dass der eigene »Marktwert«, die eigene Attraktivität, nichts anderes ist als ein Referenzwert. Und wenn man von jemandem eine Einladung zum Abendessen erhält, den man als deutlich hübscher als sich selbst wahrnimmt, empfindet man das als Ehre, als Gewinn. Ein Korb von einem potenziellen Partner, dessen Marktwert nach eigener Einschätzung unter dem eigenen liegt, fühlt sich jedoch wie ein herber Verlust an.

5.3.3 Abnehmende Sensitivität

Ähnlich wie in der Welt der Erwartungsnutzen-Theorie kennt auch das Prospect-Theorie-Modell das Phänomen der abnehmenden Sensitivität. Selbst atemberaubende Erlebnisse, wie die Sichtung eines seltenen Tieres während einer Urlaubssafari, verlieren mit ihrer Wiederholung ihren Reiz. Die erste Giraffe mag dem Betrachter noch die Tränen in die Augen treiben, die zweite ihm immer noch den Atem rauben. Stellt der Urlauber jedoch fest, dass nahezu an jeder Ecke des Nationalparks, den er gerade erkundet, Vertreter dieser Art zu sehen sind, ebbt seine Überschwänglichkeit immer weiter ab. Am Ende mag er gar ein wenig genervt sein, wenn ihn wieder einmal eine Giraffe, die gemächlich die Straße kreuzt, an der Weiterfahrt hindert. Ähnlich dem Urlaubserlebnis nimmt auch der persönliche Wert, den man wiederholten Aktienkursgewinnen in gleicher Höhe beimisst, von Mal zu Mal ab.

Anders als es das klassische Erwartungsnutzenmodell beschreibt, empfindet der typisch menschliche Entscheider aber auch, wenn sein Wertpapier immer weiter fällt und sein Depotwert mehr und mehr zusammenschrumpft, immer weniger Abscheu.[xxix] Der erste Kursverlust sitzt ihm noch tagelang in den Gliedern. Aber gerät er mit demselben Aktienengagement erneut in gleichem Ausmaß in die Miesen, ist seine Bestürzung schon nicht mehr ganz so groß etc. Er stumpft schlichtweg ab. Die Prospect-Theorie trägt diesem Phänomen Rechnung.

In der Grafik ist der Referenzpunkt im Zentrum des Koordinatenkreuzes platziert. Verbleibt die erworbene Aktie beim Startpreis von 100 Euro, fühlt sich das

[xxix] Während beim Erwartungsnutzenmodell aber immer nur von einem höheren oder niedrigeren absoluten Vermögen die Rede ist, sind für den Entscheider im wahren Leben eben Verluste bzw. Gewinne immer im Vergleich zu einem Referenzpunkt relevant.

für den Anleger völlig neutral an. Den ersten Euro-Kursgewinn nimmt er noch überaus deutlich wahr. Je weiter sich der Preis vom Referenzpunkt entfernt, desto geringer ist seine Sensitivität für weitere Kursgewinne, sodass die Wertfunktion im Gewinnbereich konkav (Rechtskrümmung) verläuft. Die abnehmende Sensitivität im Verlustbereich resultiert derweil in einer konvexen Kurve (Linkskrümmung). Natürlich ist der aufgezeigte Verlauf der Wertfunktion nur ein Modell, denn der Grad der Sensitivität variiert von Individuum zu Individuum und ist auch von der spezifischen Entscheidungssituation abhängig.

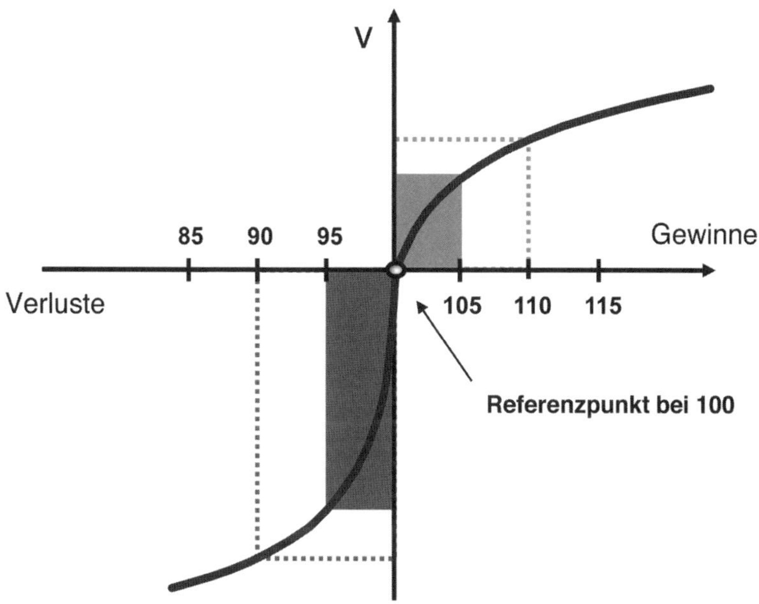

Abbildung 4: Wertfunktion der Prospect-Theorie

5.3.4 Verlustaversion

Die Wertfunktion verläuft im Verlustbereich steiler als in der Gewinnzone, da man in vielfachen Experimenten feststellen konnte, dass der Mensch einen Verlust gewöhnlich deutlich stärker wahrnimmt als einen Profit in gleicher Höhe. Das können Sie auch an sich selbst testen, indem Sie sich diese Frage stellen: Ihnen wird eine Wette angeboten, bei der Sie mit gleicher Wahrscheinlichkeit gewinnen und verlieren können. Der mögliche Verlust beträgt 100 Euro. Wie groß müsste der Gewinn sein, um diese Wette für Sie attraktiv zu machen?

Finden Sie das Spiel attraktiv, wenn Ihnen 100 Euro Gewinn angeboten werden, dann sind sie in diesem speziellen Fall risikoneutral. Liegt Ihre Antwort unter 100 Euro, sind sie risikofreudig, liegt Ihre Antwort darüber, verhalten Sie sich risikoscheu. Die durchschnittliche Antwort liegt bei rund 200 Euro. Verluste wiegen zwei bis zweieinhalb Mal stärker als Gewinne in gleicher Höhe. Diese Quote ist jedoch wie bereits erwähnt nur ein Durchschnittswert. In der Realität hängt der Grad der Verlustaversion nicht nur vom Individuum selbst, sondern auch von der speziellen Entscheidungssituation ab. Ein Multimillionär etwa wird sich kaum grämen, wenn er 1000 Euro verliert. Die Wahrnehmung seines Verlusts wird daher kaum intensiver ausfallen als die eines Gewinns in gleicher Höhe. Ein Normalverdiener wird, wenn es um solche Beträge geht, jedoch eine deutlich größere Verlustaversion (loss aversion) an den Tag legen. Diese typisch menschliche Abneigung ist also auch vom eigenen Vermögen und der jeweiligen Spiel- bzw. Anlagesumme abhängig.[168] Eine ausführliche Erklärung der Hintergründe der typisch menschlichen Verlustaversion ist dem Kapitel 3.2.1 über kognitive Dissonanz zu entnehmen.

Vor allem das persönliche Engagement, das Commitment, bei einer Entscheidung (siehe auch Kapitel 3.1.2) hat folgenschweren Einfluss auf die Krümmung der Kurve: Je höher das Commitment, desto steiler der Kurvenverlauf. Trifft man eine Entscheidung jedoch unter Zwang, ist sie also gänzlich ohne jene persönliche Bindung gefällt worden, verläuft die Funktion ähnlich flach wie im Gewinnbereich – denn in diesem Fall liegt keine Verlustaversion vor.

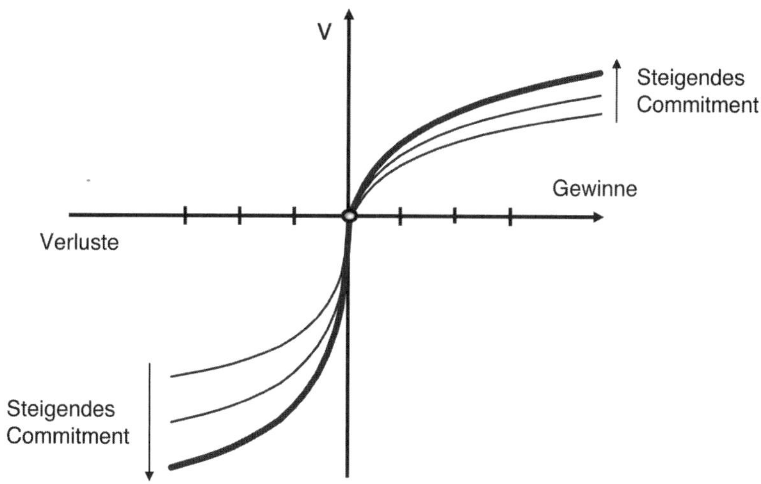

Abbildung 5: Commitment und Verlustaversion

5.3.5 Die Folge: Unterschiedliches Risikoverhalten

Was bedeuten diese Erkenntnisse? Die menschlichen Besonderheiten, die im Prospect-Theorie-Modell aufgegriffen wurden, haben entscheidende Auswirkungen auf das Risikoverhalten des Einzelnen.

Stellen Sie sich vor, sie könnten 5000 Euro sicher erhalten. Oder aber Sie wählen aus einem von fünf Briefumschlägen aus. In einem der Umschläge verbergen sich 25 000 Euro, die anderen vier sind leer. Das bedeutet: Sie haben eine 20-prozentige Chance auf einen Gewinn von 25 000 Euro, aber mit 80-prozentiger Wahrscheinlichkeit bekommen Sie gar nichts. Was wählen Sie? Gehen Sie auf Nummer sicher oder entscheiden Sie sich für die riskante Variante?

Freilich ist der mathematische Erwartungswert der beiden Alternativen identisch (0,2 × 25 000 Euro = 5000 Euro). Dennoch entscheiden sich die meisten Menschen für den sicheren Gewinn. Denn dank der abnehmenden Sensitivität – man stumpft ab, je größer das Ausmaß von Gewinnen und Verlusten ist – bewerten sie einen Gewinn von 25 000 Euro nicht fünfmal so hoch wie einen Geldsegen von 5000 Euro (siehe Grafik). Bedenkt man die 20-prozentige Wahrscheinlichkeit, ist der persönlich empfundene Wert der Wette geringer als 5000 Euro. Die Mehrheit verhält sich also risikoscheu.

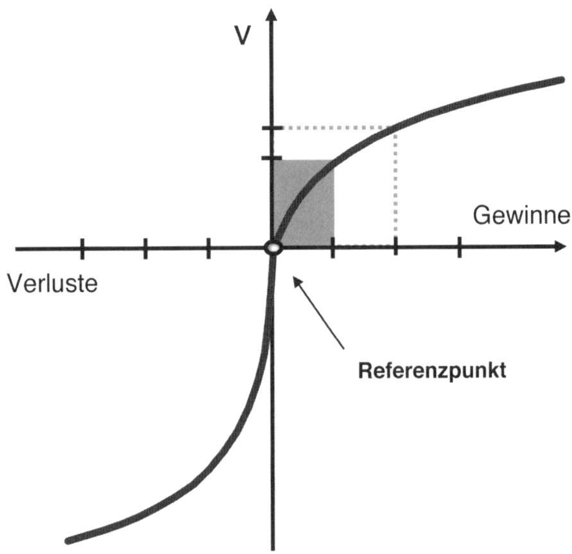

Abbildung 6: Risikoscheu im Gewinnbereich

Ähnlich ergeht es dem Börsianer: Ist er ein »Gewinner« – will heißen: Der aktuelle Kurs seines Investments liegt oberhalb seines Einstandspreises oder eines anderen Referenzpunktes –, ist er schnell darauf bedacht, seine Schäfchen ins Trockene zu bringen. Schließlich nimmt er zusätzliche Kursgewinne mit abnehmender Sensitivität wahr (siehe Abbildung 6). Umso mehr fürchtet er jedoch, seinen kleinen Erfolg wieder einzubüßen. Er streicht also häufig schon geringe Profite ein und verliert sein ursprünglich deutlich höheres Kursziel aus den Augen.

Gehören Sie zu denjenigen, die sich dennoch für die riskante Variante entschieden haben, stellen Sie sich die genannten Alternativen doch einmal mit größeren Beträgen vor. Nehmen Sie sichere 50 000 Euro oder wählen Sie einen von fünf Briefumschlägen – vier sind leer, einer enthält 250 000 Euro. Sind Sie nun immer noch bereit zu zocken?

Nun die Position eines Verlierers: Stellen Sie sich vor, Sie müssten entweder einen sicheren Verlust von 5000 Euro akzeptieren oder aus einem von fünf Umschlägen auswählen. Öffnen Sie den falschen der fünf Umschläge, verlieren Sie 25 000 Euro. Die anderen vier Umschläge sind leer. Mit einer 20-prozentigen Wahrscheinlichkeit würden Sie bei der Umschlag-Wette also 25 000 Euro zahlen müssen, aber mit 80-prozentiger Wahrscheinlichkeit verlieren Sie nichts. Wie entscheiden Sie sich diesmal?

In diesem Fall bevorzugt das Gros der menschlichen Entscheider die Wette, man verhält sich plötzlich risikofreudig. Da die abnehmende Sensitivität auch im Verlustbereich wirkt, fühlen sich 25 000 Euro Verlust nicht fünfmal so schlimm an wie 5000 Euro (siehe Grafik). Unter Berücksichtigung der 20-prozentigen Verlustwahrscheinlichkeit der Wette erscheint diese als das kleinere Übel.

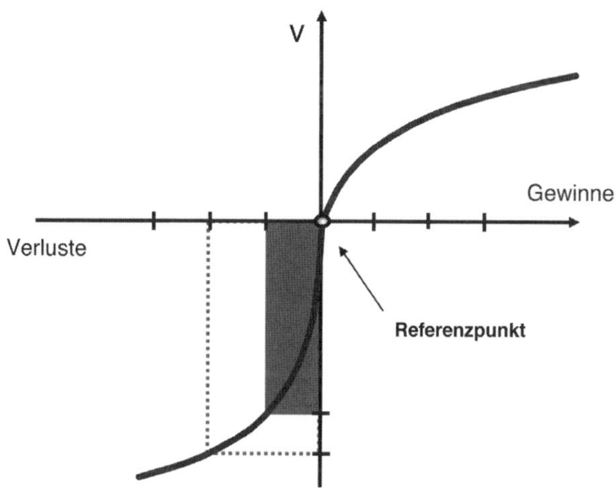

Abbildung 7: Risikofreude im Verlustbereich

Ein Aktienanleger wiederum nimmt eine Ausweitung seiner Verluste kaum mehr wahr, wenn er ohnehin schon weit in den »Miesen« ist. »Darauf kommt es jetzt auch nicht mehr an«, mag er sich sagen. Eine Wiedergutmachung seiner Verluste würde er jedoch umso mehr wahrnehmen. Daher begrenzt er seine Verluste nicht und hofft weiter tapfer, sämtliche Verluste noch wettmachen zu können. Der »Verlierer« agiert also risikofreudig. Und das, obwohl sein Vermögen abnimmt – ein klarer Verstoß gegen die Vorhersagen des Erwartungsnutzenmodells.

Je nachdem, ob sich der Entscheider in Abhängigkeit von seinem Referenzpunkt im Gewinn- oder im Verlustbereich befindet, legt er ein völlig gegensätzliches Risikoverhalten an den Tag: Im Gewinnbereich verhält er sich zumeist risikoscheu, im Verlustbereich jedoch risikofreudig – dieses Phänomen ist als Reflection-Effekt bekannt.[169]

Dass dieser Effekt nicht nur im Laborexperiment auftritt, sondern alltägliche, bitterernste Realität ist, verdeutlicht folgende Beobachtung aus dem Handelssaal der Chicagoer Börse: Händler, die am Morgen Verluste erlitten haben, gehen am Nachmittag deutlich höhere Risiken ein – sie handeln öfter und bewegen größere Positionen –, als wenn sie einen erfolgreichen Morgen hinter sich haben.[170] Abseits der Finanzwelt lässt sich Ähnliches erkennen: Unternehmen, deren Erträge bereits oberhalb des Branchenschnitts des Vorjahres liegen – das ist ihr Referenzpunkt – gehen geringere Risiken ein als Firmen, die noch unterhalb des Orientierungsniveaus liegen; das ergab eine Studie, die die Erträge von rund 2000 Unternehmen in einem Zeitraum von 14 Jahren unter die Lupe nahm.[171]

Noch etwas: Abhängig davon, wie eine Situation präsentiert wird, ob als Gewinn- oder Verlustmöglichkeit, ruft dies gleichfalls unterschiedliches Risikoverhalten hervor. Dem sogenannten Framing-Effekt ist der folgende Abschnitt gewidmet.

5.4 Verkehrte Welt

Die Zeiten sind schwierig. Die Rezession hat die Branche voll erwischt. Ein namhaftes Unternehmen läuft Gefahr, in diesem ökonomischen Sturm unterzugehen. Der Vorstandschef legt seinen Kollegen zwei einschneidende Sanierungsvorschläge vor: »Mit Plan A können wir 2000 Stellen in diesem Werk erhalten«, schwärmt er. Auch Plan B trägt er überzeugend vor: »Mit einer Wahrscheinlichkeit von einem Drittel können alle 6000 Jobs gerettet werden. Mit einer Wahrscheinlichkeit von zwei Dritteln kann jedoch keiner der Arbeitsplätze erhalten werden.« Nach einem zähen Verhandlungsmarathon fassen die Vorstandsmitglieder schließlich einen folgenschweren Beschluss: Sie entscheiden sich für Plan A – sie sind vorsichtig und ziehen die konservative Strategie der riskanten Alternative vor.

Zeitgleich kämpft auch eine andere Firma des Sektors ums Überleben – es geht ebenfalls um ein Werk, das 6000 Arbeiter beschäftigt. Auch hier war der Vorstand nicht untätig, sondern präsentiert gleichfalls zwei Rettungskonzepte: Plan A würde 4000 Arbeitsplätze kosten. Mit Plan B jedoch müsste mit einer Wahrscheinlichkeit von einem Drittel keine Stelle gestrichen werden. Die Chancen stehen aber 2 : 3, dass sämtliche Jobs verloren gehen. Das Werk müsste in diesem Fall geschlossen werden. Auch hier rauchen die Köpfe; am Ende jedoch entscheiden sie sich für Plan B – sie wählen die riskante Strategie, in der Hoffnung, keinen Arbeitsplatz aufgeben zu müssen.

Die Vorstände beider Unternehmen sitzen im selben Boot: Es handelt sich in den beschriebenen Fällen um einen identischen Sachverhalt – nur auf unterschiedliche Art und Weise präsentiert. Hierbei geht es nicht darum, ob ein Glas halb leer oder halb voll ist; nicht darum, ob der eine Vorstandschef von Natur aus optimistischer oder pessimistischer ist als der Lenker des anderen Unternehmens. Es geht vor allem um die unterschiedliche Darstellung – der Bezugspunkt wird durch die jeweilige Präsentation manipuliert. Während der Vorstand im ersten Fall die Sanierung unter Gewinngesichtspunkten sieht – schließlich können 2000 Arbeitsplätze mit Sicherheit erhalten werden, er fühlt sich mental als Gewinner, ist daher risikoscheu und entscheidet sich für den sicheren Arbeitsplatzerhalt – nehmen die Manager des zweiten Unternehmens die Situation in einem Verlustrahmen wahr. Sie denken vor allem an die ziemlich sichere Streichung von empfindlich vielen Jobs und sehen sich in eine Verlustsituation versetzt. Kein Wunder, dass sie sich da für die riskantere Alternative entscheiden, in Verlustsituationen ist man eben risikofreudiger: Eher würden sie das Wagnis eingehen, im schlimmsten Fall zwar alle Stellen streichen zu müssen, im besten Fall jedoch den Arbeitsplatz für alle Angestellten zu erhalten.

Bei diesem sogenannten **Framing-Effekt** wird also ein und dasselbe Problem in einem unterschiedlichen Rahmen dargestellt. Allein das reicht oftmals bereits aus, um eine Präferenzumkehr hervorzurufen: Je nach Bezug, je nach *frame*, entscheiden Menschen unterschiedlich, legen unterschiedliches Risikoverhalten an den Tag.[172] Sie entscheiden sich intuitiv für die sichere Variante, wenn es um Gewinne geht bzw. gegen die sichere Variante, wenn Verluste vermieden werden sollen, denn das unbewusste, impulsive Denksystem 1 reagiert auf die emotional aufgeladenen Worte »Gewinnen« oder »Erhalten« und »Verlieren«. Auch dies steht wieder in krassem Gegensatz zur klassischen Entscheidungstheorie, denn hier gilt das Prinzip der Unveränderlichkeit (Invarianz): Das heißt, die Vorlieben eines Entscheiders bleiben immer stabil, sie ändern sich auch dann nicht, wenn die Alternativen auf andere Art und Weise, in anderer Reihenfolge oder zu unterschiedlichen Zeiten präsentiert werden[173]: Wer einen Audi einem VW vorzieht, wenn er beide Fabrikate auf einer Automobilausstellung ordentlich herausgeputzt nebeneinanderstehen sieht, wird sich auch nicht anders entscheiden, wenn sie ihm später noch einmal auf dem Hof des heimischen Fachhändlers präsentiert werden. Bei solch einfachen Entscheidungssituationen mag das Invarianz-Prinzip gelten, wie vielfach nachgewiesen verstößt der Mensch jedoch regelmäßig gegen diesen Grundsatz.

Es kommt eben sehr wohl auf die zeitliche Abfolge und die Art und Weise der Präsentation an. Referenzpunkte, Gewinn- oder Verlustrahmen spielen eine Rolle oder banal klingende formale Unterschiede in der Darstellung, wie diese:

»Bei 0,1 Prozent der Patienten treten tödliche Nebenwirkungen auf« klingt anders als »Bei einem von 1000 Patienten treten tödliche Nebenwirkungen auf«, obwohl es dasselbe bedeutet. Während erstere Beschreibung sehr abstrakt wirkt, erscheint letzterer Satz sehr viel anschaulicher, lebendiger und damit auch bedrohlicher. Ein guter Staatsanwalt wird in einem Prozess gegen einen Pharmakonzern mit der anschaulicheren Variante argumentieren, in die sich Richter und Zuhörer besser einfühlen können. Der Verteidiger des Pharmakonzerns wird die Risiken jedoch mit abstrakt klingenden Wahrscheinlichkeiten abtun.[174]

Exkurs: Naive Diversifikation

Apropos Verstoß gegen den Invarianz-Grundsatz: Die unterschiedliche Präsentation ein und desselben Entscheidungsproblems ist wahrlich ein machtvolles Instrument, etwa wenn es um die Auswahl von Investmentfonds geht. Shlomo Benartzi und Richard Thaler beobachteten, dass Mitarbeiter eines Unternehmens ihre Beiträge zur Betriebsrente gleichmäßig (1/N) auf sämtliche angebotenen Investmentalternativen verteilen – dieses Verhalten heißt **naive Diversifikation.**[175] Je nachdem, wie viele Aktien- und Rentenfonds ein Anlageberater zur Wahl stellt, führt dies oftmals zu völlig unterschiedlichen Aktien- bzw. Rentenfondsgewichten in den Portfolios der Fondssparer. Im ersten Beispiel (Abbildung 8) werden dem Investor vier verschiedene Aktienfonds und ein Rentenfonds vorgelegt. Wendet der Beratene die naive Diversifikation an, wird er seinen Anlagebetrag gleichmäßig auf alle Alternativen verteilen – sein Depot wird 80 Prozent Aktien und 20 Prozent Renten aufweisen.

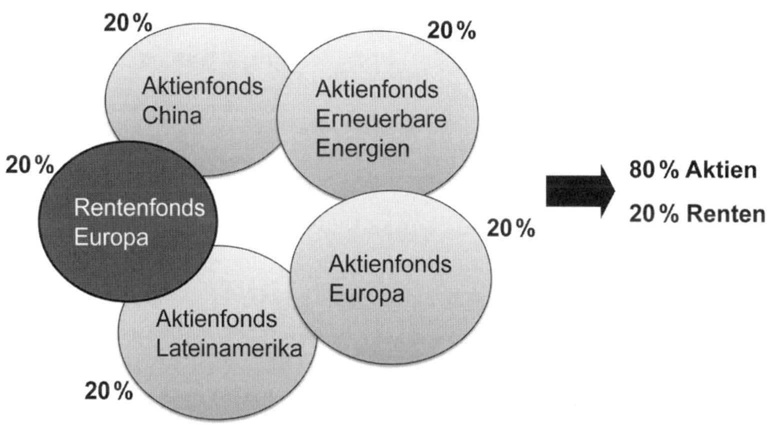

Abbildung 8: Naive Diversifikation, Schwerpunkt Aktienfonds

Abbildung 9 zeigt, was passiert, wenn demselben Anleger mit den gleichen Anlagezielen vier Rentenfonds und nur ein Aktienfonds angeboten werden: Diesmal wird sein Portfolio sehr rentenlastig ausfallen.

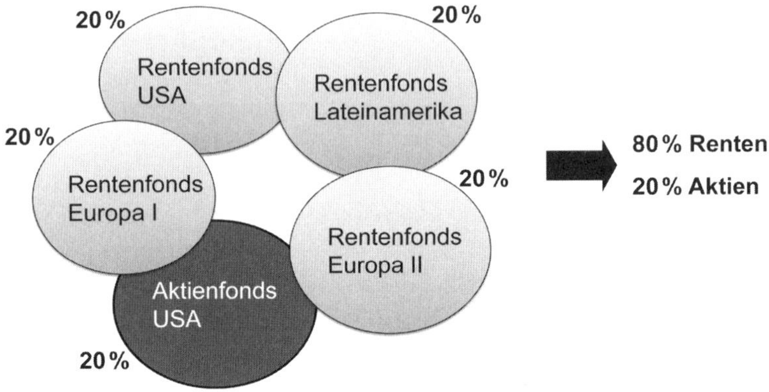

Abbildung 9: Naive Diversifikation, Schwerpunkt Rentenfonds

Die Gefahr: Die Zusammensetzung des Depots entspricht womöglich nicht der individuellen Risikoneigung des Kunden. Ein risikobereiter Renditejäger mag dann mit einem viel zu konservativen Investmentmix, der hauptsächlich Rentenfonds beinhaltet, dastehen, während ein sicherheitsbewusster Anleger plötzlich sein Depot mit einem zu hohen Aktienanteil füllt.

Kahneman und Tversky wiesen das Framing-Phänomen etwa mit dem berühmten Problem der »Asiatischen Krankheit« nach: Je nachdem, ob sie die Testpersonen in die Lage versetzten, beim baldigen Ausbruch einer Epidemie Menschenleben zu retten (Gewinnrahmen) oder zu verlieren (Verlustrahmen), entschieden sich die Testpersonen für das sichere, risikoscheue oder das riskante Präventionsprogramm.[176]

Auch andere ökonomische wie nicht ökonomische Entscheidungen sind von diesem Effekt betroffen:

Spiel A: Sie erhalten 1000 Euro. Zusätzlich haben Sie die Wahl zwischen

1. einem sicheren Gewinn von 500 Euro oder
2. einer 50-prozentigen Chance, weitere 1000 Euro zu gewinnen und einer 50-prozentigen Chance, nichts hinzuzugewinnen.

Spiel B: Sie erhalten 2000 Euro. Zusätzlich haben Sie die Wahl zwischen

1. einem sicheren Verlust von 500 Euro oder
2. einer 50-prozentigen Chance, 1000 Euro wieder zu verlieren und einer 50-prozentigen Chance, nichts zu verlieren.

In beiden Fällen ist man mit der Situation konfrontiert, eine sichere Auszahlung von 1500 Euro zu erhalten (1000 + 500 oder 2000 – 500), oder aber eine Wette einzugehen, bei der man mit einer jeweils 50-prozentigen Wahrscheinlichkeit am Ende mit 1000 Euro dasteht oder aber mit einer Gesamtsumme von 2000 Euro. Obwohl beide Spielsituationen zu identischen Ergebnissen führen, entscheiden sich die Testpersonen einer solchen Umfrage bei Spiel A mit überwältigender Mehrheit für die sichere Variante 1, den garantierten Gewinn von insgesamt 1500 Euro. Bei Spiel B aber votieren die Teilnehmer zumeist für die riskante Variante 2 – sie erhalten schlussendlich entweder 1000 oder 2000 Euro. Und das liegt vornehmlich an der unterschiedlichen Präsentation der Wetten, einmal geht es um Gewinne und einmal um Verluste relativ zum ursprünglichen Referenzpunkt (dieser ist im Spiel A 1000 Euro und im Spiel B 2000 Euro).[177]

Auch wenn sich ein Finanzmarktteilnehmer selten solch einer »klinischen« Wettsituation gegenübersieht, gerät er oft in ähnliche Entscheidungssituationen. Immer wieder muss er sich entscheiden, ob er lieber einen Verlust realisiert (die sichere Variante) oder das Risiko eingeht, noch mehr zu verlieren, in der Hoffnung, seinen Einstandspreis doch noch einmal wiederzusehen (riskante Variante). Ähnliches gilt für einen Gewinner: Er realisiert entweder seinen Gewinn (sichere Variante) oder geht das Risiko ein, seinen Erfolg wieder einzubüßen, erhält sich so gleichzeitig aber die Chance auf einen noch größeren Kursgewinn.

Der Framing-Effekt lässt sich vielfach nutzen: Etwa, wenn es um Verkaufsentscheidungen oder Produktpräsentationen geht – man denke zum Beispiel an einen Verkaufsprospekt für ein Investmentzertifikat.

Oder im medizinischen Alltag: Das Klinikpersonal kann die Entscheidung eines Patienten für oder gegen eine Operation entscheidend beeinflussen, je nachdem, wie die Überlebenschancen für diesen Eingriff dargestellt werden. Die Aussage »Patienten mit dieser Operation haben eine Überlebenschance von 90 Prozent im ersten Monat nach dem Eingriff« ruft andere Reaktionen hervor als die Aussage »10 Prozent aller Patienten sterben im ersten Monat«. Intuitiv stimmen mehr Patienten dieser Operation zu, wenn der Arzt die Überlebenschancen wie im ersten Beispiel in einem Gewinnrahmen vorstellt.

Interessant klingen auch Studien über Krankheitsprävention: Offenbar lässt sich das Bewusstsein eines Strandgängers für Hautkrebs eher schärfen, indem das langfristige Wohlergehen durch den regelmäßigen Gebrauch von Sonnencreme herausgestellt wird. Sonnenanbeter griffen hingegen weniger oft zur Sonnencreme, wenn man stattdessen versuchte, ihnen die Gefahren – vorzeitige Hautalterung und Hautkrebs – einzuschärfen.[178] Das stellt natürlich auch die hiesige Vorschrift infrage, mit der Raucher durch Gefahrenhinweise auf den Zigarettenschachteln vom übermäßigen Konsum abgehalten werden sollen.

Framing

Durch unterschiedliche Darstellung eines Sachverhaltes wird der Mensch zu unterschiedlichem Entscheidungs- bzw. Risikoverhalten motiviert.

→ Fragen Sie sich: Was ist mein Referenzpunkt? Würde meine Entscheidung anders ausfallen, wenn mir die Situation mit einem anderen Referenzpunkt bzw. in einem anderen Rahmen präsentiert würde? (Versuchen Sie, die Position Ihres Kontrahenten, etwa eines Verkäufers mit umgekehrtem Bezugsrahmen, für sich darzustellen. Würden Sie immer noch kaufen?) Würden Sie sich auch dann noch operieren lassen? Würde Ihre Investmententscheidung noch genauso ausfallen?

→ Sie können in einer Produktpräsentation oder in einer Diskussion die Macht der unterschiedlichen Rahmen für sich nutzen. Überlegen Sie sich, welche Reaktion Sie bei ihren Diskussionspartnern erzielen wollen, und setzen Sie einen entsprechenden Rahmen, in dem Sie mit abstrakteren bzw. anschaulicheren Beschreibungen arbeiten, oder den Sachverhalt in einen Gewinn- bzw. Verlustrahmen ummünzen.

5.5 Wetten am laufenden Band

Auch das ist eine Sache der Sichtweise: Sie schrecken vor Verlusten zurück? Sie ärgern sich über Verluste mindestens doppelt so sehr, wie Sie sich über Gewinne freuen können? Dann werden Sie bei einem Münzwurf, bei dem man bei »Zahl« 200 Euro erhält und bei »Kopf« 100 Euro zahlen muss, vermutlich nicht mitmachen. Schließlich ist die Wahrscheinlichkeit zu verlieren oder zu gewinnen gleich groß und der Verlust von 100 Euro wäre schmerzlich. Wenn man Ihnen zwei Wochen später dieselbe Wette anbietet, werden Sie vermutlich wieder dankend ablehnen.

Aber stellen Sie sich einmal vor, man würde Ihnen 100 dieser Wetten anbieten. Spielt man dieses Spiel 100 Mal hintereinander, so beträgt die Gefahr, am Ende als Verlierer dazustehen, nur 1 zu 2300[xxx]. Und diese Wette würden Sie wohl kaum ablehnen, oder?

Schauen Sie sich lediglich das Gewinn- und Verlustprofil nach zwei Münzwürfen an (Abbildung 10): Während man bei einem einzigen Münzwurf mit einer Wahrscheinlichkeit von 50 Prozent verliert, hat man nach zwei Würfen nur in 25 Prozent aller Fälle das Nachsehen. Mit einer Wahrscheinlichkeit von 75 Prozent geht man jedoch mit einem Gewinn nach Hause, der entweder 100 Euro oder gar 400 Euro beträgt.

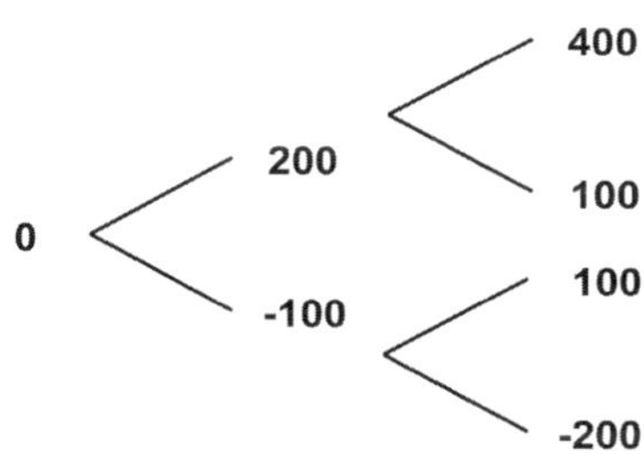

Abbildung 10: Gewinne und Verluste bei einer Serie von Münzwürfen

xxx Man ist nur dann der Verlierer, wenn man bei 100 Würfen mindestens 67-mal Kopf wirft bzw. nur 33-mal oder gar weniger häufig Zahl erscheint. Hieraus errechnet sich: $P(X \leq 33) = \sum_{x=0}^{33} \binom{100}{x} \cdot 0{,}5^{100-x} \cdot 0{,}5^{x} = 0{,}000438599185$

Je nachdem, ob man eine Wette oder eine andere Situation als einmaliges Ereignis oder aber eine Serie von Ereignissen darstellt, fällt die Entscheidung anders aus. Auch das ist eine Form des Framings.

Relevant ist das etwa bei Investmententscheidungen: Verfolgt man jede einzelne Kursbewegung einer Aktie, wird man sie als sehr schwankungsanfällig und riskant wahrnehmen. Sieht man darin aber eine Serie von Ereignissen, wirkt das Wertpapier schon gar nicht mehr so gefährlich. Die Folge dieser unterschiedlichen Sichtweise wird noch einmal im Kapitel 6.4.5, »Nicht nur Brillenträger sind kurzsichtig«, verdeutlicht.

5.6 Kapitulation – wenn die Verluste zu groß werden

Wie weit Risikofreude tragen kann, verdeutlicht das Beispiel des Händlers Jérôme Kerviel, der einst bei der französischen Bank Société Generale beschäftigt war. Dieser hatte sich im Januar 2008 mit Spekulationen auf Aktienindizes in unerlaubtem Ausmaß – zuletzt umfassten seine Aktivitäten ein Volumen von rund 50 Milliarden Euro – immer tiefer in Verluste verstrickt. Übrigens: Auch er wollte einfach nur beweisen, dass er besser war als seine Kollegen, so geht es aus seinem Vernehmungsprotokoll hervor. Doch am Ende war er das, was man den »gefesselten Verlierer« nennt. Er war immer höhere Risiken eingegangen, um wieder aufzuholen, um das verlorene Kapital zurückzugewinnen. Seine Machenschaften hatte er monatelang mit fiktiven Geschäften verschleiern können, doch letztlich waren die Verluste nicht mehr haltbar: Der Betrug und die hohen Verluste flogen auf – Jérôme Kerviel hatte kapituliert. Auch das ist ein wichtiger Teil der Prospect-Theorie, denn Verluste können maximal so lange ertragen und hingenommen werden, wie sie nicht existenzgefährdend sind. Ist dieser Fall jedoch eingetreten, werden sämtliche Positionen aufgegeben – der »gebrochene Verlierer« rettet, was noch zu retten ist, und kehrt zurück zu einem extrem risikoscheuen Auftreten. Nicht nur Kerviel hatte jedoch kapituliert – seine Handelspositionen, die zu einem Milliardenvolumen aufgebläht worden waren, mussten durch seinen damaligen Arbeitgeber, die Großbank Société Generale, liquidiert werden. Die Glattstellungsgeschäfte dürften mitverantwortlich gewesen sein für den ersten kräftigen Ausverkauf an den Aktienmärkten weltweit zu

Beginn des Jahres 2008, denn die Kapitulation Kerviels hatte eine Kettenreaktion vieler weiterer Kapitulationen anderer Akteure ausgelöst.

Im Modell muss man sich das wie folgt vorstellen: Im Falle extremer Verluste, die weit vom ursprünglichen Referenzpunkt entfernt liegen, nimmt die Sensitivität für weitere Einbußen schlagartig wieder zu; z. B. wenn die Existenz oder der Arbeitsplatz in Gefahr ist.[179]

Jeden weiteren Euro, den der Anleger weiter in die roten Zahlen rutscht, nimmt er nun mit steigender Sensitivität wahr. Zunächst wird der Anleger sich an Strategien versuchen, bei denen man mit geringem Einsatz hohen Gewinn erzielen kann – allerdings nur mit geringer Wahrscheinlichkeit (z. B. »weit aus dem Geld« liegende Optionen[xxxi]) –, um sich und seine Position zurück zum Einstandspreis zu katapultieren. Hilft auch das nicht, und der Investor erreicht seinen sogenannten zweiten Referenzpunkt, den Kapitulationspunkt, reagiert er extrem risikoscheu. Er verkauft seine verlustreiche Aktie und realisiert seinen Verlust.

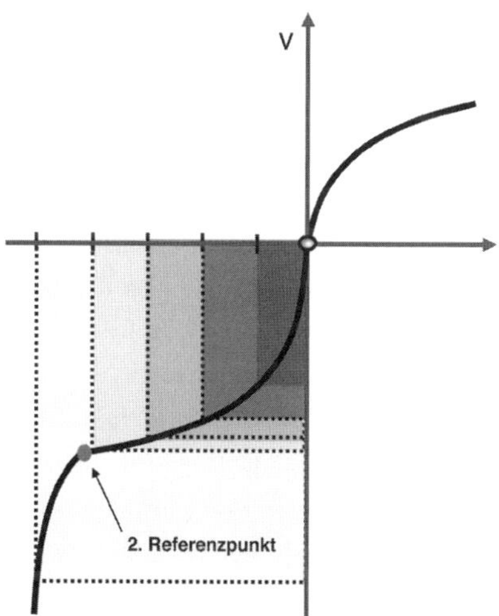

Abbildung 11: Der zweite Referenzpunkt – die Kapitulation

xxxi Eine Option ist »aus dem Geld«, wenn sie keinen inneren Wert besitzt: Bei einer Kauf-Option liegt der Marktpreis des Basiswertes unter dem Ausübungspreis.

Exkurs: Amerika ist überall – Lehren aus der Subprime-Krise 2007

Immer wieder misst man sich mit Freunden, Kollegen und Nachbarn – kurz: man versucht mitzuhalten. In den USA nennt man dieses Phänomen »keeping up with the Joneses«. Und genau dies, der Versuch, mit der imaginären Familie Jones gleichzuziehen, bildete einen der Ausgangspunkte für die Misere, die unter dem Namen »Subprime-Krise« im Jahr 2007 ihren ersten Höhepunkt fand: Die Gehälter der US-Spitzenverdiener etwa legten in den Jahrzehnten zuvor kräftig zu. Während diejenigen, die zum bestbezahlten Promille der amerikanischen Gehaltsempfänger gehören, etwa zwischen 1990 und 2004 eine Lohnsteigerung von durchschnittlich sagenhaften 85 Prozent ergattern konnten, musste sich das oberste Prozent mit einem Zuwachs von »nur« 57 Prozent zufriedengeben.[180] Natürlich wollten Letztere zumindest relativ betrachtet weiterhin mithalten mit den Milliardären von »Richistan«, wie der Autor Robert Frank die Welt der Superreichen so treffend beschrieb.

Genauso wollten auch die weniger betuchten US-Bürger, deren Gehaltssteigerungen inflationsbereinigt längst nicht so üppig ausfielen, nicht weiter zusehen, wie sich der Nachbar immer größere Autos und immer längere Reisen genehmigte. Auch sie wollten mehr konsumieren, mehr erleben, mehr besitzen. Und die Banken kamen ihnen mit großzügigen Krediten entgegen. Denn der Immobilienmarkt florierte; es waren Darlehen zu haben, die sogar den damaligen Wert des Eigenheims überstiegen. Oft war sogar noch ein Urlaub für den frischgebackenen Hausbesitzer drin. Selbst Knebelverträge zu künftig horrenden Zinsen nahm mancher hin, der von baldigem Reichtum und Konsum träumte. Manch einer konnte sich gerade einmal die monatliche Zinsrate leisten, ein Abtrag des eigentlichen Kredits war gar nicht erst vorgesehen. All die neuen Häuser wurden auf der Hoffnung gebaut, dass sich der Immobilienboom ewig fortsetzen würde.

Doch zur Kreditvergabe gehörten nicht nur willige Kreditnehmer, sondern gleichfalls emsige Kreditgeber: Wie bei der Familie Jones ließen sich auch bei ihrem Banker die typischen Entscheidungsphänomene beobachten. Der Bankberater fand sich zu Beginn eines jeden Geschäftsjahres in der mentalen Verlustzone wieder: Schließlich erwartete sein Chef von ihm, dass er ein bestimmtes Zielvolumen an Neugeschäft erreicht – dies war sein Referenzpunkt. Um diesen so schnell wie möglich zu erreichen und damit seinen Bonus oder gar seinen Arbeitsplatz sicherzustellen, war er versucht, ein höheres Risiko – notfalls den Abschluss eines riskanteren Kredits – einzugehen. Erst, als er sich aus der mentalen Verlustzone manövrierte, will heißen: sein Bonusziel erfüllt hatte, wurde er zurückhaltender und ging plötzlich weiteren Risiken aus dem Weg.

Zurück zur Subprime-Krise: Verschärft wurde das Problem durch eine ganz typische Beschaffenheit der damaligen Bonusvergabepraktik: Das Investment – ob es nun der kleine Bankberater war, der den Kredit vereinbarte, oder aber der Mitarbeiter, der viele Kredite zu ganzen Paketen bündelte und weiterverkaufte – hatte meist einen Anlagehorizont von mehreren Jahren. Der Bonus, den er am Ende eines Jahres bekam, orientierte sich jedoch hauptsächlich am Geschäftserfolg für das verstrichene Jahr. Im unglücklichsten Fall, und dieser wurde während dieser Krise leider zur Regel, liefen die Investments über einige Jahre hinweg mehr als zufriedenstellend, sodass sich die Mitarbeiter regelmäßig über eine großzügige Bonifikation freuen konnten. Doch entpuppten sich viele dieser Anlagen erst Jahre später als faule Kredite. Die Finanzindustrie verzeichnete plötzlich massive Verluste bei genau den Investments, für die seit Jahren hohe Boni geflossen waren, die nun schlechterdings nicht wieder zurückgefordert werden konnten. Längst hatte der Mitarbeiter sein neues Auto gekauft, seinen Urlaub verlebt, sein Ferienhäuschen bezogen. Einen Malus in schlechten Zeiten sah dieses Vergütungssystem nicht vor. Auch kein Bonuskonto, auf dem die Prämien für die Anlagedauer des Investments eingefroren und gegebenenfalls im Falle späterer Verluste wieder gestrichen wurden.

Um solche Praktiken und ein solches Entscheidungsverhalten zu beobachten, müssen wir nicht bis nach Amerika blicken. Dieselben Prinzipien, in kleinem wie in größerem Ausmaß, im privaten wie im öffentlichen Rahmen, treffen genauso für den Rest der Welt zu. Amerika ist eben überall.

5.7 Warum sich eine 50:50-Chance nicht wie 50:50 anfühlt

Zu guter Letzt – oder sollte man besser sagen: zu allererst? – arbeiteten Amos Tversky und Daniel Kahneman das Konzept unterschiedlich wahrgenommener Wahrscheinlichkeiten in ihr Modell ein. Diese menschliche Eigenschaft trat weltweit ganz besonders nach der Atomkatastrophe im japanischen Fukushima im März 2011 zutage.

5.7.1 Verzerrte Bewertung von Wahrscheinlichkeiten

Schon während der 1970er-Jahre waren die US-Bürger nicht sonderlich begeistert, als die US-Regierung im Land um die Einführung von atomarer Energie warb. Die Bevölkerung protestierte vehement gegen diese Form der Stromgewinnung. In dieser Zeit arbeiteten die Wissenschaftler Tversky und Kahneman bereits an ihrer Prospect-Theorie und deckten Interessantes auf: Kleine Wahrscheinlichkeiten werden viel zu stark wahrgenommen. Die US-Bürger hatten damals eine nukleare Katastrophe vor Augen. Sie konnten sich mit dem Atomstrom nicht anfreunden, obgleich die Wahrscheinlichkeit eines atomaren Unfalls doch als äußerst gering einzustufen ist.

Ähnliches geschah 2011 nach dem Nuklearunfall in Fukushima: Besonders in Deutschland protestierten die Bürger gegen die Nutzung atomarer Energie. Zwar hat die japanische Katastrophe zweifellos gezeigt, dass die Risiken größer sind, als Betreiber und Wissenschaftler lange gedacht haben (Atomkraftwerke sind nicht ausreichend gegen Cyber-Attacken, Flugzeugabstürze oder Erdbeben mit der Kraft des 2011er-Bebens in Japan geschützt). Trotzdem bleibt die Wahrscheinlichkeit einer Atom-Katastrophe weiterhin sehr gering. Dennoch stieg in Deutschland die Nachfrage nach Geigerzählern und ABC-Schutzausrüstungen und die Ablehnung der Bevölkerung veranlasste die Bundesregierung zu einer drastischen Kehrtwende in ihrer Atompolitik.

Dass kleine Wahrscheinlichkeiten zu stark wahrgenommen werden, ist ein weit verbreitetes Phänomen, warum sonst pilgern wohl täglich Millionen Menschen rund um den Globus zu den Lotto-Annahmestellen? Sie alle nehmen an der

Lotterie teil, denn sie hoffen auf den großen Jackpot, auch wenn die Wahrscheinlichkeit, den Hauptgewinn zu ergattern, winzig ist.

Genauso sind viele Haushalte bereit, sich gegen Zahlung einer teuren Prämie gegen Ereignisse zu versichern, die so gut wie nie eintreten. Glasbruch etwa: Geht tatsächlich einmal eine Scheibe zu Bruch, hat man meist längst mehr Beiträge an die Versicherungsgesellschaft gezahlt, als der kleine Schadensfall wert ist. Einzig für Wintergartenbesitzer mag eine solche Police sinnvoll sein.

Gemäß der klassischen Schule bewertet ein Entscheider eine Gewinn- bzw. Verlustwahrscheinlichkeit von 50 Prozent auch genau als 50 : 50-Chance. In Abbildung 12 lässt sich das anhand der Geraden ablesen. Entsprechend nimmt der Homo oeconomicus eine 20-prozentige Wahrscheinlichkeit wie 20 Prozent wahr und so weiter.

In der Realität ist das aber nicht der Fall. Der Mensch nimmt sie verzerrt wahr[xxxii], eher entsprechend der abgebildeten Wahrscheinlichkeitsgewichtungsfunktion – die beiden Kurven in der abgebildeten Grafik.[181]

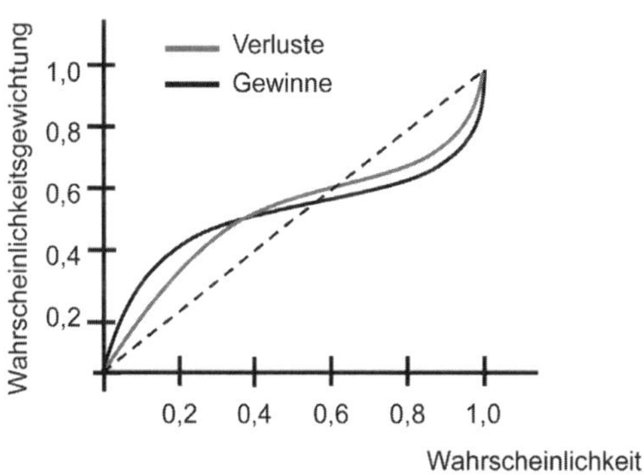

Abbildung 12: Subjektive Wahrscheinlichkeitsgewichtung bei Gewinnen und Verlusten nach Kahneman und Tversky

xxxii Die Wissenschaft spricht von der Transformation von Wahrscheinlichkeiten. In ihrer ursprünglichen Fassung weist die Prospect-Theorie, genauer ihr Umgang mit der verzerrten Wahrscheinlichkeitsgewichtung, einen entscheidenden Mangel auf: Wiederholt konnten bestimmte Präferenzen des typisch menschlichen Entscheiders nicht abgebildet werden. Durch die Weiterentwicklung zur kumulativen Prospect-Theorie, die Kahneman und Tversky 1992 vorstellten, reagierten sie auf die technische Kritik, indem sie die ursprünglichen Wahrscheinlichkeitsgewichte durch eine kumulative Wahrscheinlichkeitsverteilung ersetzten, wie sie in Abbildung 12 dargestellt ist.

Psychologisch betrachtet ist der Schritt von null zu einem Prozent Wahrscheinlichkeit gewaltig, denn schließlich ist es der Schritt, der ein unmögliches Ereignis zu einem möglichen macht. Ähnliches gilt für den Sprung von 99 auf 100 Prozent – der Entscheider darf sich immerhin sicher sein, dass seine Hoffnungen auf jeden Fall erfüllt werden. Indessen erscheint die Veränderung von 49 auf 50 Prozent unspektakulär, weil es ein ziemlich wahrscheinliches Ereignis eben einfach nur ein klein wenig wahrscheinlicher macht. Kleine Wahrscheinlichkeiten werden also übergewichtet, genauso wie der Sprung zur Sicherheit (z. B. die Gewissheit, keine Verluste zu erleiden, oder die Gewissheit, dass Atomkraftwerke vollkommen sicher sind – an diesen beiden theoretischen Beispielen sieht man, welch seltenes Gut »Gewissheit« ist). In der Entscheidungsgewichtungsfunktion drückt sich diese ausgeprägte Sensitivität in einem jeweils steilen Kurvenverlauf aus. Für mittlere und höhere Wahrscheinlichkeiten (Ausnahme: der Sprung zur Sicherheit) verläuft die Funktion jedoch flacher – sie werden untergewichtet.

Interessant: Je emotionsgeladener eine Entscheidung, desto stärkeres Gewicht erhalten die beiden Extrempunkte (Wahrscheinlichkeiten am Rand der Unmöglichkeit und am Rand der Sicherheit) – die Kurve der Entscheidungsgewichtungsfunktion verläuft in diesen Bereichen dann noch steiler als im aufgezeigten Beispiel. Emotionen verändern die Kurve auch im mittleren Bereich; sie verläuft noch flacher, wenn die Entscheidung wenig emotionsbehaftet ist, sodass der Mensch eine Veränderung im mittleren Wahrscheinlichkeitsbereich kaum noch wahrnimmt.[182]

Klar wird die Bedeutung der unterschiedlichen Gewichtung von Wahrscheinlichkeiten auch anhand von folgendem drastischen Beispiel: Sie sind in eine ziemlich verzwickte Lage geraten und gezwungen, russisches Roulette zu spielen – bei diesem potenziell tödlichen Glücksspiel hält sich der Spieler einen Revolver an die Schläfe, dessen Trommel nicht komplett mit Patronen gefüllt ist, und drückt ab. In diesem speziellen Fall haben Sie allerdings die außerordentliche Möglichkeit, eine der Patronen aus der Trommel entfernen zu lassen, gegen einen saftigen Geldbetrag, versteht sich. Würden Sie genauso viel zahlen, um die Zahl der Patronen von vier auf drei zu reduzieren, wie für eine Reduktion von einer Patrone auf null? Die meisten Menschen würden bei Weitem mehr Geld aufwenden, um ihre Sterbewahrscheinlichkeit von einem Sechstel (die Trommel fasst bis zu sieben Patronen) auf null herabzusetzen, als für eine Reduktion von vier Siebtel auf drei Siebtel – ein drastischer Verstoß gegen die Regeln der klassischen Entscheidungstheorie, wonach man für jede Kugel denselben Preis zahlen würde.

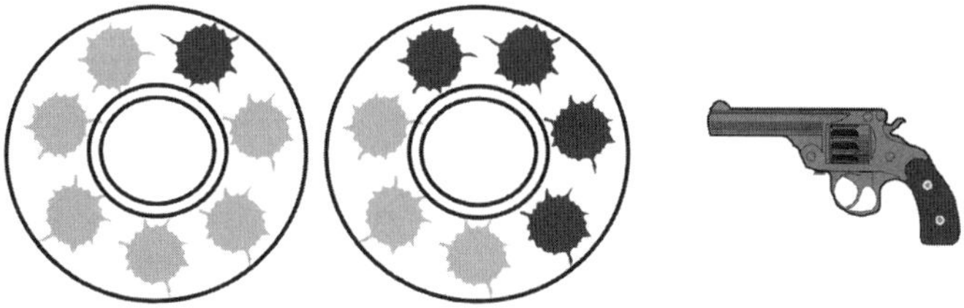

Abbildung 13: Russisches Roulette

Menschen mögen also Sicherheit: Sie wollen Gewissheit, einen Verlust zu vermeiden bzw. einen Gewinn realisieren zu können (*certainty effect*[183]). Wenn es um Wahrscheinlichkeiten geht, gibt es für den Entscheider aus Fleisch und Blut zwei Referenzpunkte: Sicherheit und Unmöglichkeit; 0 und 100 Prozent. Da auch hier das Prinzip der abnehmenden Sensitivität gilt, wird die Veränderung einer mittleren Wahrscheinlichkeit (etwa von 50 auf 51 Prozent) kaum wahrgenommen, das heißt, der Entscheider untergewichtet sie. Eine Veränderung von null auf ein Prozent ist dafür umso einprägsamer; dieser Schritt wird übergewichtet.[184]

Die klassischen Risikomanagement-Modelle der Finanzwelt übrigens tragen diesem alltäglichen Verhaltensmuster nicht Rechnung – dass die Marktteilnehmer an den Finanzmärkten Wahrscheinlichkeiten regelmäßig verzerrt wahrnehmen, wurde nicht abgebildet. Auch das ein Grund, warum diese Modelle während der Finanzkrise 2007/2008 oft unzureichende Warnungen lieferten.

5.7.2 Warum spielen wir so gerne Lotto – aber kaufen ungern Aktien?

Kleine Wahrscheinlichkeiten werden überdeutlich wahrgenommen, während mittlere und hohe Wahrscheinlichkeiten untergewichtet werden – warum das so ist, wurde im vorangegangenen Abschnitt ausführlich beschrieben.

Entsprechend mag der Mensch Spiele oder Investments besonders gern, die mit einer geringen Chance auf sehr große Gewinne ausgestattet sind, ihm aber ansonsten regelmäßig enttäuschende Resultate bescheren (unterdurchschnittliche Gewinne oder gar kleine Verluste).[185] Der Statistiker spricht in diesem Fall von einer rechtsschiefen Verteilung (die Renditekurve ist nach links geneigt; sie verläuft links steiler. Siehe Abbildung 14). Intuitiv bevorzugt er daher die bekannten wöchentlichen Lotterien, den Kauf von Optionen, die »weit aus dem Geld« liegen, Absolute Return Fonds, die positive Ergebnisse in jeder Marktlage bringen wollen, oder auch Not leidende Wertpapiere, etwa Aktien oder Anleihen von Unternehmen, die kurz vor der Pleite stehen (*distressed assets*). Interessanterweise ist der Hang zu dieser Form von Investments bei solchen Anlegern besonders ausgeprägt, die sich selbst als risikoscheu beschreiben.[186]

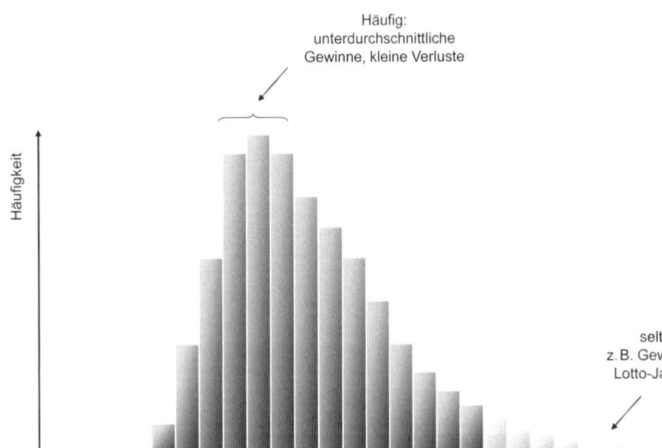

Abbildung 14: Beliebte rechtsschiefe Renditeverteilung bestimmter Anlageformen

Die horizontale Achse (x-Achse) zeigt alle möglichen Resultate eines Investments auf. In diesem Beispiel reicht das Ergebnisspektrum von kleinen Verlusten bis hin zu exorbitanten Gewinnen. Dies ist etwa bei Optionen, deren Basispreis weitab des aktuellen Kurses liegt (*out of the money*), der Fall. An der vertikalen Achse (y-Achse) ist aufgeführt, mit welcher Häufigkeit diese Ergebnisse eintreten. Da bei diesem Investment oft unterdurchschnittliche Ergebnisse erzielt werden, ist die Kurve der Renditeverteilung nach links geneigt. Intuitiv bevorzugt der Mensch aber ein solches Investment, da er die geringe Wahrscheinlichkeit eines großen Geldsegens (etwa ein Lotto-Jackpot) deutlich überschätzt.

Grundsätzlich ist dagegen nichts einzuwenden, wenn der Anleger solche Wertpapiere, Derivate oder lotterieähnliche Investments bevorzugt. Allerdings drückt sich die Beliebtheit natürlich auch im Preis aus: Taucht man einmal tief in die Statistiklehre ein, lässt sich feststellen, dass derlei Investments häufig überteuert sind und daher im Vergleich zu ähnlich riskanten Anlagen, deren Gewinn- und Verluststruktur aber anders, genauer: linksschief (Abbildung 15), ausfällt, weniger Rendite abwerfen.[187] Ja, sogar die so verlockend wirkenden Not leidenden Wertpapiere mit der Chance auf riesige Gewinne schneiden unterdurchschnittlich ab.[188] Der Anleger nimmt geringere zu erwartende Gewinne in Kauf bzw. zahlt einen überhöhten Preis, nur um in den zweifelhaften Genuss einer rechtsschiefen Verteilung zu kommen. Der Mensch ist offenbar aber derart fasziniert, dass er auch ganz offensichtlich rechnerisch unfaire Wetten eingeht: Im Verhältnis zur Aussicht auf den Jackpot ist etwa der Preis für das wöchentliche staatliche Lotterielos viel zu hoch.

Dagegen fühlt man sich gewöhnlich mit linksschiefen Renditeverteilungen nicht sonderlich wohl (die Kurve verläuft rechts steiler. Werfen Sie hierzu einen Blick auf die Abbildung 15), das heißt, mit regelmäßigen, sogar ganz ordentlichen Ergebnissen, dafür aber mit einer geringen Wahrscheinlichkeit einer extrem negativen Kursveränderung, die man natürlich just überbewertet[xxxiii]. Das trifft nicht nur auf Carry-Trades am Devisenmarkt[xxxiv] zu oder auf den Verkauf von »weit aus dem Geld« liegenden Optionen. Diese Art der statistischen Verteilung findet sich grundsätzlich bei fast allen Engagements an den Finanzmärkten: Aktien (insbesondere Substanzwerte) und Anleihen gehen gewöhnlich mit regelmäßigen, moderaten Gewinnen einher. Ganz selten kommt es aber zum Kurs-Crash.

---

xxxiii Je linksschiefer eine Verteilung, desto unattraktiver wirkt sie auf die Anleger.

xxxiv Hierbei verschuldet sich der Investor in einer niedrigverzinslichen Währung – in der Vergangenheit war der japanische Yen beliebt – und legt das Kapital in einer Hochzinsvaluta an. Ganz klassisch werden hier die Währungen von Schwellenländern herangezogen.

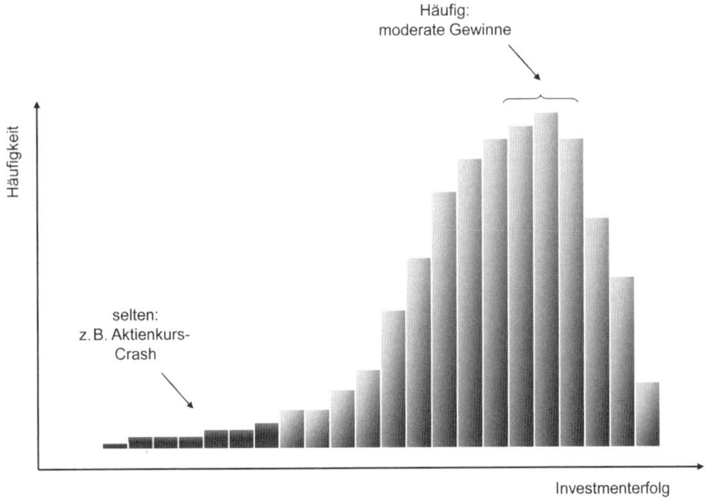

Abbildung 15: Unbeliebte linksschiefe Renditeverteilung

Auf der x-Achse ist erneut das Ergebnisspektrum abgetragen, während die y-Achse die Häufigkeit abbildet, mit der die jeweiligen Gewinne und Verluste eintreten. Bei einer linksschiefen Renditeverteilung fällt auf, dass überdurchschnittliche, dennoch nur moderate Gewinne recht häufig auftreten. Gleichzeitig ist die Gefahr eines desaströsen Ergebnisses, etwa eines Aktien-Crashs, sehr gering. Intuitiv fühlt sich der Anleger mit solch einer Renditeverteilung unwohl, denn die Möglichkeit eines Desasters, so gering sie auch sein mag, nimmt er überdeutlich wahr.

Die ständige Angst vor großen Verlusten ist es auch, die so viele Privathaushalte von einem Investment an den internationalen Finanzmärkten abhält. Für sie sind Aktien und neuerdings Anleihen ein rotes Tuch. Da stellt sich die Frage, warum überhaupt noch irgendjemand Geld aus dem Sparstrumpf oder vom Sparkonto nimmt, um es an den internationalen Finanzmärkten anzulegen.

Da der Mensch Meister der Verdrängung und des Vergessens ist, rückt die Erinnerung an den letzten Crash oder an die letzte Pleite eines Großunternehmens immer weiter in den Hintergrund. Besonders gefährlich: Wenn man sich nur einen kleinen Ausschnitt aus der jüngsten Historie einer Geldanlage anschaut.

Kursverläufe werden in Verkaufsbroschüren oft so gewählt, dass beängstigende Ereignisse wie ein Kurscrash ausgeklammert werden. Viele Anleger sind sich des großen Verlustes, den sie – wenn auch nur mit geringer Wahrscheinlichkeit – erleiden könnten, gar nicht bewusst und können die Gefahr eines solchen deswegen natürlich auch nicht überbewerten. Die extremen Negativ-Ereignisse tauchen in ihrer angenommenen Rendite-Verteilung gar nicht mehr auf.

Manch professioneller Investor dürfte sich hingegen vorsätzlich auf Investments spezialisiert haben, die wegen des unattraktiv wirkenden Renditeprofils von den anderen Akteuren gerne verschmäht werden: Diese sind am Markt nämlich oftmals günstig zu haben. Sie wittern hier – zu Recht – das Potenzial für Überrenditen. Um diesen Effekt voll auszunutzen, muss man die intuitiv unattraktiven Wertpapiere kaufen und die überteuerten Vermögenswerte mit rechtsschiefer Ergebnisverteilung leerverkaufen.[189]

Die Erkenntnisse über die unterschiedliche Attraktivität von Wertpapieren – die allein durch ihr unterschiedlich geneigtes Gewinn- und Verlustprofil entsteht – haben weitreichende Folgen: Sie bieten nämlich einen universellen Erklärungsansatz für vielerlei Marktphänomene, die auf den ersten Blick gar nichts miteinander zu tun haben: Man schaue sich etwa das Aktienprämienrätsel (*equity premium puzzle*) an.

Dieses Phänomen beschreibt die Tatsache, dass Aktien in der Historie deutlich höhere Renditen als Anleihen abwarfen; weit mehr als durch einen Risikoausgleich erklärt werden könnte. Licht ins Dunkel bringt die unterschiedliche Neigung der Gewinn- und Verlustverteilung, die der Anleger intuitiv erfasst: Aktien wirken wegen der stärkeren Linksneigung der Verteilung deutlich unattraktiver als Anleihen, sodass sich der Anleger nur gegen einen kräftigen Aufschlag, eine erhöhte Risikoprämie, auf ein Engagement am Aktienmarkt einlässt.[190] Eine alternative Erklärung hält derweil der Abschnitt 6.4.5, »Nicht nur Brillenträger sind kurzsichtig«, bereit.

Auch der Erfolg von Momentum-Strategien erscheint in ganz neuem Licht: Bei dieser Strategie verkauft man Aktien, die in der Vergangenheit schlecht abgeschnitten haben, und erwirbt dagegen die Gewinner der letzten Periode. In der Vergangenheit wurde der Erfolg dieser Strategie meist mit der anfänglichen Unterreaktion der Akteure auf neue Informationen begründet (z. B. bedingt durch die Verankerungsheuristik, Kapitel 4.3.3), und anschließende Überreaktion.[191] Überdies belegen diverse Studien, dass Anleger dazu neigen, zu lange an ihren Verlierern, ihren Depotleichen, festzuhalten. Von Gewinneraktien jedoch lösen sie sich viel zu schnell (Dispositionseffekt, Kapitel 6.1). Zu verlockend ist der schnelle Profit.[192]

Nun wird klar, warum: Durch einen relativen Kurserfolg in der Vergangenheit verändert sich die Verteilung der Gewinne und Verluste (*skewness*) einer Gewinneraktie (oder eines Gewinnerportfolios) – sie ist nun stärker zur linken Seite geneigt, sodass sich die Investoren damit intuitiv zunehmend unwohl fühlen. Sie streichen ihren Profit ein. Dass sich mit diesem nun unterbewerteten Papier eine Überrendite erzielen ließe, ignorieren sie. Bei einer Verliereraktie ist es genau andersherum: Hier verschiebt sich die Kurve in die andere Richtung, nach rechts (Abbildung 16). Dem Anleger erscheint das Verlustpapier nun deutlich attraktiver, er belässt es in seinem Depot und wird womöglich von der kränklichen, nachfolgenden Kursentwicklung enttäuscht.[193]

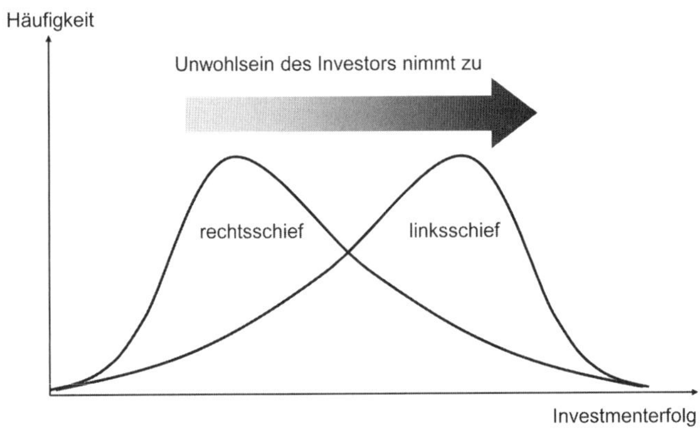

Abbildung 16: Der Investor bevorzugt die rechtsschiefe Verteilung

Je nachdem, wie sich die Neigung, die Schiefe der Renditeverteilung, verändert, erscheint ein Wertpapier dem Marktteilnehmer attraktiver oder unattraktiver. Je mehr die Kurve nach rechts geneigt ist – je linksschiefer die Verteilung, desto unwohler fühlt sich der Anleger.

Interessanterweise lässt sich die Vorliebe des Anlegers leicht beeinflussen: Abhängig davon, wie eine Bank die historische Kursentwicklung eines Investments in ihrem Verkaufsprospekt darstellt, kann man den Hang des Betrachters zu Lotterien, Not leidenden Wertpapieren und Investments mit ähnlicher Struktur noch steigern. Genauso lassen sich aber auch die sonst eher unbeliebten Anlagealternativen – solche mit linksschiefer Verteilung, etwa Aktien oder Carry-Trades – in ein günstigeres Licht rücken.[xxxv]

5.8 Erfolgsmodell Prospect-Theorie

Natürlich hat auch die Prospect-Theorie ihre Tücken, denn wie für alle Theorien gilt: Je komplexer und vielfältiger die Annahmen, desto schwieriger wird es, ein erfolgreiches Theoriegebäude zu errichten. Einige menschliche Entscheidungseigenheiten können hier noch nicht abgebildet werden. Dennoch ist die Prospect-Theorie zum bekanntesten deskriptiven Modell für Entscheidungen unter Unsicherheit avanciert, denn sie kann vielfach Vorhersagen und Erklärungen bieten, wo die Erwartungsnutzentheorie den Entscheider nicht richtig einschätzt – insbesondere die Erkenntnis, dass der Mensch in Abhängigkeit von Referenzpunkten entscheidet, hat die Entscheidungsforschung näher an die tägliche Realität des Menschen gebracht. Die wichtigsten Unterschiede sind in der folgenden Tabelle noch einmal schematisch zusammengefasst.

Erwartungsnutzentheorie	Prospect-Theorie
Erwartungsnutzenfunktion: Sensitivität abnehmend für Gewinne, zunehmend für Verluste	Wertfunktion: abnehmende Sensitivität für Gewinne und Verluste
Absolutes Vermögen entscheidend	Relatives Vermögen entscheidend, Referenzpunktabhängigkeit
Investor agiert risikoscheu	Unterschiedliches Risikoverhalten: im Gewinnbereich risikoscheu, im Verlustbereich risikofreudig
Bewertung von Wahrscheinlichkeiten gemäß der mathematischen Realität	Verzerrte Bewertung von Wahrscheinlichkeiten

Abbildung 17: Gegenüberstellung Erwartungsnutzentheorie und Prospect-Theorie

xxxv Durch die Darstellung mittels einer Wahrscheinlichkeitsdichtefunktion – man präsentiert dem Anleger anhand der Historie die jährlich mögliche Kursentwicklung nebst der Eintrittswahrscheinlichkeiten – erscheinen die sonst unbeliebten linksschiefen Verteilungen (Aktien, Carry-Trades etc.) attraktiver. Legt man dem potenziellen Anleger jedoch eine kumulative Wahrscheinlichkeitsverteilung vor, wird seine Präferenz für Investments mit rechtsschiefer Verteilung (Lotto, Not leidende Wertpapiere etc.) intensiviert.

Prospect-Theorie

Deskriptive Entscheidungstheorie; Daniel Kahneman und Amos Tversky bildeten das Entscheidungsverhalten in einer Wertfunktion ab. Merkmale:

- Gewinne und Verluste werden relativ zu einem Bezugspunkt bewertet.
- Sowohl im Gewinn- als auch Verlustbereich reagiert der Entscheider mit abnehmender Sensitivität.
- Die Wertfunktion verläuft steiler für Verluste als für Gewinne: Verluste werden zwei- bis zweieinhalbmal stärker wahrgenommen als Gewinne in gleicher Höhe (Verlustaversion).

Die Folge ist ein unterschiedliches Risikoverhalten im Gewinnfall (risikoscheu) bzw. im Verlustfall (risikofreudig). Ein weiterer Aspekt der Prospect-Theorie ist die verzerrte Gewichtung von Wahrscheinlichkeiten: Der Mensch übergewichtet minimale Wahrscheinlichkeiten, während mittlere Wahrscheinlichkeiten untergewichtet werden.

→ Unterschätzen Sie nicht Ihre Leidensfähigkeit: Man stumpft schnell gegenüber weiteren Verlusten ab, bis sie plötzlich existenzgefährdend werden. Legen Sie daher vorher Ihre Verlusttoleranz fest. Fällt Ihr Investment bis zur vereinbarten Schwelle, realisieren Sie konsequent Ihren Verlust.

→ Momentumstrategien sind oft erfolgreich: Hierbei verkauft man Aktien, die in der jüngsten Vergangenheit schlecht abgeschnitten haben, und erwirbt dagegen die Gewinner der letzten Periode.

→ Je nach Referenzpunkt erscheint ein Engagement in völlig anderem Licht – fragen Sie sich, wie Sie zu Ihrer Aktienposition oder Ähnlichem stehen würden, wenn nicht der liebe Nachbar Ihre Referenzgröße wäre. Wie würde Ihre Entscheidung unter einem anderen Referenzpunkt ausfallen?

→ Durchforsten Sie Ihre Versicherungen: Sind all Ihre Policen wirklich erforderlich?

→ Lottospielen ist überteuert. Genauso wie der Kauf von Not leidenden Wertpapieren oder »weit aus dem Geld« liegenden Optionen nur unterdurchschnittliche Renditen abwirft. Eine Überrendite lässt sich erzielen, wenn man ebendiese Investments leerverkauft und dagegen Investments mit linksschiefer Renditeverteilung erwirbt.

6. Hinter den Kulissen von Gewinnen und Verlusten

Viele typisch menschliche Verhaltensmuster laufen den Vorhersagen der klassischen Finanztheorie zuwider. Da sie regelmäßig und systematisch auftreten und weitreichende Folgen auf das ökonomische, soziale und politische Miteinander haben, sind sie das Ziel ausführlicher wissenschaftlicher Untersuchungen. Viele dieser Anomalien lassen sich mittels der Prospect-Theorie erklären.

6.1 Von hartnäckigen Verlierern und wankelmütigen Gewinnern

Das ganz normale Chaos: Ein Börsianer erwirbt morgens eine Aktie zu 100 Euro mit dem festen Ziel vor Augen, sie erst bei 110 Euro wieder abzustoßen. Doch just als auf seinem Schirm 103 Euro aufblinken, hat er schon den Verkaufsknopf gedrückt und den kleinen Gewinn eingestrichen – seinen ursprünglichen Plan hat er längst vergessen. Mittags erwirbt er die gleiche Aktie erneut, wieder zu 100 Euro. Diesmal jedoch ist das Glück nicht auf seiner Seite: Der Preis rutscht immer weiter ab – 98, 96, 95 Euro. Er zieht nicht die Reißleine, begrenzt nicht seine Verluste. Stattdessen greift er sich das neueste Wirtschaftsblatt, recherchiert ein wenig und kommt zur Erkenntnis, dass seine Aktie ja jetzt ein richtiges Schnäppchen ist – und verdoppelt gar sein Engagement. Bis Handelsschluss ist der Kurs weiter gefallen. Der Händler belässt den Titel dennoch in seinem Portfolio. »Morgen wird's schon besser werden«, sagt er sich, und geht nach Hause.

Immer wieder lässt sich beobachten, dass Anleger ihre Gewinner-Aktien viel zu schnell verkaufen und ihr ursprüngliches Kursziel aus den Augen verlieren. Verluste lassen sie jedoch viel zu lange laufen. Dieses typische Verhaltensmuster wird als **Dispositionseffekt** bezeichnet und basiert auf dem unterschiedlichen Risikoverhalten in der Gewinn- bzw. Verlustzone.[194]

Einen sicheren Gewinn einzustreichen, mag er auch noch so klein sein, ist verlockender, als die Aktie im Depot zu belassen. Denn dann läuft man Gefahr, sämtliche Gewinne und noch mehr zu verlieren. Und das wäre deutlich schlimmer als ein zusätzlicher Gewinn – wegen der abnehmenden Sensitivität nimmt man schließlich weitere Profite längst nicht mehr im selben Maße wahr. An einem Verlustengagement andererseits hält der Anleger länger fest, da er eine sichere, unwiderrufliche Niederlage als deutlich schmerzhafter empfindet als die Aussicht auf weitere Verluste. Behält er die Aktie in seinem Depot, bewahrt er sich nämlich die Chance, seinen Einstandspreis, seinen Referenzpunkt, doch noch einmal wiederzusehen. Würde er noch weiter in die Miesen abrutschen, nähme es sich dank der abnehmenden Risikosensitivität für ihn derweil längst nicht so unangenehm aus wie der erste Verlust in gleicher Höhe. Siehe hierzu auch die nachstehende Grafik.

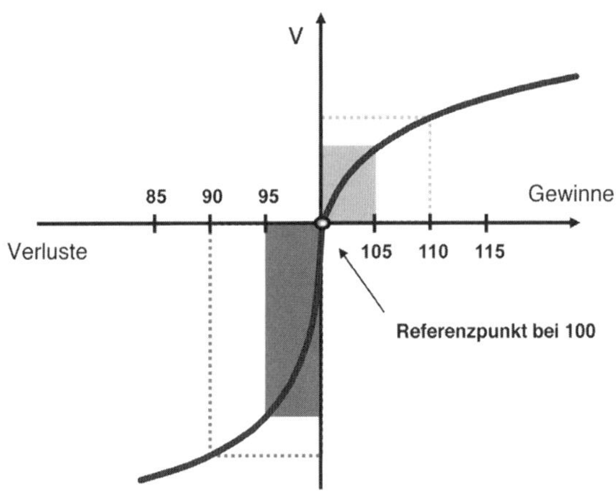

Abbildung 1: Dispositionseffekt

Den ersten Gewinn, in diesem Beispiel fünf Euro, nimmt der Aktionär noch sehr deutlich wahr. Einen weiteren in gleicher Höhe bemerkt er schon kaum mehr – die Folge: Er ist motiviert, sich risikoscheu zu verhalten und seine Gewinne einzustreichen. Nach dem ersten Fünf-Euro-Verlust nimmt er weitere Einbußen nur noch geringfügig wahr, sodass er sich leicht veranlasst sieht, an seinem verlustreichen Engagement festzuhalten. Das Verhaltensphänomen, sich nach Gewinnen risikoscheu, nach Verlusten jedoch risikofreudig zu verhalten, ist weit verbreitet und wurde in unzähligen Studien nachgewiesen. Mindestens zwei Drittel der Menschen sind offenbar von dieser Neigung betroffen.[195] Was zunächst harmlos klingt, hat aber böse Folgen für das Depot: Bei einer Untersuchung der Transaktionen von 10 000 Direktbank-Kunden wurde festgestellt, dass sich die verkauften Aktien in den Folgemonaten besser entwickelten als die Aktien, die weiter in den Depots der Anleger schlummerten.[196]

Kleiner Trost: Der Dispositionseffekt ist zwar bei ungeübten Anlegern stärker ausgeprägt, aber auch die Profis können sich von dieser Neigung nicht freimachen. Auch sie sind ungeduldig im Gewinnbereich und lassen einen Verlust gern einmal ein wenig zu lange laufen.[197]

Manchmal ist bei diesen Experimenten auch genau das umgekehrte Verhalten zu beobachten, also erhöhte Risikobereitschaft nach Gewinnen und Risikoscheu im Fall von Verlusten (House-Money-Effekt): Dann nämlich, wenn das Versuchsszenario von den Testpersonen nicht als immer wiederkehrende Investmententscheidung, sondern etwa als separates Lotteriespiel aufgefasst wird.[198] Stichwort Framing (siehe Kapitel 5.4, »Verkehrte Welt«): Auch hier sind wieder die Perspektive und der Rahmen wichtig, in dem eine Entscheidung getroffen wird. Dieser sogenannte House-Money-Effekt tritt klassisch bei kleineren Beträgen und im Spielkasino auf: Ein Spieler hat überraschend 150 Euro beim Glücksspiel gewonnen und ist nur allzu gerne bereit, einen Teil davon wieder aufs Spiel zu setzen[xxxvi] – er spielt weiter riskant. Wenn der mögliche Verlust den vorher gewonnenen Betrag jedoch übersteigt, wird aber auch der Glücksspieler gewöhnlich schnell wieder risikoscheu, die Verlustaversion gewinnt die Oberhand.[199]

Auch der Zeitablauf schmälert den Einfluss des Dispositionseffekts: Die Asymmetrie im Umgang mit Gewinnen und Verlusten nimmt mit der Zeit ab und damit auch das ganz dringende Bedürfnis, Gewinne verfrüht mitzunehmen.[200] Näheres hierzu ist dem Kapitel 8.2, »Die Zeit heilt (fast) alle Wunden«, zu entnehmen.

xxxvi Solange der mögliche Verlust kleiner ist, als der gerade erst gewonnene Betrag, kann ein Verlust als »Schmälerung des Gewinns« aufgefasst werden, was sich psychologisch leichter verarbeiten lässt. Der Spieler entgeht auf diese Weise zunächst der Verlustaversion.

Dispositionseffekt

Die Tendenz, Gewinner-Aktien zu früh und Verlierer-Aktien zu spät zu verkaufen.

→ »Gewinne laufen lassen und Verluste rechtzeitig begrenzen« – beherzigen Sie diese Börsenregel, indem Sie etwa automatische Verkaufsschwellen (Stopp-Loss-Orders) festsetzen. Oder aber gleichen Sie regelmäßig Ihr Depot mit einem Investmenttagebuch ab, in dem Sie zuvor Ihre Ziele, Ihre Verlusttoleranz und Ihre Gewinnerwartung festgelegt haben.

→ Natürlich ist es unangenehm, sich eine Fehlentscheidung eingestehen zu müssen und seine Verluste unwiderruflich zu realisieren. Aber trösten Sie sich: Sie werden sich schneller an Ihren Verlust gewöhnen als gedacht (siehe Kapitel 8.2). Die Zeit heilt eben doch die meisten Wunden.

6.2 Warum wir unsere Schätze so ungern hergeben

Eine junge Frau ist unterwegs ins Fitnessstudio. Wie immer führt sie ihr Weg durch die beliebte Einkaufsstraße; wie immer bleibt ihr Blick an den bunten Auslagen der Geschäfte hängen. Wie schön diese Schuhe doch sind, denkt sie. Sie würden sich wunderbar zu dem neuen Mantel in der neuen Trendfarbe machen. Sie kommt näher – nein, diese Schuhe übersteigen ihr Kleidungsbudget deutlich. Schließlich hat der neue Mantel schon ein beträchtliches Loch in ihr Klamotten-Konto gerissen.

Die Schuhe sind wahrlich zu teuer, doch anprobieren kostet ja nichts, oder? Beschwingt betritt sie das Geschäft, und eine freundliche Verkäuferin bringt ihr hilfsbereit das gewünschte Schuhpaar in der passenden Größe. Schnell ist das gute Stück am Fuß, und schon ergeht sie sich in den schönsten Tagträumen. Wie gut sie sich fühlen würde, spazierte sie mit diesen Schuhen am Arm ihres Mannes durch die Stadt. Ihre Freundinnen würden staunen. Sie malt es sich in allen Farben aus, wie sie sich als Besitzerin dieses teuren Schuhwerks vorkommen würde. Und da ist es auch schon passiert: Plötzlich erscheint der horrende Kaufpreis schon gar nicht mehr so horrend. Sie überlegt nicht mehr lange, sie geht zur Kasse und bezahlt. Wo bleibt da die Vernunft?

Man stelle sich noch einmal die Situation vor dem Schaufenster vor – genauer, die »Gewinn- bzw. Verlustsituation«: Die junge Frau sieht die funkelnagelneuen Pumps, die die Farbe ihres neuen Mantels haben. Sie zu tragen wäre sicherlich ein »Gewinn«. Doch vor allem ist sie sich der Belastung für ihren Geldbeutel bewusst. Sie schreckt vor dem Kaufgedanken zurück. Aber erst einmal im Geschäft mit dem Schuh am Fuß konzentriert sie sich auf die erhofften Gefühle, die sie als Trägerin dieses Schuhs haben wird – sie hat das gute Stück bereits mental in Besitz genommen. Ihr Fokus hat sich verschoben: Den Schuh im Geschäft zurückzulassen, würde nun einen »Verlust« bedeuten, all diese positiven Gefühle, die sie bereits mit dem Tragen des Schuhwerks verbindet, wären verloren. Mental hat sie längst das Portemonnaie gezückt und den Betrag gezahlt. Ihren mentalen Geldbeutel wieder zu füllen, würde zwar nun wirken wie ein Gewinn, der »Schuh-Verlust« wiegt aber weitaus schwerer. Allein der Gedanke an den Besitz kehrt also die Verhältnisse im Kopf um. Um den »Schuh-Verlust« zu vermeiden, ist sie nun auch bereit, einen hohen Preis zu zahlen (Abbildung 2).

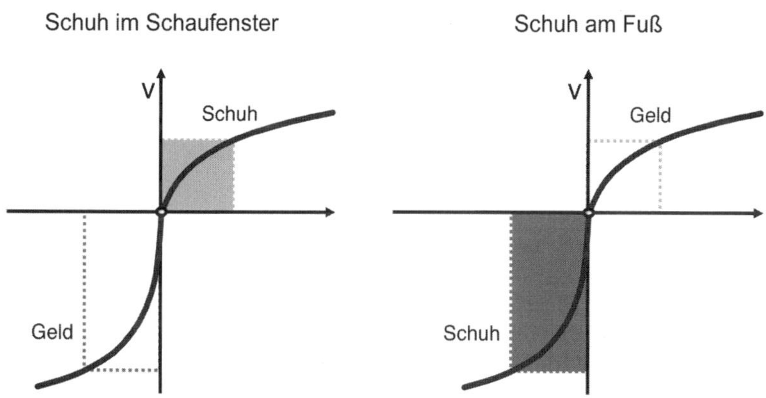

Abbildung 2: Gewinn- und Verlustgefühl vor und nach der mentalen Inbesitznahme

Die junge Frau ist dem sogenannten **Besitztumseffekt**[201] auf den Leim gegangen: Der Widerwillen des Menschen, sich von seinem Besitz zu trennen, führt schlichtweg dazu, dass er einen erheblich höheren Verkaufspreis verlangt, als er im Gegenzug bereit wäre, selbst dafür zu bezahlen. Die Aufgabe eines Gutes wird als Verlust wahrgenommen und daher viel stärker gewichtet als der Gewinn, der durch den Erwerb dieses Gutes entstehen würde (siehe Abbildung 2). Und das umso mehr, je länger man das gute Stück sein eigen nennt.[202] Wer etwas besitzt, überschätzt den Wert seiner Habe im Durchschnitt mindestens um den Faktor zwei – zumindest aus der Sicht des potenziellen Käufers.[203]

Im Gehirn von Versuchspersonen, die sich besonders schwer von ihrem Hab und Gut trennen können, wurde eine verstärkte Durchblutung der Inselrinde nachgewiesen. In dieser Hirnregion werden Schmerzen bearbeitet und bewertet – es tut also richtiggehend physisch weh, sich von seinen Schätzen zu trennen. Daher verlangen sie »Schmerzensgeld« in Form eines überhöhten Verkaufspreises.[204] (Näheres hierzu entnehmen Sie dem Kapitel 10, »Dem Entscheider in den Kopf geschaut«).

Der Eigentümer eines Autos etwa gibt sein »Schätzchen« nur ungern für denselben Preis her, zu dem er ein vergleichbares Fahrzeug kaufen würde. Auch wenn sämtliche Beschaffenheiten und der Zustand derselbe sein mögen. Denn der Verlust seines Wagens würde schwer wiegen (bekanntlich zwei- bis zweieinhalb mal schwerer als die Aussicht auf das Ersatzfahrzeug), sodass er hierfür einen höheren Preis verlangt, als er für den alternativen fahrbaren Untersatz zahlen würde.

Dabei ist es nicht einmal erforderlich, immer tatsächlich Besitzer zu sein. Das Gefühl – »Wie wäre es, wenn der schicke Schuh mir gehört?« – reicht bereits aus, um den subjektiven Wert der hübschen Pumps drastisch steigen zu lassen.[205] In der Folge landen nicht nur viel zu viele Schuhe in den Schränken der Damenwelt. Daneben halten Anleger viel zu lange an einer Verlustaktie fest. Sie hängen förmlich an so mancher »Depotleiche«.

Den Teilnehmern einer Online-Auktion ergeht es da nicht viel besser: Je länger man während der Dauer der Versteigerung Höchstbietender ist, umso stärker ist der Effekt – umso höher ist der Wert, den man dem Auktionsgut beimisst. Immer wieder ertappt man sich dabei, wie man einen deutlich höheren Preis akzeptiert als ursprünglich geplant. Und alles nur, damit einem niemand die heiß ersehnte Ware wieder »wegschnappen« kann.[206]

Übrigens: Auch Versandhäuser machen sich dieses Prinzip zunutze. Der Besteller soll sich als Besitzer fühlen, sodass ihm das Zurückschicken der Ware wie ein Verlust erscheinen muss. Sobald man die bestellte Jeans, das Kleid, den DVD-Player in den Händen hält, ist der erste Schritt in Richtung dieses Quasi-Besitztums schon gemacht – eine einzige Berührung reicht schon aus![207] Ähnlich die Probefahrt beim Autohändler: Der Testfahrer genießt die Geschwindigkeit, die eleganten klaren Linien der brandneuen Innenausstattung, das Gefühl des Leders unter seinen Händen und sieht sich selbst bereits als stolzer Besitzer. All das empfindet er als einen Gewinn – die Rückgabe der Schlüssel wiederum als unangenehme, schwerwiegendere Einbuße.

Welche große Rolle gerade Emotionen spielen, wenn es darum geht, ein Gut herzugeben bzw. zu erwerben, wurde erst in jüngeren Studien deutlich: Der emotionale Zustand hat wesentlichen Einfluss auf die Preisvorstellungen und kann den Besitztumseffekt sogar umkehren. Traurige Menschen etwa sind häufig bereit, einen höheren Preis zu zahlen, als sie beim Verkauf verlangen würden – offenbar erhoffen sie sich unterschwellig durch den Kauf (und die Aneignung) eine Änderung ihrer misslichen Lage. In einer angewiderten Stimmung hingegen fordert ein potenzieller Verkäufer weniger für seine Habe, würde aber gleichzeitig auch nur weniger für dasselbe Gut zahlen. Auch wenn der Ekel gar nichts mit der aktuellen Verkaufssituation zu tun hat, sondern lediglich künstlich erzeugt wurde, indem man den Betroffenen einen ekelerregenden Film zeigte.[208] Die große Bedeutung von Emotionen bei der Entscheidung wurde in Kapitel 4.3.4, »Wer denken will, muss fühlen«, erläutert.

Um einen Besitztumseffekt zu verspüren, muss es kein greifbarer, realer Gegenstand sein, den man in Besitz nimmt. Es kann sich genauso gut um eine Ideologie, eine Meinung, eine Marke oder eine Idee handeln, mit der man sich verbunden fühlt. Müsste man hiervon abrücken, würde auch dies einen unangenehmen mentalen Verlust bedeuten.[209] Daher hält der Mensch gern am Status quo fest – deswegen nennt man diesen Effekt auch Status-quo-Bias[210] – und lässt sich nur ungern auf Neuerungen ein.

Eine neue Strategie, eine andere Meinung, eine andere Situation – man wägt meist nicht sämtliche Alternativen untereinander ab, sondern vergleicht sie vor allem mit dem Status quo. Dabei müssen die möglichen Gewinne oder Vorteile der Alternative die Verluste bzw. Nachteile des Status quo schon deutlich überwiegen, damit man von seiner Haltung abrückt. Willkürlich gewählte oder historische Ausgangssituationen bleiben dadurch länger bestehen, als es wünschenswert ist. Mit der Devise »Das haben wir schon immer so gemacht« ist bekanntlich schon so manches Unternehmen untergegangen.

Ein Zentralbanker oder ein Ökonom ist hiervor gleichfalls nicht gefeit: Ein einmal entworfenes Szenario gibt man nur ungern wieder auf, Anpassungen erfolgen auch hier oftmals nur schleppend. Kein Wunder, dass man vielen Zentralbanken in Krisenzeiten regelmäßig vorwirft, der aktuellen Situation, die sich in ungeahnter Geschwindigkeit eintrübt, weit hinterherzuhinken. Das Phänomen wird übrigens auch durch die Verankerungsheuristik begünstigt (siehe Kapitel 4.3.3, »Wenn der Anker einmal geworfen ist«).

Gegen den Besitztumseffekt ist kein Kraut gewachsen. Wie bei vielen typisch menschlichen Verhaltensmustern kann aber womöglich durch Selbsterkenntnis wenigstens ein klein wenig gegengesteuert werden. Es mag hilfreich sein, sich in die Lage eines Unbeteiligten oder des Verhandlungspartners zu versetzen, um ein Gut, eine Ideologie etc. zu bewerten. Darüber hinaus kann man Vorkehrungen treffen, um nicht ungewollt völlig überhöhte Preise für das Objekt der Begierde zu zahlen.

Besitztumseffekt

Die Tendenz, für den Verkauf eines Gutes aus dem eigenen Besitz einen höheren Preis zu verlangen, als man selbst bereit wäre, dafür zu bezahlen.

→ Wenn Sie genau wissen, Ihr Budget erlaubt gerade kein neues Paar Schuhe, kein neues Auto: Führen Sie sich gar nicht erst in Versuchung, indem Sie die Schuhe anprobieren oder das Auto Probe fahren. Bestellen Sie nicht im Versandhaus, wenn Sie eigentlich nicht vorhaben, diese Ware auch zu kaufen.

→ Schauen Sie in Ihr Depot: Schlummern dort Depotleichen? Versuchen Sie, sich in die Lage eines potenziellen Käufers zu versetzen: Was ist Ihnen diese Aktie wert – ohne das Wissen darum, dass sie in Ihrem Depot liegt? Würden Sie sie überhaupt heute noch kaufen wollen? Wenn nicht, trennen Sie sich von diesem Wert.

→ Wie würde Ihre Entscheidung unter anderen Referenzpunkten aussehen? Stellen Sie sich vor, Ihre neueste Idee käme von einem unliebsamen Kollegen, welche Einwände könnten dann dagegen sprechen?

→ Sie sind Fan von Online-Auktionen? Legen Sie bereits vor Ihrem ersten Gebot den Höchstpreis fest, den Sie bereit sind zu zahlen. Gleichen Sie dieses Vorhaben während der Auktion immer wieder mit Ihrem Bieterverhalten ab. Besser noch: Geben Sie das Höchstgebot ein, verdeckt, und schauen Sie erst nach Beendigung der Versteigerung wieder in Ihr Auktionskonto. Möglicherweise sind Sie zwar überboten worden, doch Sie haben keinen überzogenen Preis gezahlt. Ihr Unmut, das Gut nicht erhalten zu haben, dürfte sich ohnehin in Grenzen halten. Denn durch Ihre Vorkehrungen bleibt Ihnen das Quasi-Besitztumsgefühl größtenteils erspart.

6.3 Der Fluch der versunkenen Kosten

Ihr Auto versagt auf dem Weg zur Arbeit seinen Dienst. In der Werkstatt präsentiert Ihnen der Mechaniker einen saftigen Kostenvoranschlag über 3000 Euro – Sie lassen das gute Stück reparieren. Nach einigen Tagen jedoch bleiben Sie erneut liegen, wieder müssen Sie sich abschleppen lassen. Diesmal würde Sie eine Reparatur weitere 2000 Euro kosten, der Mechaniker rät Ihnen aber dringend ab. Das Auto sei gar nicht mehr so viel wert. Stattdessen bietet er Ihnen einen vergleichbaren Gebrauchten zum Kauf an. Dennoch mögen Sie sich für die Reparatur entscheiden – schließlich haben Sie gerade erst 3000 Euro in die Klapperkiste investiert. Würden Sie Ihr Fahrzeug stattdessen verschrotten lassen, wären die 3000 Euro doch unwiderruflich verloren, der Aufwand völlig umsonst gewesen, verschwendet, oder?

Ganz eng verwandt mit dem Dispositionseffekt ist der **Sunk-Cost-Effekt**. Er tritt im Alltag an jeder Ecke auf, nicht nur auf dem Hof der Werkstatt: Bereits entstandene, unwiederbringlich verlorene Kosten – in diesem Fall der Preis der ersten Reparatur – haben Einfluss auf die Bereitschaft, weiterhin an einem Projekt oder einem Investment festzuhalten.[211] Denn der Mensch scheut sich regelmäßig, eine Fehlentscheidung einzugestehen und seinen Verlust (die versunkenen Kosten) zu realisieren; er fühlt sich mental bzw. ganz real in die Verlustzone versetzt. Hier reagiert er bekanntlich risikofreudig und hält vorzugsweise an seinem Engagement, seinem maroden Auto, fest, denn weitere Verluste würde er lediglich mit abnehmender Sensitivität wahrnehmen. Der Sunk-Cost-Effekt beschränkt sich derweil nicht auf monetäre Kosten, sondern konnte etwa auch für bereits investierte Zeit nachgewiesen werden.[212]

Ähnlich ergeht es dem Manager, dessen neuestes Vorhaben sich leider nicht so günstig entwickelt, wie zunächst erhofft. Aber schließlich ist doch schon so viel Schweiß und Geld geflossen, mag er sich denken – sein Commitment, seine emotionale Bindung an das Projekt, ist bereits sehr hoch (siehe auch Kapitel 3.1.2). Nicht nur wegen all der Überstunden und all dem investierten Geld, sondern auch, weil es bereits für Verluste der Firma gesorgt hat. »Aber darauf kommt es jetzt auch nicht mehr an«, ermutigt sich der Manager kurzerhand und treibt das leidige Projekt tapfer weiter voran. Auch hier greift wieder einmal die menschliche Eigenschaft, gegenüber wiederholten Verlusten abzustumpfen. Viel schlimmer erscheint es ihm hingegen, ein neues Projekt aus dem Boden zu stampfen, das ihm möglicherweise neue Verluste einbringen würde. Letztere nämlich würden ihn wiederum mit voller Wucht treffen – beim ersten Verlust wirkt schließlich noch nicht der besänftigende Effekt der abnehmenden Sensitivität. Genauso muss es den Entwicklern und Investoren des Überschall-Verkehrsflugzeugs Concorde ergangen sein. Die trüben Aussichten für das ehrgeizige Projekt waren schon lange, bevor die erste Maschine abhob, bekannt. Aber die beiden involvierten Regierungen Frankreichs und Großbritanniens hielten an ihrem Prestige-Vorhaben fest: Es war bereits »zu teuer, um es aufzugeben«. Dieses Beispiel ist derart berühmt geworden, dass man statt vom Sunk-Cost-Effekt mancherorts sogar vom »Concorde-Trugschluss« (*Concorde fallacy*) spricht.[213]

Dasselbe gilt natürlich auch bei einem Investmentfonds, für den der Sparer einen hohen Ausgabeaufschlag gezahlt hat, der aber in den letzten Monaten ziemlich kränkelte und immer weiter in den roten Bereich abrutscht. Dennoch bleiben viele Anleger dabei – in der Hoffnung, dass sich diese Kosten irgendwann einmal auszahlen werden und ihre Geduld belohnt wird.

All das Geld, die Zeit, die Arbeit wären verloren! Da kann man doch kaum Nein sagen, zur zweiten Reparatur, zur Fortführung des schleppend laufenden Projekts, zum Festhalten am kränkelnden Aktienfonds. Aber wäre nicht langfristig ein Ende mit Schrecken sinnvoller als ein Schrecken ohne Ende? Statt gutes Geld schlechtem hinterherzuwerfen, wären das verbliebene Kapital, die Zeit und das Herzblut vielleicht in einem neuen Auto oder einem neuen Projekt besser investiert. Doch immer wieder hält der Sunk-Cost-Effekt den typisch menschlichen Entscheider davon ab, sich von seinen bestehenden Verlustengagements zu trennen. Das Dilemma des Entscheiders wird anhand folgender Abbildung noch einmal deutlich:

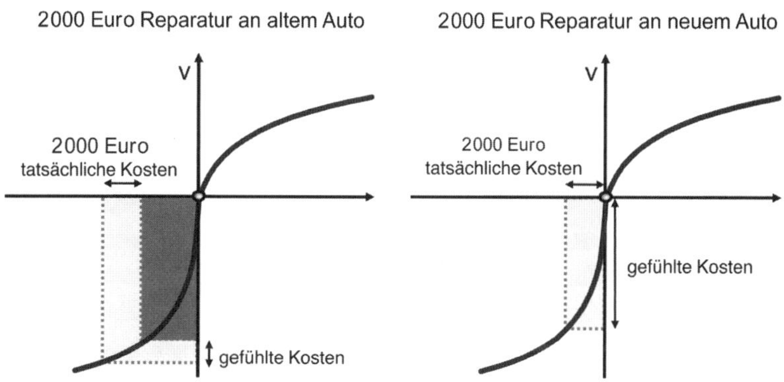

Abbildung 3: Versunkene Kosten beim alten bzw. neuen Auto

Nachdem der Autofahrer kürzlich bereits 3000 Euro für die Reparatur gezahlt hat, nimmt er die zusätzlichen Kosten in Höhe von 2000 Euro kaum mehr wahr (Grafik links). Entschiede er sich jedoch stattdessen für einen neuen Gebrauchten und würde ihm auch dieses Auto Kosten bescheren, so empfände er diese als deutlich schmerzhafter (Grafik rechts). Folge: Er schreckt davor zurück, sich von seinem reparaturanfälligen Auto zu verabschieden.

Welche tragischen Folgen der Sunk-Cost-Effekt außerdem haben kann, wird am Beispiel des Vietnamkriegs klar: Er wurde auch deshalb immer weiter fortgesetzt, weil man schon so viel »investiert« hatte und all die zivilen und militärischen Opfer doch nicht »umsonst« gewesen sein sollten. Jahrzehnte später ereilte auch George W. Bush das Sunk-Cost-Schicksal: Nachdem bereits 2000

US-Soldaten im Irak gefallen waren, wandte er sich an die Nation. »Wir sind ihnen etwas schuldig«, sagte der damalige US-Präsident Bush im August 2005. »Wir werden die Aufgabe zu Ende führen, für die sie ihr Leben gegeben haben.« Auch heutzutage, wenn über den Abzug von Truppen aus Kriegsgebieten diskutiert wird, hört man Regierungsoberhäupter und Minister immer wieder sagen: »Der Einsatz darf nicht vergeblich gewesen sein.«

Sunk-Cost-Effekt

Bereits entstandene, unwiederbringlich verlorene Kosten hemmen die Bereitschaft des Entscheiders, sich von einem Projekt oder Investment zu trennen.

→ Beantworten Sie ehrlich folgende Frage: Würden Sie die Aktie Z in Ihrem Depot heute noch einmal kaufen? Lautet Ihre Antwort Nein, so ist jetzt der beste Zeitpunkt, sich von Ihrem Engagement zu trennen und die Notbremse zu ziehen. Werfen Sie nicht gutes Geld schlechtem hinterher, sondern legen Sie Ihr verbliebenes Kapital in einem zukunftsträchtigeren Investment an.

→ Versunkene Kosten sollten keinen Einfluss auf Ihre Entscheidung haben. Hinterfragen Sie Ihre Strategie: Halte ich an einem Projekt nur deswegen fest, weil ich bereits so viel Energie und Zeit investiert habe? Ja? – Dann suchen Sie nach einer Alternative.

6.4 Mentale Buchführung

Erinnern Sie sich noch an die junge Frau und ihr Kleiderproblem? Mit dem Kauf ihres neuen Mantels hatte sie ihr Bekleidungsbudget für diesen Monat eigentlich schon ausgeschöpft. Doch nun lockten da die schicken Schuhe im Schaufenster. Sie würden ein gewaltiges Loch in ihr Kleidungskonto reißen. Nicht, dass die modebewusste junge Dame ein Konto bei ihrer Hausbank führt, das »Kleidungskonto« heißt. Nicht, dass sie hierauf Sollzinsen zahlen müsste. Es ist noch nicht einmal ein Extra-Konto, das sie in ihrem Haushaltsbuch führt. Es ist lediglich ein mentales Konto.

6.4.1 Viele Konten im Kopf

Ähnlich einem Unternehmen, das seine Geschäftsvorgänge auf verschiedenen Konten verbucht, führt auch der Mensch Buch – im Kopf. Für jedes Vorhaben unterhält er ein gesondertes geistiges Konto. Kleider zum Beispiel werden getrennt wahrgenommen von Ausgaben für Lebensmittel oder Freizeitvergnügen.

Die **mentale Kontoführung** (*mental accounting*) stellt eine Form der Komplexitätsreduzierung dar: Der Mensch hat nicht die Gesamtheit all seiner Engagements und deren Folgen im Kopf, sondern betrachtet jedes Vorhaben separat in einem eigenen geistigen Konto. Er konzentriert sich zu einem Zeitpunkt jeweils nur auf ein Konto. Die möglichen Abhängigkeiten zwischen den einzelnen Engagements rücken dabei in den Hintergrund.[214]

Je nachdem, welches Konto betrachtet wird, kann sich die Präferenz des Entscheiders verschieben[215]: Daniel Kahneman und Amos Tversky führten hierzu 1981 ein viel beachtetes Experiment durch. Sie legten einer Versuchsgruppe folgendes Problem vor:

Stellen Sie sich vor, Sie haben sich zu einem Theaterbesuch entschlossen; der Eintritt beträgt zehn US-Dollar. Als Sie zum Theater kommen, bemerken Sie jedoch, dass Sie einen Zehn-Dollar-Schein verloren haben. Würden Sie dennoch zehn Dollar für eine Eintrittskarte ausgeben?

Wie würden Sie sich entscheiden? Eine Mehrheit von 88 Prozent der Befragten entschied sich trotz des Verlusts für den Kauf der Theaterkarte. Einer zweiten Probandengruppe legten die Forscher diesen Sachverhalt vor:

Stellen Sie sich vor, Sie haben sich zu einem Theaterbesuch entschlossen und eine Eintrittskarte für zehn Dollar gekauft. Als Sie zum Theater kommen, bemerken Sie, dass Sie das Ticket verloren haben. Würden Sie dennoch zehn Dollar für eine neue Eintrittskarte zahlen?

In diesem Fall votierte eine Mehrheit von 54 Prozent mit »Nein«, obwohl es sich doch rein ökonomisch betrachtet um ein identisches Szenario handelt, nämlich um einen Schaden von zehn Dollar. In der ersten Fragestellung handelt es sich jedoch um den Verlust eines Geldscheins, in der zweiten um den Verlust einer Eintrittskarte. Vernünftigerweise müsste sich der Theaterliebhaber auch im zweiten Fall für den Kauf der Karte entscheiden – Verlust hin oder her. Die Prospect-Theorie liefert die Erklärung, warum ein und derselbe monetäre Sachverhalt unterschiedliche Reaktionen hervorruft: Im zuletzt geschilderten Szenario stand der Theaterfreund nach dem Ersterwerb des Tickets schon mit zehn Dollar auf seinem »Kulturkonto« in der Kreide. Würde er nach Verlust der Karte an der Abendkasse eine neue kaufen, würde dieses Konto noch einmal mit zehn Dollar belastet. Subjektiv betrachtet kostet ihn das Ticket nun zwanzig Dollar. Und so viel mag ihm der Besuch des Theaterstücks dann doch nicht wert sein; er hält sich zurück und verzichtet.

Für die erste Gruppe stellt sich das Problem jedoch anders dar: Die verlorenen zehn Dollar mag der Proband von seinem persönlichen »Unglücksvogel-Konto« abbuchen, die Theaterkarte jedoch von seinem »Kulturkonto« – er stellt keine Beziehung zwischen den beiden Konten her. Die Theaterkarte behält einen subjektiven Wert von zehn Dollar. Der Entscheider bleibt daher seinem ursprünglichen Vorhaben treu und erwirbt ein Ticket an der Abendkasse.

Gegen solch ein Verhalten ist natürlich nichts einzuwenden – außer vielleicht, dass sich der Theaterfreund um einen schönen Abend bringt. Aber die durch die mentale Kontenführung erreichte Komplexitätsreduktion kann im Alltag zu manch skurriler Situation führen: Manche Hausfrau (oder Hausmann) vergleicht regelmäßig die Preise in den Angebotsblättern der Lebensmittelmärkte. Für den beliebten Nuss-Nugat-Aufstrich zum Schnäppchenpreis nimmt sie den Weg in den Nachbarort auf sich, nur um fünf Gläser zu je 1,49 Euro statt zu 1,99 Euro zu ergattern. Beim nächsten Einkaufsbummel in der nahe gelegenen Großstadt greift sie jedoch bei der Handtasche eines bekannten Fabrikats zu – sie zahlt 260 Euro. Und das, obwohl ihr eine Kundin im Laden eben noch erzählte, sie hätte die Tasche in einem anderen Geschäft für 250 Euro gesehen. Hier macht sie sich nicht die Mühe, sie geht nicht weiter zum nächsten Laden. Klarer Fall von *mental accounting* im Zusammenspiel mit abnehmender Sensitivität: Auf dem Lebensmittelkonto nimmt die Dame die Ersparnis von 5 mal 50 Cent sehr wohl wahr. 50 Cent Rabatt beim 1,99-Euro-Schokoaufstrich wirken auf sie wie eine signifikante Ersparnis, denn der Unterschied zwischen 1,49 und 1,99 Euro liegt unmittelbar in der Nähe ihres Bezugspunktes. Anders auf ihrem Handtaschen-Konto: »Auf die 10 Euro kommt es doch jetzt auch nicht mehr an« mag sie sich sagen, schließlich ist das wertvolle Accessoire sowieso sündhaft teuer. Der Unterschied zwischen 260 und 250 Euro fällt bei ihr dank der abnehmenden Sensitivität kaum mehr ins Gewicht.

An den Finanzmärkten kann diese separate Betrachtung sämtlicher Engagements jedoch fatale Folgen haben: Wird jedes Investment einzeln wahrgenommen, vernachlässigt der Investor die Abhängigkeiten zwischen seinen jeweiligen Depotpositionen. Jedes Engagement für sich genommen, mag er zwar kluge Anlageentscheidungen getroffen haben, in der Gesamtbetrachtung ergibt sich unter Umständen aber ein ungewolltes Bild. Dann nämlich, wenn sich die Positionen in hohem Maße abhängig voneinander entwickeln: Leidet eine Aktie, leidet gleich das ganze Depot – Risikostreuung sieht anders aus!

Ebenfalls eine Anlageentscheidung mit potenziell schwerwiegenden Folgen: Bei den sogenannten Carry-Trades, die immer wieder in Mode kommen, verschuldet sich der Investor beispielsweise in einer niedrig verzinsten Währung und legt das erhaltene Kapital in einer Hochzinswährung an. Als Verschuldungsvaluta muss oftmals der japanische Yen herhalten; als Anlagewährung hingegen waren in der Vergangenheit der australische und der neuseeländische Dollar besonders gefragt. In jeder Periode erhält der Anleger Zinserträge ausgezahlt, die er tunlichst auf separaten mentalen Konten verbucht. Oftmals verliert er jedoch dabei die zugrunde liegende Position aus den Augen; schließlich hat er noch ein Währungsrisiko. Und das schlummert in einem wenig beachteten geistigen Konto, das den Einstandskurs als Referenzpunkt trägt. Solange jenes im Plus bleibt, ist alles in Ordnung. Fällt der Währungskurs und rutscht das Währungskonto dadurch in den roten Bereich ab – wie in der Vergangenheit vielfach geschehen – wird sich der Anleger naturgemäß sträuben, die Position aufzugeben. Er verhält sich im Verlustbereich bekanntlich risikosuchend. Verschärft wird die missliche Lage durch die mentale Kontenführung: Der Investor hofft, die Währungsverluste durch die Zinsgewinne auf den vielen kleinen mentalen Einzelkonten wiedergutzumachen, und Letztere erscheinen ihm doch recht erklecklich (siehe Abbildung 4).

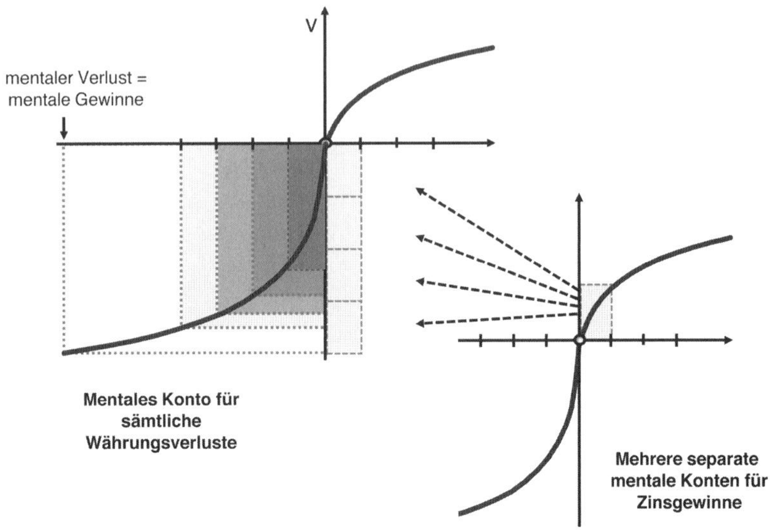

Abbildung 4: Mentale Kontenführung beim Carry-Trade

Die immer größer werdenden Währungsverluste jedoch nimmt er wegen der abnehmenden Sensitivität praktisch kaum mehr wahr. Bis der mentale Verlust den subjektiv empfundenen Wert der vielen kleinen Gewinne übersteigt, sind auf dem Währungskonto des Investors bereits große, echte Verluste aufgelaufen (siehe äußerste gestrichelte Linie im Verlustbereich in Abbildung 4). Erst viel zu spät – die Hochphase des Carry-Trade-Booms war längst überschritten – trennten sich die Akteure mit enormen Einbußen von ihren Engagements. Die kleinen Zinsgewinne waren am Ende nur ein schwacher Trost.

6.4.2 Gleichzeitig risikofreudig und risikoscheu?

Jedes dieser mentalen Konten besitzt laut Prospect-Theorie einen eigenen Referenzpunkt (z. B. der Einstandskurs eines Wertpapiers) und eine s-förmige Wertfunktion (siehe vorangegangenes Kapitel).[216] Entsprechend ist es auch vorstellbar, dass derselbe Mensch ein unterschiedliches Risikoverhalten an den Tag legt, je nachdem, auf welchem Konto er gerade agiert.

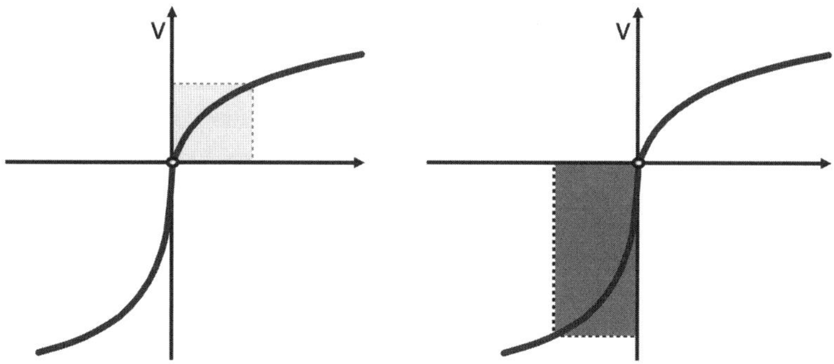

Abbildung 5: Risikofreude auf einem mentalen Konto, Risikoscheu auf einem anderen

Der Besitzer eines kleinen Gemischtwarenladens etwa kämpft schon seit Monaten mit sinkenden Umsätzen – nicht nur mental, sondern mittlerweile auch deutlich sichtbar auf dem Kontoauszug ist er bereits in den Miesen. Just ordert der Besitzer eine große Menge eines brandneuen Produkts, das gerade erst eingeführt wurde, um sich mit einem großen, wenn auch riskanten Schlag aus den roten Zahlen zu katapultieren. Er handelt also risikofreudig. In einer anderen Situation jedoch mag sich derselbe Mensch völlig risikoscheu verhalten. Dann nämlich, wenn ein anderes Konto angesprochen wird. Eines, auf dem man bereits Gewinne verbucht hat, etwa, wenn es um die jüngst gestiegenen Telekommunikationsaktien im privaten Depot geht.

Erst nach der endgültigen Schließung des Engagements erlischt auch das mentale Konto. Der jeweilige Gewinn bzw. Verlust wird dann auf ein übergeordnetes »Performance-Konto« übertragen, das ebenfalls gesondert wahrgenommen wird und somit auch einen eigenen Referenzpunkt besitzt. Im Rahmen dieser mentalen Kontenführung neigt ein Investor dazu, dass er kleine Gewinne auf verschiedenen geistigen Konten glattstellt, um einen Verlust auf einem anderen Konto nicht realisieren zu müssen.

Bei der Aktienanlage hat das unrühmliche Folgen: Lieber trennt sich ein Anleger von einigen seiner Aktien, mit denen er bereits kleine Gewinne erzielt hat, als einen anderen, verlustreichen Titel verkaufen zu müssen. Mit anderen Worten:

Er sitzt lieber den Verlust einer anderen Position aus. Anleger neigen also dazu, »Gewinneraktien« zu verkaufen und die »Verlierer« in ihren Büchern zu behalten.[217] Ihrer Performance tun sie damit oftmals aber nichts Gutes, wie bereits im Kapitel 6.1, »Von hartnäckigen Verlierern und wankelmütigen Gewinnern«, gezeigt wurde: Nur allzu oft entwickeln sich genau diejenigen Aktien, bei denen man gerade Gewinne mitgenommen hat, in den nächsten Monaten besser als die Wertpapiere, die im Depot verblieben sind.[218] Stattdessen sind Momentum-Strategien erfolgreich, bei denen die »Gewinneraktien« der letzten Periode erworben werden – die »Verlierer« hingegen werden verkauft.[219] (Tiefere Einblicke in die Funktionsweise der Momentum-Strategien bietet das Kapitel 5.7.2).

6.4.3 Schönreden leicht gemacht

Jeder Mensch möchte sich und seine Entscheidung im günstigsten Licht wahrnehmen. Dementsprechend organisiert er auch seine mentale Buchführung: Der Investor zieht es vor, positive Ereignisse auf mehreren separaten Konten zu verbuchen (Segregation), damit er jeden Gewinn auch voll auskosten kann. Verluste hingegen werden vorzugsweise in einem einzigen Konto zusammengefasst (Integration).[220] Hierbei macht sich der Mensch letztlich die abnehmende Sensitivität zunutze: Ist er einmal abgestumpft, nimmt er weitere Misserfolge kaum mehr wahr.

Gute Nachrichten erhält er daher lieber in mehreren Etappen – er lässt sich jeden »Gewinnhappen« einzeln auf der Zunge zergehen – schlechte Nachrichten sollte man sich jedoch am besten alle auf einmal anhören. Denn »dann ist der Tag ohnehin schon im Eimer«.

Kleinere Verluste werden mit größeren Gewinnen verquickt, während kleine Gewinne von größeren Verlusten separat betrachtet werden.[221] Ein 10 000-Euro-Verlust aus einem Aktienengagement fühlt sich für den Betrachter deutlich angenehmer an, wenn er ihn mental mit einem 15 000-Euro-Gewinn aus einer anderen Position verbindet. Was übrig bleibt, ist dann nämlich lediglich die Wahrnehmung eines 5000-Euro-Gewinns. Blieben beide Engagements jedoch auf separaten mentalen Konten bestehen, würde der 10 000-Euro-Verlust schwerer als der 15 000-Euro-Gewinn wiegen. Schließlich nimmt der Mensch Verluste deutlich stärker wahr – und zwar zwei- bis zweieinhalbmal stärker – als Gewinne in gleicher Höhe.

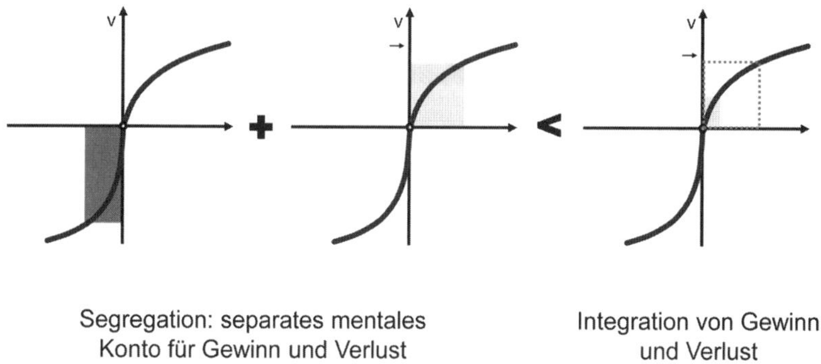

Abbildung 6: Verluste schönreden

Dieses Vorgehen heißt ***hedonic editing*** – es bedeutet nichts anderes, als seine mentale Bilanz ein wenig aufzuhübschen. Doch wie schon oft beschrieben: Was für das menschliche Wohlbefinden die angenehmste Sichtweise sein mag, führt nicht zwingend zur ökonomisch optimalen Entscheidung.

Beim ***hedonic framing*** wiederum geht es nicht darum, wie der Entscheider selbst Gewinne und Verluste organisiert, sondern darum, wie sie ihm von der Außenwelt präsentiert werden:[222] zum Beispiel beim Autokauf. Beim ersten Händler wird der favorisierte Flitzer für 20 000 Euro angeboten. In einem anderen Autohaus ist das gleiche Modell mit identischer Ausstattung zwar für 25 000 Euro zu haben. Doch da verschiedene Rabatte in einer Gesamthöhe von 5000 Euro gewährt werden, liegt der Endpreis ebenfalls bei 20 000 Euro. Vermutlich dürfte der Kunde bevorzugt beim zweiten Händler zuschlagen. Denn im ersten Fall steht dem Erwerb des Automobils ein einziger »Verlust« von 20 000 Euro gegenüber. Eine Ausgabe von 25 000 Euro – ursprünglicher Kaufpreis beim zweiten Händler – wird jedoch dank der abnehmenden Sensitivität ohnehin nur unwesentlich schwerer empfunden. Die verschiedenen Rabatte jedoch nimmt der künftige Autobesitzer auf verschiedenen, separaten mentalen Konten wahr.

Sie mildern seinen »Geldverlust« deutlich ab, sodass er sich mit der Rabattvariante am wohlsten fühlt. Diesen Effekt machen sich natürlich nicht nur Autohändler bei der Gestaltung von Preisen und Rabatten zunutze.

Exkurs: Warum wir überhaupt ein Auto kaufen

Vielleicht haben Sie sich auch schon gefragt: Wenn es doch sowieso wehtut, Geld für den Kauf eines Autos auszugeben – es wirkt wie ein großer Verlust –, warum kauft man dann überhaupt ein Auto? Womöglich ist einem das Auto, das man für 20 000 Euro erwirbt, sogar 30 000 Euro wert. Doch das würde nach den Erkenntnissen der Prospect-Theorie längst nicht ausreichen, um den Verlust der Kaufsumme von 20 000 Euro wettzumachen. Daher verabschiedete sich die verhaltensorientierte Wissenschaft von der Idee, dass Kosten generell als Verlust erachtet werden.

Stattdessen fand man heraus, dass ein Kunde aus dem Kauf eines Gutes, es mag ein Auto oder lediglich ein kühles Bier sein, zwei Arten von Nutzen zieht: den Erwerbs- sowie den Transaktionsnutzen.[223] Der Erwerbsnutzen ergibt sich aus der Differenz zwischen dem persönlichen Wert, den der Konsument dem Produkt beimisst, und dem Preis, den er dafür zahlt. Das finanzielle Opfer (Kaufpreis) steht hier der erhaltenen Leistung gegenüber. Ein kühles Bier an einem heißen Sommertag, das nur zwei Euro kostet, mag dem Durstigen vier Euro wert sein. Der Erwerbsnutzen beträgt also zwei Euro.

Beim Transaktionsnutzen jedoch geht es um das Gefühl, das der Kauf eines Produktes vermittelt, genauer: darum, ob der Käufer ein »gutes Geschäft«, ein Schnäppchen, gemacht hat. Hierbei wird der tatsächliche Kaufpreis mit einem Referenzpreis verglichen, der aber je nach Situation unterschiedlich ausfällt. Der Fußballfan wird in der Regel bereit sein, für ein Bier im Stadion einen höheren Preis zu zahlen als für dasselbe Produkt im Supermarkt – er hat einen unterschiedlichen Referenzpreis im Kopf. Im Stadion wäre ein Becher Bier für drei Euro ein echtes Schnäppchen, im Supermarkt würde man hingegen eine 0,5-Liter-Flasche Bier für drei Euro als Wucherpreis verteufeln und entrüstet weitergehen.

Ein Kauf ist dann attraktiv, wenn das Ergebnis aus Transaktions- und Erwerbsnutzen positiv ist. Nur so landet schnell einmal ein Super-Schnäppchen im Einkaufswagen, das man eigentlich gar nicht benötigt; ein Gut, dem man normalerweise gar keinen Wert beimisst. Doch die Gelegenheit, ein einmaliges Geschäft zu machen, sich als cleverer Kunde zu sehen, ist oftmals einfach zu verlockend.

6.4.4 Das Kreuz mit der Honorarberatung

Nach dem Untergang der US-Investmentbank Lehman Brothers im September 2008 waren Massenproteste gegen Banken keine Seltenheit. Immer wieder formierten sich in deutschen Innenstädten Protestmärsche geschädigter Anleger. Gleichzeitig rollte eine beispiellose Klagewelle an: Vor allem Anleger, die mit Zertifikaten der Pleitebank Lehman Brothers Geld verloren hatten, waren vor Gericht gezogen. Der Vorwurf: Die Banken hätten ihre Kunden falsch beraten – damit möglichst viel Profit für die Bank und ein hoher Bonus für den Berater abfallen.

Tatsächlich befindet sich der Kundenbetreuer immer in einem Spannungsfeld aus Beratungsauftrag und Arbeitgeberinteressen. Denn das Gewinnziel der Bank bzw. der Versicherung steht häufig im Konflikt mit dem Ertragsziel des Kunden.

Überdies: Wegen der Komplexität vieler Anlagezertifikate oder Versicherungen sind die Funktionsweise und die Kosten- und Provisionsstruktur für den Kunden kaum erkennbar. In diesem Zusammenhang rückte die Honorarberatung – bislang ziemlich stiefmütterlich behandelt – in den Fokus der Diskussion. Denn man erhoffte sich, dadurch das Vertrauen der Kundschaft durch Kostentransparenz wiederherzustellen.

Als Honorarberatung bezeichnet man die Dienstleistung eines neutralen, unabhängigen Beraters. Es werden ausschließlich Know-how und Zeitaufwand des Kundenbetreuers vergütet. Provisionen für die Vermittlung der Investments –

sie werden bei der herkömmlichen Bankberatung nicht gesondert aufgeführt, sondern sind in der Kaufsumme versteckt – fallen jedoch nicht an. Überdies müssen sämtliche Kosten aller Investmentalternativen offengelegt werden. Sein Honorar erhält der Betreuer als vorher vereinbarten Stundensatz oder via turnusmäßiger (z.B. vierteljährlicher) Pauschale. Im weiteren Sinne kommt auch eine Vergütung, die sich am Investmenterfolg des Anlegers orientiert, infrage.

Ob ein Honorarberater ein kostenloses Sparbuch oder einen provisionsträchtigen Fonds empfiehlt, ändert nichts an seinem Verdienst – hierdurch wird ein Bankmitarbeiter tatsächlich mehr Berater und weniger Verkäufer, denn der Reiz, ein provisionsintensives Produkt an den Mann zu bringen, existiert nicht mehr.

Dennoch: Sonderlich verbreitet ist diese Form der Dienstleistung bislang noch nicht. Nicht nur, dass es die Anleger nicht gewohnt sind, für Finanzberatung extra zu bezahlen. Auch der mentalen Kontenführung ist es geschuldet, dass die Honorarberatung alles andere als Anlegers Liebling ist.

Provisionsberater sind zwar meist teurer – nur merkt das der Kunde oft nicht, denn die Abschlussprovision, die die Bank einstreicht, taucht in den Unterlagen nicht separat auf. Sie ist Teil der Kaufsumme und wird daher auf demselben mentalen Konto verbucht. Die Provision, die der Kunde womöglich noch nicht einmal kennt, schmälert lediglich den Rückkaufspreis und den zu erwartenden Gewinn aus dem gewählten Investment. Auch die jährlichen Bestandsvergütungen bekommt der Sparer nie explizit zu Gesicht, sie sind mit dem Jahreserfolg bereits verrechnet.

Anders bei der Honorarberatung: Hier steht dem mentalen Konto mit dem erwarteten Anlageerfolg ein Verlustkonto gegenüber, auf dem die Kosten der Honorarberatung verbucht sind. Auch wenn die Provisionsberatung den Anleger in der Realität teurer kommt, erscheint sie ihm doch zunächst attraktiver als die Honorarvariante. Er muss die Provisionskosten der althergebrachten Beratung separat vor Augen geführt bekommen – hier könnte auch der Gesetzgeber lenkend einspringen, um die Hürden der mentalen Kontenführung aus dem Weg zu räumen. Oder die Regierung könnte die provisionsbasierte Beratung komplett verbieten, so wie es in Großbritannien ab 2013 geplant ist.

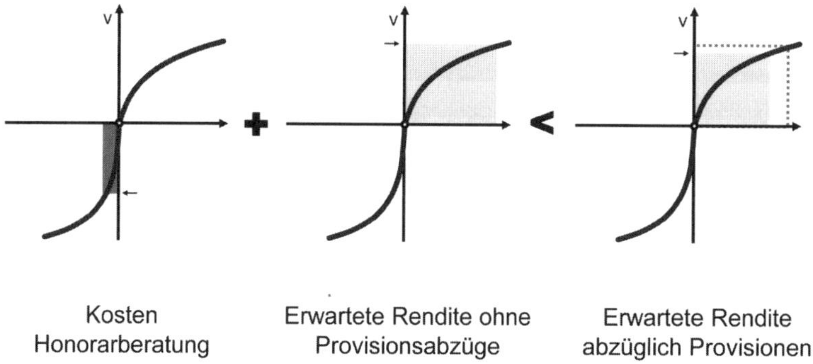

Abbildung 7: Gegenüberstellung Honorar- und Provisionsberatung

Damit würde die Anlagewelt zumindest transparenter – aber Transparenz und Honorarberatung sind leider nicht für jeden Kunden ein Allheilmittel. Die Transparenz durch ein gesondertes Honorar wird viele Kunden schlichtweg abschrecken bzw. ist für manchen einfach nicht zahlbar. Dann laufen sie zwar nicht Gefahr, falsch oder schlecht beraten zu werden. Sie werden eben gar nicht beraten. Wichtige Anlageentscheidungen, z. B. für die private Altersvorsorge, werden womöglich gar nicht getroffen – durch die mentale separate Kontenführung entstehen nur schwer überwindbare Hürden. Hier sind die Vorteile der viel gescholtenen Provisionsberatung offenkundig, die die Kosten bündelt bzw. über den Anlagezeitraum verteilt. Mehr Transparenz ist also nicht immer im Sinne des Kunden. Zielführend ist weniger die Transparenz innerhalb eines Produkts – alle Kosten werden einzeln aufgeführt –, sondern womöglich mehr Transparenz zwischen den einzelnen Anbietern, sodass mehr Wettbewerb entsteht.

Allein die Umstellung auf Honorarberatung macht die Finanzberatung in den Banken also noch nicht besser. Eine gute, fortlaufende Ausbildung und Qualifikation der Kundenbetreuer muss im Fokus der Bemühungen stehen, um das Vertrauen der Kunden zu gewinnen.

Eine neue Ära der Finanzberatung kann nur anbrechen, wenn Aufklärung und Ausbildung gewährleistet sind. Das gilt allerdings nicht nur für den Berater, ob auf Provisions- oder auf Honorarbasis, sondern auch für den Kunden! Nur ein Kunde, der eine gute Bildung in Wirtschafts- und Finanzfragen genossen hat, hat die Chance zu entscheiden und zu beurteilen, ob der Berater ein gutes, passendes Produkt empfiehlt. Das motiviert jeden Bankangestellten, ein besserer Berater zu werden!

6.4.5 Nicht nur Brillenträger sind kurzsichtig

Lange Zeit stand die Fachwelt vor einem Rätsel: In der Historie warfen Aktien regelmäßig deutlich höhere Renditen ab als Anleihen. Natürlich, Aktien sind ja auch riskanter und ein größeres Risiko will schließlich mit einer höheren Rendite belohnt werden. Doch der Aufschlag (Aktienprämie) war in der Vergangenheit viel zu hoch, um mit einem bloßen Risikoaufschlag nach dem gängigen, klassischen Modell erklärt werden zu können.[224] Für die amerikanischen Finanzmärkte zwischen 1889 und 1978 wurde für Staatsanleihen eine durchschnittliche jährliche Rendite von knapp einem Prozent ermittelt, Aktien erzielten aber rund sieben Prozent. Um einen Risikoausgleich zu schaffen, hätte der Renditeabstand aber nicht rund sechs Prozent, sondern höchstens ein Prozent betragen dürfen. Dieses Langfrist-Phänomen, das auch in Deutschland oder Großbritannien nachgewiesen wurde, taufte man Aktienprämien-Rätsel (*equity premium puzzle*). Offensichtlich erachten die Finanzmarktakteure Aktien also als deutlich riskanter, als sie es in Wirklichkeit sind.

Das Risikoverhalten eines Anlegers hängt nämlich ganz entscheidend davon ab, wie häufig er seine Engagements bewertet, wie oft er in sein Depot schaut und »sein Geld zählt«. Nimmt er die täglichen Verluste und Gewinne separat wahr, erscheinen ihm Aktien doch sehr schwankungsanfällig und riskant. Überprüft er seine Positionen jedoch nur einmal im Monat auf ihre Veränderung, wirken die Dividendentitel schon deutlich weniger volatil.[225]

Ein Beispiel zur Verdeutlichung: Bei einem Investment (Anfangsinvestition: 1000 Euro) kann man mit 50-prozentiger Wahrscheinlichkeit jeden Tag aufs Neue 20 Prozent hinzugewinnen oder mit 50-prozentiger Wahrscheinlichkeit 10 Prozent seines Einsatzes verlieren. Entscheider, die ihr Investment in jeder

Periode (täglich) neu bewerten und verfolgen, sehen sich mit einer 50-prozentigen Verlustwahrscheinlichkeit konfrontiert. Nach dem ersten Tag steht ihr Investment entweder bei 1200 Euro oder bei 900 Euro – das jeweils mit einer 50 : 50-Chance. Wohingegen ein Anleger, der seine Investition nur alle zwei Perioden beurteilt, beim selben Investment nur eine Verlustwahrscheinlichkeit von 25 Prozent wahrnimmt. In allen anderen Fällen geht er als Gewinner hervor.

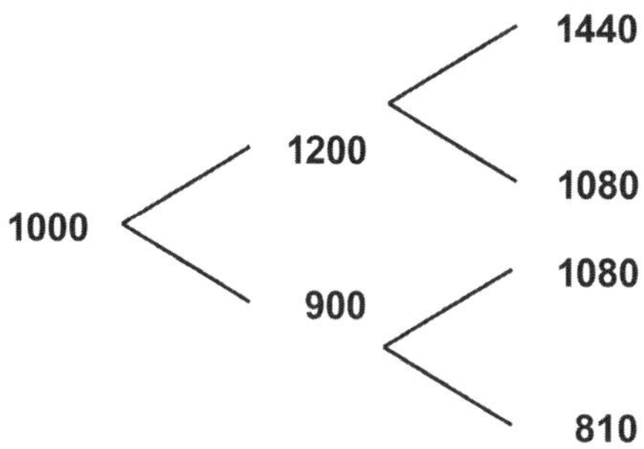

Abbildung 8: Kurzsichtige Verlustaversion

Würde man nur alle 13 Monate Bilanz in seinem Depot ziehen – denn dann nimmt man sämtliche Gewinne und Verluste des ganzen Jahres in einem Rutsch wahr – würde man keine exorbitante Zusatzprämie mehr verlangen. Das Aktienprämien-Rätsel wäre gelöst.

Diese Kurzsichtigkeit der Anleger – ***myopic loss aversion*** genannt – resultiert in einer extremen Abneigung, Risiken einzugehen, sodass sie langfristige Investmentabsichten vielfach mit deutlich zu konservativen Strategien angehen. Altersvorsorgeziele beispielsweise können so nur schwerlich erreicht werden.

Auch das lässt sich wieder einmal durch die Art der Darstellung manipulieren: Im Rahmen einer Studie wurden die Mitarbeiter einer Universität befragt, wie sie ihre Altersvorsorgebeiträge investieren möchten, hätten sie die Wahl zwischen einem Aktienfonds und einem Rentenfonds. Einer Gruppe zeigten die Wissenschaftler die jährliche Renditeentwicklung der beiden Fonds, der zweiten präsentierten sie eine Übersicht über die Entwicklung im 30-Jahres-Rhythmus. Die Mitglieder der ersten Gruppe legten ihr Geld vorzugsweise in Bonds an – ihnen erschien der Aktienfonds dann doch zu riskant. Die Befragten der zweiten Gruppe wollten hingegen 90 Prozent ihrer Beiträge in Aktien investieren![226]

Wie diese kleine Anekdote illustriert, ist das beste Gegenmittel bei extremer Risikoaversion schlichtweg Aggregation: Werden die vielen kleinen Investmenterfolge und -pleiten nicht einzeln betrachtet, sondern über einen längeren Zeitraum hinweg miteinander verrechnet wahrgenommen, traut sich auch der konservative Vorsorgesparer an Aktien heran.

Mentale Buchhaltung

Eine Form der Komplexitätsreduzierung, nach der der Mensch für jedes Vorhaben ein gesondertes geistiges Konto führt. Mögliche Abhängigkeiten zwischen den einzelnen Konten werden vernachlässigt.

→ Machen Sie sich die Abhängigkeiten zwischen Ihren verschiedenen Anlagepositionen bewusst: Jede Einzelentscheidung mag für sich genommen sinnvoll sein, in der Gesamtbetrachtung können sich jedoch gefährliche Risiken ergeben.

→ Lesen Sie beim Fonds-, Versicherungskauf etc. aufmerksam die Details oder fragen Sie Ihren Berater nach seinen Provisionsgebühren: Wie hoch fällt der Ausgabeaufschlag aus, wie hoch sind die Abschlusskosten, die Provisionen? Machen Sie sich die Mühe und berechnen Sie Ihre persönliche Gebührenlast. Ist Honorarberatung da nicht doch günstiger?

→ Sparen Sie für die Rente, dann lassen Sie sich nicht von kurzfristigen Wertschwankungen verunsichern. Ein Depot, das der Altersvorsorge dient, sollte nicht täglich, sondern in größeren Zeitabständen überprüft werden (etwa halbjährlich oder jährlich).

→ Ihr Gehirn schlägt Ihnen gern ein Schnippchen und ordnet Gewinne und Verluste möglichst wohlgefällig an, erzeugt dadurch aber ein schiefes Bild. Fassen Sie einmal ganz bewusst Ihre Anlagegewinne zusammen und machen Sie sich eine Aufstellung mit den separaten Verlusten – und schon sieht die Welt ganz anders aus. Würden Ihre jüngsten Entscheidungen jetzt anders ausfallen?

6.5 Wenn sich der Referenzpunkt verschiebt

Ob bei der Aktienanlage, bei der Personalentscheidung oder bei der Planung des Haushaltsbudgets – immer wieder wirken sich bestimmte Referenzpunkte auf das Entscheidungsverhalten aus: Je nachdem, ob sich die Situation eines Entscheiders relativ zum Referenzpunkt verbessert bzw. verschlechtert, fühlt er einen Gewinn oder einen Verlust. Und diese Orientierungsmarke ist per Framing (Kapitel 5.4, »Verkehrte Welt«) bekanntlich manipulierbar. Gleichzeitig verändert sich damit natürlich auch sein Risikoverhalten abhängig von diesem Bezugspunkt.

Dem Referenzpunkt kommt also eine große Bedeutung zu, sodass sich mit Fug und Recht behaupten lässt: Kennt man den Referenzpunkt eines Investors, kann man nicht nur seine Gewinn- oder Verlustsituation einschätzen, sondern auch eine Vorhersage über sein künftiges Handeln treffen.

Allerdings ist es schwierig, für alle Finanzmarktteilnehmer einen klaren Referenzpunkt zu bestimmen. Bestimmte Faktoren, wie etwa der Einstandspreis, erlauben aber eine Näherung.

Im Laufe der Zeit rückt der ursprüngliche Kaufpreis immer weiter in den Hintergrund. Etwa, wenn der Anleger ihn selbst manipuliert, indem er eine verlustreiche Aktie zu einem günstigeren Preis nachkauft. Ergänzt er sein Ursprungsinvestment von 100 Aktien zu zehn Euro pro Stück um weitere 100 Titel – diesmal zu acht Euro pro Stück, liegt sein neuer Einstandspreis bei neun Euro. Erreicht seine Aktie wieder einen Kurs von neun Euro – sein Referenzpunkt – wird er seine Position guten Gewissens glattstellen. Dass ein »Verlierer« seine Aktie verkauft, sobald er seinen Einstandspreis wieder zu Gesicht bekommt, ist ein weit verbreitetes Phänomen – es nennt sich Break-even-Effekt.[227]

Oder dieses Szenario: Steigt die Aktie eines Gelegenheitszockers von 100 Euro schnell auf 110 Euro – er denkt darüber nach, hier auszusteigen, verpasst aber den rechten Zeitpunkt – und der Kurs purzelt sogleich wieder auf 107 Euro, hat er zwei Möglichkeiten. Entweder er behält seinen ursprünglichen Referenzkurs von 100 Euro bei, verhält sich daher risikoscheu und streicht seinen Gewinn trotzdem schnellstmöglich ein. Oder der Hochpunkt bei 110 Euro wird zu seinem neuen Bezugspunkt – dann sieht er sich plötzlich als Verlierer. Sobald das Papier sich wieder auf 110 Euro erholt, wird auch er sich sogleich von seinem Engagement trennen – ohne gefühlte Verluste.

Ein langfristig orientierter Anleger mag seinen Einstandspreis mit der Zeit schlichtweg vergessen. Auch Gewöhnungseffekte spielen eine wichtige Rolle, wenn sich der Kursverlauf weit vom ursprünglichen Referenzpreis entfernt hat (das Phänomen der Adaption wird in Kapitel 8.2 ausführlich beleuchtet).

Es muss aber nicht immer der Einstandspreis sein, der einem Aktionär als Orientierung gilt. Einen weiteren Anhaltspunkt für die Anleger bieten Analystenprognosen oder die Ergebnis- und Umsatzschätzungen der börsennotierten Unternehmen. Auch der aktuelle Marktpreis kann ein wichtiger Bezugspunkt für den Entscheider sein, insbesondere dann, wenn es sich um außergewöhnliche Kursmarken handelt, etwa einen Jahreshöchststand. Auch professionelle Marktteilnehmer sind nicht davor gefeit, ein Wertpapier als überteuert zu empfinden und vor einem Kauf zurückzuschrecken, wenn es weit über die Grenzen der Handelsbandbreite aus der jüngsten Vergangenheit hinausgeschossen ist. Der entgangene Kursgewinn muss sich für den Anleger wie ein Verlust anfühlen. Das ist auch ein Grund, warum Börsengänge in Zeiten rasant steigender Aktienkurse so beliebt bei den Anlegern sind. Die neuen Wertpapiere haben keine Preishistorie, sie können nicht als überteuert wahrgenommen werden. Und der Investor muss bei der Erstnotiz nicht fürchten, eine bessere Kaufgelegenheit in der Vergangenheit verpasst zu haben.

Auch wenn er real einen Gewinn erzielt, wird ein Fondsmanager von einem relativen Verlust sprechen, wenn sein Portfolio sich schlechter als sein Vergleichsindex oder das Portfolio seiner Kollegen entwickelt. Entsprechend risikobereit wird er sich auch verhalten, da er sich mental in die Verlustzone versetzt sieht. Eine Studie belegt zum Beispiel, dass Hedgefondsmanager risikofreudiger agieren, sofern sich der Wert ihres Fonds unter der sogenannten *high watermark* befindet. Als *high watermark*, zu Deutsch: Hochwasser, gilt das bis dato beste Ergebnis, das der Fonds erzielen konnte. Dieser Stand ist die Messlatte für die Erfolgsgebühr vieler Hedgefondsmanager. Erst, wenn der Wert des Fonds die alte Höchstmarke überschreitet, fließt eine erfolgsabhängige Vergütung. Und nicht nur das: Gleichzeitig wird der Fondsmanager plötzlich zurückhaltender und reduziert sein Risiko, so die Studie.[228] Denn immerhin hat er dann seinen Referenzpunkt überschritten und sieht sich wieder als Gewinner.

Dasselbe gilt auch für den Privatanleger, der sein selbst gestecktes Kursziel noch nicht erreicht hat. Oder wenn der Zuwachs seines Depots geringer ausfällt als der des Nachbarn oder des Kollegen – auch dann mag er sich trotz realer Kursgewinne immer noch als Verlierer fühlen und sich risikobereiter zeigen.

Der Vergleich mit dem persönlichen Umfeld, dem Kollegen oder dem Nachbarn hat nicht nur Folgen für den einzelnen Entscheider selbst, sondern auch für einen kompletten Markt.

Referenzpunktverschiebung

Der Mensch bewertet immer relativ zu einem Referenzpunkt. Je nach Referenzpunkt empfindet er Gewinne oder Verluste und legt ein unterschiedliches Risikoverhalten an den Tag.

→ Je nach Referenzpunkt erscheint ein Engagement in völlig anderem Licht – fragen Sie sich, wie Sie zu Ihrer Aktienposition oder Ähnlichem stehen würden, wenn nicht der Nachbar oder der Kollege am Nebentisch Ihre Referenzgröße wäre. Wie würde Ihre Entscheidung unter einem anderen Referenzpunkt ausfallen?

***

Ob Schuhkäufer, Anleger, Autofahrer oder Manager – sie alle verhalten sich häufig scheinbar nicht konsistent. Doch blickt man hinter die Kulissen ihrer Entscheidungen, entdeckt man eine gewisse Systematik. Typisch menschliche Eigenschaften wie mentale Kontenführung, Referenzpunktabhängigkeit, Verlustaversion oder abnehmende Sensitivität führen je nach Situation systematisch zu unterschiedlichen Entscheidungen. Ursprüngliche Ziele verliert man oft aus den Augen: Immer wieder werden Dinge gekauft, die eigentlich gar nicht notwendig sind. Gewinne werden regelmäßig zu früh eingestrichen und bei Verlusten oder aussichtslosen Projekten wird oft erst viel zu spät die Reißleine gezogen. Beurteilt man eine Situation einmal aus einem anderen Blickwinkel, lassen sich die eigenen Inkonsistenzen aufdecken und Entscheidungen künftig optimieren.

7. Nicht immer war die Schlange schuld

Gute Menschen kommen in der falschen Situation oft vom rechten Weg ab – sowohl auf privater als auch auf öffentlicher und unternehmerischer Ebene. Spielräume, Anreize genauso wie die ganz typisch menschlichen Bedürfnisse und Verhaltensmuster, die bereits in den vorherigen Kapiteln vorgestellt wurden, begünstigen unmoralisches Verhalten. Doch die meisten Menschen nutzen solche Gelegenheiten bei Weitem nicht aus. Wie man mit einigen psychologischen Kniffen der Behavioral Economics sich selbst und andere an die eigene Rechtschaffenheit erinnern und die Rahmenbedingungen im Alltag, im Unternehmen und an den Finanzmärkten durch sinnvollere Anreize gestalten kann, erfahren Sie in den folgenden Abschnitten.

7.1 Die Gelegenheit beim Schopf ergreifen

Ihr 12-jähriger Sohn hat sich mit dem Nachbarsjungen gerauft, woraufhin Sie ihm untersagen, am Abend fernzusehen. Sie können jedoch nicht überprüfen, ob er sich an Ihr Verbot hält, denn Sie sind zu einer Weinprobe eingeladen. Damit haben Sie ihm einen Spielraum geschaffen, sich über das Verbot hinwegzusetzen. Noch dazu lassen Sie die Programmzeitschrift aufgeschlagen auf dem Küchentisch liegen. Mit nur einem Blick kann Ihr Sprössling erkennen, dass ausgerechnet an diesem Samstagabend einer seiner Lieblingsfilme ausgestrahlt wird – ein zusätzlicher Anreiz, heimlich fernzusehen. Gibt er seinem Verlangen nach und nutzt die Gunst der Stunde, ist er aber noch lange kein schlechter Mensch. Die Verlockung war groß, die Gelegenheit war da – er hat sie schlichtweg beim Schopf ergriffen.

Das klingt banal, aber nach ähnlichem Prinzip laufen viele Schummeleien bei der Steuererklärung und am Arbeitsplatz, Tricksereien beim Sport bis hin zu handfesten Betrugsskandalen in Unternehmen mit millionenschweren Schäden ab.

Hin und wieder beobachten Sie Ihr Kind dabei, wie es beim Mensch-ärgere-dich-nicht-Spiel seine Kameraden beschummelt, die gleichfalls keine Gelegenheit auslassen, um ihre Spielfigur in eine bessere Position zu bringen. Oder vielleicht haben Sie selbst schon einmal am Wochenende auf dem Fußballplatz im gegnerischen Strafraum eine bühnenreife »Schwalbe« vollführt – man lässt sich theatralisch fallen, obwohl einen der Gegner nur harmlos gestreift hat –, um sich und seiner Mannschaft einen Vorteil zu verschaffen. Der Schiedsrichter kann seine Augen schließlich nicht überall gleichzeitig haben und der Anreiz ist groß: Man will ja gewinnen!

Denken Sie einmal weiter: Mancher sonst so vertrauenswürdige Arbeitnehmer hat schon einmal einen Stift aus dem Büro mitgenommen – der Spielraum ist vorhanden, denn bei all dem Material, was verbraucht wird, fallen ein Stift oder ein paar Briefumschläge schließlich nicht auf.

Und noch ein bisschen weiter: Studenten oder Doktoranden stehen unter immensem Leistungs- und Zeitdruck. Irgendwann kam für viele der Augenblick, in dem sie das erste Mal einen Satz aus einem Fachbuch oder einem wissenschaftlichen Journal direkt und ohne Quellenzitat übernahmen, um ihre Arbeit weiter voranzubringen. Der Weg zum zweiten und dritten Plagiat war dann nicht mehr weit – die moralische Hürde ist durch die erste Verfehlung bereits geringer geworden. Dasselbe gilt für den einen oder anderen Unternehmer, der unter dem hohen Wettbewerbsdruck seine Bilanz nur ein ganz klein wenig aufhübscht – jedes Jahr ein bisschen mehr.

Was ist beispielsweise mit den viel gescholtenen Bankern? Die meisten Bankmitarbeiter, die in betrügerische Spekulationsgeschäfte, beispielsweise den LIBOR-Skandal, verwickelt waren, sind im Grunde vermutlich keine schlechten Menschen. Der LIBOR ist quasi »die Nulllinie des Kapitalmarkts«, der Zinssatz, zu dem sich Banken untereinander Geld leihen, und wird täglich in London festgelegt. Gleichzeitig bildet er die Grundlage für Millionen von Wertpapier- und Zinsprodukten – er selbst basiert auf einer täglichen Umfrage unter den größten Banken am Standort London. Mehrere Großbanken sollen diesen Interbankenzins über Jahre hinweg manipuliert haben.[229] Einerseits konnten einige Händler durch diese Absprachen Spekulationsgewinne erwirtschaften, andererseits konnten die Banken in der Zeit der Finanzkrise durch einen künstlich nach unten verfälschten Zins nach außen hin eine bessere Liquiditätssituation suggerieren und schönten so die eigene Kreditwürdigkeit.

Einige der beschriebenen Verhaltensweisen sind völlig legal, manche fallen in die Grauzone zwischen Recht und Unrecht, andere hingegen sind nach geltendem Recht eindeutig verboten. Aber für alle gilt: Sie sind in jedem Fall unmoralisch. Doch diese ethischen Maßstäbe, die die feine Linie zwischen Gut und Böse (nicht unbedingt zwischen Recht und Unrecht!) darstellen, sind keineswegs in Stein gemeißelt. Schleichend verschiebt sich diese Referenzgröße mit jeder kleinen Mogelei, mit jedem winzig kleinen Regelverstoß, mit jeder weiteren großzügigen Auslegung des Rechts und der Gesetze, und eines Tages ist die Überraschung groß, dass die eigenen Wertvorstellungen sich doch so weit von der Auffassung der Mitbürger entfernt haben. Auch Moral ist letztlich nur relativ. Einem so beliebten Politiker wie dem einstigen Verteidigungsminister Karl-Theodor zu Guttenberg schlug die herbe Kritik der Öffentlichkeit, besonders die der akademischen Gemeinde, entgegen. Er wurde im Februar 2011 beschuldigt, weite Teile seiner Doktorarbeit aus fremden Texten ohne Quellenverweis übernommen zu haben;[230] ihm wurde sein Doktorgrad aberkannt und er trat von allen politischen Ämtern zurück. Genauso wie der Unternehmer, der an seiner Bilanz gedreht hat, aus allen Wolken fällt, wenn die Steuerfahndung oder die Polizei vor der Tür steht. Was, ich? – Ich bin doch eine rechtschaffene Person, was habe ich den falsch gemacht?

Oft ist es doch so: Sobald der Spielraum vorhanden ist und die Anreize entsprechend gesetzt sind, wird es immer einige geben, die darauf reagieren und den Verlockungen des Alltags oder der Märkte erliegen. Gelegenheit macht Diebe, sagt ein Sprichwort, und trifft es damit im Kern: Selbst gute Menschen werden in der richtigen Situation, oder sollte man besser sagen: in der falschen, häufig zu Schummlern, Lügnern und gar zu Verbrechern.

Selbst im Paradies waren es der Spielraum und die Anreize, die es begünstigten, dass Adam und Eva am Ende aus dem Garten Eden vertrieben wurden, nachdem sie verbotenerweise vom Baum der Erkenntnis genascht hatten. Zwar schob Adam die Schuld auf Eva und Eva wiederum auf die Schlange, doch die

Schlange wirkte lediglich als ein weiterer Anreiz, den Spielraum hatte Gott bereits geschaffen, indem er den Baum der Erkenntnis mit den köstlichen Früchten überhaupt erst in der Mitte des Gartens wachsen ließ.

Anreize oder Incentives, wie es Neudeutsch heißt (abgeleitet vom Lateinischen *incentivus*, was anregend oder reizend bedeutet), sind das Bindeglied zwischen Bedürfnis und Motivation. Indem solche Anreize die ganze Klaviatur menschlicher Bedürfnisse ansprechen, sieht sich der Mensch zu einem bestimmten Verhalten veranlasst.[231] Dazu gehören natürlich monetäre Belohnungen, aber auch die Aussicht auf Macht, Erfolg, Spaß oder Bewunderung oder die Vermeidung von Schmerz, Verlusten und anderen Dissonanzen. Daneben reagiert der Mensch auch auf moralische Anreize, bei denen Wohlverhalten belohnt, unmoralisches Verhalten hingegen verachtet wird, denn er möchte vor sich und anderen als rechtschaffen gelten, wie im Abschnitt 7.2 zu lesen sein wird. Man lässt sich nicht nur durch externe Anreize motivieren (z.B. monetäre Belohnungen), sondern eben auch durch interne Incentives (z.B. die Aussicht auf Glücksgefühle bei kooperativem und fairem Verhalten).

Die Lösung klingt einfach: Um unmoralisches Verhalten zu verhindern, muss man gute Menschen »besser« machen oder die Situation ändern. Doch das ist leichter gesagt als getan. Die Behavioral Economics kann hier einen wichtigen Beitrag leisten. Statt nur mit Verboten und Strafen zu drohen, kennen die Verhaltenswissenschaftler andere Methoden, um Menschen auf den rechten Weg zu führen. Zahlreiche Studien bieten Einblick, wann und unter welchen Bedingungen sich Menschen moralisch korrekt verhalten oder eben nicht. Was positiv stimmt: Die meisten Menschen nutzen die Gelegenheiten, die sich ihnen bieten, um sich einen eigenen Vorteil zu verschaffen, bei Weitem nicht aus.

Zunächst sollen der Mensch und seine Moral einmal genauer unter die Lupe genommen werden, danach werden Beispiele aufgezeigt, wie man ungünstige Situationen in positive Situationen ummünzen kann, indem man andere externe Anreize setzt.

7.2 Der kleine Wachmann im Kopf

Bietet sich die Gelegenheit zum Mogeln – im Mathetest, bei der Steuererklärung etc. – dann lässt man sich gern einmal dazu verleiten. Aber das Gros der Menschen tut es längst nicht im maximal möglichen Ausmaß. Sogar wenn das Risiko, bei einer Schummelei erwischt zu werden, gleich null ist, werden die meisten nicht sonderlich unehrlich. Der Schüler spickt nicht ständig, auch wenn der Aufsicht führende Lehrer noch so abgelenkt ist, und der Steuerpflichtige fügt vielleicht nur 20 Kilometer zur Werbungskostenabrechnung hinzu, obgleich auch 50 nicht auffallen würden. Eine Studie ergab, dass Studenten im Durchschnitt während eines Tests nur rund zwanzig Prozent des »Schummelspielraums« ausnutzen.[232]

Es ist nicht so sehr das Strafmaß oder das Risiko, ertappt zu werden, das den Menschen von weiteren Mogeleien abhält. Tatsächlich wollen die meisten ein ehrliches Dasein fristen. Vor sich selbst und der Welt möchten sie als ehrbar und gerecht gelten. Alles, was dem positiven Selbstbildnis widerspräche, riefe nämlich ziemliches Unbehagen hervor, sogenannte kognitive Dissonanz (Näheres entnehmen Sie dem Kapitel 3.1 über kognitive Dissonanz). Schließlich möchte man Handlungen, Wertvorstellungen und Erwartungen im Einklang miteinander wissen, Fehlverhalten hingegen stört diese innere Harmonie. Der Mensch ist eben kein Homo oeconomicus, der immer nur für sich den größtmöglichen Vorteil herausschlagen möchte. Vielmehr ist er ein sogenannter Homo reciprocans: Er verhält sich bereitwillig kooperativ und verstößt nicht gegen die gesellschaftlichen Regeln – wenn sein Umfeld mitzieht und die sozialen Normen gleichfalls einhält.[233]

Überdies werden Rechtschaffenheit und Kooperation belohnt – das Belohnungszentrum im Gehirn wird aktiv, wenn man sich kooperativ und fair verhält[234] (mehr über diese Vorgänge im Gehirn lesen Sie im Kapitel 10.5, »Moralischer Widerstreit«). Die Forscher sind sich indes alles andere als einig, was genau im Gehirn passiert, wenn man doch schummelt.[235] Auch deshalb ist es wohl bislang nicht gelungen, mittels neuer neurowissenschaftlicher Methoden verlässliche Lügendetektoren einzuführen.

Kleine Schwindeleien führen offenbar nicht zu einem Konflikt – der Schummler zweifelt noch nicht an seiner eigenen Rechtschaffenheit. Wenn man sich einmal das Bild eines kleinen Moralapostels im Kopf vorstellt, so erhebt dieser wohl nur den Finger, wenn der Mensch über größere Untaten nachdenkt und bringt ihn dann (im Idealfall) zurück auf den Pfad der Tugend.[236]

So entgeht es dem kleinen internen Wachmann auch, wenn man lediglich einen Kugelschreiber im Büro stibitzt. Dabei ist das doch objektiv betrachtet nichts anderes, als ließe man vom Schreibtisch des Chefs zehn Cent mitgehen! Doch wer würde sich schon am Geld anderer vergreifen, und wenn es nur Kleingeld ist? Sie? Sicher nicht. Denn auch wenn es Kleinstbeträge sind: sobald Geld im Spiel ist, ist der interne Wachmann plötzlich doppelt aufmerksam.[237]

Allerdings ist der kleine Wachmann im Oberstübchen hin und wieder überfordert. Wenn der Entscheider unter Stress und Zeitdruck steht, greift er häufiger zu unmoralischen Mitteln.[238] Und obendrein ist der kleine Wachmann auch noch bestechlich: Wenn man ihm und sich selbst vor Augen hält, dass man es bei der Steuerschummelei einer Vielzahl von Mitbürgern doch nur gleich tut, lässt er auch noch weitere 20 fiktive Extrakilometer in der Einkommensteuererklärung durchgehen. »Außerdem schade ich damit doch niemandem«, »Die haben es doch nicht anders verdient« oder »Es ist doch nur zum Wohle der Allgemeinheit« sind gleichfalls beliebte Taktiken (Neutralisierungsstrategien[xxxvii]), um das eigene Gewissen zu beruhigen und die aufkommende kognitive Dissonanz zu bewältigen. Mehr noch: Um einen Fehltritt überhaupt erst zu ermöglichen und zu rechtfertigen, der eigentlich gegen die eigenen moralischen Grundsätze verstößt.[239]

Auch wenn man sich unfair behandelt fühlt, drückt der interne Moralapostel offenbar ein Auge zu: Die meisten schöpfen ihren Spielraum für Unehrlichkeit zwar nicht aus – sie reizen ihn aber häufig ein wenig weiter aus, wenn sie Ungerechtigkeit wittern.[240] Wenn man sich nicht fair entlohnt fühlt oder der Chef den Kollegen eine Gehaltserhöhung gibt, man selbst aber leer ausgeht, ist manch einer versucht, »sein Geld« auf andere Art und Weise zumindest teilweise »zurückzuholen«. Der interne Wachmann ist, je nach Rahmenbedingung, unter-

xxxvii Die Neutralisierungsstrategien gehen auf die beiden US-Kriminologen Gresham M. Sykes und David Matza zurück. Sie erklärten mit ihrer Neutralisierungstheorie, warum ein jugendlicher Straftäter eine Norm zwar für gültig halten, sie aber dennoch brechen kann. Die Theorie wurde generalisiert für sämtliche Handlungen, die von sozialen Normen abweichen.

schiedlich streng: Wird ein Sachverhalt als Wettbewerb dargestellt, sehen es die meisten Menschen »sportlich«: Ein bisschen schummeln ist auf dem Sportplatz oder beim Mensch-ärgere-dich-nicht-Spiel schließlich an der Tagesordnung und ist eher die Norm als die Ausnahme. Dann darf es aber einen Manager auch nicht wundern, wenn seine Mitarbeiter zu unmoralischen Mitteln greifen, wenn er ihnen zuvor zu verstehen gegeben hat, sie stünden in einem spielerischen Wettbewerb untereinander oder mit anderen Firmen.[241] Beim Energiekonzern Enron etwa war in den 1990er-Jahren der Bonus der Manager an das berichtete Geschäftsergebnis (EBITDA) und den Gewinn je Aktie (EPS) geknüpft worden, kurz: Die Manager standen im Wettbewerb, und zwar um die kreativste Buchführung, und nicht um die Steigerung des echten Vermögenswertes der Anteilseigner. Im Jahr 2001 meldete das Unternehmen Insolvenz an und ging mit einem der schlimmsten Bilanzfälschungsskandale in die Geschichte ein.[242]

Um aus guten Menschen noch »bessere« zu machen, sollte man die Aufmerksamkeit des internen Wachmanns schärfen. Denn nicht nur wenn Geld im Spiel ist, wird er plötzlich doppelt aufmerksam. Vermag es ein Lehrer, eine Institution, ein Unternehmen, ein Gesetz, den Moralapostel im Kopf zu Höchstleistungen anzuspornen, kann die Mogel- oder Verbrechensbereitschaft deutlich vermindert werden!

Ein Beispiel: Mittlerweile ziehen nicht nur in den USA, sondern auch in Deutschland an Halloween zahlreiche verkleidete Kinder durch die Straßen. Sie klingeln an den Haustüren und rufen »Süßes oder Saures!« (»Trick or treat!«). Natürlich tut man gut daran, an diesem Abend einen großen Korb voller Leckereien bereitzuhalten. Im Rahmen einer wissenschaftlichen Studie baten Wissenschaftler im Heimversuch die Schleckermäuler, sich jeweils nur ein Bonbon aus dem Korb zu nehmen, ließen die Kinder aber dann mit den Süßigkeiten allein. Interessanterweise nahmen vor allem diejenigen Kinder, die sie zuvor nach Namen und Adresse befragt hatten, nur ein Bonbon. Mehr noch: Hing ein Spiegel vor dem Süßigkeitenkorb, waren diese kleinen Probanden sogar noch ehrlicher.[243]

Seinen eigenen Namen laut zu sagen oder sein Gesicht im Spiegel zu sehen, schärft offensichtlich die Selbstwahrnehmung. Der interne Wachmann ruft umso lauter, denn die Diskrepanz zwischen dem eigenen möglichen Fehlverhalten und dem favorisierten, idealen Selbstbild – man möchte doch ein guter Mensch sein – wird ins Bewusstsein gerufen und erscheint umso offensichtlicher. Kaum jemand will dabei ertappt werden, auch nicht von sich selbst, wie er gegen anerkannte Normen verstößt.

Verhaltensökonomen vom renommierten Massachusetts Institute of Technology (MIT) wiederum ließen Studenten vor einem Mathematiktest die zehn Gebote aufsagen bzw. eine nicht bindende, frei erfundene ehrenwörtliche Erklärung unterschreiben – »Ich nehme zur Kenntnis, dass dieser Test unter die MIT-Ehrbarkeitsregeln fällt«. Auch das zeigte Wirkung: Die Mogelquote sank drastisch.[244] Es reicht offenbar schon aus, den potenziellen Schummler regelmäßig vor dem Moment der Versuchung an ehrliches Verhalten zu erinnern, ihn bei der eigenen Ehre zu packen. Hätte man Eva einen Eid leisten oder einen Ehrenkodex unterschreiben lassen, bevor die Schlange sie in Versuchung führen wollte, dann wäre die Schöpfungsgeschichte vielleicht anders ausgegangen: Dann hinge der Apfel heute noch im Wipfel des Baums der Erkenntnis, und Adam und Eva lebten womöglich immer noch im Paradies.

***

Indem man die Aufmerksamkeit des internen Moralapostels schärft, werden aus guten Menschen »bessere«. Den Spielraum, den Gesetze und Regeln zulassen, reizen die meisten nicht aus, da ihr innerer Wachmann ihnen dank ihrer eigenen Wertvorstellungen, die sich gewöhnlich an gesellschaftlichen Normen orientieren, viel engere Grenzen setzt. Durch Ehrenkodizes, einen regelmäßigen Appell an die eigenen Werte – dafür reicht manchmal schon ein Blick in den Spiegel – werden diese internen Grenzen erneuert oder gar enger gezogen.

7.3 (Neue) Normen müssen her!

Um das Moralverständnis des Sohnemanns, der Mitarbeiter oder der Bürger zu prägen, müssen Eltern, Manager oder Politiker natürlich äußere Normen einführen, vorleben und pflegen, denn sie gelten den internen Wachmännern als Referenzpunkt. Allerdings sind derlei Normen überaus zarte Pflänzchen. Denn was für den Einzelnen gilt, ist natürlich auch für eine ganze Gesellschaft beobachtbar: »Ist der Ruf erst ruiniert, lebt sich's gänzlich ungeniert« – sind die Werte einer Gesellschaft erst einmal verfallen, sind sie kaum wiederherzustellen. Eindrucksvoll lässt sich das auch anhand einer Studie zeigen, die man in Manhattan durchgeführt hat: Insbesondere die UN-Diplomaten aus Staaten mit hoher Korruption fielen durch nicht beglichene Strafzettel für Falschparken auf.[245]

Die Umgebung ist ein starkes Signal, wenn es um die Einhaltung von Normen und Regeln geht: Wenn andere ihren Müll achtlos auf den Gehweg werfen, tut man es selbst auch. Verhält sich das Umfeld jedoch regelkonform, agiert man auch eher kooperativ und rechtschaffen. Eine saubere öffentliche Parkanlage etwa lädt zu »sauberem« Verhalten förmlich ein.

Ist ein Steuerzahler überzeugt, dass auch seine Nachbarn ihren fairen Beitrag zum öffentlichen Wohlergehen zahlen, zeigt er eine höhere Bereitschaft, selbst Steuern abzuführen. »Fair« ist hierbei übrigens erneut das Schlüsselwort: Der Mensch ist eher bereit, Unvorteilhaftes wie die leidige Steuerschuld zu akzeptieren, wenn das zugrunde liegende Verfahren als fair (dazu gehört auch transparent und konsistent) und gerecht erachtet wird. Kopfsteuern gehören übrigens nicht dazu, sie werden von einem Großteil der Bürger als unfair beurteilt – die Steuermoral sinkt.[246]

Um dem generellen Verfall der Normen entgegenzuwirken, ist eine entsprechende Erziehung im Kindergarten und in der Schule vonnöten. Auch Ehrenkodizes können den Bürgern immer wieder die eigene Rechtschaffenheit ins Gedächtnis rufen. Sogar eine Art hippokratischer Eid für Manager wird in diesem Zusammenhang immer wieder diskutiert. Im Juni 2009 schwor bereits die Hälfte der damaligen Harvard-Absolventen, dem »Allgemeinwohl« zu dienen, mit »äußerster Integrität« vorgehen zu wollen und sich gegen Entscheidungen zu wappnen, die dem Unternehmen und der Gesellschaft schaden.[xxxviii] Auch wenn die Einhaltung eines solchen Eides zweifelsohne kaum überprüfbar ist, soll er doch vor allem den Schwörenden selbst an seine Ehrbarkeit erinnern und damit seinem inneren Moralapostel mehr Gehör verschaffen. Besser noch wä-

[xxxviii] Der volle Wortlaut des Manager-Eides ist unter http://www.mbaoath.com/ nachzulesen.

re ein regelmäßiger Appell an das Gewissen – etwa eine alljährliche Erneuerung des Eides in einer öffentlichen Zeremonie. Damit würde sichergestellt, dass die eigenen moralischen Maßstäbe immer wieder gerade gerückt und in Erinnerung gerufen werden.

Viele Firmen haben längst unternehmenseigene Verhaltenskodizes eingeführt. Hierin ist festgehalten, welches Verhalten innerhalb des Unternehmens verpönt bzw. akzeptiert ist. Die Inhalte sind höchst unterschiedlich gestaltet: Der Kodex kann etwa Prinzipien, Verantwortlichkeiten, Standards, Richtlinien, Ge- und Verbote enthalten. Dabei bekennen sich das Unternehmen und – im Idealfall – seine Mitarbeiter z. B. zu fairem Wettbewerb, ehrlicher Berichterstattung an die Aktionäre, Vertraulichkeit gegenüber Kunden und Lieferanten oder dem verantwortlichen Umgang mit Unternehmenseigentum und natürlichen Ressourcen. Überdies werden die Mitarbeiter dazu ermutigt, ethische Dilemmata anzusprechen und Zuwiderhandeln anzuzeigen.

Allein durch die Einführung eines solchen Kodex kann man aber noch keine neue Norm schaffen. Dazu gehört auch, dass diese Ethikrichtlinien transparent, leicht verfügbar, verständlich und umsetzbar sind. Die wahrgenommene Qualität eines Unternehmenskodex drückt sich in einem breiten Spektrum von Verhaltensregeln aus, und noch wichtiger: Was als moralisch verwerflich bzw. akzeptabel gilt, muss im Unternehmen auch vorgelebt werden durch die Führungskräfte auf allen Management-Ebenen. Überdies müssen Vorgesetzte erreichbare Ziele für ihre Mitarbeiter setzen, die sie nicht in Konflikt mit den Vorgaben des Kodex bringen, und Ansprechpartner sein, sollte ein Mitarbeiter in ein ethisches Dilemma geraten oder Verstöße gegen den Kodex beobachten. Das sind keinesfalls nur wohlgemeinte Ratschläge – Befragungen unter mehreren Tausend Angestellten haben gezeigt, dass unethisches Verhalten in Unternehmen, die die ethischen Richtlinien wie beschrieben eingeführt haben, weniger häufig auftritt.[247]

In Schulen und Universitäten bewähren sich solche Ehrenkodizes gleichfalls, allerdings eben nur dann, wenn sie auch gelebt werden, wenn die Regeln klar kommuniziert werden. Auch konkrete ethische Trainings und Curricula bieten sich an, in denen Schüler und Studenten moralische Fragen unter Anleitung diskutieren können.[248]

Und der Sohnemann? Natürlich ist im privaten Umfeld Ähnliches anwendbar, was hier schon auf politischer, schulischer und unternehmerischer Ebene angerissen wurde. Nicht, dass Sie Ihre Kinder gleich einen Verhaltenskodex unterschreiben lassen sollen – aber es gelten dieselben Prinzipien, wie beispielsweise »Fairness«. Genauso dürften innerfamiliäre ethische Diskussionen die inneren Moralapostel aller Familienmitglieder schärfen.

7.4 Gelegenheit macht Diebe – oder bessere Menschen

Damit gute Menschen in bestimmten Situationen nicht das Falsche tun, muss man entweder beim Menschen selbst und seinem Moralverständnis ansetzen – so zu lesen in den beiden vorangegangenen Abschnitten – oder die äußeren Rahmenbedingungen ändern.

Zweifellos gehört der Baum der Erkenntnis eingezäunt, und die Spielräume für Verfehlungen müssen eingegrenzt werden: Die Banker etwa, die den LIBOR festgelegt und dabei manipuliert haben sollen, hatten ziemlich große Freiräume, denn der Referenzzinssatz basierte nicht unbedingt auf real gehandelten Geschäften. Der Ermessensspielraum war groß und muss künftig beschränkt werden durch neue Methoden der LIBOR-Erhebung.

Sofern es um das Verhindern illegaler Handlungen ging, so lautete das beliebte Allheilmittel gegen Lug und Trug bislang häufig: Abschreckung durch höhere Strafen und eine höhere Aufklärungsrate sowie strengere Gesetze und Regulierung. Natürlich lotet ein potenzieller Schummler oder Betrüger nicht nur seine Spielräume aus, sondern zieht auch das Risiko, entdeckt zu werden, in Betracht – denn die Vermeidung von Strafe ist schließlich auch ein Anreiz. Aber das ist nur die eine Seite der Medaille: Wenn andere Motive und Anreize stärker und attraktiver sind, wird das den potenziellen Übeltäter nicht abhalten. Und für diejenigen, die die vorhandenen tatsächlichen Spielräume erst gar nicht ausnutzen, weil ihre persönlich wahrgenommenen moralischen Grenzen ohnehin viel enger gezogen sind, spielt die Strafandrohung keine Rolle – sie bleiben in der speziellen Situation ehrlich, egal wie hoch das Strafmaß ist. Daher haben die Verschärfung von Strafe und ein erhöhtes Entdeckungsrisiko nur begrenzte

Wirkung auf die Betrugsbereitschaft der Bevölkerung. Besonders dramatisch: Bislang konnte zum Beispiel auch keine wissenschaftliche Studie belegen, dass die Einführung bzw. die vermehrte Anwendung der Todesstrafe die Mordrate in einem Land reduziert! Viel wichtiger ist – und das gilt nicht nur für illegale Aktivitäten, sondern auch für unethisches Verhalten, das durchaus legal ist – wie der interne Wachmann das beurteilt, was der potenzielle Übeltäter gerade vorhat. Sicherlich: Man muss illegales Verhalten konsequent bestrafen, aber gleichzeitig sollte man vor allem kräftig an anderen Anreizschrauben drehen, um Wohlverhalten zu fördern. Um im Bild von Adam und Eva zu bleiben: Es könnten weitere Bäume im Paradies gepflanzt werden, die viel verlockendere Früchte tragen als der Baum der Erkenntnis.

Anreize sprechen die spontane menschliche Neigung an, einen kurzfristigen Vorteil zu erlangen bzw. einen Nachteil abzuwenden. Wenn man auf Provisionsbasis entlohnt wird, ist man motiviert, härter zu arbeiten und mehr zu verkaufen. Wenn die Preise an der Zapfsäule steigen, wird man sein Auto öfter stehen lassen und das Fahrrad benutzen. Bei vielen Entscheidungen gerät man jedoch in ein ethisches Dilemma: Im Kopf spielt sich dabei ein moralischer Widerstreit ab (siehe auch Kapitel 10.5), bei dem der innere Moralapostel gegen die egoistische Neigung ankämpft. Sind die externen Incentives zu verlockend, verliert der interne Wächter der Moral.

Je nachdem, wie die Anreize gesetzt sind, wird damit ein Verhalten gefördert, das dem Menschen, dem Unternehmen oder der Gesellschaft nutzt. Falsch gesetzte Anreize begünstigen jedoch nachteiliges Verhalten. Wenn Sie Ihr Kind dafür belohnen, dass es beim Mensch-ärgere-dich-nicht-Spiel gewonnen hat, obwohl Sie genau beobachtet haben, dass sein Sieg nur das Ergebnis einer Schummelei war, wird es beim nächsten Mal wieder mogeln. Wenn eine Bank ihre Mitarbeiter anspornt, möglichst hohe Summen eines bestimmten, provisionsträchtigen Investmentfonds zu verkaufen, müssen sich die Manager am Ende nicht wundern, wenn der Fonds auch in den Depots derjenigen Privatanleger landet, die dieses Produkt überhaupt nicht verstehen und für deren Risikoneigung und Anlageziele es völlig ungeeignet ist. Erhält der Manager eines Unternehmens einen Bonus, wenn er eine bestimmte Messgröße maximiert, z. B. Gewinn je Aktie, wird er sich kurzfristig auf dieses Kriterium fokussieren, nicht aber zwingend auf das langfristige Wohl der Firma. Ihr Immobilienmakler mag Ihnen zwar sehr sympathisch sein, doch vermutlich wird er versuchen, Ihnen das Haus ihrer Wahl zu einem möglichst hohen Preis zu verkaufen, denn schließlich errechnet sich sein Gewinn als Prozentsatz des Kaufpreises. Und warum werden Rating-Agenturen eigentlich immer von demjenigen bezahlt, den sie bewerten sollen? Ist das nicht, als würde man jemanden dafür bezahlen, ein besonders gutes Wort einzulegen? Von Unabhängigkeit keine Spur!

Im schlimmsten Fall gewinnt nicht einmal derjenige, der auf die Anreize reagiert und sich einen eigenen Vorteil erhofft hat. Das klassische Gefangenendilemma, ein viel zitiertes Beispiel aus der Spieltheorie, ist so ein Fall: Zwei Männer werden verhaftet, sofort voneinander getrennt und separat verhört, sodass sie sich nicht absprechen können. Die Kommissare bieten beiden einen Deal an: Wenn der eine Gefangene gesteht, und damit seinen Mittäter überführt, erhält er nur eine geringe Strafe, der belastete Komplize hingegen eine umso härtere. Obwohl die Gefangenen auch die Möglichkeit hätten zu schweigen – einhelliges Leugnen würde ihnen eine mäßige Strafe einbringen –, sind beide geneigt, zu gestehen. Am Ende haben sie sich damit gegenseitig zu schuldigen Komplizen gemacht und es erwartet sie eine harte Strafe. Beide haben verloren, obwohl jeder für sich in seinem eigenen Interesse gehandelt hat. Das Gefangenendilemma tritt in zahlreichen wirtschaftlichen und gesellschaftlichen Konstellationen auf. Man stelle sich etwa die Fischer eines Sees vor, die sich allesamt sagen: »Warum soll ich darauf achten, den Fischbestand zu erhalten und weniger zu fischen? Ich fange so viel, wie ich bekommen kann. Der Fisch, den ich nicht mit meinem Netz aus dem See hole, wird vom nächsten Fischer ohnehin gefangen.« Die Folge: Überfischung. Wenn jeder Fischer nur seinen eigenen Vorteil im Sinn hat, sind sie am Ende allesamt arbeits- und verdienstlos. Die Prognose für die Weltmeere war in 2006 dramatisch: Im Jahr 2048, so hieß es in einer (allerdings nicht unumstrittenen) Studie, werde der Bestand sämtlicher wild lebender Arten in den Ozeanen kollabieren.[249]

Damit ein Entscheider das »Richtige« tut, sollte man die jeweilige Situation genau unter die Lupe nehmen: Wo sind Spielräume für ethische Dilemmata? Wer profitiert wovon und von wem? Löst ein Anreiz das beabsichtigte Verhalten aus? Hat man all das identifiziert, kann man die Spielräume verkleinern und neue Anreize setzen.

Nehmen Sie sich noch einmal das Beispiel der Fischer vor: In der Vergangenheit haben die Behörden durch komplizierte neue Regelungen versucht, der Überfischung auf Seen und Meeren entgegenzuwirken. Zum Beispiel, indem man die Zahl der Boote limitierte – das motivierte die Fischer allerdings nicht dazu, weniger zu fangen, sondern mit immer größeren Booten auf Fischfang zu gehen. Stattdessen muss man den Fischern einen Grund geben, damit sie nur eine begrenzte Anzahl von Fischen fangen, um die Bestände langfristig zu erhalten. Hierfür sollte man das eigennützige Verhalten der Fischer für sich und die gute Sache arbeiten lassen: Vielerorts hat man mittlerweile frei handelbare Fanglizenzen eingeführt: Einem Unternehmen wird das Recht verkauft oder zugestanden, eine bestimmte Menge Fisch zu fangen. Wird die eigene Quote nicht voll ausgeschöpft, kann das Fangrecht an andere Fischer weiterverkauft werden. Die Lizenz hat allerdings nur dann einen Wert, wenn sich noch genügend Fisch im jeweiligen Gewässer befindet. Die Fischer verspüren dadurch einen Antrieb, den Fischbestand zu erhalten. Und Studien belegen erste Erfolge: Dank solcher handelbarer Quoten könne der Zusammenbruch der Meerestierbestände verzögert, wenn nicht gar verhindert werden, heißt es.[250]

Gerade an den Finanzmärkten kann man immer wieder beobachten, wie fehlgeleitete Anreize in die Katastrophe führen. Das Problem: Die Verflechtungen der Akteure und die vielen verschiedenen Anreizsysteme sind häufig so komplex, dass die Dilemmata vielfach erst dann ersichtlich werden, wenn es schon zu spät ist. Komplizierte Schneeballsysteme fliegen oft erst auf, wenn die Anleger bereits einen hohen finanziellen Schaden erlitten haben. Betrügerische Bankmitarbeiter in den Handelssälen werden erst dann entlarvt, wenn die finanziellen Verluste zu groß werden. Und die fehlgesteuerten Bonussysteme werden erst überdacht, wenn ein Investment oder gar das ganze Unternehmen vor dem Abgrund steht.

Beim Thema Bonus kommen gleich mehrere Probleme zusammen – nicht nur in den Banken, sondern in sämtlichen Branchen. Ein Problem wurde bereits im Kapitel 5, »Alles ist relativ«, angesprochen: Wer beispielsweise ein Umsatzziel vor Augen hat, wird zu Beginn des Geschäftsjahres mental in die Verlustzone manövriert. Das erzeugt nicht nur Stress und Leistungsdruck – was ohnehin unmoralisches Verhalten begünstigt –, sondern führt auch zu einer höheren Risikobereitschaft. Beim Thema Bonus tritt das klassische Principal-Agent-Problem zutage: Der Eigentümer (*principal*) beauftragt einen Manager (*agent*) gegen Entlohnung beispielsweise mit der Leitung seines Unternehmens. Da beide aber unterschiedliche Ziele und Interessen verfolgen können, besteht die Gefahr von Konflikten. Die Krux: Als Unternehmenseigentümer bekommt man, wofür man bezahlt. Verspricht man seinem Manager einen Bonus, sobald er ein bestimmtes Ziel erreicht, ist dieser motiviert, sich auf das Erreichen dieses Ziels zu fokussieren, um die Prämie zu kassieren. Aber sind die Managerziele auch richtig gewählt? Stimmen sie mit denen der Unternehmenseigentümer überein? Sicherlich bevorzugen die meisten Manager den ehrlichen Weg, um die gesteckten Ziele zu erreichen. Aber es ist leichter, sich moralisch und rechtlich korrekt zu verhalten, wenn nur ein geringer Teil des eigenen Einkommens auf dem Spiel steht. Geht es aber um große Geldbeträge, steigt die Verlockung, sich unrechtmäßig zu verhalten.[251] Wenn der Manager bei der Buchhaltung trickst oder die Qualität des Produkts aus den Augen verliert, um den Gewinn je Aktie in die Höhe zu treiben, ist das sicherlich nicht im Sinne der Anteilseigner. Und dass es falsch ist, wenn Managern kurzfristige Boni in Aussicht gestellt werden, obgleich sie doch auf die langfristigen Ziele des Unternehmens hinarbeiten sollen, mussten viele Unternehmen und Aktionäre gleichfalls schmerzlich erkennen.

Als Heilmittel galten lange Zeit Aktienoptionen, um den Manager zu animieren, den Unternehmenswert im Sinne der Eigentümer zu steigern: Üblicherweise erhält ein Manager jährlich eine bestimmte Anzahl von Aktienoptionen, die meist erst nach Ablauf einer Sperrfrist (häufig zwei bis drei Jahre) ausgeübt werden dürfen. Je höher der Aktienkurs während der Laufzeit der Option steigt, desto größer fällt auch das Einkommen des Managers aus. Aber auch damit kann das Anreizproblem nicht gelöst werden: Immer noch könnte der Manager in Versuchung geraten, kurzfristig den Aktienkurs seines Unternehmens zu befeuern, aber das langfristige Wohl der Firma und Anteilseigner außer Acht zu lassen. In diversen Studien musste leider festgestellt werden, dass in Unternehmen, in denen besonders großzügige Aktienoptionen gewährt werden, häufiger buchhalterische Betrügereien beobachtet werden können.[252] Gleichzeitig steigt auch die Wahrscheinlichkeit, dass Kredite nicht mehr zurückgezahlt werden können, weil das Unternehmen nicht zuletzt wegen kurzfristig riskanter Strategien seiner Manager langfristig in eine Schieflage gerät.[253]

Wie kann man das Anreizproblem lösen? Es kursieren vielfältige Vorschläge, beispielsweise die Sperrfrist der Manageraktien und Aktienoptionen deutlich zu verlängern, die Managerziele an andere Messgrößen zu binden, die das langfristige Unternehmenswachstum besser abbilden, oder indexierte Bonuspläne einzuführen. Dabei wird die Leistung eines Unternehmens im Vergleich zu den wichtigsten Wettbewerbern gemessen. Zumindest nimmt das den Druck von den Managern, in gesamtwirtschaftlich schwierigen Zeiten die Vorjahresergebnisse übertreffen bzw. die in einst günstigeren Marktphasen vereinbarten absoluten Ziele erreichen zu müssen.[254] Aber auch unter diesen neuen Bedingungen ist die Gefahr der Ergebnismanipulation leider noch nicht gebannt. Um die eigenen Interessen des Managers mit den langfristigen Interessen des Unternehmens bzw. seiner Anteilseigner in Übereinstimmung zu bringen, haben einige Unternehmen etwa ein Bonus-Malus-System eingeführt: Der Manager erhält jedes Jahr nur einen Teil, z.B. ein Drittel, seines zugedachten Bonus ausgezahlt, der Rest fließt auf ein für ihn nicht zugängliches Bonus-Konto. Der Kontostand kann allerdings nicht nur steigen, sondern sich auch durch Zielverfehlungen in den Folgejahren verringern.[255] Daneben lässt sich ein Teil der Managerprämie auch an eine jährliche Umfrage unter den Arbeitnehmern des Unternehmens koppeln, die die Integrität des Managers anonym bewerten.

Einigen Wissenschaftlern geht das noch nicht weit genug: Sie fordern, die variablen Gehaltsbestandteile radikal zu kürzen oder gar zu streichen und dafür zu marktgerechten Fixlöhnen zurückzukehren. Zugegeben: Das würde die Fixkosten des Unternehmens in die Höhe treiben und könnte zu einem gewissen Maß demotivierend wirken. Allerdings ist es falsch anzunehmen, ein Angestellter, egal ob Manager oder einfache Hilfskraft, sei nur zu mehr Fleiß und Einsatz zu bewegen, wenn man ihm eine leistungsabhängige Bezahlung verspricht. Diese Sichtweise vernachlässigt die Tatsache, dass viele Menschen von sich aus eine innere Motivation (interne Anreize) verspüren, sich anzustrengen. Durch externe Anreize in Form von monetärer Belohnung wird diese intrinsische Motivation teilweise verdrängt.[256] Kommt Geld ins Spiel, sieht man die Situation in einem ganz anderen Licht: Wer eben noch aus Pflichtgefühl oder einzig der (guten) Sache wegen gehandelt hat, tut es nun in erster Linie, weil er eine monetäre Entlohnung erwartet.[257] Variation: Statt den Lohn vollständig in Stein zu meißeln, könnte das Managergehalt jährlich vom Aufsichtsrat (oder Verwaltungsrat) unter ganzheitlicher Abwägung der Managerleistung bestimmt werden – ohne im Vorhinein definierte Leistungsindikatoren.[258]

Eine Kombination mehrerer der vorgestellten Lösungsvorschläge erscheint sinnvoll, der Königsweg für das komplexe Bonus-Problem ist bislang aber noch nicht gefunden worden: Es bleibt für Banken und andere Unternehmen eine Herausforderung, gute Leistungen zu honorieren, ohne einen Anreiz für die Mitarbeiter zu schaffen, dem Unternehmen langfristig zu schaden, um sich einen kurzfristigen Vorteil zu verschaffen. Man kann verschiedene Lösungsansätze miteinander verknüpfen, um bessere Anreize zu setzen, und zusätzlich auch die bereits beschriebenen Techniken anwenden, die den inneren Moralapostel der Manager anspornen.

Noch mehr Schrauben, an denen gedreht werden kann: Rating-Agenturen sollten nicht mehr direkt von denen bezahlt werden, deren Kreditwürdigkeit sie bewerten müssen. Stattdessen könnten die Unternehmen wie Investoren in einen gemeinsamen Topf einbezahlen, um die Agenturen zu bezahlen. Ein Veranstalter kann für ein Sportturnier einen Fairness-Pokal ausloben. Dem Fairness-Sieger sollte aber nicht nur ein warmer Händedruck winken, sondern beispielsweise eine Wild Card für das Folgeturnier.[xxxix] Denkbar wären auch firmeninterne Fairness-Preise, um ethisches Verhalten am Arbeitsplatz zu fördern. Und Eltern können, statt mit Strafen zu drohen, ihre Kinder überzeugen, sich korrekt zu verhalten, indem sie ihnen einen gemeinsamen Ausflug oder eine Extrastunde Computerspielen in Aussicht stellen. Wie auch immer Eltern, Unternehmen oder Politiker es am Ende gestalten: Sie müssen sicherstellen, dass faires Verhalten gefördert wird.

***

Die Erkenntnisse der Verhaltenswissenschaften machen deutlich: Eine bessere Welt ist kaum allein durch Regeln noch durch zugehörige Strafen zu erreichen. Wer sich von den jeweiligen Anreizen angesprochen fühlt, wird versuchen, Ge-

---

[xxxix] Der europäische Fußballverband UEFA führt bereits seit 1995 eine Fair-Play-Bewertung durch. Die drei fairsten Landesverbände, die nach mehreren Kriterien, z. B. der Anzahl von roten und gelben Karten, Respekt vor dem Gegner oder dem Verhalten des Publikums, ausgewählt werden, dürfen einen zusätzlichen Startplatz für die erste Qualifikationsrunde der UEFA-Europa-League vergeben. Angesichts von rund 50 teilnehmenden Landesverbänden ist der Anreiz für jedes Team, fair zu spielen, allerdings nur sehr schwach ausgeprägt.

und Verbote zu umgehen. Normen – die Vereinbarung, was in einer Gesellschaft oder einem Unternehmen als akzeptabel gilt – müssen nicht nur eingeführt, sondern auch gelebt und gepflegt werden. Durch Ehrenkodizes und andere Appelle an die eigene Rechtschaffenheit werden gute Menschen besser und durch neue Anreize werden aus falschen Situationen richtige.

Moral

Die meisten Menschen wollen rechtschaffen sein. Ethische Normen sind aber nicht in Stein gemeißelt. Sowohl auf individueller als auch gesellschaftlicher Ebene können sich die Normen innerhalb einer ganzen Gesellschaft verschieben. Normen müssen eingeführt und gepflegt werden. Durch Appelle an den inneren Moralapostel kann man sich und seine Mitmenschen an die eigene Rechtschaffenheit erinnern. Mit gezielten Anreizsystemen ist moralisches Verhalten besser steuerbar.

→ Ihr Joghurt verschwindet immer aus dem Kühlschrank, den Sie sich mit Ihren Arbeitskollegen teilen? Hängen Sie doch einfach ein Preisschild an den Becher. Denn wenn Geld im Spiel ist, wird der innere Moralapostel ihrer Kollegen doppelt aufmerksam.

→ Stehen Sie vor einem moralischen Dilemma und können sich nicht entscheiden, ob Sie Ihren eigennützigen Interessen nachgeben? Schauen Sie doch einmal in den Spiegel.

→ Neutralisierungsstrategien kann man begegnen, indem man die moralische Grenze bewusst macht und dem potenziellen Missetäter die Norm und dessen eigene Rechtschaffenheit ins Gedächtnis ruft. Sagt sich etwa ein säumiger Gebühren- oder Steuerzahler »Die anderen sind doch auch nicht besser«, kann man ihn mit einem Brief mit Inhalten wie »Sie sind einer der wenigen, die noch nicht gezahlt haben« oder »Neun von zehn Vereinsmitgliedern zahlen rechtzeitig ihren Beitrag« zurück auf den Pfad der Tugend bringen.

→ Erwarten Sie von Ihrem Umfeld moralisches Verhalten, müssen Sie mit gutem Beispiel vorangehen. Ehrenkodizes wirken nur dann, wenn sie auch vorgelebt werden.

→ Formulieren Sie erreichbare Ziele für Mitarbeiter/Manager/Schüler/Kinder: Indem man ihnen ein Ziel setzt (z. B. einen bestimmten Umsatz oder eine bestimmte Note zu erreichen), versetzt man sie ohnehin mental in die Verlustzone, was mit einer höheren Risikobereitschaft einhergeht. Bieten Sie bei Leistungs- und Zeitdruck Unterstützung an und stellen Sie sicher, dass die Entlohnung und die Aufgabenverteilung als fair wahrgenommen werden.

→ Setzen Sie Anreize für faires Verhalten: Stellen Sie Belohnungen für Wohlverhalten in Aussicht, z. B. einen Fairnesspreis.

8. Auch die Zeit legt uns Stolpersteine in den Weg

Kommt Ihnen das bekannt vor? Man malt sich aus, wie glücklich man sein wird, wenn man endlich befördert wird, wenn man erst einmal verheiratet ist oder wenn man endlich pensioniert wird. Doch geht der Wunsch dann in Erfüllung, ist man wenig später schon wieder ernüchtert. Oder das hier: Eben noch war man felsenfest überzeugt von seiner Entscheidung und wenige Tage später verwirft man sie doch aus heiterem Himmel. Gerade mag man sich noch vorgenommen haben, ein wenig mehr für die Altersvorsorge zurückzulegen – und schon am nächsten Tag ist man doch wieder dem verlockenden Konsum erlegen.

Die Zeit verbindet die Vergangenheit mit der Gegenwart und führt schließlich in die Zukunft. Auf diesem Weg wandelt sich der Mensch. Aber nicht nur sein Körper ändert sich – auch seine Gedanken, Erinnerungen, Sichtweisen und Vorlieben. Die Zeit legt dem menschlichen Entscheider immer wieder ganz typische Stolpersteine in den Weg. Mehr noch: Er steht sich und seinem Glück oft selbst im Weg. Erfahren Sie hier, wie die Zeit Ihre Entscheidungen beeinflusst und wie Sie die klassischen Stolperfallen geschickt umgehen können.

8.1 Wie der Zahn der Zeit an unseren Entscheidungen nagt

Stellen Sie sich einmal vor, Sie hätten folgende Wahl: Entweder Sie werden in 19 Tagen zu einer Pizza in ein Fast-Food-Restaurant eingeladen oder aber zu einer Pizza in ein italienisches Edelrestaurant, allerdings erst in 20 Tagen. Nehmen wir an, Sie hätten sich – natürlich! – für die Edelpizza entschieden. Auch am Folgetag und in der Folgewoche sind Sie mit Ihrer Entscheidung noch höchst zufrieden. Nach 19 Tagen jedoch können Sie das leckere, käsetriefende Pizzastück des Schnellrestaurants um die Ecke förmlich riechen. Es erscheint

Ihnen plötzlich so attraktiv – und schon mag sich der eine oder andere umentscheiden: »Lieber heute schon die schnelle Pizzaschnitte, als noch länger zu warten, auch wenn mir dann morgen die Edelpizza entgeht. Pizza ist doch schließlich Pizza, oder?«

8.1.1 Intertemporale Entscheidungen

Heute so, morgen so – Präferenzverschiebungen kommen in einer Welt, wie sie sich die Standardökonomie vorstellt, schlichtweg nicht vor. In der Realität aber schon. Mit dem weisen Sprichwort »Was du heute kannst besorgen, das verschiebe nicht auf morgen« hätte der Homo oeconomicus sicherlich keine Probleme. Der Entscheider aus Fleisch und Blut jedoch ertappt sich immer wieder dabei, dass er Dinge aus heiterem Himmel aufschiebt und seine langfristigen Ziele aus den Augen verliert: Dass er etwa den fest geplanten, »gesunden« Gang zum Sportstudio zugunsten eines gemütlichen Fernsehabends vertagt oder den Beginn der Diät verschiebt, weil er sich wieder einmal zum Verzehr eines leckeren Stücks Käsekuchen verführen lässt.

Würde die Welt so funktionieren wie in den Modellen der neoklassischen Finanztheorie vorgesehen, blieben die menschlichen Vorlieben, genauer: die Zeitpräferenzen, stabil. Von einer Zeitpräferenz spricht man, wenn die Bewertung eines Gutes vom Zeitpunkt des Erhalts oder des Verbrauchs abhängig ist.

8.1.2 Das klassische Diskontierungsmodell

Die Standardökonomie, in diesem Fall das Diskontierungsmodell nach Samuelson (im Folgenden wie in der Literatur üblich als DU-Modell bezeichnet; von ***dis**counted **u**tility*)[259], geht davon aus, dass der Mensch etwas Angenehmes höher bewertet, je früher es eintritt. Ein Geldgeschenk in Höhe von 1000 Euro ist ihm natürlich heute lieber, als wenn er es erst in einem Monat erhält. Unangenehme Konsequenzen hingegen, wie die leidige Vorsorgeuntersuchung beim Arzt, werden hinausgeschoben. Im DU-Modell nimmt der Nutzen eines Geldgeschenks in Höhe von 1000 Euro mit zunehmender zeitlicher Entfernung unverhältnismäßig (genauer: exponentiell) ab. Für jeden Tag, den die Belohnung weiter in der Zukunft liegt, wird sie mit einer prozentual konstanten Rate abgewertet, das heißt, diskontiert. Je weiter dieser Geldsegen, der heute noch 1000 Euro wert ist, aufgeschoben wird, desto weniger subjektiven Nutzen birgt er für den Begünstigten.

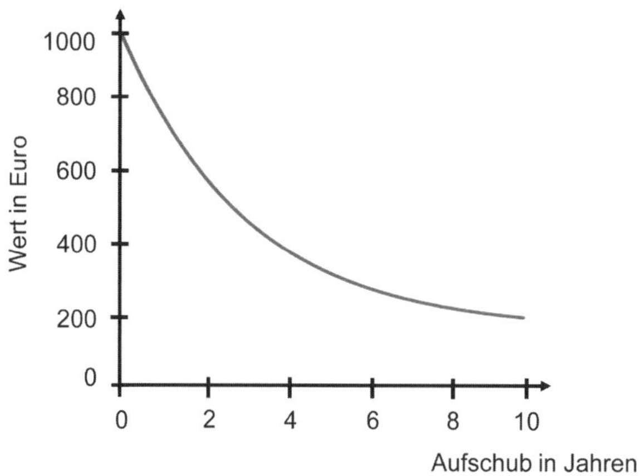

Abbildung 1: Klassisches Diskontierungsmodell (Aufschubperspektive)

Wie viel sind 1000 Euro wert? 1000 Euro sind dem Entscheider – heute ausgezahlt – genau 1000 Euro wert (siehe Abbildung oben). Doch fließt ihm derselbe Betrag erst in zehn Jahren zu, sind ihm diese 1000 Euro aus heutiger Sicht nur 200 Euro wert.

Um einem Entscheider eine spätere Auszahlung schmackhaft zu machen, muss man ihm natürlich einen deutlich höheren Betrag in Aussicht stellen. Der persönliche Diskontfaktor – er bildet die individuelle Zeitpräferenz ab – zeigt, welcher prozentuale Aufschlag notwendig ist, damit es einem Entscheider gleichgültig ist, ob er einen Betrag heute oder erst später ausgezahlt bekommt. Dem Einzelnen ist seine individuelle Diskontrate nicht bewusst. Sie lässt sich lediglich durch die Auswertung vieler Entscheidungen dieser Person erschließen.

Das klassische Diskontierungsmodell wird im Folgenden noch einmal anders dargestellt – diesmal aus der Warteperspektive.

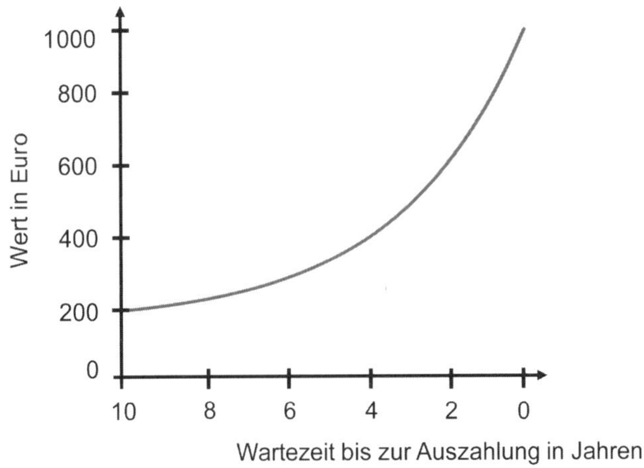

Abbildung 2: Klassisches Diskontierungsmodell (Warteperspektive)

Für den Entscheider im abgebildeten Beispiel spielt es keine Rolle, ob er heute 200 Euro erhält oder zehn Jahre wartet, um dann 1000 Euro zu bekommen. Gemäß seiner persönlichen Diskontierungsrate sind ihm diese beiden Auszahlungen aus heutiger Sicht gleich viel wert. Der Auszahlung in Höhe von 1000 Euro in zehn Jahren misst er heute nämlich einen persönlichen Barwert von 200 Euro bei.[xl]

Im klassischen, exponentiellen Diskontierungsmodell sind diese Präferenzen, genauso wie die Diskontierungsrate, im Zeitablauf stabil.[xli] Das heißt: Zieht ein Investor heute eine Auszahlung von 110 Euro in 30 Wochen einer Auszahlung von 100 Euro in 26 Wochen vor, so tut er das auch noch nach vier Wochen und auch noch in der 25. und in der 26. Woche. Es kommt niemals zu einer Umkehr der Präferenzen (in Abbildung 3 schneiden sich die beiden Kurven niemals).

xl Der Barwert im klassischen Diskontierungsmodell errechnet sich über folgende Formel: $u_{exp}(t) = x_0 e^{-\delta t}$, wobei $u_{exp}(t)$ den gegenwärtigen Nutzen eines Betrags x_0 bei einem Aufschub von t Zeiteinheiten (z. B. Tage) und einem Diskontierungsfaktor δ bedeutet.

xli Dabei wird das Individuum dennoch nicht völlig unabhängig vom jeweiligen Marktzins entscheiden. In einem Land mit Hyperinflation etwa wird es andere Entscheidungen treffen als in einem deflationären Umfeld.

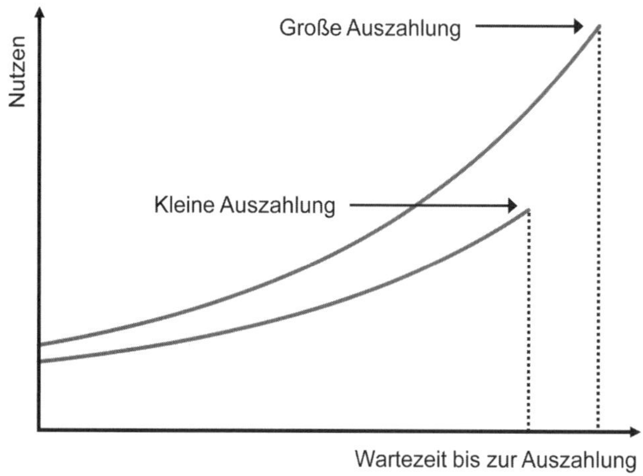

Abbildung 3: Klassisches Diskontierungsmodell - ohne Präferenzumkehr

Darüber hinaus bleibt die Diskontierungsrate im klassischen DU-Modell auch dann konstant, wenn die in Aussicht gestellten monetären Werte ausgetauscht werden, etwa durch Essen oder Getränke: Ob Käsekuchen oder der Gegenwert in Euro - der Diskontfaktor bleibt gleich. Es spielt auch keine Rolle, ob es sich um ein Trinkgeld oder um einen imposanten Geldsegen handelt, ob es sich um Gewinne oder Verluste dreht, oder aus welcher Quelle die erwartete Belohnung stammt.

8.1.3 Die Realität im Zeitablauf

Das DU-Modell besticht vordergründig durch seine Einfachheit und durch seine Plausibilität und fand daher Einzug in viele volkswirtschaftliche Modelle. Doch selbst seine Begründer wussten, dass das Modell nicht realitätsnah ist. Mittlerweile zeigen viele empirische Befunde, dass es im wahren Leben immer wieder zu systematischen Abweichungen kommt: Der Mensch verstößt ständig gegen das vom klassischen Diskontierungsmodell geforderte Verhalten. In der Realität variiert die persönliche Diskontrate nämlich ziemlich stark.[260]

Wissenschaftler konnten nachweisen, dass der Mensch kleine Beträge kräftiger abwertet als große (Größeneffekt).[261] Hierfür gibt es unterschiedliche Erklärungen: Nicht nur die relativen Unterschiede bei verschiedenen Belohnungen zu unterschiedlichen Zeitpunkten in der Zukunft sind bedeutsam, sondern manchmal auch die absoluten Differenzen. Während sich kaum jemand die Mühe machen wird, wegen eines zusätzlichen »Trinkgelds« von wenigen Euro noch länger auf die erhoffte Belohnung zu verzichten, zeigt man sich beispielsweise bei der Aussicht auf weitere 1000 Euro doch deutlich geduldiger und ist durchaus bereit, einen späteren Auszahlungszeitpunkt abzuwarten.

Der zweite Erklärungsansatz basiert wiederum auf dem Konzept der mentalen Kontoführung: Kleine Gewinne werden gewöhnlich auf einem mentalen Konto verbucht, das dem sofortigen Konsum zugedacht ist, etwa einem abendlichen Kinobesuch. Ein Aufschub des Filmabends würde dem Kinoliebhaber demnach wie ein entgangenes Konsumvergnügen erscheinen und wird daher kräftig diskontiert. Größere Beträge werden häufig jedoch einem mentalen Spar- und Investmentkonto zugedacht. In diesem Fall würde der Entscheider die Verzögerung des Zahlungseingangs wohl lediglich wie einen entgangenen Zinsgewinn beurteilen und mit den marktüblichen Zinsen vergleichen.[262]

Stellt man Testpersonen statt eines Geldbetrages eine gleichwertige Ware, etwa ein Stück Kuchen, in Aussicht, wird dieser signifikant stärker abgewertet (monetäre versus nicht monetäre Leistungen). Die gängigste Erklärung: Hält man den Teller schon in der Hand, kann der Kuchen unmittelbar verspeist werden. Wenn der Gaumenschmaus allerdings in die Zukunft verschoben wird, nimmt der Reiz der Süßigkeit überproportional ab. Geld hingegen kann man nicht essen: Es wird aber weniger stark diskontiert, weil man es in Zukunft gegen etwas Beliebiges austauschen kann, also das fungibelste aller Güter überhaupt ist.[263]

Im klassischen DU-Modell gilt für jedes Gut dieselbe Diskontrate, ganz gleich ob es sich dabei um das monatliche Gehalt, einen Lotteriegewinn, eine überraschende kleine Erbschaft oder eine Steuerrückzahlung handelt. Schließlich ist ein Euro ein Euro, egal, wo er herkommt. Allerdings fand man heraus, dass ein unverhoffter Gewinn (man spricht von einem windfall profit) mit größerer Wahrscheinlichkeit zum Konsum genutzt wird als erwartete Zuflüsse (Herkunftseffekt).[264] Wichtig auch hier: Hat der Entscheider schon seine nächste Shopping-Tour vor Augen und beschließt, den unverhofften kleinen Geldsegen zu verkonsumieren, wendet er eine signifikant höhere Diskontrate an, als wenn er ihn anderen Zwecken zudenkt, etwa dem Sparen für das Alter. Seine Ungeduld drückt sich eben in einem höheren Diskontfaktor aus.

Mit Gewinnen und Verlusten geht der Mensch bekanntlich unterschiedlich um – so auch im Zeitablauf: Er wertet Gewinne mit einer höheren Diskontierungsrate ab – im Extremfall ist sie sogar bis zu zehnmal höher[265] – als Verluste in gleicher Höhe (Gewinn-/Verlustasymmetrie). Oftmals wird der Aufschub eines Verlustes kaum als Erleichterung wahrgenommen. Im Gegenteil: Manch einer begleicht sein Knöllchen für Falschparken lieber heute als morgen, obgleich er eine zweiwöchige Zahlungsfrist abwarten könnte. Denn den Gedanken, in der Schuld eines anderen zu stehen, empfinden viele als unangenehm. Eine solche »Schuldenaversion« geht gar mit einer negativen Diskontrate einher.

8.1.4 Heute so, morgen so

Untersuchungen, etwa von Richard Thaler, ergaben darüber hinaus, dass der Mensch mit schrumpfenden Raten diskontiert, je weiter die Belohnung in der Zukunft liegt.[266]

In einem Experiment befragte er Testpersonen, welchen Betrag man ihnen in einem Monat, einem Jahr oder in zehn Jahren bieten müsste, damit es für sie unerheblich wäre, ob sie heute einen Betrag von 15 Dollar erhalten oder eben einen Betrag X zu den genannten Zeitpunkten. Die durchschnittliche Antwort bei einem Aufschub von einem Monat lag bei 20 Dollar, für ein Jahr bei 50 Dollar und für zehn Jahre bei 100 Dollar. Beim Aufschub um einen Monat ergibt sich daraus eine annualisierte Diskontierungsrate von 345 Prozent; für den Ein-Jahres-Horizont 120 Prozent und für den Aufschub um zehn Jahre eine durchschnittliche Diskontierungsrate von nur noch 19 Prozent.

Diese typisch menschliche Verhaltensweise, Ereignisse mit sinkendem Diskontfaktor abzuwerten, je weiter sie in der Zukunft liegen, kann in einem exponentiellen Diskontierungsmodell nicht abgebildet werden – dafür aber in einem hyperbolischen Modell.[xlii] Im hyperbolischen Modell wird ein Entscheider auf lange Sicht nur eine geringe Kompensation verlangen, wenn ein positives Ereignis aufgeschoben wird. Doch je näher ein Ereignis rückt, desto ungeduldiger wird er. Die hyperbolische Kurve verläuft daher zunächst viel flacher als die exponentielle, wird jedoch kurz vor dem Ereignis oder der Auszahlung deutlich steiler.

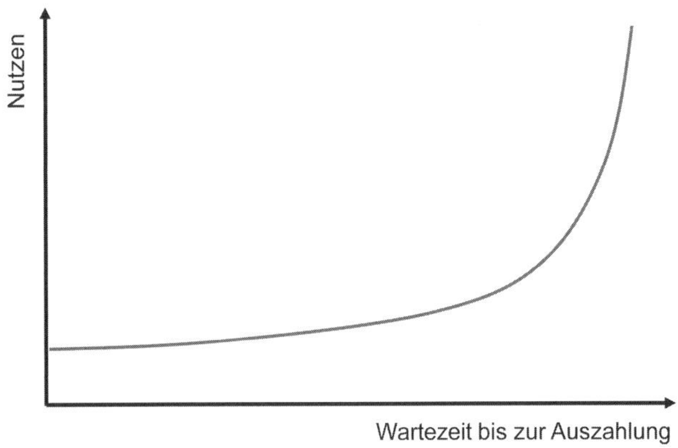

Abbildung 4: Hyperbolisches Diskontierungsmodell

Daneben kommt es, wie schon im Eingangsbeispiel beschrieben (Fast-Food-Pizza vs. Edelpizza), in der Realität immer wieder zu einer Abkehr von den ursprünglichen Vorlieben. Man verhält sich oft zeitinkonsistent – das heutige Ich gerät in einen Konflikt mit dem späteren Ich.

Stellen Sie sich Folgendes vor: Sie können 100 Euro in 26 Wochen oder aber 110 Euro in 30 Wochen erhalten. Was bevorzugen Sie? In einem ähnlichen Experiment votierte die Mehrheit von 63 Prozent für die spätere Auszahlung. Eine zweite Frage lautete: Sie können heute 100 Euro erhalten oder 110 EUR in vier Wochen. Bei dieser Auswahl entschieden sich 82 Prozent aller Befragten für die sofortige Auszahlung.[267]

xlii Das hyperbolische Diskontierungsmodell arbeitet mit folgender Formel: $u_{hyp}(t) = \frac{x_0}{(1 + \delta t)}$, wobei $u_{hyp}(t)$ den gegenwärtigen Nutzen eines Betrags x_0 bei einem Aufschub von t Zeiteinheiten (z. B. Tage) und einem Diskontierungsfaktor δ bedeutet.

In beiden Fragestellungen liegen vier Wochen zwischen den Auszahlungen – ähnlich wie auch beim Fast-Food-/Edelrestaurant-Beispiel der Zeitabstand gleich bleibt. Der eiskalt berechnende Homo oeconomicus würde gar nicht lange überlegen: Wenn er sich im ersten Fall entscheidet, auf die spätere, höhere Auszahlung zu warten, wird er es auch im zweiten Fall tun. Ungeduld kennt er schlichtweg nicht – seine Präferenz behält er in jedem Fall bei (das Verhältnis zwischen den jeweiligen Barwerten bleibt konstant). Für den Entscheider aus Fleisch und Blut, der hyperbolisch diskontiert, macht es jedoch einen Unterschied, wie weit die Auszahlungen noch in der Zukunft liegen (das Verhältnis der Barwerte variiert). Sobald eine der beiden Alternativen in unmittelbare Nähe rückt, steigt ihre Attraktivität sprunghaft. Ein fast schon greifbarer, wenn auch kleinerer Gewinn erscheint da plötzlich so verlockend, dass der typisch menschliche Entscheider seinen ursprünglichen Plan verwirft und auf die höhere Entlohnung verzichtet (die beiden hyperbolischen Funktionen kreuzen sich) – es kommt daher zu einer Umkehr seiner Vorlieben (siehe Grafik) und das spätere Ich verwirft die Entscheidung seines früheren Ichs.

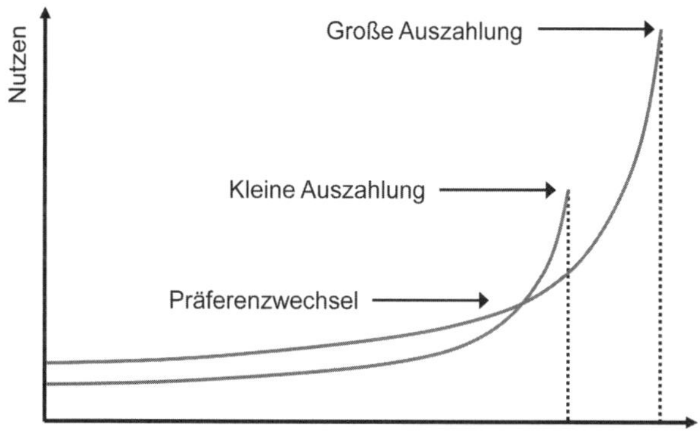

Abbildung 5: Hyperbolisches Diskontierungsmodell – mit Präferenzumkehr

Zu Beginn verläuft alles nach Plan: Der Entscheider hat sich vorgenommen, auf die höhere Auszahlung geduldig zu warten, sie ist ihm heute mehr wert als der kleinere Geldbetrag. Steht aber die kleinere Auszahlung unmittelbar bevor, gewinnt sie zunehmend an Attraktivität. Oft ist der Mensch derart ungeduldig, dass er seinen anfänglichen Plan über Bord wirft und doch nach dem kleineren Betrag greift – sobald sich die beiden Kurven gekreuzt haben.

Dass man sich immer wieder versucht sieht, seine Vorsätze über Bord zu werfen, begegnet einem im Alltag an jeder Ecke: Wann haben Sie das letzte Mal doch lieber eine Sportsendung im Fernsehen verfolgt, als wie ursprünglich beabsichtigt den Keller aufzuräumen? Oder erinnern Sie sich noch, als Sie kurzfristig doch die nette Kaffeerunde mit ihren Freundinnen vorgezogen haben, statt, wie noch am Morgen geplant, die Fenster zu putzen?

Zwar deuten viele Studien darauf hin, dass eine (quasi)hyperbolische Funktion das Entscheidungsverhalten des Menschen im Zeitablauf am besten abbilden kann. Doch dieser Ansatz ist nicht ohne Kritik, denn die menschlichen Präferenzen im Zeitablauf werden durch eine Vielzahl von Faktoren beeinflusst, die sich oftmals nicht isolieren lassen.[xliii]

Eine ganz wichtige Rolle bei Entscheidungen zu verschiedenen Zeitpunkten spielen diverse vorübergehende körperliche und emotionale Erregungszustände (*visceral states*); sie sind verantwortlich für Präferenzverschiebungen und impulsives Verhalten. Ob Hunger, Durst, sexuelle Erregung, Schmerz oder Angst – der Mensch unterschätzt nur allzu oft ihren Einfluss auf sein künftiges Verhalten. Mehr noch: Hunger, Lust und andere Erregungszustände haben derart große Macht, dass man oft Entscheidungen trifft, die nicht im eigenen (langfristigen) Interesse sind.[268] Das führt dazu, dass Ereignisse oder Belohnungen, die in der Zukunft liegen, häufig drastisch abgewertet werden – ähnlich einer hyperbolischen Diskontierungsfunktion.[269]

---

xliii Einige Wissenschaftler zweifeln die Belege für das hyperbolische Diskontierungsmodell an und bieten Alternativen an. Ein kritischer Abriss über intertemporale Entscheidungen ist zu finden bei Frederick, S., Loewenstein, G. und O'Donoghue, T. (2002): *Time Discounting and Time Preference: A Critical Review*, Journal of Economic Literatur, Vol. 40 (2), S. 351–401. Eine Übersicht über die Kritikpunkte am hyperbolischen Diskontierungsmodell liefern Hepburn, C., Duncan, S. und Papachristodoulou, A. (2010): *Behavioural Economics, Hyperbolic Discounting and Environmental Policy*, Environmental & Resource Economics, Vol. 46 (2), S. 189–206. Einer der Kritiker, Daniel Read, konnte keine sinkenden Abwertungsraten nachweisen – in seinem Experiment blieb der Diskontfaktor weitgehend gleich. Er schlug hingegen das Modell der subadditiven Diskontierung vor, denn er beobachtete, dass die Abwertung in der Summe größer ausfällt, je weiter das beobachtete Gesamtintervall in kleinere, einzelne Intervalle aufgeteilt wurde. Ein solches Verhalten lässt sich weder durch das hyperbolische Modell noch durch eine andere Diskontierungsfunktion darstellen. Daniel Read (2001): *Is Time-Discounting Hyperbolic or Subadditive?*, Journal of Risk and Uncertainty, Vol. 23 (1), S. 5–32

Hier ein eindrucksvolles Beispiel: 18 schwangere Frauen wurden im Rahmen einer Studie gefragt: »Wie wichtig ist es Ihnen, Ihr Kind ohne Narkose zur Welt zu bringen?« Zwar erspart eine Narkose einer Gebärenden den Geburtsschmerz, nimmt ihr aber auch die Möglichkeit eines völlig bewussten Erlebens der Geburt. Daneben birgt eine Narkose natürlich gewisse medizinische Risiken. Einen Monat vor dem errechneten Geburtstermin, entspannt und guter Dinge, zogen die befragten Schwangeren eine schmerzvolle, natürliche Geburt der schmerzfreien Niederkunft unter Narkose noch vor. Auch zu Beginn der Geburt, als den Testpersonen noch einmal dieselbe Frage gestellt wurde, war ihre Präferenz ähnlich.

Während des Geburtsprozesses jedoch änderte sich das Bild drastisch: Während die Wehen immer stärker wurden und die Gebärenden mit immer heftigeren Schmerzen zu kämpfen hatten, verteufelten viele ihren früheren Wunsch nach einer natürlichen Geburt. Viel lieber hätten sie nun eine Narkose, die die Schmerzen lindert. Die Frauen bewerteten also plötzlich die Vermeidung von Schmerzen deutlich höher und erstrebenswerter als das bewusste, aber schmerzhafte Erleben einer natürlichen Geburt ohne Anästhesie. Zu Beginn der Geburt bat nur eine der 18 Testpersonen um eine Narkose, im weiteren Verlauf verlangten gleich zehn werdende Mütter nach einem schmerzlindernden Mittel.

Interessanterweise zeigten die frischgebackenen Mütter einen Monat nach der Geburt wieder die ursprüngliche Vorliebe: Mit den Geburtsqualen augenscheinlich schon wieder ausgesöhnt, bevorzugten sie wieder eine natürliche Geburt statt einer Niederkunft unter Narkose. [270]

Mit zeitlichem Abstand zu dem wichtigen Ereignis, will heißen: in einem weitgehend unbeteiligten körperlichen und emotionalen Zustand, urteilen die Frauen anders, als wenn sie sich mitten im Geburtsvorgang wiederfinden – ihre körperlichen und emotionalen Befindlichkeiten sind dann natürlich völlig andere.

Ähnlich reagieren viele Menschen etwa auf die Frage, wie sie zu ungeschütztem Geschlechtsverkehr mit einer flüchtigen Bekanntschaft stehen. Mit zeitlichem Abstand und in völlig unerregtem Zustand käme für die meisten natürlich nur Safer Sex infrage. Doch ist die sexuelle Begierde erst einmal geweckt und das Intermezzo steht unmittelbar bevor, wird das Kondom und damit der Schutz vor

Krankheiten zur Nebensache – die Bereitschaft, auf das Kondom zu verzichten, liegt im erregten Zustand um 25 Prozent höher als im völlig unbeteiligten! Erst im Nachhinein kommt dann die Reue – wenn die Vernunft wieder die Oberhand zurückgewonnen hat und die sexuelle Erregung der Vergangenheit angehört.[271]

Mittlerweile können die Hirnforscher eine Erklärung liefern, warum der Mensch seine ursprünglichen Pläne so gerne verwirft: Liegen beide Alternativen in der Zukunft, sind im Gehirn nur Areale aktiv, die dem kühlen, überlegten, logischen Denkprozess zugeschrieben werden. Rückt eine der beiden Alternativen allerdings in unmittelbare Nähe, schalten sich plötzlich andere Hirnbereiche zu. Wenn es etwa um Begehrlichkeiten geht, werden Hirnareale zugeschaltet, die zum Belohnungssystem gehören und damit dem impulsiven, von Erfahrungen und Emotionen geleiteten Denksystem zugeordnet werden können[272] – das ist der Moment, in dem der innere Schweinehund die Kontrolle über Ihre Entscheidungen zu erlangen versucht. Und schon verlockt es den Diätwilligen zum unmittelbar verfügbaren Käsekuchen, und selbst den Vernünftigen begehrt es nach ungeschütztem Geschlechtsverkehr. Im Falle der Gebärenden werden Schmerzzentren aktiv – die vormals kühl und überlegt getroffene Entscheidung gegen die Anästhesie wird verworfen.

Ein tieferes Verständnis der Funktionsweise des Gehirns lässt die Wissenschaftler präzisere Vorhersagen über das menschliche Verhalten treffen. Häufig ähnelt die Bewertung im Zeitablauf einer hyperbolischen Funktion. Doch wenn man sich verdeutlicht, dass die gefürchteten Präferenzverschiebungen durch einen Widerstreit zwischen impulsiven, emotionalen Denkprozessen mit den wohlüberlegten, planenden, logischen Denkprozessen entstehen[xliv], können auch Verstöße gegen das hyperbolische Diskontierungsmodell erklärt werden: Beide im Gehirn miteinander konkurrierenden Systeme sind beeinflussbar, sodass längst nicht immer das automatische, von Emotionen geprägte System die Oberhand gewinnt[273] (eine ausführliche Beschreibung der beiden Systeme ist im Kapitel 4.1 nachzulesen. Tiefere Einsichten in das menschliche Gehirn liefert Kapitel 10, »Dem Entscheider in den Kopf geschaut«).

xliv Zumeist arbeiten die beiden Systeme einmütig zusammen, doch wenn es etwa um die Entscheidung zwischen einer sofortigen oder einer in der Zukunft liegenden Belohnung geht, konkurrieren die beiden Prozesse.

8.1.5 Strategien gegen den inneren Schweinehund

In der Praxis führen diese typisch menschlichen Verhaltensmuster immer wieder dazu, dass der Entscheider seine langfristigen Ziele aus den Augen verliert, dass er Dinge aufschiebt. Konkret: Der Beginn einer Diät wird immer weiter hinausgezögert, obwohl man durchaus den langfristigen Nutzen sieht, gesund, aktiv und rank und schlank zu sein. Doch plötzlich erscheint ein Stück Kuchen doch sehr verführerisch – in diesem Augenblick wird der kurze Genuss der süßen Sünde nur allzu oft viel höher bewertet als die Aussicht auf eine schlanke Linie in der Zukunft.

Und an den Finanzmärkten? Hier nimmt der Aktienanleger schon kleinste Gewinne mit, obwohl er sich doch fest vorgenommen hatte, auf deutlich höhere Kursziele zu warten. Und immer wieder lockt die schöne Konsumwelt in der Gegenwart, obwohl man doch eigentlich für das Alter sparen will.

Daneben lässt sich beobachten, dass es Privathaushalten schwerfällt, für das Alter vorzusorgen: Auch wenn sie sich der drohenden Versorgungslücke bewusst sind und ambitionierte langfristige Sparziele haben, lässt sich manch einer wiederholt von der Konsumwelt in der Gegenwart in Versuchung führen und schon hat das Sparkonto das Nachsehen. Das kurzfristige Vergnügen, ist es erst einmal in Reichweite, wird dann oft höher bewertet als die künftigen Konsummöglichkeiten und der Erhalt des Lebensstandards im Alter. Im Nachhinein jedoch, wenn die mickrige Rente erst einmal ausgezahlt wird, dürften es viele dieser Lebemenschen bereuen, nicht doch etwas mehr gespart zu haben.

Die meisten Menschen haben eingesehen, dass sie den Kampf gegen ihren inneren »Schweinehund« oftmals verlieren. Sie kennen ihre Schwäche, häufig etwas zu tun, von dem sie schon im Vorfeld wissen, dass sie es am nächsten Tag bereuen werden. Auch der sagenumwobene Held aus Homers »Odyssee« wusste um seine offensichtlich hyperbolischen Vorlieben und seine Probleme mit der Selbstkontrolle: Odysseus war sich sicher, dass er und seine Mannschaft dem betörenden Gesang der Sirenen nicht würden widerstehen können – ihr Schiff wäre an den gefährlichen Riffen vor der Insel der Sirenen zerschellt, so wie schon viele Boote zuvor. Er fürchtete eine Präferenzumkehr, will heißen: Er sah voraus, dass er den Sirenen schon beim ersten liebreizenden Ton verfallen würde. Vergessen wäre dann sein ursprüngliches Ziel, das Schiff sicher durch die Klippen zu steuern. Daher ließ er sich vorsorglich – lange bevor die Fabelwesen zu ihrem Lied ansetzten – an einen Mast binden und verschloss die Ohren seiner Gefährten mit Wachs.

Entsprechend versuchen viele Konsumenten, sich selbst zu überlisten und den Lockruf der Sirenen zu übertönen. Sie zahlen sogar Geld dafür, nicht in Versuchung zu geraten: Sie kaufen oft nur eine Schachtel Zigaretten, statt einer ganzen Stange, nur einen Schokoriegel, statt einer Großpackung. Langfristig würden sie zwar mit einer Großpackung meist günstiger liegen, doch sie kennen ihren Mangel an Selbstkontrolle – so verhindern sie schon im Vorhinein, der Versuchung nach einem weiteren Schokoriegel oder noch mehr Zigaretten zu erliegen. Genauso schließt ein Privatanleger Rentenversicherungen ab oder engagiert sich bei anderen illiquiden Vermögenswerten, damit er nicht der Versuchung unterliegt, sein Erspartes für den schnellen Konsum mit nur kurzfristigem Nutzen auszugeben. In mentalen Konten gesprochen heißt das: Man zieht Geld von seinem gedachten Konto »Einkommen/Konsum« ab und führt es dem mentalen Konto »Altersvorsorge/zukünftiges Einkommen« zu.

Der Trick ist also, sich schon vorab festzulegen. Das funktioniert auch, indem man sich selbst eine Frist setzt und womöglich Strafen bei Verstoß vereinbart. Ein Ökonomieprofessor untersuchte einmal, ob sich die Leistungen seiner Studenten verbessern, wenn sie sich selbst (bzw. der Professor) feste Termine für die Abgabe sämtlicher Hausarbeiten während des Semesters setzen. Seine Studenten litten an »Aufschieberitis«: Man nimmt sich für den Abend vor, eine der Hausarbeiten zu erledigen, doch wenn es Zeit ist, sich an den Schreibtisch zu setzen, zieht man das Sofa oder einen gemütlichen Abend mit Freunden vor.

Als Gegenmaßnahme verordnete der Professor seinen Studenten für jede Hausarbeit einen eigenen Abgabetermin. Und siehe da, die Noten seiner Studenten fielen am besten aus, wenn sie die Fristen von oben diktiert bekamen – der Professor hatte jeweils zum Ende eines Quartals eine Hausarbeit eingefordert und eine Strafe bei verspäteter Abgabe festgesetzt. Auch selbst gewählte Abgabetermine (inkl. vereinbarter Strafen) führten zwar zu besseren Leistungen – offensichtlich hatten einige Studenten aber die Fristen für ihre Etappenziele nicht optimal platziert. Am schlechtesten schnitt hingegen diejenige Gruppe ab, der die Abgabe ihrer Aufgaben völlig freigestellt war – hier mussten sämtliche Arbeiten lediglich bis zum letzten Tag des Semesters eingereicht werden.[274] In diesem Experiment spielte natürlich das Commitment eine nicht unerhebliche Rolle (vgl. hierzu Kapitel 3.1.2, »Klebstoff Commitment«).

Auch in anderen Lebensbereichen bieten sich feste Vereinbarungen an, bevor es zur gefürchteten Präferenzumkehr kommt: Neigt man dazu, seinen Fitnessstudiogang regelmäßig ausfallen zu lassen, sollte man sich mit einem Freund zum gemeinsamen Sport verabreden. Immer noch seinem inneren Schweinehund nachzugeben, fällt dann natürlich deutlich schwerer. Nach einem ähnlichen Prinzip funktionieren übrigens auch Diätklubs oder Ähnliches. Wer sich nur schwerlich zum Sparen durchringen kann, dem mag ein regelmäßiger Sparplan helfen, und dem ungeduldigen Aktienanleger ein Investmenttagebuch, in dem er Einstieg, Verlusttoleranz und Kursziel vermerkt. Zumindest wird ihm so sein ursprüngliches Vorhaben ins Gedächtnis gerufen, was sein Bestreben, vorschnell Gewinne mitzunehmen, zügeln kann.

Um die Sparer bei ihrem Kampf mit der Selbstkontrolle zu unterstützen und der drohenden Vorsorgelücke der privaten Haushalte vorzubeugen, entwarfen Shlomo Benartzi und Richard Thaler ein ähnliches Konzept wie schon der Sagenheld Odysseus: Sie verschlossen den Sparern zwar weder die Ohren noch die Augen vor den verführerischen Konsummöglichkeiten, die allerorten lauern. Aber mit ihrem sogenannten Save-More-Tomorrow-Programm (kurz: SMarT) verpflichteten sie Arbeitnehmer bereits vor dem kritischen Moment der Präferenzumkehr, einen vereinbarten Anteil ihrer künftigen Gehaltserhöhungen für ihre betriebliche Altersvorsorge zu verwenden. Denn aus der Distanz sind die Arbeitnehmer noch motiviert, etwas für die Vorsorge zu tun; genau zu diesem Zeitpunkt müssen sie sich vertraglich festlegen. Zum Vollzug kommt der Vertrag jedoch erstmals Monate später – wenn die nächste Lohnsteigerung ansteht.

Zwar konnten die SMarT-Sparer jederzeit von ihrem Vertrag zurücktreten. Doch da die Lohnerhöhung noch gar nicht auf dem Bankkonto angekommen und damit auch noch nicht auf dem mentalen Konto »Konsum« verbucht war – dann wäre mancher schnell der Versuchung erlegen, das Gehaltsplus sogleich in ein neues Kleidungsstück oder einen Kurztrip zu investieren – empfanden sie die höhere Sparrate nicht als Verlust. Auch dank der typisch menschlichen Trägheit, die einen gern am Status quo festhalten lässt, blieben die SMarT-Sparer bei der Stange.

Der Erfolg des SMarT-Programms klingt vielversprechend: Innerhalb von 40 Monaten konnte die durchschnittliche Sparquote der Teilnehmer von 3,5 Prozent auf 13,6 Prozent nahezu vervierfacht werden.[275]

Das Beispiel SMarT zeigt: Um die Selbstkontrollbemühungen zu unterstützen, können Unternehmen und Politik einen wichtigen Beitrag leisten, indem sie die Rahmenbedingungen entsprechend gestalten, um Arbeitnehmer und Bürger zu Vorabvereinbarungen zu motivieren.

Doch die moderne Welt macht es dem Entscheider, der mit seinem inneren Schweinehund kämpft, nicht gerade leicht. Im Gegenteil: Durch verlockende Rabatte auf Großpackungen, Angebote wie »Nimm drei, zahle zwei«, Ratenzahlung bei Elektromärkten, Kreditkarten und kurzfristig verfügbare Bankkredite werden die Versuche der Verbraucher (und ihrer Unterstützer), sich selbst zu disziplinieren, immer wieder untergraben.[276] Das führt dann zu paradoxen Situationen, in denen es viele Sparer zwar zunächst geschafft haben, sich im Vorhinein zu disziplinieren, indem sie in eher illiquide Vermögenswerte wie Immobilien und Rentenversicherungen investiert haben. Doch wegen der allgegenwärtigen Konsumgelüste und der leichten Verfügbarkeit von Liquidität häufen sie gleichzeitig hohe Kreditkartenschulden an oder überziehen ihre Girokonten.

***

Der Mensch ist kaum in der Lage abzusehen, wie er zu einem Zeitpunkt in der Zukunft, dann womöglich in einer anderen körperlichen und emotionalen Verfassung, reagieren wird. Unternehmen und Staat können zwar Hilfestellung leisten, indem sie Selbstbindungsmechanismen anbieten. Doch sich im Vorhinein festzulegen ist manchmal nur bedingt hilfreich – wie das Beispiel der schwangeren Frauen oder das der Sparer, die gleichzeitig hohe Kreditkartenschulden anhäufen, zeigt.

Bevor man sich auf eine Entscheidung einlässt, empfiehlt es sich, einmal zu beobachten, wie es anderen in einer ähnlichen Situation ergangen ist. Wenn sich viele Haushalte zwischen Sparen und Konsumieren verzetteln, besteht die Gefahr, dass es Ihnen gleichfalls so ergehen könnte, wenn Sie ein Haus kaufen oder eine Rentenversicherung abschließen. Überfordern Sie sich nicht mit Ihren guten Vorsätzen, gehen Sie kein zu hohes Commitment in Form von Knebelvereinbarungen ein, sondern planen Sie einen Betrag für kurzfristige Konsumgelüste ein.

In manchen Lebenslagen ist es gar möglich, die eigene künftige Reaktion zu simulieren: Um ihr die schmerzvolle Erfahrung einer Präferenzumkehr während der Geburt zu ersparen, soll manche Hebamme der Schwangeren während des Beratungsgesprächs schon empfohlen haben, die eigene Hand für wenige Minuten in eiskaltes Wasser zu halten – um der werdenden Mutter einmal einen Vorgeschmack darauf zu geben, dass sie während der Niederkunft möglicherweise andere Präferenzen haben wird als im schmerzfreien Zustand Wochen zuvor.

Intertemporale Entscheidungen

In der Realität variiert die persönliche Diskontrate eines Entscheiders stark. Überdies kommt es regelmäßig zu Präferenzverschiebungen, sobald eine der beiden in Aussicht gestellten Alternativen in greifbare Nähe rückt.

- → Schließen Sie feste Vereinbarungen/Verträge bevor es zur gefürchteten Präferenzumkehr kommt (Sparverträge, feste Verabredungen zum Sport, Investmenttagebuch führen etc.). Überfordern Sie sich jedoch nicht. Planen Sie ein Budget für kurzfristige Konsumgelüste ein, planen Sie nicht zu viele sportliche Aktivitäten etc.
- → Indem Sie für »Zeugen« sorgen, erhöhen Sie noch einmal die Verbindlichkeit Ihrer Vorsätze: Erzählen Sie Freunden, Kollegen oder Verwandten davon. Doch auch hier gilt: realistische Vorsätze formulieren.
- → Bevor Sie eine wichtige Entscheidung für die Zukunft treffen, die durch eine Präferenzumkehr gefährdet werden könnte: Versuchen Sie den Moment der Präferenzumkehr zu simulieren bzw. sich daran zu orientieren, wie andere in der betreffenden Situation reagiert haben.
- → Gern unterschätzt der Hungrige, wie viel er bei den nächsten Mahlzeiten essen wird: Gehen Sie nicht mit leerem Magen einkaufen, sonst landet viel zu viel in Ihrem Einkaufswagen. Wenn es sich doch nicht vermeiden lässt: Halten Sie sich stoisch an eine Einkaufsliste, die Sie im satten Zustand geschrieben haben.

8.2 Die Zeit heilt (fast) alle Wunden

Die Zeit heilt alle Wunden, heißt es im Volksmund. Und tatsächlich: Mit der Zeit gewöhnen Sie sich an fast alles – und das schneller als gedacht. Sie gewöhnen sich an Unangenehmes wie die körperlichen Schmerzen bei der leidigen Darmspiegelung, die Enttäuschung über das neue Auto, das womöglich mangels Kapital eine Nummer kleiner ausgefallen ist als das vorherige, und sogar an Schicksalsschläge wie den Tod des Ehegatten.

Es ist zwar tröstlich, dass die negativen Erlebnisse im Zeitverlauf an Schrecken verlieren. Der Zahn der Zeit nagt leider aber auch an den schönen Erfahrungen des Lebens. Der irische Dramatiker George Bernard Shaw legte es einer seiner Figuren (Mendoza in *Man and Superman*, 1903) in den Mund: »Es gibt zwei Tragödien im Leben – die eine, nicht zu bekommen, was dein Herz begehrt. Die andere, es zu bekommen.«

8.2.1 Adaption und ihre unerwarteten Folgen

Gar nicht wie im Märchen! Shaws weise Worte konnten in diversen Untersuchungen bestätigt werden: Zwar ist der Mensch in der Lage, sich seine Zukunft in den schillerndsten Farben auszumalen. Es stellt sich dann auch ein Hochgefühl ein, wenn der Herzenswunsch endlich in Erfüllung geht. Doch gleichzeitig setzt die Gewöhnung ein, und zwar in einem Maße, in dem man es nicht erwartet hat. Die Jubelstürme werden von Tag zu Tag kleiner. Selbst die sehnlichst erhoffte Heirat fällt zumeist der Adaption zum Opfer. »… und sie lebten glücklich bis an ihr Lebensende« gibt es in dieser absoluten Form nur im Märchen. Und das auch nur, weil diese Erzählungen stets enden, sobald der Prinz seine Angebetete endlich heimführt und heiratet. Dass sich auch die beiden Märchenhelden aneinander gewöhnen, wird dem Leser unterschlagen. Wie es um die Gewöhnung bestellt ist, verdeutlicht nachfolgende Grafik. Sie ist das Ergebnis einer Langzeitstudie, die in Deutschland zwischen 1984 und 2003 durchgeführt wurde.[277]

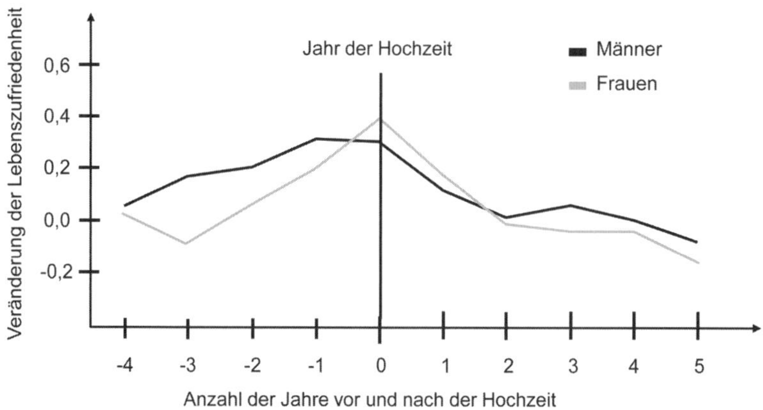

Abbildung 6: Lebenszufriedenheit vor und nach der Heirat

Die Grafik bildet die Lebenszufriedenheit der Probanden ab. Sie werden jährlich befragt: Wie zufrieden sind Sie mit Ihrem Leben im Allgemeinen? Dabei stellt sich heraus: Der Zufriedenheitszuwachs durch die Hochzeit allein scheint nicht nachhaltig – Braut und Bräutigam sind wenige Jahre nach dem großen Tag ähnlich zufrieden wie zuvor. Sowohl bei Frauen als auch Männern steigt die subjektiv wahrgenommene Lebensqualität bereits in Erwartung der Heirat an. Für die Durchschnittsbraut ist der Hochzeitstag tatsächlich der schönste Tag im Leben. Aber der durchschnittliche Bräutigam erreicht sein Zufriedenheitshoch bereits im Jahr vor der Trauung – ob das an den nervenaufreibenden Hochzeitsvorbereitungen liegt, vermag die Studie nicht zu sagen. Was für den Durchschnittsmann gilt, lässt sich aber nicht unbedingt auf jeden Einzelnen übertragen: Das Tempo der Gewöhnung ist individuell sehr unterschiedlich. Es scheint, als ob diejenigen, die auf einen Lebenseinschnitt, etwa eine Heirat, sehr stark positiv reagieren, auch am längsten von diesem Ereignis zehren können.[278]

Es klingt zunächst paradox und scheint nicht zu den eben beschriebenen Ergebnissen zu passen: Bei Zufriedenheitsumfragen schneiden Verheiratete grundsätzlich besser ab als Unverheiratete. Allerdings musste man in Langzeitstudien feststellen, dass Menschen, die einmal heiraten und zusammenbleiben, grundsätzlich die zufriedeneren Menschen sind – schon lange vor der Hochzeit.

Diejenigen hingegen, die allein bleiben oder sich irgendwann einmal scheiden lassen, berichteten bereits im Vorfeld von geringerer Lebenszufriedenheit.[279]

Durch das bloße Heiratsversprechen ändern sich zunächst einmal nur die äußeren, vor allem rechtlichen Umstände – um ein dauerhaft wohlgefälliges Leben zu führen und das große Glück zu finden, nach dem die Menschheit ständig sucht, ist jedoch mehr vonnöten als die Veränderung äußerer Umstände, wie die folgenden Abschnitte zeigen werden.

8.2.2 Der Referenzpunkt verändert sich

Die Freude verblasst, die Wut klingt ab, der Ärger verfliegt – kurzum: Wenn man sich an etwas gewöhnt, lassen die Emotionen nach. Im weiter gefassten Sinne bezeichnet Gewöhnung oder **Adaption** einen Prozess oder Mechanismus, der die Intensität eines konstanten oder wiederholten Reizes reduziert.[280] Dieser Reiz mag das helle Sonnenlicht beim Verlassen eines Gebäudes sein, der unvermittelte Reichtum durch einen Lottogewinn oder die Freude über die lang ersehnte Hochzeit. In den beiden letzten Fällen handelt es sich um emotionale oder hedonistische (aus dem Griechischen: *hedone* für Lust) Veränderungen. Man spricht hier auch von hedonistischer Adaption im Gegensatz etwa zur physiologischen Adaption, die die Gewöhnung an grelles Licht oder körperlichen Schmerz ermöglicht. Jedoch sind weder die Geschwindigkeit noch die Dynamik, mit der sich dieser hedonistische Adaptionsprozess vollzieht, bislang bekannt.

Adaption in jeglicher Form, ob physiologisch oder hedonistisch, ist wichtig! Ständig euphorisch zu sein oder dauerhaft extreme Schmerzen zu empfinden, kostet Energie und Aufmerksamkeit[281] – ohne die Gewöhnung würde das Gehirn nach kurzer Zeit überhitzen und förmlich in Flammen stehen.[xlv] Adaption schützt den Organismus, indem der Einfluss externer Veränderungen mit der Zeit verringert wird. Sie wirkt wie ein Filter, der es dem Menschen ermöglicht,

---

[xlv] Je intensiver die Empfindung, desto mehr Energie verbraucht das Gehirn. Höhere Gehirnaktivitäten würden jedoch mehr Hitze erzeugen. Ein wichtiges Ziel bei der Evolution des Gehirns war es jedoch, die Hitzeproduktion zu minimieren, um zu verhindern, dass es sprichwörtlich »in Flammen aufgeht«.

seine Aufmerksamkeit wieder auf andere, neue Veränderungen zu richten: Das einstmals störende Hintergrundgeräusch ist kaum mehr wahrzunehmen, das geringere Gehalt wird zur Normalität und sogar ein Inhaftierter wird sich irgendwann mit seiner Situation abfinden. Gleichzeitig erhöht der Gewöhnungseffekt die Sensibilität[282]: In plötzlicher Dunkelheit findet man sich zunächst nicht zurecht. Erst wenn sich die Augen daran gewöhnt haben, nimmt man die kleinen Helligkeitsunterschiede wahr – man kann Schemen erkennen. Ähnlich verhält es sich mit einem Häftling, der gerade ins Gefängnis gebracht wurde: Sobald er sich an die Enge seiner neuen Unterkunft gewöhnt hat, ist er in der Lage, kleinere Verbesserungen, wie die Verlegung in eine größere Zelle, wertzuschätzen und ist motiviert, sich darum zu bemühen.[xlvi]

Um es mit den großen Worten eines bekannten Gebetsspruches zu sagen: Die Adaption gibt dem Menschen die Gelassenheit, Dinge hinzunehmen, die er nicht ändern kann, und ermutigt ihn, Dinge anzugehen, die veränderbar sind. Nur für die Weisheit, das eine von dem anderen zu unterscheiden, muss man wohl doch eine höhere Instanz anrufen.

All das liegt wieder einmal an den altbekannten Referenzpunkten. Der Mensch reagiert nicht so sehr auf absolute, sondern auf relative Veränderungen, etwa wenn es um den Umzug in eine größere Wohnung oder um ein schnelleres Auto geht. Eine Verbesserung gegenüber dem persönlichen Referenzpunkt wird bekanntlich als Gewinn wahrgenommen, eine Verschlechterung als Verlust. Allerdings sind die Referenzpunkte, gegen die diese Veränderungen bewertet werden, nicht statisch.

Die Gewöhnung lässt sich auch in der bekannten Wertfunktion der Prospect-Theorie darstellen: Man stelle sich etwa den Gewinner eines Preisausschreibens vor, der sich über einen flotten Sportwagen freuen darf. Der neue Flitzer wird natürlich zunächst als persönlicher Gewinn gewertet – der Glückliche findet sich plötzlich weit in der mentalen Erfolgszone (siehe Abbildung 7).

---

xlvi Hierbei muss der beschriebene Gewöhnungseffekt vom bloßen Prozess der Abstumpfung oder Abhärtung unterschieden werden. Bei der Gewöhnung verschiebt sich das Niveau, das als neutral empfunden wird – die Sensibilität um den neuen Referenzpunkt herum erhöht sich. Stumpft ein Mensch lediglich ab, reduziert sich die subjektive Intensität eines Reizes lediglich und damit auch die Sensibilität – man ist zu gar nichts mehr motiviert.

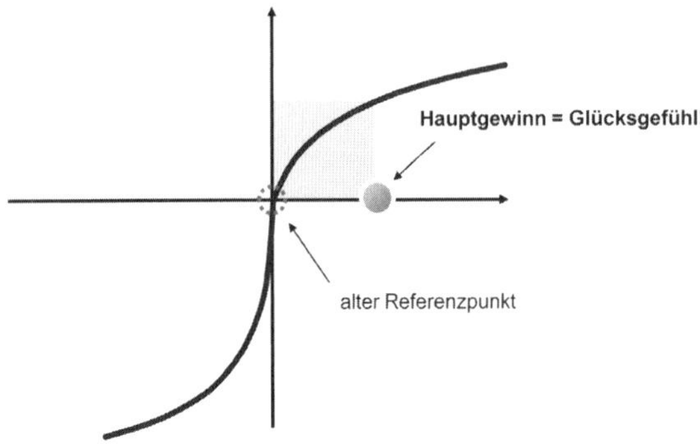

Abbildung 7: Autogewinner vor Adaption

Doch im Zeitverlauf nähert sich der Bezugspunkt immer mehr dem neuen Status »Besitzer eines schnellen Flitzers« an. Das Adaptionsniveau steigt, bis es sich schließlich mit der neuen Situation deckt. War der Anblick des neuen, schnelleren Autos eben noch Anlass für ausgedehnte Hochgefühle, werden die Jubelstürme mit jedem Mal, wenn man in das Auto einsteigt, geringer. Irgendwann ist das neue Auto eben nicht mehr neu – man hat sich daran gewöhnt. Auch Glücksgefühle sind also relativ: Der fahrbare Untersatz wird nunmehr als ziemlich »neutral« wahrgenommen (Abbildung 8).

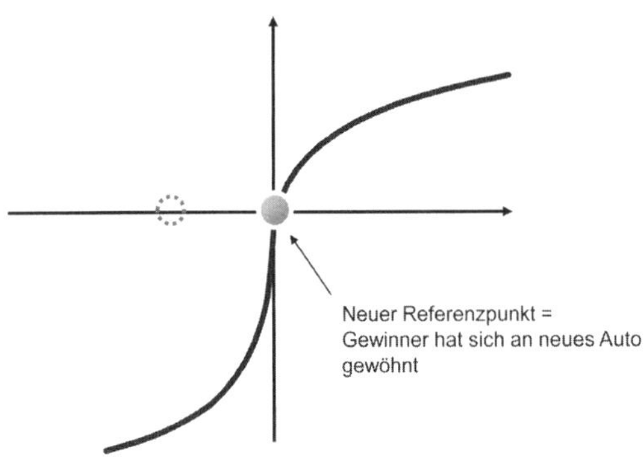

Abbildung 8: Autogewinner nach Adaption

Selbstverständlich gewöhnt man sich auch an Verluste: Ein Fehlgriff an der Börse mag den Anleger tief in den Verlustbereich seiner persönlichen Wertfunktion abrutschen lassen (Abbildung 9). Doch dank der Gewöhnung – hierzu muss er sein missliches Engagement allerdings regelmäßig überprüfen, sonst greift die Adaption nicht – kommt der erfolgreiche Börsianer irgendwann fast wieder in der Mitte der Funktion an; der Referenzpunkt hat sich immer weiter verschoben. Auch wenn der Depot-Auszug nach wie vor einen absoluten Verlust ausweisen mag, hat sich der Unglückspilz nahezu vollständig an seinen Misserfolg gewöhnt und fühlt den Verlust gar nicht mehr. Auffällig ist, dass sich ein Finanzmarktteilnehmer eindeutig schneller an Anlageerfolge als an Verluste in gleicher Höhe gewöhnt.[283]

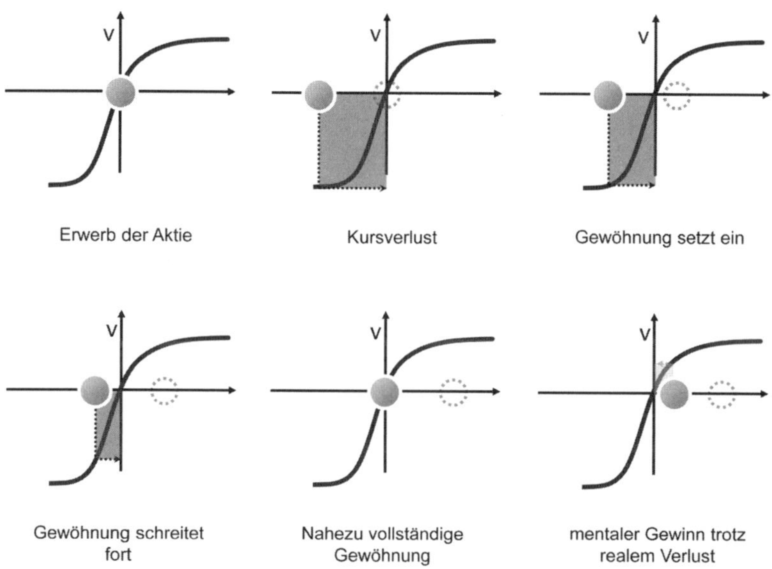

Abbildung 9: Gewöhnung an Verluste am Beispiel der Wertfunktion

Durch die Adaption passt sich der persönliche Referenzpunkt Stück für Stück an die neue Lage, etwa die neue Vermögenssituation, an. Entsprechend sinkt auch der wahrgenommene Einstandspreis und nähert sich immer mehr dem aktuellen Kursniveau. Hat sich der Anleger fast vollständig an seinen Verlust gewöhnt, entspricht der wahrgenommene Einstandspreis nahezu dem aktuellen Aktienkurs. Vollführt dann im Anschluss auch noch der Kurs der verlustreichen Aktie einen Sprung nach oben, nimmt der Anleger diese Kurssteigerung sogar als mentalen Gewinn wahr, selbst wenn nach wie vor ein realer Verlust zu Buche stehen mag. Aber der Referenzpunkt hat sich geändert. Getreu dem Motto: »Gegenüber dem (Allzeit-)Tief habe ich doch einen Gewinn gemacht.« Natürlich ändert sich im Zeitablauf auch seine Risikoeinstellung: Eben hatte er sich noch risikofreudig gezeigt und in seiner verlustreichen Position ausgeharrt – auf die Gefahr hin, dass das Minus noch größer wird. Doch sobald ihn die Adaption vom mentalen Verlust befreit hat und die Aktie auch nur zu einer kleinen Erholung ansetzt, wird er wieder risikoscheu und nimmt seinen vermeintlichen »Gewinn« mit (siehe hierzu auch Kapitel 5.3.5).

Wichtig: Typische Verhaltensmuster, wie etwa die Neigung, Gewinne zu früh einzustreichen und Verluste zu spät zu begrenzen (Dispositionseffekt), werden durch die Gewöhnung gemildert. Auch andere Effekte, die durch unterschiedliches Verhalten je nach Gewinn- oder Verlustsituation entstehen, lassen im Zeitablauf nach. Diese Phänomene lassen sich kaum mehr nachweisen, sobald der Gewöhnungsprozess abgeschlossen ist.

Am stärksten ist die Wirkung des Dispositionseffektes natürlich in den ersten Handelstagen nach dem Erwerb eines Wertpapiers. Der Anleger verspürt einen starken Drang, schon kleine Profite zu realisieren und seine Position wieder glattzustellen. Während in den ersten neun Handelstagen die Neigung, Gewinne einzustreichen, gar doppelt so ausgeprägt ist wie der Hang zur Realisierung von Verlusten, nimmt diese Neigung danach jedoch substanziell ab. Wissenschaftler konnten diesen Dispositionseffekt nur in den ersten 90 Handelstagen, in denen ein Investor in seiner Position verharrt, mit hoher statistischer Signifikanz nachweisen. Anschließend lassen sich kaum mehr Unterschiede feststellen in der Neigung, Buchgewinne bzw. -verluste zu realisieren.[284]

8.2.3 Der Mensch im Hamsterrad

Gewöhnung schützt den Menschen davor, an negativen Veränderungen zu zerbrechen. Die Zeit heilt fast alle Wunden. Doch dieser Schutz hat seinen Preis: Auch die schönen Erfahrungen und Erlebnisse verlieren mit der Zeit ihren Glanz. Dennoch engagieren sich unzählige Glücksritter beharrlich an den Finanzmärkten in der Annahme, dass größerer Reichtum sie dauerhaft glücklicher machen wird. Doch hier unterschätzen sie, dass sie sich an steigenden Wohlstand leicht gewöhnen – denn mit ihm steigen auch die eigenen Ansprüche und die materiellen Wünsche; der Referenzpunkt passt sich an die neue Situation immer wieder an.[xlvii]

So sehr man auch strebt, so viel man auch gewinnt, man kommt auf lange Sicht nicht vom Fleck, was das eigene Glücksempfinden anbetrifft – man fühlt sich wie im Hamsterrad. Psychologen sprechen in diesem Zusammenhang von der hedonistischen Tretmühle: Um kurzfristig das eigene Glücksempfinden zu steigern, eilt der Mensch etwa immer größeren Kursgewinnen (und damit immer höheren Risiken), immer schnelleren Autos, immer wertvollerem Schmuck hinterher, aber ohne langfristigen Glückszuwachs. Denn man reagiert nur kurzzeitig auf Veränderungen. Schon bald verliert das neue Schmuckstück seinen Reiz und man hält nach etwas Anderem, Größerem, Schönerem Ausschau, das glücklich macht. Der Mensch ist ewig auf der Suche – nur um nach kürzester Zeit schon wieder so glücklich oder unglücklich wie zuvor zu sein.[285] Adaption ist demnach der natürliche Feind des Glücks.

Glück ist aber nicht nur etwas, was in Liedern besungen und in Gedichten gepriesen wird. Glück und Unglück haben handfeste Folgen für eine Gesellschaft. Was Glück eigentlich ist und wo man es finden kann, vermittelt das nächste Kapitel.

xlvii Der Referenzpunkt bzw. das Anspruchsniveau ändern sich nicht nur durch die Gewöhnung, sondern auch durch psychische Regulierungsmechanismen, die insbesondere dann aktiviert werden, wenn eine Handlungsnotwendigkeit vorliegt: Um sein Selbstwertgefühl zu erhalten, reguliert der Mensch gewöhnlich negative, von außen veranlasste Emotionen nach oben und (seltener) zu euphorische Emotionen nach unten. Näheres hierzu ist Fischer, O. und Fischer, L. (in Druck): *(How) Is Emotion at Work Regulated?* zu entnehmen.

8.3 Die Suche nach dem großen und dem kleinen Glück

Da das Streben nach Glück eine uralte Sehnsucht des Menschen ist, ist natürlich auch die Frage, was Glück eigentlich bedeutet, schon Tausende Jahre alt. Schon die alten Philosophen waren sich nicht einig, und auch die heutigen Wissenschaftler diskutieren kontrovers. Glück ist schwer definierbar. Jeder weiß, was es ist, wenn einen das absolute Glücksgefühl überkommt, aber beschreiben lässt es sich nicht und in eine allgemeingültige Definition pressen erst recht nicht.

8.3.1 Was ist Glück?

In der Antike verstand man Glück zunächst als etwas Gottgegebenes. Erst Aristoteles (384 bis 322 v. Chr.) stellte in Aussicht, dass der Mensch durch ein tugendhaftes Leben selbst zum Glück (*eudaimonia*) beitragen kann. Hierzu gehört demnach aber auch eine ausreichende Versorgung mit äußeren Gütern wie Reichtum, Freundschaft, Ehre und Nachkommen.

Bei den Brüdern Grimm war Hans erst im Glück, nachdem er sämtliche Güter, die er im Tausch gegen einen kopfgroßen Klumpen Gold erhielt, wieder losgeworden war. Glücklich, »mit leichtem Herzen und frei von aller Last ging er nun fort«, heißt es da.

Auch in der Gegenwart sind Denker und Dichter nicht müde geworden, die Spur des Glücks zu verfolgen: Der kleine grüne Drache Tabaluga etwa findet in der Erzählung von Peter Maffay das »geschenkte« Glück: Er erkennt, wie schön es ist, jeden Tag mit freiem Herzen einem anderen eine kleine Freude zu machen. Denn es kommt hundertfach zurück, das verschenkte Glück, so die Geschichte.

In der Neurobiologie hingegen ist das Glücksgefühl letztlich nicht mehr als ein chemischer Cocktail, in dem vor allem die Botenstoffe Dopamin und Serotonin enthalten sind.

8.3.2 Glücksforschung erst jetzt!

Wenn schon die Definition von Glück schwerfällt, ist es natürlich umso kniffliger, Glück zu messen. Kein Wunder, dass sich viele Studien widersprechen. In den letzten 30 Jahren wurde zwar emsig geforscht – die Psychologen stellten weltweit Tausenden Männern und Frauen immer wieder Fragen über ihr Befinden. Doch mal galt Reichtum als Glücksbringer, dann wieder nicht. Das Problem auch hier: »Glück« ist ein diffuser Sammelbegriff.

Entscheidend ist, welche Fragen man den Probanden stellt. Denn es ist ein Unterschied, ob man sie nach ihrer momentanen Gefühlslage (*emotional well-being*) fragt oder ob man sie um eine generelle Einschätzung ihrer Lebensqualität bittet (*life evaluation*), auch wenn der Befragte die Antworten auf die beiden Fragen nicht immer klar abzugrenzen vermag. In letzterem Fall rückt das aktuelle emotionale Befinden in den Hintergrund. Stattdessen bewertet man, wo man im Leben im Vergleich zu den selbst gesteckten Zielen und Wünschen steht; auch gesellschaftliche Erwartungen fließen in diese Einschätzung ein. Man kann gleichzeitig einen schlechten Tag haben, sich verärgert und gestresst fühlen, aber sein Leben in seiner Gesamtheit dennoch als ganz ordentlich beurteilen. Die allgemeine Lebenszufriedenheit ist also keinesfalls nur ein grober Durchschnitt des alltäglichen Gemütszustands. In der Glücksforschung wurde jedoch in der Vergangenheit immer wieder allgemeines Wohlbefinden mit Glücksgefühl verwechselt[286], sagt sogar Nobelpreisträger Daniel Kahneman, der Ihnen aus den vorherigen Kapiteln ein Begriff sein dürfte. Er ist nicht nur der Begründer der Prospect-Theorie, sondern hat sich auch auf die Suche nach dem Glück gemacht.

Erst jetzt beginnen die Wissenschaftler, die Begrifflichkeiten besser voneinander zu trennen und sowohl nach dem einen als auch nach dem anderen zu fragen. Die eigentliche Glücksforschung hat also gerade erst begonnen, sie steckt noch in den Kinderschuhen.

Die Glücksstudien der Vergangenheit sind also mit Vorsicht zu behandeln – wonach suchen sie eigentlich, welche Fragen wurden gestellt? Dennoch lassen sich bereits jetzt wichtige Erkenntnisse und Glücksbegriffe festhalten, die wir wie folgt abgrenzen:

- »Das große Glück«: Die Begriffe Lebenszufriedenheit und Lebensqualität werden als Synonyme für eine generelle, subjektive Einschätzung des eigenen Lebens verwendet (*life evaluation*). Ihr geht man in der Wissenschaft zumeist mit der Frage »Wie zufrieden sind Sie gegenwärtig alles in allem mit Ihrem Leben?« auf den Grund. In die Bewertung fließen eigene und gesellschaftliche Erwartungen, selbst gesteckte Ziele und Wünsche ein. Ein noch stärkerer Vergleich mit dem Umfeld wird mit folgender Frage eingefordert: »Stellen Sie sich eine Leiter mit nummerierten Sprossen von 0 bis 10 vor. Das obere Ende der Leiter repräsentiert das bestmögliche Leben für Sie, das untere Ende das schlechteste. Wo auf dieser Leiter stehen Sie?«

- »Das kleine Glück«: Glücksgefühl, aktueller Gemütszustand, emotionales Wohlbefinden (*emotional well-being*) beziehen sich jedoch auf Fragen wie »Denken Sie einmal an den gestrigen Tag: Wie haben Sie sich gefühlt? Hatten Sie Sorgen, Stress oder Ärger; haben Sie gelacht, waren Sie glücklich und haben Sie genossen, was immer Sie auch getan haben?«

8.3.3 Auch Glück ist relativ – aber nicht immer!

Die Erkenntnis, dass man sich an fast alles gewöhnt, stimmt nicht sonderlich optimistisch: Lohnt es sich überhaupt, nach dem kleinen oder gar dem großen Glück zu streben? Denn immer wieder überrascht man sich selbst: Geht ein heiß ersehnter Wunsch, auf den man so lange hingearbeitet und gehofft hat, endlich in Erfüllung, ist man schnell enttäuscht. Der Mensch unterschätzt regelmäßig seine eigene Fähigkeit, sich an fast alles zu gewöhnen. Daher ist er auch kaum in der Lage, vorherzusagen, was ihn wirklich glücklich bzw. unglücklich macht.

Noch etwas gibt Anlass zum Pessimismus: Glücklich sein ist erblich. Mancher mag sich als notorisch unzufrieden bezeichnen, andere (die große Mehrheit!) sehen sich auf der Sonnenseite des Lebens.[287] Zumindest teilweise ist diese Grundhaltung angeboren – unterschiedlichste Studien vornehmlich mit ein- und zweieiigen Zwillingen konnten nachweisen, dass die persönliche Lebenszufriedenheit[xlviii] zu rund 40 bis 50 Prozent ererbt ist.[288] Dabei startet jeder von einem individuellen Glücksniveau, zu dem man zumeist wieder zurückkehrt. Aber nicht immer! In einer Langzeitstudie änderte sich die Glückskurve im Fünfjahresdurchschnitt zwar bei 75 Prozent aller Teilnehmer so gut wie gar nicht. 25 Prozent der beobachteten Personen ist es aber gelungen, ihre subjektiv empfundene Lebensqualität zu steigern.[289]

Jeder kann etwas tun, um seine Lebenszufriedenheit langfristig zu steigern und seine Glücksgefühle länger zu erhalten. Auch die Politik kann aktiv werden, um den Glücksstandard einer Gesellschaft anzuheben, denn nicht alle Erlebnisse fallen vollständig der Gewöhnung anheim. Die Theorie vom menschlichen Hamsterrad, der hedonistischen Tretmühle, kann und muss sogar ein wenig relativiert werden. Oder können Sie sich eine Welt vorstellen, in der der ärmste Bettler ohne Freunde und Familie so glücklich ist wie der Millionär, der engen Kontakt zu seinen Liebsten pflegt? Sicherlich nicht. Es ist auch kaum denkbar, dass ein Bürger, der in einer Diktatur lebt und ständig die Gefahr von Verbrechen, Folter und Diskriminierung vor Augen hat, zufriedener ist als ein Bewohner einer stabilen, sicheren Demokratie.

***

Wie gelingt es einigen Menschen, ihre persönliche Glückskurve zu steigern? Und welche Unterstützung kann die Politik leisten? Im Folgenden werden einige Methoden, wie man der Adaption Einhalt gebieten kann, aufgeführt. Es geht sowohl um die langfristige Steigerung der subjektiv empfundenen Lebensqualität (»das große Glück«) als auch darum, Glücksgefühle, positive Emotionen (»das kleine Glück«) ein wenig zu verlängern.

xlviii Vor allem Persönlichkeitsmerkmale wie Intro- oder Extrovertiertheit sind zu einem großen Teil vererbbar. Dieselben Gene wiederum spielen auch für die Lebenszufriedenheit offenbar eine entscheidende Rolle.

Macht Geld glücklich?

Zuallererst die Frage aller Fragen: Macht Geld glücklich? Die Antwort: Jein! Die allgemeine Lebenszufriedenheit lässt sich tatsächlich mit Geld steigern – Reiche sind im Durchschnitt zufriedener als Arme. Allerdings nimmt die glücksbringende Wirkung von Geld mit jedem zusätzlichen Euro immer weiter ab.[xlix] Für einen Manager eines großen Unternehmens hat eine 100-Euro-Gehaltserhöhung natürlich längst nicht den gleichen Effekt wie für einen Erwerbstätigen, der mit Mühe und Not seinen Lebensunterhalt bestreiten kann.[290] Gehaltsveränderungen hinterlassen folglich bei Geringverdienern den größten Eindruck in der Zufriedenheitskurve.[291]

Das Gehalt eines Arbeiters in einem Entwicklungsland lässt sich zum Beispiel leichter verdoppeln als das eines deutschen Beamten. Die Lohntüte muss sich aber schon um denselben Prozentsatz vergrößern, um beim Arbeiter des Entwicklungslandes und dem deutschen Beamten einen ähnlichen Zufriedenheitseffekt zu erzielen. Ähnliches gilt für den Generationenvergleich: In einer Volkswirtschaft, die sich noch im Aufbau befindet, lassen sich für den Einzelnen noch große Einkommenssteigerungen erzielen. Doch in einem mittlerweile hoch entwickelten Land wie Deutschland oder den Vereinigten Staaten können die meisten Lohnempfänger eben keine solch drastischen Gehaltssprünge mehr vollführen. Daher stagnieren die Zufriedenheitskurven weitgehend.

Hier noch einmal Deutschland im Detail (siehe Abbildung 10): Seit 1985 wird in Deutschland eine regelmäßige Befragung privater Haushalte durchgeführt (SOEP, Sozio-ökonomisches Panel). Es werden immer wieder dieselben Bürger befragt. Themenschwerpunkte sind unter anderem Haushaltszusammensetzung, Erwerbsbeteiligung, Einkommensverläufe, Bildungsstand, Gesundheit und Lebenszufriedenheit. An der Abbildung lässt sich erkennen: Das Durchschnittseinkommen ist zwar seit 1985 moderat angestiegen, aber die Zufriedenheit stagniert.[292]

---

xlix Nur auf logarithmischer Basis steigt die Zufriedenheit Hand in Hand mit steigendem Wohlstand immer weiter an. Siehe Diener, E., Kahneman, D., Tov, W. und Arora, R. (2010): *Income's Association with Judgments on Life versus Feelings*, in: Diener, E., Helliwell, J. F. und Kahneman, D. (Hrsg): International Differences in Well-Being, Oxford University Press, New York, S. 3–15

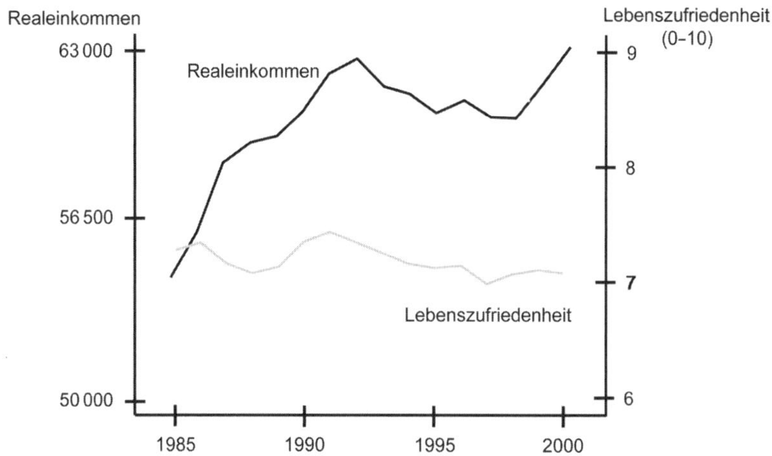

Abbildung 10: Das Einkommen steigt, die Zufriedenheit stagniert

Wenn es um den tagtäglichen Gemütszustand geht, kann man mit Geld jenseits eines bestimmten Betrages ohnehin kein Glück mehr kaufen: Ab einem stabilen Haushaltseinkommen von 75 000 US-Dollar[1] – ist mit zunehmendem Gehalt gar kein langfristiger Anstieg der Glückskurve mehr erkennbar.[293] Sind Grund- und Sicherheitsbedürfnisse erst einmal gedeckt, so interpretiert Psychologe Daniel Kahneman das Ergebnis seiner Studien, spielt Geld eine immer geringere Rolle.[294] Umgekehrt bedeutet das aber auch, dass materielle Armut mit allgemeiner Unzufriedenheit, aber auch mit emotionalem Stress einhergeht. Armut macht Schicksalsschläge wie Arbeitslosigkeit, Scheidung oder Krankheit nur noch schlimmer. Sogar einfache Kopfschmerzen werden von armen Mitbürgern als emotional belastender empfunden! Sie können nicht einmal ein arbeitsfreies Wochenende so sehr genießen wie ein Bürger mit ausreichendem Einkommen.[295]

Zwar mildert auch hier die Gewöhnung den negativen Einfluss, aber Gehaltskürzungen treffen natürlich Geringverdiener sehr viel härter als den Topmanager. Eines ist jedoch allen Lohnempfängern gemeinsam: Sie tun sich deutlich

1 Diese Summe wurde für den Durchschnitt der US-Bürger ermittelt.

schwerer, sich an eine Gehaltskürzung zu gewöhnen, als an eine Erhöhung. In der Langzeitstudie deutscher Haushalte war ein Angestellter mit einem dicken Lohn-Plus von 21 Prozent im zurückliegenden Jahr genauso zufrieden wie eine Person, deren Lohntüte um 10 Prozent geschrumpft war – beide standen am Ende mit demselben Gehalt da (Abbildung 11).[296] Auch hieraus lässt sich die typisch menschliche Abneigung gegen Verluste herauslesen, die sogenannte Verlustaversion (siehe auch Kapitel 3.2.1, »Die Abneigung gegen Verluste«).

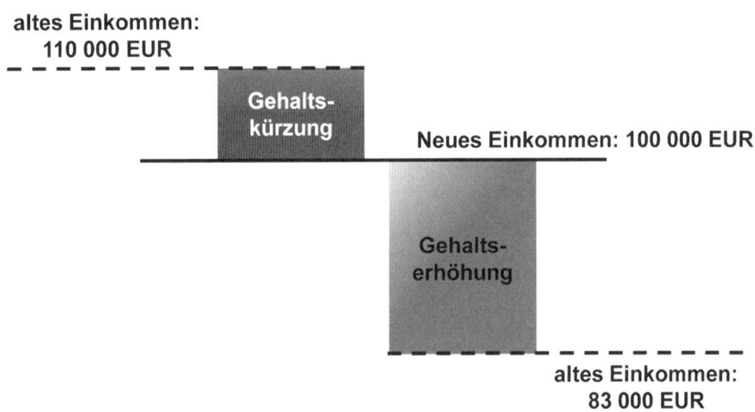

Abbildung 11: Glück und Unglück nach Gehaltsveränderungen

Es lässt sich festhalten: Glück ist begrenzt käuflich. Viel wichtiger ist aber: Je größer das Loch in der Haushaltskasse, desto schwerer wiegt jegliches Unglück.

Gewissheit vs. Unsicherheit

Während der globalen Finanzkrise 2008/2009 litten nicht nur die Aktienkurse, sondern auch das Wohlbefinden der Anleger. Am schlimmsten erwischte es die allgemeine Lebenszufriedenheit der Investoren, als sich die Märkte nahezu im freien Fall befanden – das durchschnittliche Zufriedenheitsniveau der US-Amerikaner fiel um elf Prozent. Das ist gewaltig, gemessen daran, dass derlei Glücksmaße gewöhnlich nicht sonderlich volatil sind. Am schlimmsten war es von November 2008 bis März 2009. Damals war völlig unklar, wie lange die Aktienmarkttalfahrt und die Krise noch anhalten würden. An die Unsicherheit konnten sie sich nur schwer gewöhnen (siehe Abbildung 12).[297]

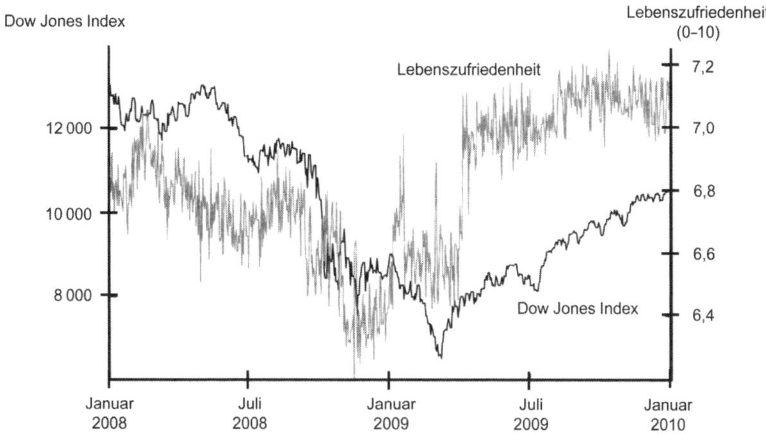

Abbildung 12: Lebenszufriedenheit in den USA während der globalen Finanzkrise 2008/09

Doch sobald der Markt sich stabilisieren konnte, erholten sich auch die Lebenszufriedenheitswerte, sogar über das ursprüngliche Niveau hinaus. Und das, obwohl die US-Bürger ihre eigene ökonomische Lage auch zu diesem Zeitpunkt noch nicht als sonderlich rosig einschätzten.[298] Aber die Zeit der schlimmsten Unsicherheit war erst einmal vorbei. Mit unangenehmen Tatsachen konnten sie sich augenscheinlich sehr viel besser arrangieren als mit völliger Unsicherheit.

Dieses Phänomen findet man häufig auch auf Krankenhausfluren: »Die Hoffnung stirbt zuletzt.« Diesen wohlgemeinten Hinweis bekommt man immer wieder im Angesicht einer prekären Lage. Doch wenn es darum geht, sich mit einer schlimmen Situation abzufinden, sprich: sich daran zu gewöhnen, ist Hoffnung kontraproduktiv und hinderlich. Studien zeigen: Ein Patient kann sich leichter mit einer unerfreulichen Diagnose arrangieren, wenn er Gewissheit hat über Gesundheit und Krankheit. Sein persönliches Glücksempfinden ist auf lange Sicht stärker beeinträchtigt, wenn er einen medizinischen Check herauszögert oder gar ein nicht eindeutiges Ergebnis erhält.[299] Das gilt selbst bei drastischen Diagnosen. HIV, Erbkrankheit, irreversible Behinderung – mit der Gewissheit kann der Patient besser umgehen als mit einem Verdacht oder der Hoffnung auf Heilung.

Ein weiteres Beispiel: Wissenschaftler haben das Wohlbefinden frisch operierter Stoma-Patienten untersucht – den Betroffenen war kurz vor der Befragung ein künstlicher Darmausgang (Stoma) gelegt worden. Bei etwa der Hälfte der Patienten handelte es sich vorerst nur um eine temporäre Maßnahme. Sie durften sich Hoffnung auf Heilung machen. Die andere Hälfte der Betroffenen musste ihr Leben hingegen dauerhaft mit dem Seitenausgang bestreiten. Interessant: Die Glückskurve der Patienten mit irreversibler Behinderung erholte sich in den sechs Monaten nach der Operation deutlich. Diejenigen, die auf Besserung hofften, wurden jedoch unzufriedener.[300]

Unsicherheit jedweder Art behindert und unterbricht demnach den Prozess der Gewöhnung; sie verlängert das Leiden also nur noch. Wie die angeführten Beispiele zeigen, ist Gewissheit – auch wenn oder gerade weil sie mit einem Schock verbunden ist – besser für das langfristige Wohlbefinden, denn der Adaptionsprozess wird voll in Gang gesetzt – das »psychologische Immunsystem« läuft dann auf Hochtouren. Das unterschätzt der Mensch jedoch regelmäßig, weil er die Rechnung ohne seine Fähigkeit zur Gewöhnung macht. Immer wieder trifft er daher Entscheidungen, die ihm eher schaden als nutzen: Er zögert die Untersuchung beim Arzt hinaus und klammert sich an das letzte Fünkchen Hoffnung.

Die Macht der Adaption widerspricht der eigenen Intuition oft völlig. Auch mag mancher sagen: Das habe ich aber anders erlebt! Doch Vorsicht, die Erinnerung trügt. Im Zeitablauf und durch neue Erfahrungen und Erkenntnisse ändern sich die eigenen Erinnerungen. Die Vergangenheit sieht man immer nur durch die Linse der Gegenwart (man denke etwa an den Rückschaufehler, siehe hierzu Kapitel 4.2.3).

***

Unsicherheit hemmt Gewöhnung – das gilt auch für die schönen Seiten des Lebens, denn ungewisse positive Ereignisse verschaffen länger anhaltendes Glück als das stabile, sichere Pendant. Ungewissheit verbindet der Mensch jedoch zumeist mit etwas Negativem. Geht es um Gewinne, wird er sich grundsätzlich für die sichere Variante entscheiden (siehe Kapitel 5, »Alles ist relativ«). Er kann sich daher kaum vorstellen, dass ihm Unsicherheit mehr Zufriedenheit bescheren könnte. Tut es aber, wie Wissenschaftler in diversen Untersuchungen zutage brachten.

Man stellt Ihnen ein oder gar zwei Geschenke in Aussicht – was macht Sie glücklicher? Natürlich ist es naheliegend zu vermuten, dass zwei Geschenke glücklicher als eines machen. Je mehr, desto besser! Bevorzugen Sie es, vorher zu wissen, was Sie geschenkt bekommen? Die meisten würden wohl intuitiv gerne Gewissheit haben über ihr Geschenk. Doch sind die Geschenke erst einmal verteilt, entwickelt sich die Laune ganz anders als erwartet. Diejenigen, die zwei Geschenke erhalten, verspürten länger bessere Laune als jemand, der nur ein Präsent bekommen hat. Überraschenderweise hält aber bei den »Unwissenden« – das Geschenk war vorher nicht bekannt – die positive Stimmung länger an als bei denjenigen, die genau wussten, welche Präsente auf sie warteten.[301] Überhäufen Sie Ihre Lieben daher nicht einmal im Jahr mit unzähligen Geschenken zum Geburtstag oder zu Weihnachten, sondern überraschen Sie sie immer wieder einmal mit etwas Ausgewähltem, Unerwartetem!

Für den Alltag haben Ungewissheit bzw. Stabilität unerwartete Konsequenzen: Ändern sich die äußeren Umstände – man erhält eine Gehaltserhöhung, zieht in eine größere Wohnung oder kauft einen neuen Fernseher – ist die Freude zwar groß. Derlei zumeist stabile, neue Situationen betrachtet man jedoch schnell als selbstverständlich, sodass man recht zügig wieder so glücklich oder unglücklich ist wie zuvor. Nur wenn sich extrem ungünstige Lebensbedingungen ändern, hat dies einen bleibenden Effekt auf die subjektiv wahrgenommene Lebensqualität. Erhält ein Hungernder endlich jeden Tag eine Mahlzeit, dann wird er dauerhaft zufriedener.

Ein Angestellter gewöhnt sich schneller an die Vorzüge einer größeren Wohnung – diese sind ihm gewiss – als an die unsicheren Umstände des Berufspendelns. Wer mit dem Gedanken spielt, um einer größeren Wohnung willen einen längeren Arbeitsweg in Kauf zu nehmen, darf eines nicht vergessen: Kurzfristig mag es mehr Freude bereiten, in einer größeren Wohnung zu leben, als lediglich den Arbeitsweg erleichtert zu bekommen. Das Blatt wendet sich aber, denn die Freude über die großzügigere Bleibe verfliegt schneller als der Ärger über den längeren, unbeständigen Arbeitsweg – immerfort behindert während der Hauptverkehrszeiten ein Stau; immer wieder haben die öffentlichen Verkehrsmittel Verspätung.[302] Pendler, die länger als 30 Minuten zu ihrer Arbeitsstelle unterwegs sind, sind weniger zufrieden mit ihrem Leben als solche Angestellte mit einem kurzen Arbeitsweg.[303] Daran ist aber nicht die Unsicherheit, die das Pendeln mit sich bringt, allein schuld. Dem Pendler bleibt weniger Zeit für Familie und Freunde und weniger Zeit zum Schlafen. Gerade aber genügend Schlaf, soziale Beziehungen und Freizeitaktivitäten wie Sport gehören zu den typischen Gewohnheiten glücklicher Menschen. Warum? – Wegen ihres inneren Wertes.

Auf den »inneren Wert« kommt es an

Schlaf, sozialen Beziehungen zu Freunden, zum Partner und zur Familie, Sport, Freizeit, Sex[304] und Ähnlichem wohnt ein positiver Wert inne, der sich nicht (nur) durch den Vergleich mit anderen ergibt. Ein gesunder Schlaf geht immer auch mit einem größeren emotionalen Wohlbefinden und höherer Lebensqualität einher.[305] Ein gemütlicher Abend in freundschaftlicher Runde tut einfach immer wieder von Neuem gut. Pizza schmeckt, ganz gleich wie viele man zuvor in seinem Leben schon verspeist hat. Sex macht absolut betrachtet Spaß, unabhängig von den intimen Aktivitäten des Nachbarn. Wissenschaftler wollen sogar herausgefunden haben, dass regelmäßiger Intimverkehr nicht nur kurzfristig, sondern sogar langfristig die Lebenszufriedenheit steigert.[306] Hier kommt es eben nicht auf den Vergleich mit anderen an – hier ist Glück nicht mehr nur relativ!

Wenn man schläft, Zeit mit der Familie verbringt, sich einfach einmal eine Stunde zurückzieht und entspannt, gerät man nicht unter die Räder der hedonistischen Tretmühle. Denn es sind allesamt positionsunabhängige Güter: Ihr Wert ergibt sich nicht durch den Vergleich mit anderen (der Begriff wurde bereits im Kapitel 5, »Alles ist relativ«, eingeführt). Man nimmt in diesem Fall nicht am Wettlauf um die ersten Plätze im sozialen Vergleich teil. Deshalb sind derlei Dinge und Aktivitäten adaptionsresistenter als solche, die nur relativ bewertbar sind. Auf kurze Sicht sorgen sie für bessere Laune und auf lange Sicht steigern sie sogar die allgemeine Lebenszufriedenheit.

Leider unterschätzt man immer wieder diesen »inneren Wert«, denn er ist oft längst nicht so leicht erkennbar wie äußerliche Attribute: Geld, Prestige, Statussymbole – ihr Wert ist meist offensichtlich und dominiert daher nur allzu oft die menschlichen Entscheidungen. Dabei ergibt sich ihr »Wert« zumeist nur durch den Vergleich mit anderen – es handelt sich daher um positionale Güter, das heißt Güter, mit denen man die eigene Position in der Gesellschaft verbessern kann. Geld etwa – hat man erst einmal eine gewisse finanzielle Sicherheit erreicht – verschafft nur dann Freude, wenn man mehr davon besitzt als andere und man damit mindestens eine weitere Sprosse auf der gesellschaftlichen Statusleiter erklimmt. Mit steigenden Standards (z. B. größere Wohnung, Gehaltserhöhung), steigt nämlich auch der eigene Anspruch, sodass der langfristige Einfluss auf die persönliche Lebenszufriedenheit gering bleibt.

Was macht immer wieder glücklich (auf kurze wie auf lange Sicht), ganz gleich wie oft man es tut? Unzählige Erhebungen zeigen: Glückliche Menschen stehen ständig in sozialer Interaktion mit Freunden und Familie[307] und sorgen für Geist und Körper, indem sie etwa Sport treiben.[308] Auch hier ist Unsicherheit, besser: Variabilität, Trumpf. Das Glücksgefühl hält umso länger an, wenn man immer wieder neue Wege wählt – und sei es nur hin und wieder ein neuer Weg auf der wöchentlichen Jogging-Strecke. Genauso lässt sich das Hochgefühl ausdehnen, wenn man sein Geld vermehrt für Erlebnisse, z. B. einen Konzertbesuch oder ein Wellness-Wochenende, statt für materielle Dinge ausgibt. Hier wirkt nicht nur das Element Unsicherheit glücksfördernd – man kann das Erlebnis schließlich nicht wieder zurückgeben oder umtauschen; man weiß im Vorhinein nie genau, was passiert und wie die Erfahrung endet –, sondern oft auch der soziale Faktor: Man verbringt dabei mehr Zeit mit Gleichgesinnten und Freunden.[309]

Arbeiten steht auf der Liste der erfreulichen Aktivitäten zwar ziemlich weit unten, aber auch das kann ein Quell des Glücks sein. Zwar hat es zumeist längst nicht einen so positiven Effekt auf den aktuellen Gemütszustand wie Sex oder das nette Beieinandersein mit Freunden nach Feierabend. Dennoch wird es im Durchschnitt als einigermaßen angenehm empfunden, nicht nur weil Arbeiten manchem einfach Spaß macht, man seine Fähigkeiten anwenden und weiterentwickeln kann, sondern weil es dem Tag eine Struktur gibt und soziale Kontakte mit den Kollegen ermöglicht.

Es geht auch hier um den inneren Wert: Eine Aufgabe haben, sich engagieren, Lob und Anerkennung einheimsen, sich täglichen und neuen Herausforderungen stellen – all das empfinden die meisten als sinnstiftend.[310] Wenn es um die Beurteilung des eigenen Lebens im Allgemeinen geht, der Lebenszufriedenheit, kommt der Arbeit eine wichtige Bedeutung zu. Natürlich spielt auch das Gehalt eine gewisse Rolle – dass Geld aber nicht unbedingt glücklich macht, wurde an anderer Stelle bereits ausgeführt. Auch die Wochenarbeitszeit hat einen Einfluss – die zufriedensten Menschen arbeiten idealerweise 35 bis 44 Wochenstunden. Am wichtigsten ist es indes, ob man den richtigen Job ergattert hat.[311] Sind Sie zufrieden mit Ihrem Job und der Tätigkeit, die Sie verrichten? Können Sie in Ihrem Job Ihre Qualitäten, das, was Sie am besten können, jeden Tag einbringen? Glückwunsch, dann haben Sie nicht nur den passenden Job, sondern auch eine ganze Menge für Ihre Lebenszufriedenheit getan.

Umgekehrt gibt es auch negative Dinge, die sich gegenüber der Adaption ziemlich erhaben zeigen: Arbeitslosigkeit etwa hat einen inneren negativen Wert – auch hier handelt es sich leider um ein positionsunabhängiges Gut. Zwar findet eine teilweise Gewöhnung statt, die Lebenszufriedenheit nimmt aber dauerhaften Schaden, selbst wenn der Betroffene wieder an den Arbeitsmarkt zurückkehrt.[312] Dass andere Personen im eigenen Umfeld arbeitslos sind, ist nur ein schwacher Trost: In Gegenden, in denen die Arbeitslosenquote ohnehin hoch ist, empfindet man den eigenen Jobverlust zumindest als nicht ganz so dramatisch.[313]

Warum Werbepausen glücklich machen

Gerade steht der Hauptdarsteller eines Liebesdramas seiner Angebeteten gegenüber – die Spannung steigt. Wird sie ihn erhören, wird sie seinen Heiratsantrag annehmen? Egal welche Art von Fernsehfilmen Sie mögen, immer dann, wenn die Spannung gerade am Höhepunkt ist, wird Ihr Filmvergnügen von einer nervtötenden Werbepause unterbrochen. Wenn Sie wählen könnten: Würden Sie eine Sendung mit oder ohne Werbeunterbrechungen bevorzugen? Die meisten Menschen entscheiden sich aus dem Bauch heraus – kein Wunder – gegen die leidigen Unterbrechungen. Doch verspricht ein werbefreier Film tatsächlich ein größeres Vergnügen?

Szenenwechsel: Sie sitzen gerade auf dem Behandlungsstuhl Ihres Zahnarztes. In der Nacht haben Sie fast unerträgliche Zahnschmerzen um den Schlaf gebracht, sodass der Gang zum Zahnarzt unumgänglich war. Er bohrt, es schmerzt. Er bietet Ihnen an, eine kurze Pause zu machen. Willigen Sie ein? Nur allzu gerne würden viele Patienten intuitiv die kleine Unterbrechung wählen, um sich für eine neue Schmerzwelle zu sammeln. Doch ist das die richtige Entscheidung?

Schöne Erfahrungen, wie den sonntäglichen Krimi oder den romantischen Liebesfilm, will man ungern unterbrechen. Bei unangenehmen Dingen, wie der Zahnarztbehandlung, dem Lernen für eine Klausur oder der anstrengenden Hausarbeit wird nur allzu gern eine Pause eingelegt. Was aber intuitiv richtig klingt, ist in puncto emotionales Wohlbefinden nicht die optimale Entscheidung.

Befragt man Patienten nämlich einmal im Nachhinein, was ihnen in besserer Erinnerung geblieben ist, ist es nicht die schmerzvolle Behandlung mit kleinen Unterbrechungen, sondern die durchgängige Behandlung.[314] Und das Filmvergnügen war dank Werbepausen sogar größer als die unterbrechungsfreie Version. Die Intuition – der Bauch – führt den Menschen hier auf die falsche Fährte. Unterbrechungen machen unangenehme Erfahrungen nur noch schlimmer! Denn sobald die schmerzvolle Zahnarztbehandlung oder die leidige Hausarbeit erst einmal ausgesetzt ist, ist die Gewöhnung, die bis zu diesem Zeitpunkt den Schmerz oder den Verdruss schon erträglicher hat erscheinen lassen, dahin. Eine Pause mindert die Adaptionsfähigkeit. Wird die Behandlung oder die Hausarbeit dann fortgesetzt, beginnen der Schmerz und das Ärgernis von vorn – mit voller Wirkung. Die beste Strategie? Augen zu und durch und die leidigen Aufgaben und schmerzvollen Behandlungen in einem Zug hinter sich bringen.

Bei schönen Erfahrungen gilt indes: Gönnen Sie sich eine Pause. Zögern Sie ein schönes Erlebnis hinaus. Auch hier arbeiten Adaption und Vorfreude für Sie: Man stelle sich nur vor, wie schön es ist, wenn der spannende Film endlich weitergeht, wenn die wohltuende Massage fortgesetzt wird oder wenn man zurücksteigt in eine Badewanne, gefüllt mit wohlig warmem Wasser. Man kann das anfängliche Hochgefühl noch einmal erleben.

Wollen Sie Ihre Lieben glücklicher machen, so gilt auch hier: Pausen einlegen. Die Freude über einen gemeinsamen Einkaufsmarathon oder ein großes Geschenk wird schnell verfliegen. An all die schönen Dinge, die man gerade alle auf einmal erworben oder erhalten hat, wird man sich schnell gewöhnen. Auch wenn die Adaption am Ende ohnehin die Oberhand gewinnt, so entgeht man ihr am längsten, wenn man die ersehnten Dinge nach und nach bekommt. So kann man sich immer wieder an etwas Neuem erfreuen – wenn auch jedes Mal nur für kurze Zeit. Übrigens: Die Vorfreude auf ein weiteres Geschenk ist sogar kostenlos und trägt zusätzlich zur guten Laune Ihrer Lieben bei. Denn Vorfreude ist eine weitere Glücksquelle.

Das Hochgefühl nach einem Kaufrausch verfliegt dank der Gewöhnung schnell (siehe Abbildung 13, breit gestrichelte Linie). Dazu kommt: Man nimmt jeden weiteren erworbenen Artikel während dieser Kauforgie nur noch mit abnehmender Sensitivität wahr. Über die Zeit betrachtet kann man sich länger und mehr freuen, wenn man sporadisch immer wieder etwas Schönes kauft[315] – dabei muss man in der Summe nicht einmal mehr Geld ausgeben, sondern den Geldbetrag lediglich auf mehrere Gelegenheiten aufteilen. Jeder Punkt steht in der Grafik für den Zeitpunkt eines Kaufs. Die durchgängigen Linien in der Abbildung stellen die immer wieder aufflammende Freude über einen Kauf bzw. ein Geschenk dar. Aber bitte, liebe Herren: Nicht jedes Mal einen Rosenstrauß kaufen. Auch daran gewöhnt sich Ihre Frau. Variieren Sie mit unterschiedlich großen Geschenken.

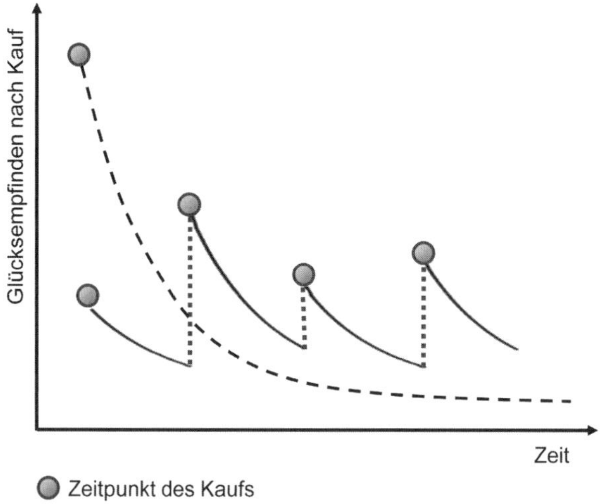

Abbildung 13: Glücksempfinden nach Kaufrausch bzw. Intervallkäufen

Kleines versus großes Glück

Beim Kaufrausch, dem abendlichen Heimkino oder dem leidigen Zahnarztbesuch handelt es sich nur um kurzfristige Episoden, die das persönliche Glücksempfinden nur temporär positiv oder negativ beeinflussen. Dennoch sollte man auch das kurzfristige, kleine Glück derart gestalten, dass es möglichst lange anhält.

Dabei muss man aber die Folgen für die langfristige Lebenszufriedenheit im Auge behalten und generell zwischen kurz- und langfristigen »Glücksbringern« unterscheiden. Oftmals wird die Macht der Gewöhnung unterschätzt. Selbst wenn man manchmal in der Lage ist, Adaption einigermaßen korrekt vorherzusagen, lässt man sich bei seinen Entscheidungen viel zu sehr durch die Aussicht auf ein kurzfristiges Hochgefühl beeinflussen (z. B. Umzug in größere Wohnung). Begünstigt wird das natürlich durch die Werbebranche, die den kurzlebigen Genuss propagiert, um kurzfristige Verkaufserfolge zu erzielen. Der Entscheider fokussiert sich folglich auf Veränderungen, die ihm einen schnellen Glückszuwachs versprechen – allerdings zumeist der Gewöhnung ausgesetzt sind, und nicht der langfristigen Lebenszufriedenheit zuträglich sind.[316]

Auf der Liste der langfristigen »Glücksbringer« tauchen bekannte Begriffe auf: Es sind soziale Beziehungen, Sport, Gesundheit und Ähnliches. Das mag einem zwar nicht immer kurzfristige Höhenflüge verschaffen – wer quält sich schon gern durch eine Diät oder eine Ernährungsumstellung? –, trägt aber auf lange Sicht zu einem zufriedeneren Leben bei.

Das Glück finden …

Seine Gene kann man nicht verändern und damit auch nicht die ererbten Glücksvoraussetzungen. Die Veränderung der äußeren Umstände bringt oftmals nur einen temporären Glückszuwachs – trägt mitunter aber nur wenig zur langfristigen Zufriedenheit bei. Was bleibt? Wer das große Glück finden will, genauer gesagt: wer seine langfristige Lebenszufriedenheit steigern möchte, der sollte sein Verhalten anpassen und den positiven Dingen und Aktivitäten den Vorzug geben, die nicht der Gewöhnung anheimfallen.[li]

Für das kleine Glück, den aktuellen Gemütszustand, gilt Ähnliches – es lässt sich zumindest eingeschränkt managen. Wer die Empfehlungen der Glücksforschung beherzigt, kann sein Geld und seine Zeit glücksmaximierend einsetzen.

8.3.4 Glückspolitik

Schon 1974 stellte der Ökonom Richard Easterlin fest, dass die damalige US-Bevölkerung nicht sonderlich glücklicher war als frühere Generationen, obgleich sich das Pro-Kopf-Einkommen über die Jahre hinweg deutlich erhöht hatte (Easterlin-Paradox).[317] Dasselbe ließ sich auch für andere Länder der in-

li Die hier aufgeführten Beispiele sind nur ein kleiner Ausschnitt aus der Glücksliteratur. Tiefere Einblicke bietet etwa *Stumbling on Happiness* von Daniel Gilbert.

dustrialisierten Welt feststellen.[lii] Neben der Gewöhnung spielt hier auch die relative Bewertung eine wichtige Rolle: Steigt der Wohlstand eines jeden in einer Gesellschaft, kann die Lebensqualität zwar begrenzt gesteigert werden (siehe Abschnitt 8.3.3, »Macht Geld glücklich?«). Aber was des einen Vorteil ist, ist des anderen Nachteil: Nachbars Reichtum macht sogar unzufrieden! Eine Gehaltserhöhung des Nachbarn hat bei vielen Menschen denselben negativen Effekt auf das eigene Wohlbefinden wie eine Gehaltskürzung in gleicher Höhe.[318]

Wenn alles der Gewöhnung zum Opfer fiele, wenn sich sämtliche Hochgefühle nur aus dem Vergleich mit anderen ergäben, dann wäre es sinnlos, versuchen zu wollen, das Glück einer gesamten Gesellschaft zu steigern. Es wäre ein Nullsummenspiel. Glück ist aber nicht immer relativ – wie vorangegangene Beispiele zeigen.

Jeder Einzelne kann etwas tun, um seine Lebenszufriedenheit nachhaltig zu steigern. Nur: Die Bürger tun es oft nicht. Dabei ist es meist nicht einmal so, als ob sie nicht wüssten, was ihnen gut tut. Sie erahnen es sehr wohl. Intuitiv wissen die meisten, dass Bewegung, ausreichend Schlaf und Zeit mit Familie und Freunden guttun. Doch nur allzu häufig entscheiden sie sich dagegen.[319] Obgleich Geld allein nicht glücklich macht, versucht man es immer wieder: Für das höhere Gehalt nimmt man einen längeren Arbeitsweg in Kauf oder opfert den gemütlichen Familienabend für weitere Überstunden. Kurzum: Man läuft Dingen hinterher, die langfristig nicht glücklicher machen, von denen man sich aber einen höheren Status oder Ähnliches verspricht. Man setzt seine Ressourcen, vor allem seine Zeit, nicht immer »glücksoptimal« ein.

lii Easterlin konzentrierte sich bei seiner Untersuchung auf »happiness«. Bei Glücksmaßstäben, die sich mehr auf einer objektiven Beurteilung des Lebens orientieren (Lebenszufriedenheit), lässt sich durchaus auf nationaler Ebene ein Zusammenhang zwischen Lebenszufriedenheit und Einkommen erkennen – allerdings auf logarithmischer Basis. Doch in welcher hochentwickelten Volkswirtschaft lässt sich das Einkommen der Bürger schon ständig kräftig steigern? Mit jedem weiteren Euro nimmt also der Effekt ab. Siehe Diener, E., Kahneman, D., Tov, W. und Arora, R. (2010): *Income's Association with Judgments on Life versus Feelings*, in: Diener, E., Helliwell, J. F. und Kahneman, D. (Hrsg): International Differences in Well-Being, Oxford University Press, New York, S. 3–15

Zufriedene und unzufriedene Gesellschaften

Das Gros der Bürger tut sich schwer auf der Suche nach dem großen Glück. Es liegt nahe, dass die Politik lenkend eingreifen und ihnen einen sanften Schubs in die richtige Richtung geben sollte, um die langfristige Lebenszufriedenheit der ganzen Gesellschaft zu verbessern. Aber warum sollte einem Politiker das Glück der Bürger am Herzen liegen? Nicht nur um das Wohl des Einzelnen willen, sondern weil glückliche Menschen erfolgreicher sind, in vielerlei Hinsicht. Hier herrscht eine enge Wechselwirkung, die offenbar in beide Richtungen funktioniert: Wer zufrieden ist mit seinem Leben (8 bis 9 auf einer Skala von 0 bis 10), verdient auch in Zukunft mehr[320] und ist bei besserer Gesundheit als ein unglücklicher Mitbürger.[321] Eine zufriedene Gesellschaft ist eine erfolgreiche Gesellschaft.[liii] Die allerglücklichsten Menschen – sie erreichen auf einer Skala der Lebenszufriedenheit von 1 bis 10 die höchste Stufe – sind zwar nicht unter den Topverdienern, aber sie können die stabilsten sozialen Beziehungen vorweisen. Der typische Topverdiener ist glücklich und erreicht auf der Lebenszufriedenheitsleiter 7 bis 8.[322]

Eine unzufriedene Gesellschaft hingegen birgt die Gefahr von Protesten, gewaltsamen Unruhen, Bürgerkriegen und politischen Umstürzen. Bei der Revolutionswelle in der arabischen Welt im Jahr 2011 begehrten unglückliche Völker auf. Ausgehend von der Revolution in Tunesien breitete sich die Protestbewegung gegen die autoritären Regimes im Nahen Osten und in Nordafrika immer weiter aus. Die Ägypter und Tunesier waren seit 2005 immer unzufriedener mit ihrem Leben geworden. Und das, obwohl das Einkommen pro Kopf gleichzeitig gestiegen war. In den letzten Umfragen des Gallup-Instituts vor den Protesten bezeichneten sich gerade einmal 14 Prozent der Tunesier und Libyer als zufrieden, und 12 Prozent der Ägypter und Jemeniten.[liv] Am

---

liii Vorsicht: Viele Studien zu Glück und Erfolg beziehen sich auf den Zusammenhang zwischen Produktivität und positiven Emotionen. Letzteres wird etwa durch lustige Video-Sequenzen im Labor erzeugt. Da Politiker hier jedoch nicht zu Komödianten gemacht werden sollen, um für heitere Stimmung zu sorgen – zumal dies nur einen kurzfristigen Effekt auf die Produktivität hat – wird dieser Ansatz hier nicht weiter verfolgt. Siehe auch: Oswald, A.J., Proto, E. und Sgroi, D. (2010): *Happiness and Productivity*, IZA Discussion Paper Nr. 4645.

liv In den Gallup-Studien wird die Lebenszufriedenheit anhand einer Skala (Cantril-Skala) von 0 bis 10 erhoben. Als zufrieden (*thriving*) gilt ein Befragter, der seine aktuelle Lebenssituation mit 7 und mehr und seine Zukunft mit 8 und mehr bewertet.

schlechtesten stand es um die Marokkaner (nur 9 Prozent Zufriedene).[323] Diese Daten waren förmlich ein Spiegel der Protestbewegung. Zum Vergleich: In Saudi-Arabien waren 43 Prozent aller Befragten zufrieden mit ihrem Leben. Ähnlich hoch war übrigens die Zufriedenheitsrate in Deutschland (42 Prozent). Allerdings sind die Deutschen nicht das glücklichste Volk Europas. Das sind die Dänen: Hier sahen sich zuletzt 74 Prozent aller Bürger auf der Sonnenseite des Lebens – damit führen sie auch die Weltrangliste der Zufriedenheit an.[324]

Glücksindikatoren

Um zunächst einen Überblick über den Glückszustand einer Bevölkerung zu gewinnen, muss er messbar gemacht werden. Längst hat man erkannt, dass die bislang genutzten Indikatoren sich hierfür nur begrenzt eignen. Der Vorwurf der Glückswissenschaftler: In einer hoch entwickelten Gesellschaft ist durch den Zuwachs von Wohlstand gemessen am Pro-Kopf-Einkommen kaum ein Mehr an Zufriedenheit erreichbar. Entsprechend führt Einkommen als alleiniger Indikator für die Zufriedenheit einer Gesellschaft in die Irre. Ein Gehaltsplus macht einen Gutverdiener zumeist nicht sonderlich glücklicher.

Noch weniger aussagekräftig für das Wohlbefinden ist das Bruttoinlandsprodukt. Es misst lediglich den Marktwert sämtlicher Produkte und Dienstleistungen, die ein Land innerhalb eines Jahres erbringt. Ökonomisches Wachstum war zwar in der Vergangenheit ein besserer Indikator für das Wohlbefinden einer Gesellschaft. Weil es damals vor allem um die Sicherstellung von Grundbedürfnissen wie genügend Essen, Bekleidung und Wohlstand ging. Heute sind diese Bedürfnisse in der westlichen Welt für einen Großteil der Bevölkerung gesichert, sodass das Wirtschaftswachstum als Glücksindikator an Aussagekraft eingebüßt hat. Schlimmer noch: Es beinhaltet auch Elemente, die ganz und gar nicht zur Lebensqualität der Bürger beitragen: Eine Ölpest etwa erfordert umfangreiche Aufräum- und Säuberungsarbeiten. Das wirkt sich zwar positiv auf das Wirtschaftswachstum aus, dem tatsächlichen Wohlbefinden der betroffenen Bevölkerung versetzt es aber einen empfindlichen Dämpfer. Gleiches gilt für die Kosten für Abtreibungen, Scheidungsanwälte und Ähnliches.

Überdies interessant: Zu viel Wachstum schadet kurzfristig sogar! Im weltweiten Vergleich überdurchschnittliche Wachstumsraten mindern die Lebenszufriedenheit der Bürger. Denn wirtschaftliche Aufbruch- und Umbruchphasen sind oftmals mit großer Unsicherheit und der Gefahr, persönlich auf der Strecke zu bleiben, verbunden (höhere Einkommensungleichheit, mangelnde Arbeitsplatzsicherheit etc.). Nach einer Anpassungszeit verfliegen die Unsicherheitsfaktoren zumeist und die Zufriedenheitswerte der Bevölkerung erholen sich.[325]

Glückspolitik ist unpopulär!

Die Appelle der Glückswissenschaftler sind bei den Regierungen angekommen: In den USA, Großbritannien, Frankreich, Deutschland und anderswo ist man eifrig dabei, alternative Indikatoren als Entscheidungsgrundlage für die Politik zu entwickeln. Der ehemalige französische Präsident Nicolas Sarkozy etwa hatte eine Expertenkommission um den Nobelpreisträger Joseph Stiglitz einberufen. Zumeist fokussieren sich die Bemühungen um die Einführung neuer Indikatoren auf die Messung der Lebenszufriedenheit und -qualität, weniger auf das emotionale Wohlbefinden der Bürger, so auch die Stiglitz-Kommission. Sie sprach diverse Empfehlungen für die Schaffung neuer Indikatoren aus, die z. B. neben dem materiellen Lebensstandard auch den Gesundheitszustand der Bevölkerung, die Bildungsmöglichkeiten, die sozialen Verbindungen und Beziehungen, die Umweltbelastung sowie ökonomische und physische Unsicherheiten berücksichtigen.[326]

Die Erkenntnisse der Glücksforschung versucht man bereits umzusetzen – auch ohne spezielle Indikatoren. So geschehen etwa in Frankreich, wo man die 35-Stunden-Woche einführte, um der Bevölkerung mehr Zeit für Familie und Freizeit zu geben. Oder in England, wo man eine groß angelegte Kampagne für mehr Bewegung startete. Die Regierungen wollten die Bürger ermuntern, sich Glück stiftenden Aktivitäten zu widmen. Doch in beiden Fällen mussten die Initiatoren feststellen, dass die Bürger über die »Glückspolitik« der Regierung nicht sonderlich erbaut waren: Die Franzosen nutzten die zusätzliche Zeit nicht für die Pflege ihrer sozialen Beziehungen, sondern wollten sogar wieder mehr arbeiten (und mehr Geld verdienen) dürfen. Und die Engländer beschwerten sich, dass die Bewegungsinitiative ein Eingriff in die persönliche Freiheit sei. Dagegen treffen etwa Steuererleichterungen auf breite Zustimmung beim Volk, doch sie machen auf lange Sicht nicht zufriedener. Dazu kommt: Die Bürger mit Steuerpolitik glücklich zu machen, ist umso schwieriger, als die Verdrossenheit über das Steuersystem und die Einkommensverteilung weniger auf dem Neidfaktor beruht, sondern vielmehr auf einer breiten Unkenntnis: Viele Steuerzahler wissen nicht einmal, wie hoch ihr eigener Steuersatz ist, geschweige denn können sie den Steuersatz anderer Einkommensklassen einschätzen.[327]

Glückspolitik bringt also oft keine Wählerstimmen. Sie stößt auf Widerstand, da sich die Bürger bevormundet fühlen. Zielt die Politik auf die Steigerung der langfristigen Lebenszufriedenheit ab, indem etwa die Zeit mit der Familie gefördert wird, werden viele Bürger das erst auf dem Sterbebett zu schätzen wissen und erst dann resümieren: »Das hat mich wirklich glücklich gemacht!« Stattdessen machen Menschen die Rechnung immer wieder ohne ihre Fähigkeit, sich an fast alles zu gewöhnen. Daher eilen sie oft dem kurzfristigen Hochgefühl hinterher.

Zweifelsohne ist die Einführung von Glücks- und Wohlfühlindikatoren sinnvoll, auch wenn sie vermutlich nie ganz ausgereift sein werden, denn das Glück entzieht sich einer eindeutigen Definition und lässt sich kaum in einer einzigen Zahl erfassen – es wird wohl künftig einen ganzen Strauß von Wohlstandsindikatoren geben. Dennoch bieten sie einen Einblick in die Gesellschaft und ihre Missstände. Die klassischen Wohlstands- und Wirtschaftsindikatoren, wie etwa das Bruttoinlandsprodukt oder die Arbeitslosenquote, dürfen jedoch nicht verworfen, sondern müssen ergänzt werden. Beispielsweise hat sich Arbeitslosigkeit als echter Unglücksbringer erwiesen. Die Bemühungen um eine niedrige Arbeitslosenquote (der meist ein steigendes BIP-Wachstum vorausgeht) müssen also ein wichtiger Teil jedweder Glückspolitik bleiben.

***

Es ist vermessen zu hoffen, dass die Politik die Bürger zu ihrem Glück »zwingen« könnte, indem sie sie auf den richtigen Weg führt. Das ist nicht nur unpopulär, sondern wird auch nicht funktionieren. Immerhin haben es die Verfasser der amerikanischen Unabhängigkeitserklärung bereits vorgemacht: Sie schrieben nicht fest, dass Amerikas Politiker das Glück der Bürger maximieren sollen. Sie forderten lediglich das unveräußerliche Recht eines jeden Bürgers, sein Glück selbst in die Hand nehmen zu können. Will man erfolgreiche, beliebte Politik machen, kann man nur die richtigen Rahmenbedingungen zur Verfügung stellen.

Das umfasst etwa, dass Bürger, die zugunsten von Familie und Freizeit weniger arbeiten möchten, in einer Gesellschaft nicht benachteiligt werden. Gleichzeitig müssen aber auch Werte wie eine stabile Demokratie, Menschenrechte, Sicherheit, konsistente Rechtsprechung und eine gute Schulbildung sichergestellt und gefördert werden – all dies sind wissenschaftlich erwiesene Garanten für eine zufriedene Bevölkerung. Genauso führen eine geringe Arbeitslosenrate, geringe Inflation und wenig Korruption zu einer höheren subjektiv empfundenen Lebensqualität bei den Bürgern. Der Staat muss eine gute medizinische Versorgung sicherstellen, denn vor allem der Gesundheitszustand eines Bürgers hat einen beachtlichen Einfluss auf seine persönliche Zufriedenheitskurve.[328] Alles Weitere muss jedem selbst überlassen bleiben.

Die Politik kann in puncto Glück etwas tun, nur leider weniger als erhofft. Sie kann nur kleine Anstöße geben und für die richtigen Rahmenbedingungen sorgen. Letztlich ist also doch jeder seines eigenen Glückes Schmied.

Glück und Gewöhnung

Adaption/Gewöhnung schützt den Organismus, indem der Einfluss konstanter oder wiederholter Reize verringert wird. Die Adaption ist der natürliche Feind des Glücks, denn man gewöhnt sich nicht nur an fast alles Negative, sondern auch an Positives. Glück wird in Lebenszufriedenheit und tagtägliches, emotionales Wohlbefinden unterteilt.

→ Man unterschätzt immer wieder die eigene Leidensfähigkeit – treffen Sie daher Vorkehrungen! Beim Kauf einer Aktie empfiehlt sich eine automatische Verkaufsschwelle (Stopp-Loss-Order). Sind Sie ein langfristiger Investor, dann überprüfen Sie Ihr Portfolio hin und wieder mit den Zielen, die Sie idealerweise schriftlich festgehalten haben.

→ Disziplinierter Handel an der Börse schmerzt oftmals förmlich und kann auch mit Verlusten einhergehen. Kleiner Trost: Auch daran werden Sie sich gewöhnen.

→ Auch wenn die Adaption am Ende doch greift: Erleben Sie nicht alles Schöne auf einmal: Verfallen Sie nicht in einen Kaufrausch, dekorieren Sie nicht gleich alle Räume Ihrer Wohnung um. Tun Sie es nach und nach – mal hier ein neues Accessoire, mal dort ein neues Sitzmöbel – sodass Sie immer wieder neue Hochgefühle durchleben.

→ Wenn Sie Ihren Lieben eine Freude bereiten wollen: Überhäufen Sie sie nicht ein Mal im Jahr mit Geschenken, sondern überraschen Sie sie immer wieder einmal unverhofft.

→ Legen Sie kurze Pausen ein bei schönen Erfahrungen – erleben Sie so noch einmal das anfängliche Wohlgefühl bei der Massage oder beim Schaumbad. Bei unangenehmen Dingen wie Schmerzbehandlungen, Hausarbeit etc.: Augen zu und durch! Bringen Sie es in einem Zug hinter sich ohne Unterbrechungen.

→ Zauberwort Ungewissheit: Die Freude über etwas Unerwartetes hält länger vor als die Freude über etwas, mit dem Sie gerechnet haben. Handelt es sich aber um etwas Negatives wie eine Krankheitsdiagnose, sorgen Sie für Klarheit.

→ Würzen Sie Ihr Leben mit Abwechslung. Nehmen Sie einen neuen Weg beim Spazierengehen. Probieren Sie neue Dinge aus! Natürlich besteht das Risiko, dass sie die Neuerung bereuen werden, die Aussicht auf mehr Glück durch Abwechslung ist es aber definitiv wert.

8.4 Warum man gehen sollte, wenn es am schönsten ist

»Herr Maier ist so unermesslich reich, er muss sehr glücklich sein.« – »Die arme Frau Müller hat eine schwere Krankheit, ihr muss es sehr schlecht gehen« – immer wieder unterschätzt man die menschliche Fähigkeit, sich an fast alles zu gewöhnen. Sowohl bei sich selbst als auch bei anderen. Die Hoffnung, man würde aus seinen Fehlern der Vergangenheit lernen und die Adaption irgendwann vorhersagen können, ist jedoch vergebens: Es passiert immer und immer wieder. Denn das menschliche Gehirn funktioniert eben nicht wie ein Computer, wie in den vorangegangen Kapiteln (etwa Kapitel 4, »Der Mensch und sein Autopilot«) schon ausführlich beschrieben wurde. Stattdessen bedient es sich findiger Faustregeln und Abkürzungen, um schnell die Informationsflut zu bewältigen und zu einem Urteil zu gelangen. Nebeneffekt: Dank dieser Kniffe ist auf die Genauigkeit des Gedächtnisses nicht immer Verlass. Die Erinnerung spielt dem Entscheider regelmäßig einen Streich, vergangene Ereignisse und die damit verbundenen Gefühle stellen sich in der Rückschau ganz anders dar als zum Zeitpunkt des tatsächlichen Erlebens.

8.4.1 Das Gedächtnis schießt Fotos

»Das Gedächtnis dreht keinen Film, es macht Fotos«[329] – insbesondere vom Höhepunkt (*peak*) und dem Ende (*end*) eines Ereignisses: Erinnerungen wie auch die Gewöhnung selbst werden hiervon ganz wesentlich geprägt. Ganz egal, ob es sich dabei um eine unangenehme Magenspiegelung, einen Kinobesuch, die Australien-Rundreise oder ein Familienessen beim Lieblingsitaliener handelt – wenn man über seine Erfahrungen nachdenkt, handelt es sich nicht um den historischen Durchschnitt aller Erfahrungen. Vielmehr brennt sich das Schlimmste bzw. das Beste sowie das Ende einer Untersuchung oder das Eis-Dessert zum Abschluss des Dinners in die Erinnerung ein und beeinflusst die Bewertung im Nachhinein.

Verdeutlichen Sie sich den sogenannten **Peak-End-Effekt** am Beispiel des gemeinsamen Dinners: Es ist Ihr Geburtstag, und zur Feier des Tages gönnen Sie sich und Ihren Lieben ein Vier-Gänge-Menü in einem angesagten italienischen

Restaurant. Vorspeise und Zwischengang sind in Ordnung, nichts, woran Sie sich noch Jahre später erinnern werden, aber wohlschmeckend. Der Hauptgang hingegen ist eine absolute Geschmacksexplosion. Sie sind begeistert. Und das Dessert ist das i-Tüpfelchen auf diesem gelungenen Feinschmeckerabend. Auch hier sind Ihre Sinne völlig verzaubert von den feinen Aromen, sodass Sie mit einem Hochgefühl den Nachhauseweg antreten und Ihren Kollegen am nächsten Morgen von Ihrer gelungenen Geburtstagsfeier berichten. Sogar noch Wochen später geraten Sie ins Schwärmen. Doch was wäre gewesen, hätte sich das Dessert als Reinfall entpuppt? Mit mäßiger Begeisterung – fantastischer Hauptgang hin oder her – hätten Sie vermutlich das Lokal verlassen, den Abend als einigermaßen im Gedächtnis abgehakt und den Kellner nicht gerade mit Trinkgeld überschüttet.

Macht ein gelungenes oder ein mäßiges Dessert tatsächlich solch einen großen Unterschied? Im Nachhinein zweifelsohne! Denn Erinnerung ist nicht gleich Erfahrung. Während man etwas erlebt, mag man sich die Frage stellen: Wie gefällt es, wie schmeckt es jetzt gerade? Danach jedoch lautet die Frage: Wie hat es alles in allem gefallen, wie hat es insgesamt geschmeckt? Und bei dieser rückblickenden (retrospektiven) Beurteilung eines Ereignisses wird die Erinnerung ganz entscheidend vom sogenannten Peak-End-Effekt beeinflusst, der sich aus der menschlichen Anpassungsfähigkeit (Adaption) ableitet. Ist ein Erlebnis abgeschlossen, ganz gleich ob es sich um ein schmerzhaftes oder ein schönes Erlebnis handelt, dann speichert das Gehirn nämlich nicht die komplette Erfahrung ab. Stattdessen erhalten bei der Beurteilung des zurückliegenden Ereignisses vor allem der Höhepunkt und das Ende einer Erfahrung besonderes Gewicht.

Die Peak-End-Regel ist eine grobe Näherung für die nachträgliche Einschätzung. Hierbei wird der Durchschnitt aus dem Höhepunkt und dem Ausgang eines Ereignisses gebildet.[330]

Abbildung 14 verdeutlich noch einmal: Eine fantastische Hauptspeise (Höhepunkt), gefolgt von einem vorzüglichen Dessert (Ende), bleibt in guter Erinnerung, da sich die nachträgliche Gesamteinschätzung näherungsweise aus dem Höhepunkt und dem Ende des Menüs ergibt.

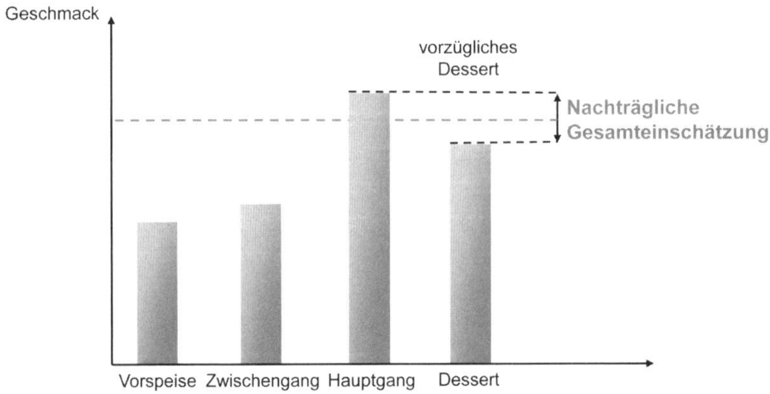

Abbildung 14: Peak-End-Regel für Menü mit vorzüglichem Dessert

Bei einer mäßigen Nachspeise jedoch bleibt am Ende keine gute Erinnerung zurück (siehe Abbildung 15).

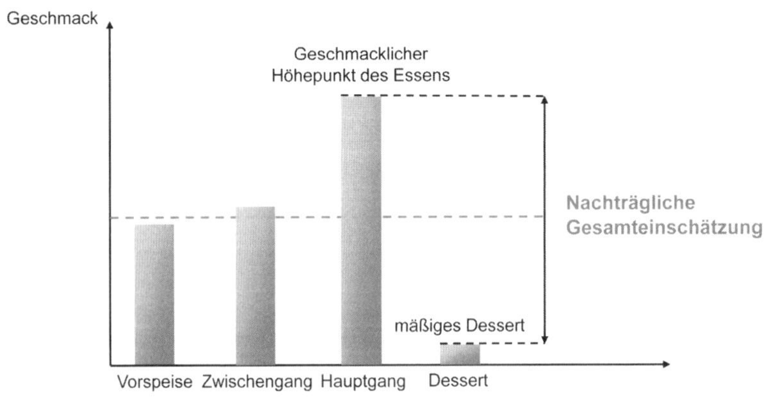

Abbildung 15: Peak-End-Regel für Menü mit mäßigem Dessert

Diese Regel gilt im positiven (Vier-Gänge-Menü) wie auch im negativen Sinne: Beispielsweise fand man in klinischen Tests heraus, dass das Schmerzniveau am Ende einer unangenehmen Untersuchung die Erinnerung des Patienten an diese Prozedur maßgeblich prägt.[331] Der Einfluss von Schmerzhöhepunkt und Schmerzempfinden zum Schluss einer Darmspiegelung[lv] ist sogar so hoch, dass der Leidtragende im Nachhinein eine längere, insgesamt womöglich schmerzhaftere Prozedur bevorzugen mag – wenn nur das Ende einigermaßen glimpflich verläuft.[332] Ein Appell an alle Krankenschwestern und Ärzte: Ihre Patienten nehmen sogar mehr Schmerzen in Kauf, aber, bitte, seien Sie zum Schluss der Prozedur einfühlsam mit ihnen!

Interessant: Die Zeit, also die Dauer des Ereignisses, spielt bei der Rückschau normalerweise keine Rolle.[333] Ob der Film Überlänge hatte, der Urlaub zwei oder drei Wochen lang war oder die Untersuchung eine oder zwei Stunden dauerte, ist für die Nachbetrachtung kaum von Belang. Auch nicht für die Weiterempfehlung oder die Entscheidung, ob man das Erlebte wiederholen möchte. Der Zeitaspekt rückt nur dann etwas stärker ins Bewusstsein, wenn es um einen direkten Vergleich geht und nicht mehr um eine einzige nachträgliche Bewertung.[334]

8.4.2 Warum 5000 Euro Verlust nicht gleich 5000 Euro Verlust sind

Der Peak-End-Effekt spielt auch an den Finanzmärkten eine Rolle: Ein Händler kann einen ganz normalen Handelstag – sogar ein identisches Tagesergebnis – völlig unterschiedlich wahrnehmen, je nachdem, in welcher Reihenfolge und Höhe er Gewinne und Verluste verbucht.[335] Das folgende Beispiel zeigt mehrere Varianten, 5000 Euro zu verlieren:

Händler Andreas verliert 5000 Euro mit den drei Trades, die er am ersten Tag der neuen Handelswoche ausführt. Sein erstes Geschäft bringt ihm ein Minus von 2000 Euro ein, das zweite ist nicht besser – er verliert noch einmal 2000 Euro. Am Nachmittag misslingt ihm schließlich auch sein letztes Tagesgeschäft; das Ergebnis ist ein Verlust von 1000 Euro. Seinem Kollegen Bernd ergeht es kaum besser. Seine erste Aktivität des Tages beschert ihm schon 500 Euro Ver-

lv Die Studie entstand zu einer Zeit, als die Darmspiegelung noch ohne Betäubung durchgeführt wurde. Dass diese Untersuchung mittlerweile oft unter Anästhesie durchgeführt wird, ändert natürlich nichts an der Aussagekraft der wissenschaftlichen Schmerzstudie.

lust. Zur Mittagszeit muss er einen weiteren Misserfolg verbuchen, in Höhe von schmerzhaften 3000 Euro. Und auch sein Tag endet alles andere als rosig: Er erwirtschaftet ein neuerliches Minus von 1500 Euro, sodass er insgesamt auf dasselbe traurige Tagesergebnis wie Andreas kommt – auf einen Verlust von insgesamt 5000 Euro.

Auch wenn der absolute Verlust derselbe sein mag, die leidige Erfahrung bleibt den beiden trotzdem unterschiedlich in Erinnerung. Während Bernd völlig geknickt vor seinem Feierabendbier sitzt, ergeht es Andreas ein wenig besser – der Unterschied erklärt sich anhand der Peak-End-Regel. Wie in der Abbildung zu sehen, hat Händler A (Andreas) im letzten Trade ein Minus von 1000 Euro verursacht. Die schlimmste Erfahrung seines Handelstages beläuft sich auf ein Minus von 2000 Euro. Laut Peak-End-Regel – man errechne den Durchschnitt der schlimmsten und der letzten Episode: (-2000 + 1000)/2= -1500 – ergibt sich für ihn ein günstigeres Ergebnis als für seinen Freund Händler B (Bernd).

	1. Trade	2. Trade	3. Trade	**Nachträgliche Beurteilung lt. Peak-End-Regel**
Händler A	-2000 EUR	-2000 EUR	-1000 EUR	(-2000+(-1000))/2 = **-1500 EUR**
Händler B	-500 EUR	-3000 EUR	-1500 EUR	**-2250 EUR**
Händler C	-1000 EUR	-3000 EUR	-1000 EUR	**-2000 EUR**

Abbildung 16: Nachträgliche Beurteilung eines Handelstages[336]

In allen Fällen beträgt der Tagesverlust der Händler 5000 Euro, doch in besonders unangenehmer Erinnerung bleibt der Handelstag dem Händler B. Das geringste Kopfzerbrechen dürfte die Verlustserie Händler A bereiten.

8.4.3 Gehen, wenn's am schönsten ist!

In welcher Reihenfolge man wie viel Geld verliert, entzieht sich zumeist dem eigenen Einfluss. Aber in vielen anderen Fällen kann man sich den Peak-End-Effekt auch zunutze machen. Auch wenn es alles andere als intuitiv klingt: Wenn

Sie nur die allerbesten Erinnerungen an Ihren nächsten Urlaub mit nach Hause bringen wollen, dann setzen Sie einen der vermeintlichen Höhepunkte, etwa die Übernachtung in einem Luxushotel, ans Ende der Tour. Denn in Ihrem Gedächtnis bleiben vor allem die Höhepunkte und das Ende der Reise haften. Stehen Sie vom Roulettetisch auf, wenn sie vermeintlich gerade eine Glückssträhne haben. Gehen Sie bei einer Party dann, wenn es am schönsten ist, und nicht erst, wenn gerade Langeweile und allgemeine Müdigkeit aufkommen. Dann werden Sie auch noch Wochen später mit Freude daran zurückdenken.

Das Gedächtnis macht also nur ein paar Momentaufnahmen – und zwar hauptsächlich vom Höhepunkt und vom Ende eines Erlebnisses. Danach fällt der Mensch sein Urteil und entscheidet, ob er das Erlebte wiederholen oder weiterempfehlen möchte. Manche Erlebnisse lassen sich zwar nicht steuern, aber zumindest kann man sein persönliches Erinnerungs- und Bewertungsalbum ein klein wenig positiver gestalten.

Peak-End-Effekt

Bei der Beurteilung eines zurückliegenden Ereignisses erhalten der Höhepunkt und das Ende einer Erfahrung besonderes Gewicht. Der Zeitaspekt spielt keine Rolle.

→ Achten Sie auf die Reihenfolge der Ereignisse: Planen Sie etwa einen Urlaub, so platzieren sie den zu erwartenden Höhepunkt (z. B. die Übernachtung im Luxushotel) am Ende der Reiseroute. Sind Sie Gastgeber, lassen Sie den Abend mit einem echten Highlight ausklingen.

→ Unangenehmes sollte nie das Ende einer Erfahrung markieren: Nehmen Sie sich doch nach einem vermeintlich misslungenen Tag Zeit für eine Ihrer Lieblingsbeschäftigungen. Söhnen Sie sich mit dem miesen Erlebnis beispielsweise bei einem Glas Wein oder einem guten Buch aus.

→ Geben Sie der Qualität Vorrang vor dem Zeitaspekt: Wenn Sie einen Vortrag halten, hören Ihnen die Zuhörer auch gern länger zu, sofern Sie das Publikum fesseln können.

***

Eigentlich ist es nicht die Zeit, die einem ständig Stolpersteine in den Weg legt – es ist der Entscheider selbst. Ständig täuscht sich das aktuelle Ich darin, welche Vorlieben das künftige Ich einmal haben wird. Das liegt daran, dass man regelmäßig die eigene Fähigkeit, sich an nahezu alles zu gewöhnen, unterschätzt. Genauso fällt es immer wieder schwer sich vorzustellen, wie man in einem anderen physischen oder emotionalen Zustand reagieren wird. Und zuletzt spielt einem auch die Erinnerung noch einen Streich: Was man nach Abschluss einer schönen oder schlechten Erfahrung davon noch präsent hat, weist meist wenig Ähnlichkeit mit dem auf, wie man sich während dieses Erlebnisses tatsächlich gefühlt hat. All das erschwert die Vorhersage seines eigenen Tuns und seiner eigenen Vorlieben in der Zukunft. Man wird immer wieder verblüfft von sich selbst sein, aber mit den vorgestellten Strategien lässt sich manche unangenehme Überraschung schon von vornherein vermeiden.

9. Jäger, Sammler und Börsianer

Ob Friseur, Lehrer, Banker oder Bauer – in jedem steckt ein Steinzeitmensch. Geht man zurück zu den Anfängen des menschlichen Daseins, erhält man einen Einblick in die Ursprünge und Ursachen auch heute noch ganz alltäglicher Entscheidungen.

9.1 Der Steinzeitmensch im Internetzeitalter

Das menschliche Gehirn ist ein lebendes Fossil. Es ist dank der Evolution bestens spezialisiert und nahezu perfekt angepasst an sein Umfeld. Allerdings nicht an die Umgebung, in der der Homo sapiens im Moment lebt, sondern an diejenige, in der die menschliche Spezies den Großteil ihrer Geschichte verbracht hat: Schließlich lebte der moderne Mensch 100 000 bis 200 000 Jahre – die Forscher sind sich nicht ganz einig, wann nun der erste Homo sapiens das Licht der Welt erblickte – in kleinen Verbänden von Jägern und Sammlern. Bei der rasanten Entwicklung, die innerhalb weniger Hundert Jahre neben dem Ackerbau, der Viehzucht und der Industrialisierung hochkomplexe Asset Backed Securities, Computer, Internet und geklonte Schafe hervorgebracht hat, ist die Evolution allerdings nicht recht mitgekommen. Viele Verhaltensweisen, die auch jetzt noch in Bankern, Finanzbeamten, Hausfrauen und Friseuren stecken, sind vor allem dazu bestimmt, das Überleben und den Erfolg in der Steinzeit zu sichern. Dass dieses Verhalten im Internetzeitalter oftmals nur suboptimale Ergebnisse liefert, ist somit programmiert.[337]

9.2 Unser steinzeitliches Erbe

Auf den ersten Blick wirkt manches typisch menschliche Verhaltensmuster – das sich auch noch systematisch wiederholt – wenig zielführend. Dreht man die Uhr jedoch einige 100 000 Jahre zurück, mag dasselbe Verhalten nicht nur sinnvoll, sondern gar überlebenswichtig gewesen sein. Man schaue sich beispielsweise den **Besitztumseffekt** ein wenig näher an: Ein Autobesitzer fällt aus allen Wolken, bietet der Gebrauchtwagenhändler ihm »nur magere« 5000 Euro für sein defektes Fahrzeug, das ihm so viele Jahre gute Dienste geleistet hat. Er ist allerdings gleichfalls entrüstet, wenn ihm der Händler einen vergleichbaren und sogar fahrtüchtigen Wagen ebenfalls zu 5000 Euro anbietet – er flucht und betrachtet den Preis als völlig überzogen. Der Mensch misst nun einmal seinen persönlichen Besitztümern einen höheren Wert bei als ein Außenstehender (Details hierzu entnehmen Sie Kapitel 6.2, »Warum wir unsere Schätze so ungern hergeben«). Dieses Verhalten führt in der heutigen Welt immer wieder zu wenig rühmlichen Entscheidungen: Etwa dann, wenn ein Anleger viel zu lange an seiner Aktie festhält. In der Steinzeit hätte eine solche Haltung, die auch bei einigen Tierarten beobachtet werden kann, durchaus Sinn gemacht: Nur diejenigen, die eine hohe Bindung an ihr Territorium hatten, ihm also einen hohen Wert beimaßen, waren bereit, ihr Revier auch mit dem Leben zu verteidigen. Nur so konnten sie ihre Fortpflanzung sichern – eines der wichtigsten Ziele der Steinzeitmenschen – und sich in der Evolution gegenüber denjenigen durchsetzen, die kein solches Engagement verspürten. Der Jäger, dem sein eigenes Territorium nicht so wertvoll erschien, war zum Aussterben verdammt und fiel der Selektion zum Opfer.[338] So wusste schon der berühmte Naturwissenschaftler Charles Darwin[lvi] im 19. Jahrhundert, dass sich nur derjenige in der Evolution durchsetzt, der an seine Umwelt angepasst ist.[339] Und das ist nun einmal der Jäger mit dem eisernen Willen, sein Revier zu verteidigen, oder aber der Hund, der mehr Eifer dafür aufbringt, seinen eigenen Knochen zu verteidigen, als dem Nachbarhund dessen Knochen abzujagen. Auch der tierische Cousin des Menschen, der Schimpanse, gibt nur ungern seine gerade erst ergatterte Leckerei auf, selbst wenn man ihm etwas ähnlich Verlockendes dafür anbietet.[340]

Das altbekannte, typisch menschliche Problem mit der **Selbstkontrolle** und dem inneren Schweinehund ist gleichfalls das Produkt von Millionen Jahren Evolution: Auch wenn man sich morgens fest vorgenommen hat, gleich am sel-

lvi Die Evolutionstheorie nach Charles Darwin ist nicht ohne Kritik. Siehe Exkurs »Der Zufall baut selten Wolkenkratzer«.

ben Abend mit der neuen Diät zu beginnen, kann man der Versuchung des Schokoriegels während der abendlichen Fernsehunterhaltung doch nur schwerlich widerstehen. Mit zeitlichem Abstand zu beiden Alternativen erscheint der langfristige, positive Gesundheitseffekt durch Gewichtsreduktion und sportliche Aktivität zwar überaus attraktiv und erstrebenswert. Steht die Selbstkasteiung in Form von Verzicht oder Sport jedoch unmittelbar bevor, kommt es regelmäßig zu Präferenzverschiebungen, sodass der Beginn der Diät oder der Gang zum Fitnessstudio immer wieder hinausgezögert werden (Details zum hyperbolischen Diskontierungsmodell, das die mangelnde Selbstkontrolle abbildet, sind zu finden in Kapitel 8.1, »Wie der Zahn der Zeit an unseren Entscheidungen nagt«). Zwar dürften sich die frühzeitlichen menschlichen Vorfahren noch nicht mit Hantelbank und Übergewicht abgeplagt haben. Dennoch haben die beschriebenen Selbstkontrollprobleme gleichfalls ihren Ursprung in der Steinzeit.

Lebte der moderne Mensch bzw. seine Vorfahren in einer Welt, wie sie der Standardökonomie vorschwebt, hätte sich die Präferenz zwischen zwei Alternativen niemals geändert. Man hätte keinerlei Schwierigkeiten mit dem Sprichwort »Was du heute kannst besorgen, das verschiebe nicht auf morgen«. Gibt man einer Alternative heute den Vorzug, ändert sich im Zeitablauf auch nichts daran, sofern die Bedingungen dieselben bleiben, so die klassische Theorie.

Garantiert eine Bank, dass sie in einem Jahr einen Zinsbetrag von 100 Euro auszahlen wird, kann man sich in aller Regel darauf verlassen und der Bank sein Geld anvertrauen. Der Steinzeitmensch stand jedoch vor einem entscheidenden Dilemma: Aus der Ferne betrachtet war er durchaus bereit, auf eine größere Belohnung zu warten, wenn ihm ein befreundeter Jäger ein kleines Stück Fleisch in einem Mond (in der damaligen Zeitrechnung ein knapper Monat) anbot oder ein großes Stück Fleisch in zwei Monden. Einen Mond später jedoch entschied er sich plötzlich doch für das kleine Stück und verzichtete darauf, einen weiteren Mond auf das große Stück zu warten. Schließlich gab es in der Steinzeit keine Institutionen, die die Auszahlung im nächsten Monat garantiert hätten. Der steinzeitliche Jäger kämpfte jeden Tag ums Überleben, sodass er eine sofortige Mahlzeit vorzog, statt sich mit der Aussicht auf ein noch größeres Mahl in einem Mond abzugeben. Schließlich konnten er selbst oder der andere

Jäger schon am nächsten Tag von Mammuts niedergetrampelt oder von Höhlenlöwen zerfleischt werden. Nur wenn beide Mahlzeiten in der höchst ungewissen Zukunft lagen, konnte er sich den Luxus erlauben, zunächst auf das größere Stück Fleisch zu hoffen.[341]

Auch die **relative Bewertung von Gewinnen und Verlusten** (ausführlich behandelt in Kapitel 5.3.2, »Relative Bewertung«) kann durch die sogenannte Evolutionäre Psychologie, die menschliches Verhalten unter Evolutionsgesichtspunkten beleuchtet, erklärt werden: Dass sich ein Individuum um die Höhe seines Vermögens relativ zu dem seines Nachbarn sorgt, scheint auf den ersten Blick nicht plausibel. Schließlich hängt die eigene Fähigkeit, all das zu kaufen, was man sich wünscht, davon ab, wie groß der eigene Reichtum und nicht der des Kollegen ist. Natürlich hing auch die Fähigkeit des Jägers, seine Kinder versorgen zu können, zunächst von seinen eigenen Jagdfertigkeiten und seinem eigenen Vermögen ab. Es gab allerdings einen entscheidenden begrenzenden Faktor – die Damenwelt. Um nämlich überhaupt seine Nachkommenschaft versorgen zu können, muss diese erst einmal gezeugt werden. Und hier spielte die relative Betrachtung sehr wohl eine Rolle: Der Jäger musste besser, reicher und schöner als sein Konkurrent sein, um einer oder mehreren Frauen zu gefallen, sie von sich zu überzeugen und sie zur gemeinsamen Fortpflanzung zu animieren. Umgekehrt trat natürlich auch die Frau mit den anderen Damen der Gruppe in den Wettbewerb um die Gunst der Männer.[342] Der steinzeitliche Jäger musste sich also nicht nur an die natürlichen Rahmenbedingungen wie Nahrungsangebot und Klima bestmöglich anpassen, sondern auch an das soziale Umfeld, insbesondere die Präferenzen des anderen Geschlechts.

Die Furcht vor Verlusten und die instinktive Abneigung gegen alles Ungewisse war für unsere frühzeitlichen Ahnen ohnehin unverzichtbar: Ein Rascheln in der afrikanischen Savanne interpretierte der Jäger lieber einmal zu viel als das Heranpirschen eines Löwen – alles andere hätte tödlich geendet. Entpuppte sich das Rascheln später nur als harmloser Windstoß, erlitt er doch keinen Nachteil, wenn er völlig umsonst in Panik ausgebrochen war und das Weite gesucht hatte. Verlässt heute aber ein Börsianer panikartig das Feld und stößt seine Aktien ab, kann ihn das viel Geld kosten – im Skript der Evolution war das noch nicht vorgesehen. Dass der frühe Hominide Gewinne längst nicht so stark wahrnahm wie Verluste, verwundert ebenfalls kaum: Fand der einigermaßen gesättigte Sammler unverhofft noch mehr Nahrung – schön und gut. Wurden seine Wintervorräte aber von tierischen Räubern geplündert, waren die Konsequenzen fatal.[343]

Natürlich war auch eine ordentliche Portion **Gier** von Vorteil im frühzeitlichen Überlebenskampf.[344] Aber letztlich hat genauso die **Fairness**, die den Menschen vom eiskalt berechnenden Homo oeconomicus unterscheidet, ihren Ursprung in einer Zeit, in der Jäger und Sammler in kleinen Gruppenverbänden zusammenlebten. Auch wenn sich die Wissenschaftler bislang nicht einig sind, auf welchem Weg sich kooperatives Verhalten letztlich durchsetzte (ob über genetische Selektion oder doch eher kulturelle Auswahl, bei der sich die Normen der erfolgreichsten Gruppe durchsetzten): Ganz eindeutig hat sich soziale Harmonie innerhalb einer urzeitlichen Kleingruppe als die nachhaltigste, stabilste Strategie erwiesen.[345] Vor allem, um sich gegen Hungersnöte sowie menschliche und tierische Feinde zu schützen.[346]

***

Trotz ihrer Popularität ist die Evolutionäre Psychologie umstritten, denn die Erklärungen heutiger Verhaltensmuster mit dem steinzeitlichen Erbe lassen sich mit wissenschaftlichen Methoden kaum bestätigen noch widerlegen. Für nahezu jeden menschlichen Aspekt wird diese Disziplin jedoch bemüht. Und wenn es nur darum geht, die kindliche Abneigung gegen Spinat zu erklären, lautet eine der vielen Kritiken. Immer wieder wird der Evolutionären Psychologie vorgeworfen, komplexe menschliche Verhaltensweisen kurzerhand auf angeborene, biologische Merkmale zu verkürzen.[347] Zweifelsohne befindet sich dieser Zweig der Psychologie im Spannungsfeld der andauernden Diskussion, inwieweit menschliches Verhalten auf angeborene, biologische Merkmale oder auf Erziehung und soziales Umfeld zurückgeführt werden kann. Sicherlich ist das Verhalten des Menschen nicht vollends in Stein – besser: in seine DNA[lvii] – gemeißelt, wie die Forschung an eineiigen Zwillingen zeigt. Gene sind nicht alles – sie sind aber auch nicht nichts. Oder anders ausgedrückt: Der Mensch und sein

lvii Die DNA (*deoxyribonucleic acid*, zu Deutsch: Desoxyribonukleinsäure/DNS) ist Trägerin der Erbinformation.

Verhalten sind weder allein die Summe seiner Gene noch rein das Ergebnis äußerer Einflüsse, stattdessen ist er wohl vielmehr ein komplexes Produkt aus beidem. Die Evolutionäre Psychologie bietet daher aller Kritik zum Trotz einen erstaunlichen und aufschlussreichen Einblick in die Verhaltensweisen von leibhaftigen Entscheidern. Auch die Erkenntnisse der Neurowissenschaftler (siehe Kapitel 10, »Dem Entscheider in den Kopf geschaut«) sprechen dafür, dass ein Gutteil des typischen Entscheidungsverhaltens tatsächlich schon bei der Geburt im Gehirn des modernen Menschen angelegt ist – und natürlich auch im Gehirn seiner steinzeitlichen Vorfahren angelegt war.

Exkurs: Der Zufall baut selten Wolkenkratzer

Charles Darwin und seine Vorstellung von der Evolution werden seit Jahrzehnten heiß diskutiert. Zwar gibt es auch die Neo-Darwinisten, die seine Lehre fortführen, aber seinen evolutionären Prinzipien von gleichmäßigen und kontinuierlichen, zufälligen Mutationen und natürlicher Selektion – es überlebt nur der, der am besten angepasst ist – haben viele Wissenschaftler heute einiges entgegenzusetzen. Darwins Kritikern ist der Zufall viel zu zufällig, um der einzige Motor für die Entwicklung vom Einzeller zum Homo sapiens zu sein. Dann könnte man auch darauf hoffen, dass sich nach dem Zufallsprinzip ein Wolkenkratzer auftürmt, wenn man die notwendigen Steine nur oft genug auf einen Haufen schüttet, brachte ein Mediziner die Kritik am Darwinismus auf den Punkt.[348] Stattdessen sind mittlerweile viele Wissenschaftler überzeugt, allen voran Nobelpreisträgerin Barbara McClintock, dass sich das Genom (Gesamtheit der Erbinformation in einer Zelle) selbst verändern kann, wenn es mit ungewohnten Umweltbedingungen konfrontiert wird[349], z. B. einer Eiszeit. Ein Bakterium etwa, das plötzlich unter Stress gesetzt wird, wartet nicht auf bessere Zeiten – ändern sich die Umgebungsbedingungen massiv, so steigt die Wahrscheinlichkeit für genetische Veränderungen um das bis zu Zehntausendfache.[350] Das Erbgut kann sich demnach also bei Bedarf selbst umbauen.[lviii] Interessant: Bestimmte Teile des menschlichen Genmaterials sind hingegen schon seit Jahrmillio-

lviii Einen Überblick über die Kritik am Darwinismus bietet Joachim Bauer in *Das kooperative Gen*.

nen stabil. Auch darauf hätte Darwin keine Antwort, denn der zufällige Variationsprozess würde natürlich nicht an einer bestimmten Stelle der DNA-Kette haltmachen. Dank Umweltveränderungen fand die Evolution wohl nicht gleichmäßig und kontinuierlich statt, sondern schubweise. Genauso hält auch die natürliche Selektion als einziges Gestaltungsprinzip der Evolution einer Prüfung nicht stand. Man denke etwa an den Meteoriten-Einschlag, der den Untergang der Dinosaurier besiegelt haben soll. Auch hier spielt die Umwelt eine große Rolle – ändert sie sich dramatisch, können auf einen Schlag unzählige Spezies aussterben.[351]

Wie es auch sei: Ob Darwin nun recht hat oder seine Kritiker, ist für die obigen Ausführungen zur Evolutionspsychologie nicht entscheidend. Denn ob sich Mensch und Tier nun zufällig oder gesteuert immer wieder neu an ihre Umwelt angepasst haben, ist unerheblich. Wichtig ist, dass sie sich überhaupt angepasst haben!

Evolutionäre Psychologie

Die Evolutionäre Psychologie behauptet, das menschliche Gehirn sei ein lebendes Fossil – die Evolution ist demnach bei der rasanten Entwicklung, die die Welt in den letzten Jahrhunderten genommen hat, nicht mitgekommen. Viele typische Verhaltensweisen sind dazu bestimmt, den Erfolg in der Steinzeit zu sichern, und liefern daher in der modernen Welt oftmals nur suboptimale Ergebnisse.

10. Dem Entscheider in den Kopf geschaut

Zwar sind Neurowissenschaftler vielen Phänomenen und Effekten, die Psychologen und Verhaltensökonomen schon empirisch nachgewiesen haben, auf die Schliche gekommen. Doch die Funktionsweise des menschlichen Gehirns ist noch sehr viel komplexer, als man erwartet hatte. Ein großer Teil dessen, was im Kopf geschieht, ist noch kaum erforscht.

10.1 Faszination Gehirn

In den vorangegangenen Kapiteln war wiederholt von den beiden Denksystemen 1 und 2 die Rede – eines beschreibt den unbewussten, automatisch und blitzschnell ablaufenden Denkprozess, das andere den logischen, bewussten Teil des Denkens – aber bislang ist die Forschung weit davon entfernt, die Aktivitäten in den einzelnen Gehirnarealen diesen beiden Konzepten eindeutig zuzuweisen. Stattdessen stecken hinter unserem Denken Abläufe in verschiedenen Hirnarealen, die auf scheinbar chaotische Weise miteinander vernetzt sind.

In der Vergangenheit lieferten vor allem Studien mit Hirngeschädigten (durch Krankheit oder Unfall) wichtige Erkenntnisse darüber, wo im Kopf wichtige Zentren für die Entscheidungsfindung liegen. Heute schicken Neurowissenschaftler ihre Probanden (Gesunde wie Patienten) auch gerne in die »Röhre«. Durch Kernspintomografie, auch Magnetresonanztomografie (MRT) genannt, können Schnittbilder des menschlichen Körpers erzeugt und die Funktionen im Inneren des Körpers sichtbar gemacht werden: Während die Testpersonen Aufgaben lösen, Filme ansehen, mit Aktien handeln oder anderen Geld spenden, können die Forscher beobachten, wo es in ihren Köpfen arbeitet und welche Gehirnregionen besonders aktiviert werden. Hierzu wird die Veränderung des Blutflusses im Gehirn gemessen, denn wenn die Neuronen »feuern«, werden Sauerstoff und Energie benötigt, die über den Blutweg zum Gehirn transportiert werden. Vom erhöhten Blutfluss wird demnach indirekt auf eine Aktivierung des jeweiligen Hirnareals geschlossen.

Was aber genau passiert, während ein Aktienhändler mit Verlusten kämpft oder sich ein Schnäppchenjäger über die neuesten Sonderangebote freut, ist vielfach noch ungeklärt. Zwar lässt sich die Intensität der Aktivität verschiedener Gehirnareale mittlerweile messen und etwa mit der von Affen oder Ratten vergleichen – hieraus lassen sich durchaus interessante Schlüsse ziehen. Doch das Gehirn behält viele Geheimnisse seiner Funktionsweise noch für sich.

Viele empirisch bereits in zahlreicher Form belegte Verhaltensphänomene werden nun auch von den noch recht jungen Neurowissenschaften bestätigt. Aus der Vielzahl der Erkenntnisse sollen im Folgenden einige interessante und faszinierende Entdeckungen vorgestellt werden.

10.2 Geld verlieren kann schmerzhaft sein

Geld verlieren tut weh – das ist auch wörtlich zu verstehen, denn wenn man Geld verliert, werden im Kopf Hirnregionen aktiviert, die auch Angst und physischen Schmerz verarbeiten und sogleich Verteidigungsmaßnahmen anstoßen.

Hirnforscher beobachteten Freiwillige, die in der Röhre wiederholt an einem Glücksspiel teilnahmen. Nach und nach lernten die Probanden, ob sie eher verlieren oder gewinnen werden. Im MRT zeigte sich, dass sich dabei in einer sehr tief liegenden Hirnstruktur etwas tut, und zwar im vorderen Teil des sogenannten Striatums, wenn die Versuchspersonen höhere Gewinne erzielten als erwartet bzw. wenn Verluste kleiner ausfielen als befürchtet (hier zeigt sich, dass auch die relative Bewertung fest im menschlichen Hirn verankert ist). Das Striatum, auch Streifenkörper genannt, liegt seitlich in der Basis jeder Großhirnhälfte.

Der hintere Teil des Striatums zeigte jedoch erhöhte Aktivität, wenn die Testpersonen Geld verloren oder weniger gewannen, als sie erwartet hatten (siehe Abbildung 1: Die hell markierten Bereiche zeigen erhöhte Aktivität).[352]

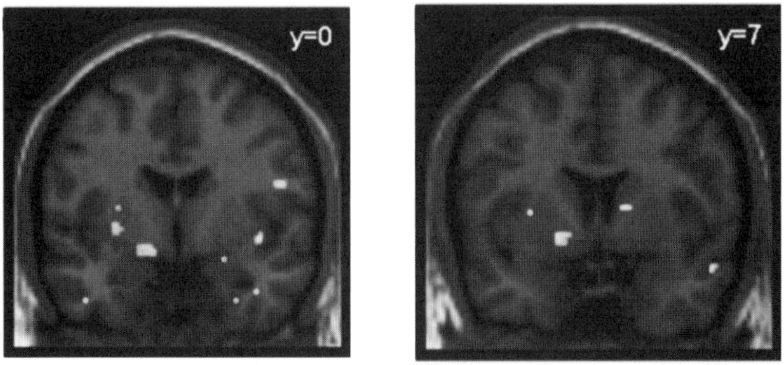

Abbildung 1: Reaktion Striatum bei unerwarteten Verlusten (links) und Gewinnen (rechts)[353]

Wie das menschliche Gehirn auf finanzielle Gewinne und Verluste reagiert – es lernt auf Basis seiner bisherigen Erfahrungen, die Gewinnchancen einzuschätzen, seine Erwartungen anzupassen und das Verhalten entsprechend zu regulieren (Belohnungslernen) – weist erstaunliche Parallelen zu den Aktivitäten in den Gehirnen von Ratten auf,[354] was auf einen uralten, in der Evolution kaum veränderten Vorgang schließen lässt. Offenbar reagiert man auf Verluste genauso wie schon die steinzeitlichen Ahnen auf Angst und Schmerzen.

Auch die anteriore Insula (vordere Inselrinde; liegt jeweils seitlich in den beiden Großhirnhälften und wird von Teilen der Stirn-, Scheitel- und Schläfenlappen verdeckt) spielt eine Rolle beim Schmerzempfinden – sowohl im wörtlichen als auch im übertragenen Sinne: Dieses Gehirnareal wird vor allem dann besonders durchblutet, wenn ein Anleger Verluste erwartet und befürchtet – er wird anschließend kein großes Risiko eingehen und sich für ein risikoarmes Investment entscheiden. Bei risikofreudigen Entscheidungen ist jedoch wieder der vordere Teil des Striatums, genauer: der dort angesiedelte Nucleus accumbens, involviert, der zum Belohnungszentrum des Gehirns gehört. Hier feuern die Neuronen besonders eifrig, wenn monetäre Gewinne in Aussicht gestellt werden.[355] Kein Wunder, dass etwa im Spielkasino eine Belohnungsatmosphäre geschaffen wird: Für die Glücksritter in Las Vegas gibt es gern einmal ein Freigetränk – das ist nicht nur eine nette Geste, sondern kann sogar zu höherer Risikobereitschaft anspornen, wenn der Nucleus accumbens dabei aktiviert wird.[356] Dasselbe funktioniert auch mit nackter Haut: Werden den Testpersonen im MRT erotische Bilder gezeigt, steigt ihre Bereitschaft, Risiken einzugehen.[357] Die individuellen Unterschiede zwischen den einzelnen Menschen – der eine mag eine höhere Aktivierung des Nucleus accumbens zeigen, wenn ihm ein Gewinn in Aussicht gestellt wird, beim nächsten lassen sich höhere Werte für die Insula-Aktivität bei erwarteten Verlusten messen – begründen wohl eine unterschiedliche finanzielle Risikobereitschaft. Hier lassen sich womöglich auch Antworten auf die Frage finden, warum manche Menschen generell davor zurückschrecken, Kredite aufzunehmen, während andere immer neue Schulden anhäufen, um kurzfristige Konsumfreuden zu finanzieren.[358]

10.3 Auf Schnäppchenjagd

Das Belohnungssystem im menschlichen Gehirn lässt sich auf vielfältige Art und Weise in Gang setzen – es sorgt durch die Ausschüttung des Botenstoffs Dopamin für Glücksgefühle, etwa bei leckerem Geruch oder Geschmack, wenn man Bilder mit Erotik-, Sportwagendarstellungen oder Motiven anderer Luxusgüter ansieht oder einen monetären Gewinn erwartet. Auch die Aussicht auf Rache oder altruistisches Verhalten aktiviert diese Gehirnregionen.[359] Wenn man etwas unbedingt haben möchte, leuchtet im Gehirnscanner der Nucleus accumbens auf und signalisiert: »Das will ich haben!« (siehe Abbildung 2).

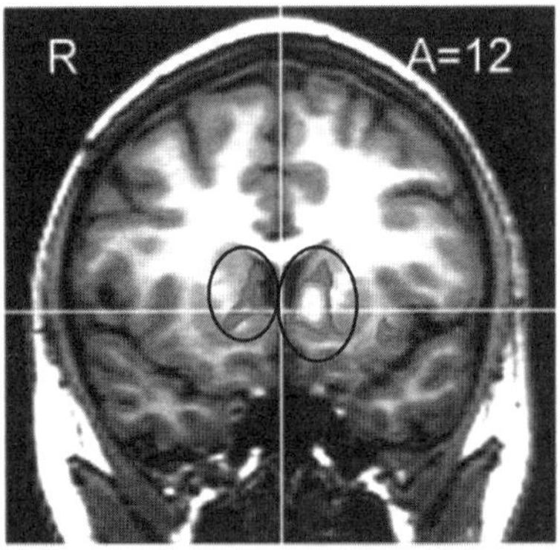

Abbildung 2: Reaktion Nucleus accumbens bei Präsentation eines attraktiven Produkts[360]

Doch an anderer Stelle im Gehirn ist ein Spielverderber aktiv: Die Inselrinde. Zur Erinnerung: Sie wird beispielsweise dann aktiv, wenn man Schmerz empfindet oder Verluste befürchtet. Eine erhöhte Aktivität in der anterioren Insula kann auch bei anderen unangenehmen Reizen gemessen werden, dazu gehören Gerüche, die Übelkeit und Ekel auslösen, oder einfach nur ein überhöhter Preis. Bei einem schicken Paar italienischer Schuhe oder einem neuen Laptop mag der Nuccleus accumbens zwar »haben wollen« signalisieren, die Inselrinde jedoch signalisiert Abneigung und jammert: »Das ist viel zu teuer.« Je mehr der Nuccleus accumbens und je weniger die Insula aktiv sind, desto eher werden Schuhe und Laptop gekauft.[361] Von diesem Widerstreit hat der Konsument selbst womöglich noch gar nichts mitbekommen. Er läuft zunächst völlig unbewusst und automatisch ab.

Findige Marketing-Strategen werden sich darauf konzentrieren, das Belohnungszentrum anzusprechen und seinen Gegenspieler, die Inselrinde, zum Schweigen zu bringen – sie platzieren Süßigkeiten an strategisch günstigen Punkten im Laden, sorgen für eine angenehme Kaufatmosphäre aus anregender Musik und leckeren Gerüchen und locken mit gut sichtbaren Rabatten. Dem kann man selbst mit den ähnlichen Methoden entgegenwirken: Durch Bar- statt Kreditkartenzahlung etwa wird die Ablehnung im Gehirn gegen den hohen Preis deutlich größer.[362] Gleiches geschieht, wenn man sich etwas Ekliges (Spinnen oder Schlangen) oder Abstoßendes vorstellt.[363] Indem man seine Kaufentscheidung hinauszögert, erst einmal das Geschäft verlässt und zehn Minuten später noch einmal über die gewünschten Schuhe oder den Laptop nachdenkt, ist das Belohnungszentrum nicht mehr zusätzlich durch die Promotion-Maßnahmen im Geschäft angeheizt.

10.4 Mitleid und Schadenfreude

Interessant überdies: Verfolgt man im Fußballstadion, wie ein Spieler der favorisierten Mannschaft nach einem Foul zu Boden geht und sich vor Schmerzen krümmt, werden im Gehirn einige der Regionen aktiv, die auch beim Verletzten nun höhere Aktivität zeigen. Der Begriff Mitleid gilt also auch im wörtlichen Sinne. Dieselbe Person, die eben noch Mitleid empfunden hat, kann im nächsten Augenblick aber schon schadenfreudig reagieren, dann etwa, wenn ein Spieler der gegnerischen Mannschaft gefoult wird. Beides ist im Gehirn angelegt.

Entsprechend motiviert Mitleid zu uneigennütziger Hilfe; das lässt sich mittlerweile sogar vorhersagen, wenn man den Menschen in den Kopf schaut: Wird jemand verletzt und es handelt sich dabei um ein Mitglied der eigenen Gruppe, etwa des eigenen Fußballfanklubs – um beim Beispiel Fußball zu bleiben –, dann wird im Gehirn die bereits bekannte anteriore Insula aktiviert (siehe Abbildung 3: Markierungen im MRT-Bild) – der Beobachter fühlt mit dem Verletzten mit und ist sogar bereit zu helfen, auch wenn das für ihn selbst einen Aufwand bedeutet.

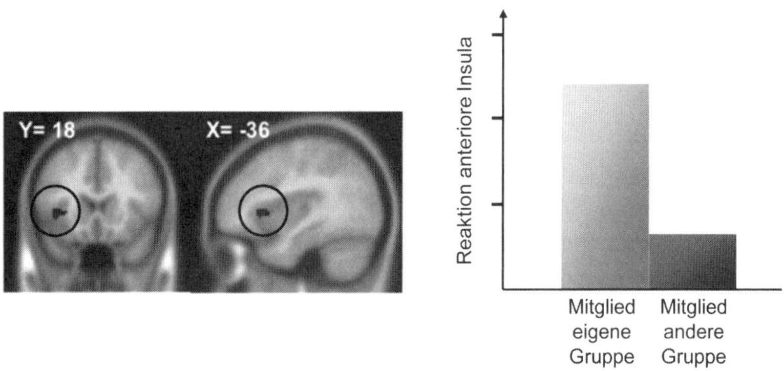

Abbildung 3: Reaktion anteriore Insula bei Verletzung Gruppen- bzw. Nicht-Gruppenmitglied[364]

Ist jedoch ein Mitglied des gegnerischen Fan-Blocks betroffen, ist die Reaktion in der anterioren Insula deutlich geringer (siehe Abbildung 3: Der rechte Balken verdeutlicht die verminderte Reaktion). Stattdessen feuern die Neuronen vor allem im Nucleus accumbens, einem Teil des Belohnungszentrums – offenbar erfährt der Beobachter eine gewisse Genugtuung aus der Verletzung des gegnerischen Fans (siehe Abbildung 4: Markierungen im MRT-Bild). Und je stärker die Aktivität in dieser Hirnregion, desto größer ist die Wahrscheinlichkeit, dass der Beobachter es ablehnen wird, diesem Fan zu helfen.[365] Mitleid und Schadenfreude, Hilfe und Ablehnung liegen also nahe beieinander, je nachdem, ob man sich dem Verletzten verbunden fühlt oder nicht.

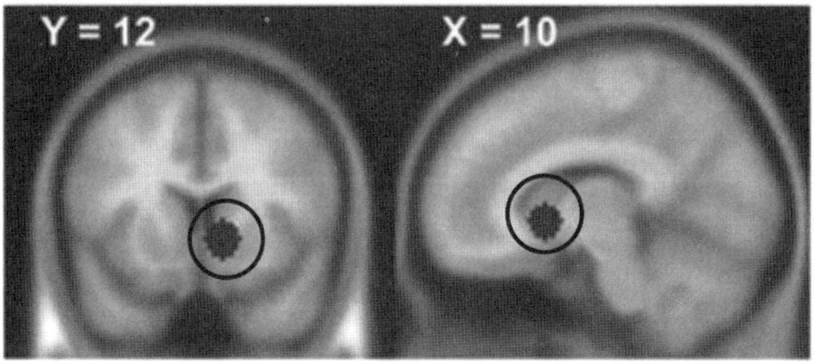

Abbildung 4: Reaktion Nucleus accumbens bei Verletzung Nicht-Gruppenmitglied[366]

Erstaunlicherweise zeigten sich bei derlei Studien deutliche Unterschiede zwischen Männern und Frauen: Frauen zeigen grundsätzlich mehr Empathie. Deutlich mehr Frauen als Männer fühlen auch dann noch mit ihren Mitmenschen mit, wenn sich diese egoistisch oder ungerecht verhalten haben. Männer hingegen neigen öfter zu Schadenfreude und äußern auch ein größeres Bedürfnis, unfaires Verhalten zu bestrafen.[367]

10.5 Moralischer Widerstreit

Ähnlich wie schon bei der Kaufentscheidung ringen auch bei moralischen Fragen verschiedene Gehirnareale um die Oberhand im Kopf. Die spontane menschliche Tendenz, einen kurzfristigen Vorteil zu erlangen, wird durch bestimmte emotionale und kognitive Prozesse im Gehirn unterdrückt – oder eben nicht. Kooperatives oder altruistisches Verhalten wird von vielen Menschen als größere persönliche Befriedigung wahrgenommen als eine egoistische Entscheidung, auch wenn Letztere einen höheren monetären Gewinn bedeuten würde. Für kooperatives Verhalten wird man nämlich im Gehirn belohnt: Verschiedene Gehirnareale, die zum Belohnungszentrum gehören, werden aktiviert und sorgen für Glücksgefühle, wenn man eine kooperative Entscheidung trifft (z. B. Nucleus accumbens).[368]

Sie erinnern sich sicher noch an das Ultimatumspiel: Hier wird eine Person gebeten, einen Geldbetrag zwischen sich und einer weiteren Person aufzuteilen. Wohl wissend, dass die zweite Person ein Vetorecht hat: Ist sie nicht mit der Aufteilung einverstanden, wird sie das Angebot ablehnen, sodass beide leer ausgehen. Akzeptiert sie, wird der Betrag entsprechend dem Angebot aufgeteilt.

Wenn man als Teilnehmer in einem Ultimatumspiel mit einem geringen Anteil abgespeist werden soll, löst das im Kopf einen regelrechten Kampf zwischen Fairness und Gewinnstreben aus: Dieser Widerstreit wird allein schon dadurch sichtbar, dass im Gehirn eindeutig höhere Aktivität zu messen ist, als wenn der Person einfach nur ein Gewinn in Aussicht gestellt wird, den sie annehmen kann oder nicht – ohne die lästigen Ultimatum-Spielregeln, die auf die Fairness der Teilnehmer abzielen.[369]

Wer sind in diesem Fall die Kämpfer im Kopf? Die anteriore Insula (AI) und der dorsolaterale präfrontale Kortex (DLPFC). Der Begriff dorsolateral ist zusammengesetzt aus dorsal (oben/rückenwärts) und lateral (seitlich); Kortex steht für Großhirnrinde. Der dorsolaterale präfrontale Kortex sitzt direkt hinter der Stirn. Die anteriore Insula wurde bereits vorgestellt – sie wird besonders aktiv bei Ekel und Abneigung (siehe oben). In diesem Fall feuern die Neuronen in der Insula wegen der Abneigung gegen das unfaire Angebot. Sie schreit förmlich auf: »Unfair! Foul!« Die Stimme der Vernunft, oder besser: die Stimme des Homo oeconomicus, erklingt jedoch, wenn der DLPFC aktiviert wird.[370] Als ob sie flüstern würde: »Ja, das ist wirklich unfair, aber bedenke doch, dass du sonst völlig leer ausgehen wirst.« Der DLPFC dient der kognitiven Kontrolle, man würde ihn dem bewussteren, kontrollierenden Denksystem 2 zuordnen.

Je nachdem, welche Stimme beim Ultimatumspiel lauter ist, die der anterioren Insula, die hier als »Fairnesszentrale« fungiert, oder die des »Kontrollorgans« DLPFC – das lässt sich direkt vergleichen durch die Intensität der Hirnaktivität in den beiden Arealen –, wird das unfaire Angebot mit hoher Wahrscheinlichkeit abgelehnt oder angenommen.[371]

Eine Art Vermittler scheint ein anderer Teil des präfrontalen Kortex zu sein, der anteriore cinguläre Kortex (ACC). Er sitzt tief im Gehirn, direkt oberhalb des sogenannten Balkens, über den beide Gehirnhälften über Faserbahnen miteinander verbunden sind. Der ACC leuchtet immer dann im Gehirnscanner auf, wenn ein Konflikt entsteht. Er ruft dann förmlich das Kontrollorgan DLPFC zu Hilfe, um einzugreifen.[372] Dasselbe passiert auch bei folgendem bekannten Problem (siehe auch Kapitel 4.3.5, »Umgang mit heuristischen Urteilen«): Erinnern Sie sich noch an das Experiment mit den Buntstiften? Sie hatten beispielsweise in Blau das Wort »grün« auf ein Blatt Papier geschrieben. Wenn Sie versuchen, die Farbe der geschriebenen Worte zu benennen, geraten Sie in einen Konflikt – der ACC schlägt Alarm.[373]

Denn ganz automatisch und unbewusst (Denksystem 1) liest man die Worte, die in Widerspruch mit der Farbe stehen. Das kognitive Kontrollorgan DLPFC (Denksystem 2) eilt auch hier zu Hilfe und korrigiert das intuitive Urteil wie im Falle der moralischen Fragen.[374]

10.6 Das Gefühl entscheidet (mit)

Eine weitere Hirnregion, die eine wichtige Rolle beim Ultimatum-Spiel, mehr noch: bei ökonomischen Entscheidungen spielt, ist offenbar der ventromediale präfrontale Kortex (VMPC). Der Begriff ventromedial ist zusammengesetzt aus ventral (nach unten/zur Bauchseite gelegen) und medial (zur Körpermitte gelegen). Patienten mit Schädigungen dieser Hirnregion, die hinter Nase und Stirn sitzt, gelten nach der Verletzung als genauso intelligent wie zuvor. Sie können rechnen, schreiben, lesen und sich erinnern. Ihre Ärzte und Krankenschwestern beschreiben sie zwar als emotional abgestumpft, gleichzeitig berichten sie aber auch, dass sie schon bei kleinster Provokation schnell aufbrausend, ärgerlich oder gar ausfällig werden. Es fällt ihnen sichtlich schwer, ihre Emotionen zu kontrollieren. Viele Hirnforscher vermuten, dass in diesem Hirnareal unter anderem Emotionen verarbeitet werden.[375]

Beim Vergleich zwischen Gesunden und den VMPC-Patienten fällt auf: Beide akzeptieren gewöhnlich faire Angebote beim Ultimatumspiel, zum Beispiel, wenn die andere Person ihnen die Hälfte des Geldbetrags zugesteht. Bei unfairen Angeboten sind die Hirngeschädigten jedoch deutlich ungehaltener. Sehr viel häufiger legen sie ihr Veto ein, wenn sie mit einem kleinen Betrag abgespeist werden sollen, und gehen am Ende lieber leer aus – auch der unfaire Mitspieler erhält nichts –, als ein unfaires Angebot zu akzeptieren und zumindest mit einem kleinen Geldbetrag nach Hause zu gehen. Wohl wissend, dass der andere Mitspieler deutlich mehr für sich eingeheimst hat. Womöglich sind oben genannte Kontrollprozesse hier nicht ausreichend, um eine ökonomisch sinnvolle Entscheidung zu erzielen. Patienten mit anderen Hirnschädigungen reagieren übrigens ähnlich moderat wie Unversehrte.[376]

Aus derlei Experimenten mit dem Ultimatumspiel oder ökonomischen Wetten schließen Neurowissenschaftler, dass ein unversehrter VMPC und damit auch die intakte Verarbeitung von Emotionen unabdingbar für ökonomische Entscheidungen sind – so auch der Hirnforscher António Damásio. Er führte diverse ökonomische Wetten mit Gesunden und Hirngeschädigten durch, er ließ sie etwa wiederholt Spielkarten ziehen, bei denen man unterschiedliche Beträge gewinnen oder verlieren konnte (siehe Kapitel 4.3.4, »Wer denken will, muss fühlen«). Die Gewinne und Verluste wurden miteinander verrechnet. Zwei der Kartenstapel boten zwar attraktive, große Gewinne, waren aber durch immer wieder auftretende große Verluste letztlich ungünstig. Die auf den ersten Blick weniger attraktiven beiden anderen Kartenstapel machten den Spieler jedoch auf lange Sicht zum Gewinner.

Bei Schädigungen des VMPC ist offenbar die Verbindung zwischen Denksystem 1 und 2 gestört. Emotionen, die bei einer ähnlichen Situation in der Vergangenheit schon einmal aufgetreten sind, verbindet der Patient nicht mit der aktuellen Situation – das emotionale Warnsystem, das Gesunde von ungünstigen Wetten abhält, funktioniert bei ihnen nicht. Sie zogen im Damásio-Experiment immer wieder von den ungünstigen Kartenstapeln, konnten nicht aus ihren Fehlern lernen und gingen letztlich als Verlierer aus dem Spiel.[377]

Bei Gesunden äußert sich diese Warnung auch in erhöhter Schweißbildung – nach mehreren Spielrunden reagieren sie schon, noch bevor sie eine Spielkarte nur umdrehen. Bei den VMPC-Patienten jedoch fehlt diese körperliche Reaktion im Vorfeld einer Entscheidung.[378]

Auch wenn die genaue Funktionsweise dieses Hirnareals ähnlich wie bei anderen Hirnregionen noch sehr kontrovers diskutiert wird – eines ist sicher: Emotionen spielen eine wichtige Rolle bei der Entscheidungsfindung (siehe auch Kapitel 4.3.4, »Wer denken will, muss fühlen«).

10.7 Übersicht

Die exemplarisch vorgestellten Hirnregionen, die bei Entscheidungen involviert sind, werden nun noch einmal mit ihrer hier vorgestellten Funktion tabellarisch aufgelistet. Tatsächlich haben all jene Hirnregionen durch das Zusammenspiel mit anderen Gehirnteilen natürlich weitaus vielfältigere Funktionen als nachfolgend aufgeführt.

Hirnregion	Funktion
Präfrontaler Kortex:	
Dorsolateraler präfrontaler Kortex (DLPFC)	kognitives Kontrollorgan
ventromedialer präfrontaler Kortex (VMPC)	Verarbeitung von Emotionen
Anteriores Cingulum (ACC)	Frühwarnsystem für Konflikte
Anteriore Insula/Inselrinde (AI)	Schmerzverarbeitung, Empathie für Schmerz, Ekel, Abneigung
Striatum	Aktivierung bei unerwarteten Gewinnen und Verlusten bzw. Schmerzen
Nuccleus accumbens	Teil des Belohnungszentrums, Schadenfreude, Motivation

Abbildung 5: Übersicht Hirnregionen und ihre Funktionen

Am Beispiel der anterioren Insula wird deutlich, wie komplex die Vorgänge im Gehirn sind und wie schwierig die Interpretation der Bilder der Magnetresonanztomografie ist: Die anteriore Insula zeigt nicht nur bei unangenehmen Gefühlen wie Schmerz, Ekel oder Abneigung erhöhte Aktivität, sie reagiert auch bei positiven Gefühlen, die durch die Interaktion mit anderen Menschen entstehen (Leidenschaft, Bewunderung, romantische oder mütterliche Liebe). Einige Neurowissenschaftler sind überdies überzeugt, dass sich in diesem Teil des Gehirns das Mitgefühl, die Empathie verbirgt. Je nachdem, um welche Gefühle es sich handelt, sind womöglich unterschiedliche Teilbereiche der Insula aktiv. Andere Forscher wiederum schreiben die Verarbeitung von Negativem und Positivem eher der anterioren Insula in der rechten bzw. der linken Gehirnhälfte zu.[379]

Neurowissenschaft: Entscheidung im Gehirnscanner

Die Hirnforschung bestätigt viele empirische Ergebnisse der Psychologen und versucht zu ergründen, was während der Entscheidung im Gehirn passiert. Vieles ist zwar vorerst ungeklärt, durch Messung der Aktivität in verschiedenen Gehirnarealen lassen sich jedoch bereits Vorhersagen über Entscheidungen treffen. Mithilfe der Erkenntnisse aus der Hirnforschung lassen sich Entscheidungen gar beeinflussen.

→ Die (individuelle) Beschaffenheit seines Gehirns kann man kaum beeinflussen. Kann man aber den Versuchungen der Konsumwelt nur schwer widerstehen, sollte man sich angewöhnen, mit Bargeld, statt mit Kredit- oder ec-Karte zu zahlen. Das erhöht im Gehirn die Abneigung gegenüber dem zu zahlenden Preis.

→ Drohen Sie in einen regelrechten Kaufrausch zu verfallen – der Nucleus accumbens ist aktiv – verlassen Sie das Geschäft und denken zehn Minuten später noch einmal über das Objekt Ihrer Begierde nach. Dann wird das Gehirn zumindest nicht mehr zusätzlich durch die verkaufsfördernden Maßnahmen im Laden (Gerüche, geschickt platzierte Ware und Werbung etc.) beeinflusst.

11. Wenn alles zusammenkommt

Wie entstehen Trends, Zyklen, Blasen? All die regelmäßig auftretenden, typisch menschlichen Verhaltensweisen, die in den vorangegangenen Kapiteln beschrieben wurden, gleichen sich oft nicht gegenseitig aus, sondern führen zu Trendbewegungen, die sogar in Übertreibungen und Investmentblasen münden können. Die Ursachen hierfür liegen sehr häufig im Individualverhalten der Marktteilnehmer, getrieben durch das Bedürfnis nach Dissonanzfreiheit und den Wunsch nach Kontrolle. In einem hypothetischen Phasenmodell wird hier gezeigt, wie sich das Zusammenspiel dieser individuellen Verhaltensweisen auswirkt und wie man damit die Phase eines Trends bestimmen kann.

11.1 Ein Trend entsteht

Jeder Mensch verfügt über einen Autopiloten, jeder trifft Bauchentscheidungen – und das immer und immer wieder. Dass dies ökonomisch gesehen nicht immer die beste Entscheidung ist, haben die vorangegangenen Kapitel gezeigt. Da diese Verhaltensweisen systematisch auftreten, gleichen sie sich nicht gegenseitig aus, wie von der Standardökonomie erhofft, sondern summieren sich oftmals noch auf. Anders ausgedrückt: Die vermeintlich rationalen Akteure können die Handlungsweisen der irrationalen Marktteilnehmer nicht immer ausgleichen. An den Finanzmärkten entstehen dadurch Zyklen, Trends und Übertreibungen, die sich im Extremfall zu handfesten Investmentblasen auswachsen können.

Viele Marktteilnehmer sperren sich zunächst gegen einen neuen Trend, wollen ihn nicht wahrhaben. Und irgendwann sind sie es selbst, die den Trend weiter vorantreiben und befeuern. Das trifft übrigens nicht nur auf die Finanzmärkte zu, sondern lässt sich auch auf andere Lebensbereiche übertragen. Etwa, wenn es um einen neuen Modetrend geht oder die Einführung einer technologischen Innovation.

Aber nun der Reihe nach – werfen Sie einen Blick auf unser sehr vereinfachtes Trend-Modell[lix] und versetzen Sie sich einmal in die Lage eines Anlegers: Sie kaufen eine Aktie. Grundsätzlich wird ein Käufer natürlich mehr positive Argumente parat haben als Gründe, die gegen sein Engagement sprechen. Bei seinem Kontrahenten, dem Verkäufer, der dieselbe Aktie zu demselben Preis loswerden will, ist es hingegen genau umgekehrt: Er nimmt die verfügbaren Informationen überwiegend negativ wahr; er bemüht sich hauptsächlich um negative Daten und Fakten, um seine Verkaufsposition zu rechtfertigen. Überträgt man dies auf die Masse der Käufer und Verkäufer einer Aktie, so ist die Wahrnehmung und die Suche, aber auch die Weitergabe der Informationen noch ausgeglichen (Abbildung 1: Bullishe Informationen, also positive Argumente, die zu Kaufpositionen passen, und bearishe Argumente, pessimistische Informationen, die zu Verkaufspositionen passen). Schließlich hat bisher auch keine der beiden Anlegergruppen einen Verlust mit diesem Engagement erleiden müssen.

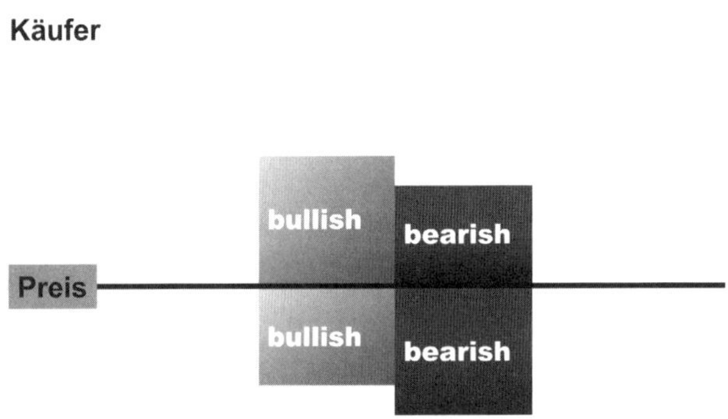

Abbildung 1: Ausgeglichener Informationsbedarf von Käufern und Verkäufern

[lix] Der Einfachheit halber wird hier die Adaption an den Einstandspreis, wie sie im Kapitel 8.2 vorgestellt wurde, nicht berücksichtigt.

Interessant wird es, sobald sich der Kurs nachhaltig bewegt, etwa weil langfristig orientierte Marktteilnehmer die Aktie kaufen – diese Akteure haben entweder einen sehr langfristigen Planungs- und Handelshorizont oder handeln nicht gewinnorientiert[lx] in diesem Markt. Steigt nun der Kurs, ist für den Käufer die Welt in bester Ordnung. Er hat alles richtig gemacht, hat alles unter Kontrolle – ergo: kein Kontrollproblem. Um an seiner Position festzuhalten, benötigt er noch nicht einmal neue Argumente. Er lässt in seiner Suche und Weitergabe von Informationen nach, denn der steigende Kurs selbst ist ihm Bestätigung und Information genug (siehe Abbildung 2).

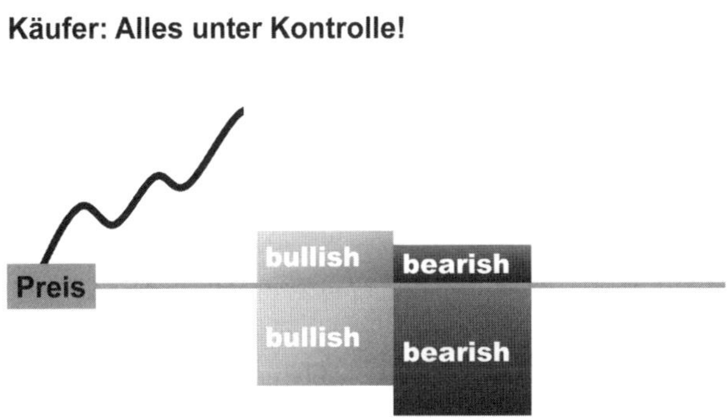

Abbildung 2: Informationsbedarf verändert sich

Anders beim Verkäufer – er kann frühere Gewinne mitgenommen haben und scheidet einfach nur aus dem Markt aus, er kann aber auch ein Leerverkäufer sein, eine Verkaufsoption erworben haben oder ein Fondsmanager sein, der die Aktie im Verhältnis zu seinem Vergleichsindex untergewichtet hat: Ab einer gewissen Größenordnung verspürt er ein beginnendes Kontrolldefizit, denn er hat zunehmend den Eindruck, dass er die Situation nicht mehr vollends unter Kontrolle hat. Daher wird er verstärkt nach neuen Informationen Ausschau halten, um sein Defizit zu beseitigen (siehe Abbildung 2). Das Bedürfnis nach Kontrolle wirkt sich vor allem auf den quantitativen Informationsbedarf aus.

[lx] Das kann z. B. eine Zentralbank sein, deren primäre Absicht nicht der Kursgewinn ist, sondern beispielsweise die Stützung des gesamten Marktes. Oder es handelt sich um ein Unternehmen, das einen Konkurrenten übernehmen möchte. Seine Ziele sind strategischer Natur, nicht aber auf Aktienkursgewinne ausgerichtet.

Der kognitiven Dissonanz ist es geschuldet, dass sich auch die Qualität der Informationssuche verändert: Der Verlierer setzt die rosarote Brille auf und sucht bewusst bzw. unbewusst nur noch nach passenden Neuigkeiten. Unpassende Informationen spielt er hingegen herunter oder ignoriert sie sogar völlig (Abbildung 3). Kurzum: Er nimmt Informationen nur noch selektiv wahr. Und mehr noch: Er gibt sie auch entsprechend gefärbt weiter. Er kommuniziert ziemlich eifrig seine pessimistische Meinung, in der Hoffnung, von anderen Gleichgesinnten Bestätigung zu erhalten. Diese Aussagen werden auch von Journalisten dankbar aufgegriffen und füllen viele Zeilen in den Finanznachrichten. Daher ist es in einer Anfangsphase eines Trends besonders auffällig, dass die Nachrichten- und Meinungslage so gar nicht zum Kursverlauf passen will. Wird ein steigender Kurs von vornehmlich pessimistischen Nachrichten und Meinungen begleitet, so ist dies ein untrügliches Zeichen dafür, dass viele Akteure mit ihren Positionen schiefliegen.

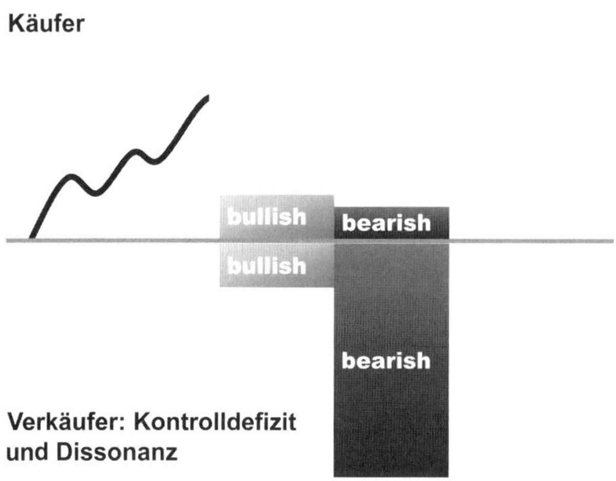

Abbildung 3: Verkäufer sucht selektiv nach passenden Nachrichten

Der Käufer realisiert über kurz oder lang seinen Profit – im Gewinnbereich verhält sich ein Anleger schließlich zumeist risikoscheu. Um seine meist zu zeitige Gewinnmitnahme zu rechtfertigen, wird er womöglich sogar nach ein paar negativen Nachrichten suchen, die ihm den Rücken stärken (Abbildung 4), denn die verpasste Chance auf einen noch höheren Gewinn kann möglicherweise Dissonanz verursachen. Der Pessimist hingegen bleibt im Markt zurück und hält an seiner bearishen Position fest. Er ist ein **gefesselter Verlierer**, der darauf wartet, seinen Einstandspreis tunlichst wieder zu Gesicht zu bekommen.

Unterdessen kommt ein neuer Käufer, z.B. der Kontrahent desjenigen, der gerade Gewinn eingestrichen hat, in den Markt mit entsprechendem Informationsbedarf: Auch er wird zunächst etwas eifriger nach positiven als nach negativen Nachrichten Ausschau halten (Abbildung 4). Allerdings gilt weiterhin für den Informationsbedarf und die -weitergabe im gesamten Markt: Es werden immer noch mehr negative als positive Nachrichten verbreitet.

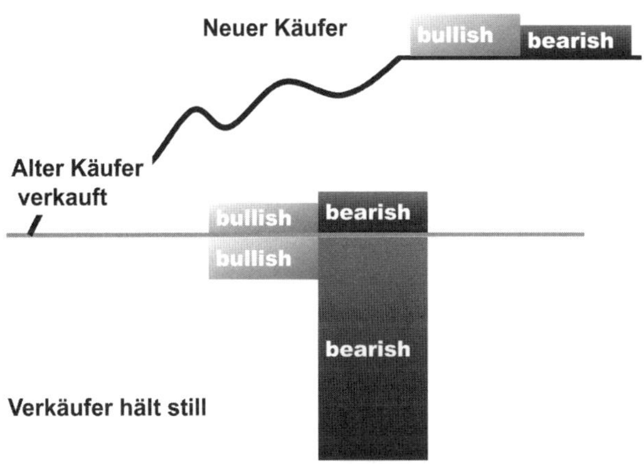

Abbildung 4: Informationsbedarf des alten und neuen Käufers

Schauen Sie sich nun den Verkäufer genauer an, den gefesselten Verlierer: Er möchte nur ungern von seiner Meinung abrücken und sich eingestehen, einen Fehler gemacht zu haben. Hinzu kommt, dass Verluste realisieren unangenehm ist, denn es steht dem Wohlbefinden eines jeden Anlegers entgegen. Schlimmer noch: Verluste wiegen deutlich schwerer als Gewinne in gleicher Höhe. Doch irgendwann, je nach persönlicher Schmerzgrenze oder etwa einer innerbetrieblichen Vorgabe, muss der Pessimist die Hoffnung auf eine Kurskorrektur begraben, wenn die Last des Verlusts zu groß geworden ist und er die kognitive Dissonanz nicht mehr bewältigen kann. Er kapituliert und stellt seine Verkaufsposition mit hohem Verlust glatt (will heißen: er kauft) (Abbildung 5). Plötzlich ändert sich auch sein Informationshunger: Er wird nun akribisch die Zeitungen und Analystenkommentare nach bullishen, positiven Nachrichten durchforsten. Er versucht natürlich (zumeist unbewusst), das ungute Gefühl, das mit einer Verlustrealisierung verbunden ist, so gering wie möglich zu halten. Er möchte sich sicher sein, dass der Kurs später nicht gleich wieder fällt, sondern weiter steigt. Schließlich möchte niemand der arme Tropf sein, der als Letzter am Höhepunkt einer Kursbewegung gekauft hat.

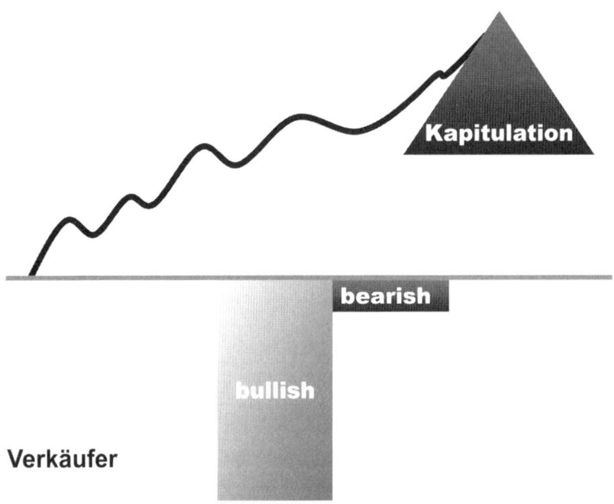

Abbildung 5: Verkäufer rechtfertigt Kapitulation

Die Rallye wird durch die Glattstellungen anderer Pessimisten weiter befeuert, die ebenfalls notgedrungen Aktien kaufen müssen (Kapitulation) – damit werden weiter steigende Kurse nun zunehmend von positiven Nachrichten und Meinungen begleitet; Markt und Meinung befinden sich plötzlich im Einklang. Dies lässt vermuten, dass der Trend in seine Spätphase eingetreten ist. Die schiefliegenden Positionen, die den Trend nähren, wurden aufgelöst.

Zweifellos werden sich viele Marktteilnehmer von den immer weiter gestiegenen Kursen dazu verführen lassen, neue Kaufpositionen einzugehen – sie wollen den Trend »reiten«, das heißt, ihm folgen, solange er noch »heiß« ist. Ein extremes Beispiel hierfür ist die Euphorie während der Internetblase um die Jahrtausendwende: In Scharen waren hier auch Privatanleger – häufig zu spät – in den Markt eingestiegen, um am rasanten Aufwärtstrend noch teilzunehmen. Die Stimmung war euphorisch – es kursierten fast ausschließlich positive Nachrichten im Markt, denn durch die Verbreitung der günstigen Nachrichten ermutigten sich die Optimisten gegenseitig. Niemand wollte an ein Ende des Trends glauben, alle rühmten sich gegenseitig ihrer Anlageerfolge und hatten vermeintlich alles unter Kontrolle.

Sogar als sich die ersten Kursverluste zeigten – auch hier kann der Verkaufsimpuls von langfristigen Anlegern gekommen sein – waren die zahlreichen Aktienbullen noch siegesgewiss und nutzten die »günstigeren« Kurse, um ihre Einstandspreise zu verbilligen. Genauso wie viele Akteure zunächst den Beginn des Trends nicht wahrhaben wollten, verschlossen sie nun die Augen vor einem möglichen Ende des Trends.

***

Das hypothetische Phasenmodell verdeutlicht: Die Bewertung von Informationen hängt ganz entscheidend von der jeweiligen Position der Marktteilnehmer ab. Genauer gesagt, von ihrem wahrgenommenen Einstandspreis. Verlieren die Akteure oder gewinnen sie? Dabei bestimmt das Kontrollbedürfnis, wie viele Informationen gesucht werden, der Wunsch nach Harmonie (Dissonanzfreiheit) hingegen beeinflusst, welchen Informationen man seine Aufmerksamkeit schenkt.

11.2 Erst zu wenig, dann zu viel

Markt und Marktteilnehmer unterreagieren: Dank des Dispositionseffekts – Gewinne werden zu schnell mitgenommen, Verluste zu spät begrenzt (siehe auch Kapitel 6.1, »Von hartnäckigen Verlierern und wankelmütigen Gewinnern«) –

schleichen sich Nachrichten nur peu à peu im Markt ein: Ein Gewinner wird eine gute Nachricht, etwa gute Quartalsergebnisse oder andere positive Nachrichten eines Unternehmens, als willkommene Gelegenheit nutzen, um seine Aktie alsbald zu verkaufen. Damit wird oft eine Kursrallye zunächst abgebremst. Der Pessimist – er hat auf Kursverluste desselben Unternehmens gesetzt – tut sich gleichzeitig schwer damit, seinen Verlust zu realisieren und die Aktie zurückzukaufen. Erst bei weiter steigenden Kursen sehen sich die Skeptiker nach und nach zur Aufgabe gezwungen und bewirken damit weitere Preissteigerungen. Die guten Nachrichten halten also erst verzögert Einzug in die Kurse. Bei negativen Nachrichten verhält es sich genau umgekehrt: Hier ist in Abwärtstrends oft noch Tage und Wochen nach der schlechten Nachricht ein stetes Abrutschen der Preise zu beobachten.

Kurzum: Die Aktie eines Unternehmens schneidet nicht nur am Tag der positiven (negativen) Ergebnisüberraschung überdurchschnittlich (unterdurchschnittlich) ab, sondern auch noch in den Monaten danach.[380] Dieses Kursgebaren nennt man *post earnings announcement drift* (PEAD), und es gehört zu den Momentum-Phänomenen (siehe auch Kapitel 5, »Alles ist relativ: Die Prospect-Theorie«).

Besonders ausgeprägt ist diese Abweichung (*drift*) im Falle einer positiven Nachricht, wenn die Aktionäre des betroffenen Unternehmens bereits vor Bekanntgabe der Neuigkeit mehrheitlich unrealisierte Profite in ihren Büchern hatten. Sie sehen sich zu Gewinnmitnahmen veranlasst. Ihre Verkäufe hemmen zunächst den Kursanstieg, später ist der Auftrieb dafür aber umso handfester. Bei schlechten Nachrichten fällt das stetige Abdriften der Preise nach unten umso langatmiger aus, je größer die nicht realisierten Verluste in den Portfolios der Anleger im Vorfeld waren.[381] Denn die Verlierer zögern, ihre Position aufzugeben, kaufen womöglich noch nach, um ihre Einstandspreise zu verbilligen, und verhindern damit unmittelbar nach Bekanntgabe der schlechten Nachricht ein stärkeres Abrutschen des Kurses. Sind sie später jedoch zur Kapitulation gezwungen, nährt dies das stetige Abgleiten des Aktienkurses.

Gleichzeitig begünstigt auch der Verankerungseffekt, dass sich neue Informationen nur Schritt für Schritt in den Kursen widerspiegeln, denn die Marktteilnehmer klammern sich meist hartnäckig an vielfältige Ankerwerte, etwa die einmal ausgerufenen Kursziele (siehe auch Kapitel 4.3.3, »Wenn der Anker einmal geworfen ist«).

Oft trägt ein Trend sehr viel weiter als gedacht, denn natürlich haben, wie oben beschrieben, auch andere Marktteilnehmer die Kurstendenz erkannt und wollen daran teilhaben. Wegen mentaler Abkürzungen wie der Repräsentativitätsheuristik (Kapitel 4.3.1) oder der Verfügbarkeitsheuristik (Kapitel 4.3.2) wollen sie ein klares Muster, etwa einen Aufwärtstrend, ausgemacht haben und können sich kaum vorstellen, dass er auch schnell wieder enden kann. Gleichzeitig neigen sie dazu, aktuelle Nachrichten – und die sind in dieser Marktphase bekanntlich außerordentlich gut – überzubewerten. Daten und Fakten, die im Moment jenseits des Fokus der Öffentlichkeit liegen, weil sie so gar nicht zu den Positionen all der trendfolgenden Optimisten passen wollen, entgehen dem Tunnelblick der Anleger und werden in ihre Überlegungen nicht miteinbezogen. Markt und Marktteilnehmer zeigen nun eine deutliche Überreaktion, die sich wie oben beschrieben bis zu einer Euphorie und einer Investmentblase auswachsen kann.

11.3 Trends in jeder Hinsicht

Ähnlich wie ein Trend an den Finanzmärkten zunächst auf großen Widerstand stößt und von skeptischen und negativen Meinungen begleitet wird, geschieht dies auch in anderen Lebensbereichen. Ersetzen Sie doch einmal den Käufer im obigen Beispiel durch den Erfinder einer neuen Technologie und den Verkäufer durch seine Ablehner, die nicht an die Innovationskraft glauben wollen und der neuen Technik nicht allzu viel zutrauen.

Als Beispiel sei hier die Erfindung des Computers genannt: Als die ersten Rechenungetüme zur kommerziellen Nutzung auftauchten, hielt der damalige IBM-Chef Thomas J. Watson zunächst gar nichts von den neuen Geräten. Er soll den weltweiten Bedarf an Computern damals auf höchstens fünf Stück beziffert haben. Watson und andere Kritiker wurden bekehrt – nur wenige Jahre später, im Jahr 1953, schwenkte Watson auf den neuen Kurs um. IBM-Computer überschwemmten fortan förmlich den Markt: 1965 waren in den USA bereits rund 23 000 Geräte installiert; IBM hatte daran einen Umsatzanteil von 74 Prozent.[382]

Oder spielen Sie das Beispiel mit einem Modedesigner durch, der eine völlig neue Stilrichtung präsentiert und beim Fachpublikum auf einer Modenschau zunächst nur Kritik kassiert, Monate später dann aber als Trendsetter gilt. Auch Wissenschaftler sehen sich oft einer solchen Situation gegenüber, wenn sie auf einem Kongress eine neue Theorie vorstellen, die die alten Wahrheiten infrage stellt. Ähnlich dürfte es übrigens auch den Pionieren der Verhaltensökonomie ergangen sein, die die klassische Lehre angezweifelt haben.

Je vehementer die Kritiker sich gegen den neuen Trend stemmen, desto später werden sie danach auch die Konsequenzen ziehen, denn wer lauthals seine Zweifel äußert, hat ein hohes Commitment, eine hohe Bindung, an seine gegenteilige Aussage. Für einen Forscher, der unzählige Artikel und Bücher geschrieben hat, ist es nur sehr schwer zu akzeptieren, dass er sich womöglich geirrt hat. Manch einer hält gar bis zum Tod an seiner Wahrheit fest. Der Physiker und Nobelpreisträger Max Planck traf den Nagel auf den Kopf: »Eine neue wissenschaftliche Wahrheit pflegt sich nicht in der Weise durchzusetzen, dass ihre Gegner überzeugt werden und sich als belehrt erklären, sondern vielmehr dadurch, dass die Gegner allmählich aussterben …«[383]

Wenn sich eine neue Idee aller Zweifel zum Trotz doch noch als großer Erfolg erweist, sehen sich die meisten Kritiker über kurz oder (sehr) lang gezwungen, klein beizugeben und sich dem neuen Trend anzuschließen. Doch hier, wie auch am Aktienmarkt, springen viele zu spät auf den Trend auf: Endlich hat ein Bekleidungshersteller seine Maschinen auf den jüngsten Trend umgestellt, nur um kurz darauf feststellen zu müssen, dass der Markt schon gesättigt ist und die nächste Modeerscheinung längst in den Startlöchern steht. Eine technische Innovation löst alte Neuerungen ab, eine neue wissenschaftliche Theorie rüttelt die Fachwelt auf und schon wiederholt sich das Wohl und Wehe eines Trends.

11.4 Was die Stimmung verrät

Der Designer, der Erfinder oder der Wissenschaftler – alle werden ihrer Idee natürlich eine glänzende Zukunft voraussagen. Schließlich haben sie viel Herzblut, Zeit, Energie und Geld in ihr Projekt gesteckt und so eine hohe Bindung (Commitment) entwickelt. Ihre Meinung und ihre Prognosen sind jedoch nichts anderes als ein Spiegel ihres Engagements und ihrer Bemühungen, denn jedermann wünscht sich, dass seine Wahrnehmung, sein Handeln und seine Wertvorstellungen miteinander harmonieren, kurz: man will sich wohlfühlen. Würden Designer, Erfinder oder Wissenschaftler ihrer eigenen Idee allerdings jegliches Potenzial absprechen, würde ein Spannungszustand, die kognitive Dissonanz (Kapitel 3.1), entstehen.

Und genau von dieser Tatsache kann man auch in der Praxis der Beurteilung von Finanzmärkten profitieren. Denn das Wissen darum, ob ein Marktteilnehmer gerade gewinnt oder verliert, ist von enormer Bedeutung. Weil die Verlierer durch ihr Commitment so sehr an ihre Engagements gebunden sind, dass sie über weite Strecken unbeweglich bleiben und somit als Anbieter oder Nachfrager ausfallen. Jetzt könnte man natürlich wichtige Marktteilnehmer danach fragen, wie sie positioniert sind, würde jedoch vermutlich keine Antwort bekommen.

Es reicht aber bereits aus, etwa einen Fondsmanager um seine Meinung zur künftigen Entwicklung des Aktienmarkts zu bitten. Seine Antwort verrät viel über seine Position: Je nachdem, ob er den Markt innerhalb einer gewissen Zeitspanne höher, tiefer oder gleichbleibend einschätzt, kann man mithilfe des hypothetischen Phasenmodells und dem Wissen um selektive Wahrnehmung den Investoren quasi über die Schulter schauen und gewinnt so einen tieferen Einblick in die aktuelle Situation an den Finanzmärkten. »Sage mir, was du vom Markt hältst, und ich sage dir, welches Engagement du eingegangen bist«: So dürfte ein überaus optimistisch auftretender Anleger kräftig »long« investiert sein (er hat die Aktie, den Index oder eine Kaufoption gekauft bzw. ist im Verhältnis zu seinem Vergleichsindex übergewichtet), während ein sehr pessimistischer Investor höchstwahrscheinlich »short« engagiert ist (er hat die Aktie verkauft/leerverkauft, hält eine Verkaufsoption oder ist im Verhältnis zu seinem Vergleichsindex untergewichtet). Ein (plötzlicher) Stimmungsumschwung weist hingegen auf eine Umschichtung der Position hin. Entspräche das Engagement nicht seiner Marktmeinung, würde dies erhebliche Dissonanz erzeugen – das wird er natürlich zu verhindern suchen: Entweder passt er sein Depot an oder korrigiert seine Prognose. Seine Prognose bzw. seine Marktmeinung ist also der Spiegel seines Engagements. Die Stimmung lässt sich beispielsweise durch regelmäßige Befragungen der Investoren – sie sind meist mittelfristig orientiert und haben einen Handelshorizont von einigen Tagen bis etwa zu einem Jahr[lxi] – einfangen. Diese sogenannten Sentimenterhebungen sind nichts anderes als eine komprimierte Abfrage von gesammelten (selektiv wahrgenommenen) Informationen.

Die Stimmungsumfrage gibt sogar Aufschluss über die Einstandspreise, die den Befragungsteilnehmern als Referenzpunkt dienen. Sie lassen sich ableiten, indem man die wöchentlichen Sentimentveränderungen in Abhängigkeit vom jeweils aktuellen Marktpreis verfolgt. Hier spielt wieder der Dispositionseffekt eine wichtige Rolle: Liegt der aktuelle Kurs oberhalb des Einstandspreises – der Anleger gewinnt gegenwärtig – bedarf es nicht viel, um den Investor zu Gewinnmitnahmen zu verleiten. Ein Verlierer ist jedoch wegen seiner Aversion gegen Verlust in seiner Position gefangen. Er wird nur aktiv werden, wenn der Aktienkurs wieder seinen wahrgenommenen Einstandspreis erreicht. Oder aber, wenn die Verluste und die Dissonanz zu groß werden und er sich zur Kapitulation gezwungen sieht. Durch Beobachtung der relativen Veränderungen des Optimismus bzw. des Pessimismus parallel zur jeweiligen Kursentwicklung des Aktienindex lässt sich nicht nur die Gewinn- und Verlustsituation der befragten Gruppe einschätzen, sondern auch eine Voraussage über die künftigen Handelsentscheidungen dieser Teilnehmer treffen.

Die folgende Grafik zeigt ein Beispiel für eine solche Sentiment-Umfrage: Die Mehrheit der Anleger hat sich optimistisch über den Aktienindex geäußert, wenn der Stimmungsindikator (in der Abbildung als Balken dargestellt) ober-

---

lxi Wünschenswert wäre es natürlich auch, die Stimmung der langfristig orientierten Marktteilnehmer zu ergründen. Leider sind dies aber auch diejenigen Akteure, die sich aufgrund ihrer Größe nicht gern in die Karten schauen lassen und unerkannt bleiben wollen. Kann man aber das Handeln von kurz- und mittelfristig aktiven Anlegern abschätzen, lässt sich auch die Richtung langfristiger Kapitalflüsse erahnen.

halb der 50-Prozent-Schwelle notiert – reicht der Balken bis zur 100-Prozent-Marke heran, wären alle Investoren optimistisch eingestellt. Unterhalb der 50-Prozent-Linie ist das Gros der Befragten jedoch pessimistisch gestimmt, im Falle von null Prozent wären gar alle Anleger skeptisch in ihren Erwartungen. Die Kurve zeigt den Verlauf des beobachteten Aktienindex.

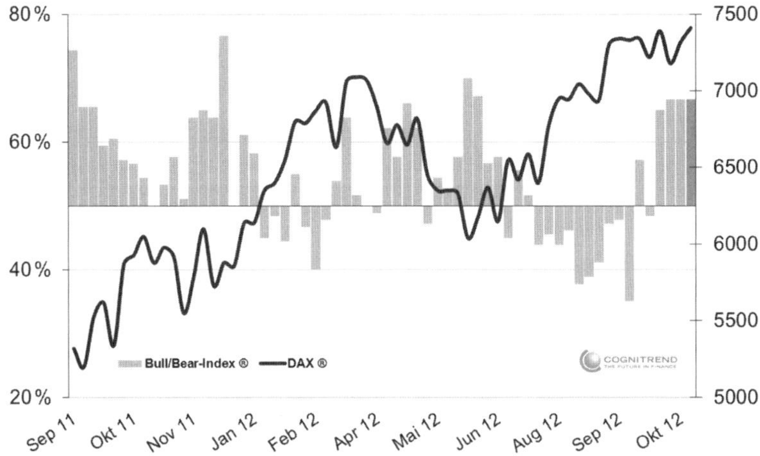

Abbildung 6: Stimmungsindikator Bull/Bear-Index der Cognitrend GmbH[384]

Dank solcher Stimmungsindikatoren lässt es sich besser abschätzen, in welcher Phase sich der aktuelle Trend befindet. In Anlehnung an das hier beschriebene hypothetische Phasenmodell ist die Frühphase eines Aufwärtstrends meist von handfester Skepsis geprägt, während der Kurs des Index sich bereits erholt. Die Verlierer sind in dieser Phase diejenigen, die gegen die Bewegung halten. Diese Skepsis verstärkt sich bei weiter steigenden Kursen sogar noch, weil die Verlierer einerseits an die Rückkehr zum vermeintlich »wahren Wert« glauben. Dieser Glaube besteht jedoch nicht aus ökonomischer Überzeugung, sondern verschwindet in dem Moment, wo ein schiefliegendes Engagement zum wahrgenommenen Einstandspreis – dank der Gewöhnung rückt dieser immer mehr vom ursprünglichen Einstandspreis ab und passt sich dem aktuellen Marktpreis immer weiter an – glattgestellt werden kann. Und so verwundert es nicht, wenn sich exakt in diesem Augenblick auch die Stimmung der betroffenen Marktteilnehmer ändert. Jemand, der eine Aufwärtsbewegung verpasst hat, und deswegen »bearish« eingestellt ist, wird mit einem Mal optimistisch, wenn er seine Position ohne (Gesichts-)Verlust drehen kann. Starke Trends zeichnen sich allerdings dadurch aus, dass die Verlierer keine Gelegenheit bekommen, ihre Position verlustfrei glattzustellen: Der Index steigt weiter ohne große Korrekturen, die Stimmung bleibt schlecht. Erst wenn die Kapitulationsphase eintritt, das heißt, die Verkäufer meist hohe Verluste realisieren müssen, schlägt die Stimmung um. Denn jemand, der gerade – egal aus welchem Grund – etwas gekauft hat, wird für die Zukunft seines Produkts wohl kaum skeptisch oder gar negativ eingestellt sein.

In der Spätphase des Trends zeigen Stimmungsbarometer und Aktienkurse also in dieselbe Richtung – und zwar steil nach oben. Nun sollte man mit Trendfolgestrategien, etwa Momentumstrategien – man kauft Aktien bzw. setzt auf Portfolios, die in der jüngsten Vergangenheit gut abgeschnitten haben und verkauft dagegen die Verlierer der letzten Periode – vorsichtig sein. Stattdessen lohnt ein Blick auf die einstigen Verlierer, denn die Hinweise, dass der Markt kurz vor einer Trendumkehr steht, verdichten sich.

***

Stimmungsumfragen sind also ein Spiegel der Positionierung der Marktteilnehmer – ändert sich die Positionierung, ändert sich auch die Stimmung. Am Ende lässt sich die Fragestellung des verhaltensorientierten Analysten eigentlich trivial auf einen Satz reduzieren: Es interessiert nur, wer schiefliegt und zu welchem Preis.

Vorsicht: Nicht jede Stimmungsumfrage ist zielführend: Mittlerweile gibt es zahlreiche Stimmungsumfragen, vornehmlich aus den USA kommend. Da wird etwa die Stimmung von Börsenbriefautoren ermittelt. Manchmal werden Stimmungen auch einfach nur im Internet erhoben – Sentimentumfragen, bei denen jeder mitmachen kann. Auch wenn mancher Prognostiker derartige Umfragen gern zurate zieht, haben sie nur eine begrenzte oder überhaupt keine Aussagekraft. Denn oftmals haben die Befragten keine Position und somit auch keine

Bindung an ihre Entscheidung. Aber wo keine Positionierung und kein Commitment, da auch kein Spiegelbild des Marktes. Überdies sollte ein solches Befragungspanel idealerweise immer aus denselben Teilnehmern bestehen, da man sonst nicht auf die durchschnittlichen Einstandspreise schließen und nicht länger Gewinner und Verlierer identifizieren kann.

Trends

Viele typisch menschliche Verhaltensphänomene gleichen sich nicht gegenseitig aus, sondern summieren sich auf. Trends werden zunächst von Schieflagen genährt, später nur noch von verspäteten Trendfolgern, und können sich im Extremfall bis zu einer Investmentblase auswachsen. In welcher Phase sich ein Trend befindet, darauf geben Stimmungsindikatoren einen Hinweis.

12. Bauchentscheidungen mit Köpfchen

Was nun? Soll man sich auf sein Bauchgefühl verlassen, das streng genommen gar nicht aus dem Bauch heraus kommt, sondern aus dem Kopf in Form von dem auf Emotionen und Erfahrungen basierenden Denksystem 1? Oder soll man bei jeder Entscheidung besser seine vermeintliche Vernunft mittels des Denksystems 2 zurate ziehen? Mal abgesehen davon, dass niemand in seinem Kopf verschiedene Knöpfe hat, mit denen er die beiden Systeme beliebig an- und ausstellen kann, gibt es auf diese Fragen keine eindeutige Antwort. Ohnehin konnten Sie lesen, dass das logische, analytische Denksystem gar nicht alleine arbeiten kann, der Mensch wäre bereits völlig überfordert, müsste er nur mit Messer und Gabel eine Mahlzeit zu sich nehmen.

Einige Ratgeber loben die Fähigkeiten des unbewusst arbeitenden Autopiloten über den grünen Klee und würden ihm am liebsten alles überlassen. Andere Autoren wiederum schlagen vor, bei einfachen Entscheidungen das analytische Denksystem hinzuzuziehen, etwa wenn es um Preisvergleiche bei einfachen Produkten mit wenigen Merkmalen geht. Bei komplexen Entscheidungen hingegen, z. B. beim Autokauf, solle man sich getrost auf das Bauchgefühl verlassen.

In der Realität gerät man mit solch stark vereinfachten Tipps schnell ins Straucheln. Streng genommen müsste man jede Entscheidungssituation vorher unter die Lupe nehmen und sich fragen, welches Ziel man überhaupt erreichen will, bevor man mit Kopf bzw. Bauch ein Urteil fällt. Will man sich wohlfühlen oder will man die ökonomisch beste Entscheidung treffen? Wie Sie mittlerweile wissen, entscheidet man, wenn es um das Thema Glück geht, intuitiv häufig falsch. Hat man Zeit zum Nachdenken oder nicht? Gibt es viele oder wenige Variablen und wie sind sie zu gewichten?

Tatsächlich macht das Bauchgefühl, der menschliche Autopilot, die Intuition oder wie man das Denksystem 1 auch nennen möchte, einen sehr guten Job: Es kommt schnell und einfach zu Bewertungen und Urteilen, die dem optimalen Ergebnis häufig ziemlich nahe kommen. Aber eben nicht immer. Sie konnten in den vorangegangen Kapiteln lesen, wie die beiden Denksysteme funktionieren und welche Haken und Ösen jedes dieser Systeme aufweist. Nach der Lektüre kann man eigentlich nur eines folgern: Egal ob komplexe oder einfache Entscheidung – man kann sich auf seinen Autopiloten verlassen, wenn man ihm an mancher Stelle mittels des bewussten Denksystems diszipliniert Grenzen setzt und Unterstützung leistet. Bauchentscheidungen mit Köpfchen eben!

Worauf Sie in Ihrer Rolle als Anleger, Fußballspieler, Einkaufsbummler, Unternehmer oder Politiker speziell achten sollten, ist in den nächsten Abschnitten noch einmal zusammenfassend aufbereitet – versehen mit wichtigen Beispielen und Tipps.

12.1 Privatanleger und Börsenprofis

Das Gehirn kann dank der findigen Abkürzungen, etwa der beschriebenen Heuristiken (Daumenregeln), blitzschnelle Entscheidungen treffen mit überraschend großer Treffsicherheit: Ein versierter Jongleur kann mehrere Bälle gleichzeitig immer wieder in seinen Händen kreisen lassen, ohne komplexe Flugbahnberechnungen anzustellen. Sein Autopilot, den er dank jahrelanger Übung und Erfahrung »programmiert« hat, lässt ihn sicher im richtigen Moment nach dem nächsten Ball greifen.

Aber was ist mit dem »Finanzmarktjongleur«? Kann er seine Erfahrungen und damit seinen Autopiloten nutzen, um gewinnbringend anzulegen? Leider muss ein Anleger in einem deutlich komplexeren System jonglieren: Unzählige verschiedene Faktoren müssen berücksichtigt werden, noch dazu liegen viele Informationen im Dunkeln. Je mehr auch der Zufall sein Unwesen treibt, desto weniger kann man sich mit seinen Erfahrungen einen Vorteil verschaffen. Bleibt man im Bild des Jongleurs, so greift der Anleger, der sich allein auf seinen Autopiloten verlassen möchte, immer wieder in die Luft und verfehlt den Ball – will heißen: Er verliert Geld, lässt er allein seinen Bauch entscheiden.

12.1.1 Ist der Bauch ein guter Anlageberater?

Als sich das menschliche Gehirn entwickelte, konnte die Evolution natürlich nicht berücksichtigen, dass in der Zukunft einmal hochkomplexe Finanzmärkte geschaffen würden. Was in der Steinzeit sinnvoll gewesen sein mag, hat heute fatale Folgen: Der steinzeitliche Jäger erlitt keinen Nachteil, wenn er wegen eines verdächtigen Raschelns im hohen Gras flüchtete, auch wenn sich die Gefahr im Nachhinein als harmloser Windstoß entpuppte. Verkauft ein Anleger heute jedoch panikartig sein Wertpapier, kann ihn das viel Geld kosten (siehe Kapitel 9.2, »Unser steinzeitliches Erbe«). In der Gegenwart führen menschliche Eigenschaften wie etwa die Verlustaversion und das Streben nach Wohlbefinden regelmäßig zu monetären Misserfolgen.

Ganz ohne seinen Bauch oder seinen Autopiloten wäre der Anleger aber verloren, er wäre mit der Informationsflut völlig überfordert. Um erfolgreich anzulegen, muss man stattdessen seinen Bauch (System 1) mittels des bewussten Denksystems 2 ein wenig disziplinieren. Wie man seinem Bauch die richtigen Grenzen setzt, lesen Sie im Folgenden.

12.1.2 Das Zauberwort heißt Disziplin

Jeder Anleger hat hehre Ziele: Befragt man Privatanleger nach ihren Wünschen, kommen typischerweise solche Antworten: Sicher soll es sein. Man möchte ein Vermögen aufbauen und etwas für die Altersvorsorge tun. Allzu liquide muss das Anlageinstrument nicht sein, dafür hätte man gern stabile Erträge. Dahinter steht vielfach der Wunsch nach einem guten Leben: Man will ein Vermögen anhäufen, um sein langfristiges Wohlbefinden zu sichern.

Wirft man allerdings einen Blick ins Depot, sieht die Realität oft anders aus: Das Depot des sicherheitsbewussten Anlegers entspricht wegen naiver Diversifikation – man verteilt einen Anlagebetrag gern zu gleichen Teilen über sämtliche Investmentalternativen – womöglich gar nicht seinem Risikoprofil und seinen Anlagezielen. Wegen seines Hangs zu deutschen Aktien oder den Aktien des eigenen Arbeitgebers, mit denen er sich besonders wohlfühlt – allerdings nur auf kurze Sicht – hat er sich womöglich ein hohes Klumpenrisiko aufgebaut, mit dem er seine Ziele Vermögensaufbau und langfristiges Wohlbefinden untergräbt. Richtige Risikostreuung sieht anders aus!

Derjenige, dem Liquidität gar nicht so wichtig ist, der stattdessen Kapital für das Alter zurücklegen wollte, handelt womöglich viel zu viel und viel zu kurzfristig. Die Redensart »hin und her macht Taschen leer« wurde wissenschaftlich belegt: Wer zu viel handelt, gerät durch hohe Transaktionskosten schnell ins Hintertreffen. Gewinneraktien, die die eigentlich gewünschten stabilen Erträge bieten, werden dank der Verlustaversion zu schnell verkauft. Denn natürlich fühlt es sich auch gut an, einen kleinen Erfolg für sich verbuchen zu können. Die Verlierertitel jedoch bleiben im Depot zurück. Verluste werden viel zu spät begrenzt, weil ein jeder seine eigene Leidensfähigkeit gerne unterschätzt. Könnten Sie sich vorstellen, Ihrer Aktie einmal zuzuschauen, wie sie 95 Prozent ihres Marktwertes einbüßt? Nein? Aber wann ist Ihnen das zuletzt trotzdem passiert? An diesen wenigen Beispielen wird deutlich: Das Streben nach kurzfristigem Wohlbefinden kostet Geld. Überdies haben menschliche Anleger ein Selbstkontrollproblem, das sich an den Finanzmärkten besonders fatal auswirkt.

Bei der Geldanlage heißt das Zauberwort: Disziplin. Und das gilt für den Einsteiger genauso wie für den Börsenprofi. Selbst Profis sollten sich nicht allein auf ihre Erfahrung und damit auf ihr Bauchgefühl verlassen. Denn obgleich sich viele Investment-Routiniers längst mit den typisch menschlichen Wahrnehmungsverzerrungen auseinandergesetzt haben und sich das vermeintliche Fehlverhalten der anderen zunutze machen wollen, wenden viele dieses Wissen noch nicht bei sich selbst an. Die eigenen Wahrnehmungsverzerrungen und suboptimalen Entscheidungen werden daher häufig nicht korrigiert.

Wenn sich der eigene Bauch bei der Anlageberatung jedoch undiszipliniert verhält, muss jedermann – Laie wie Profi – ihm von vornherein Grenzen setzen.

Stellen Sie einen Plan auf! Überlegen Sie, was Sie mit einem Investment erreichen wollen. Soll es kurz- oder langfristiger Natur sein? Stellen Sie ein gesundes Rendite-Risiko-Verhältnis sicher: etwa von drei zu eins. Wenn Sie sich von einer

Aktie 30 Prozent Kursgewinn versprechen, sollten Sie spätestens nachdem das Papier 10 Prozent gegen Sie gelaufen ist, die Segel streichen und die Verluste begrenzen. Natürlich kann es sein, dass Sie mit Ihrer Analyse häufiger daneben liegen, als Sie recht behalten. Aber wenn Sie Ihre Misserfolge kleinhalten, während Sie Ihre erfolgreichen Strategien laufen lassen, macht ein Gewinn gleich mehrere Fehlentscheidungen wieder wett. Seien Sie ehrlich mit sich selbst: Auch wenn Ihr Autopilot im Kopf Gewinne und Verluste möglichst wohlgefällig anordnet (Kapitel 6.4.3, »Schönreden leicht gemacht«), rechnen Sie einfach einmal nach. Addieren Sie zunächst sämtliche Verluste und zählen Sie nun separat sämtliche Gewinne dieses Jahres zusammen. Waren Sie unter dem Strich erfolgreich? Denn am Ende wollen Sie doch nicht möglichst oft recht haben, sondern Geld verdienen!

Schreiben Sie sich am besten in einer Art Investmenttagebuch auf, was Sie sich vorgenommen haben, denn die Erinnerung spielt einem nur allzu oft einen Streich – insbesondere, wenn es sich um längerfristige Engagements handelt, bei denen man leicht die ursprüngliche Absicht aus den Augen verliert. Überprüfen Sie regelmäßig Ihre schriftlich festgehaltenen Ziele.

Sie können automatische Stopp-Loss-Orders einsetzen. Wird ein zuvor festgelegter Kurs unterschritten, wird sofort ein Verkaufsauftrag ausgeführt. Diese automatischen Verkaufsschwellen verhindern, dass Sie dem stetigen Verfall eines Wertpapiers tatenlos zusehen. Sie entscheiden sich so schon im Vorhinein, welchen Verlustumfang Sie zulassen wollen.[lxii] Da man leicht seine eigene Leidensfähigkeit und seine Fähigkeit, sich an Verluste zu gewöhnen, unterschätzt, nehmen diese automatischen Stopp-Loss-Aufträge Ihnen, wenn Sie einmal in die missliche Situation des Verlierers geraten sind, die Entscheidung zum Glattstellen ab. Diese Orders bergen allerdings die Gefahr, dass Ihre Position einer höchst seltenen Blitzkorrektur (*flash crash*) zum Opfer fallen kann. Wenn die Kurse plötzlich einbrechen, sich aber bereits wenige Minuten später wieder auf das Startniveau erholen, könnte der Stopp-Loss-Auftrag in der Zwischenzeit ausgeführt worden sein, und Sie blieben auf einem Verlust sitzen. Überdies kann Ihre Order während einer solchen Blitzkorrektur womöglich nicht zum

lxii Natürlich gibt es analog für Short-Positionen auch Stopps auf der Kaufseite.

vorher definierten Preis ausgeführt werden, und Sie erleiden einen zusätzlichen ungeplanten Verlust. Nachträgliches Bedauern ist programmiert.

Wer das Risiko, einem Flash Crash zum Opfer zu fallen, nahezu ausschalten will, aber dennoch kurzfristig an den Finanzmärkten aktiv sein möchte, sollte stattdessen an einem bestimmten Tages- oder Wochenzeitpunkt sein Engagement regelmäßig überprüfen: Liegt der Kurs des Wertpapiers unterhalb der selbst gesetzten Stopp-Loss-Marke, wird das Engagement sogleich oder beispielsweise zur Eröffnung des nächsten Handelstages aufgelöst. Diese Methode hat den Vorteil, dass man nicht durch etwaige Marktmanipulationen oder ungünstige Zufallsbewegungen aus dem Markt gedrängt wird.[lxiii] Dasselbe gilt auch für Gewinne: Erst wenn die Kurse die angepeilte Marke erreicht haben, streichen Sie Ihren Profit ein.

Egal, welche Art von Stopp-Loss Sie wählen oder ob Sie nur ein Investmenttagebuch führen: Es ist eine Erinnerung Ihres früheren Ichs, das noch nicht unter dem Commitment des aktuellen Engagements ächzt und sich noch nicht an die derzeitigen Verluste gewöhnt hat. Es klopft Ihnen förmlich auf die Schulter und fordert Sie auf, Ihre Position zu überdenken. Stopp-Loss-Aufträge oder Investmenttagebücher bieten daher die Möglichkeit, tatsächlich aus seinen Fehlern zu lernen.

Halten Sie Ihr Commitment so gering wie möglich: Behalten Sie Ihre Investmententscheidung für sich und geben Sie sie nicht als Tipp an Freunde, Nachbarn oder Kollegen weiter. Jeder Mitwisser erhöht Ihre emotionale Bindung an Ihr Engagement und es fällt umso schwerer, sich selbst eine Fehlentscheidung einzugestehen und seine Position aufzugeben.

Seien Sie Ihr eigener Advocatus Diaboli! Bei einer wichtigen Investmententscheidung, z. B. dem Kauf einer Immobilie, sollten Sie kritisch Ihre Beweggründe hinterfragen: Wie würde Ihre Entscheidung mit einem anderen Referenzpunkt aussehen? Würde sie anders ausfallen, wenn sie Ihnen in einem anderen

lxiii Führen Sie Ihren Auftrag erst am nächsten Tag aus, kann es natürlich sein, dass Sie zu einem noch schlechteren Kurs als geplant handeln müssen (*slippage*). Auf lange Sicht werden diese Verluste jedoch nahezu ausgeglichen, denn der Preis kann sich genauso in der Zwischenzeit zu Ihren Gunsten entwickeln.

Rahmen präsentiert würde? Oder wollen Sie vor allem deswegen kaufen, weil Ihr Nachbar, der sich regelmäßig seiner Investmenterfolge rühmt, Ihnen diesen Anlagetipp gegeben hat? »Super-Tipps« von Bekannten sind nur leider oft keine Goldgrube, sondern lediglich ein Spiegel von deren eigener, längst eingegangener Position.

Versetzen Sie sich doch einmal in die Zukunft und nutzen Sie den Rückschaufehler (Kapitel 4.2.3, »Der Preis des Schubladendenkens«) für sich: Stellen Sie sich vor, Sie hätten das favorisierte Investment vor sechs Monaten getätigt und es hätte Ihnen ein 20-prozentiges Minus eingebracht. Welche Gründe könnten dazu geführt haben? Schlüpfen Sie als potenzieller Käufer einmal in die Rolle des Verkäufers. Oder stellen Sie sich vor, der Anlagetipp käme von einem unliebsamen Kollegen oder Bekannten: Welche Verkaufsargumente bzw. Einwände fallen Ihnen ein? Und favorisieren Sie eine Aktie nur, weil sie gerade im Zentrum des Medieninteresses steht (Verfügbarkeitsheuristik, Kapitel 4.3.2, »Der Fluch der Aktualität«)? – Setzen Sie sich bewusst auch mit den Aspekten des Unternehmens auseinander, die gerade nicht in jeder Zeitung diskutiert werden.

Haben Sie bereits investiert, sollten Sie Ihr Depot und Ihre anderen Vermögenswerte regelmäßig (aber je nach Anlagehorizont nicht zu häufig!) in Augenschein nehmen. Versunkene Kosten sollten keinen Einfluss auf Ihre Entscheidung haben: Halten Sie nur deswegen an Ihrer jüngsten Investmentidee fest, weil Sie bereits so viel Zeit und Geld investiert haben? Beantworten Sie sich folgende Frage: Würden Sie das Wertpapier heute noch einmal kaufen? Wenn Sie diese Frage rundheraus mit Nein beantworten, ist es Zeit, die Notbremse zu ziehen und das verbliebene Kapital anderweitig zu investieren (Kapitel 6.3, »Der Fluch der versunkenen Kosten«).

Handeln Sie nicht zu viel. Kleine Erfolge verleiten dazu, immer mehr und immer schneller zu handeln. Je kompetenter man sich fühlt, desto größer ist auch das Risiko, die eigenen Fähigkeiten überzubewerten (Overconfidence). Forscher konnten belegen, dass exzessives Trading-Verhalten jedoch zu niedrigeren Renditen führt: Wer am häufigsten handelt, erzielt den geringsten Profit (siehe Kapitel 3.3.2, »Nur eine Illusion«).

Behalten Sie die Kosten im Blick: Überrenditen kommen und gehen, die Kosten aber bleiben. Die vergangene Kursentwicklung eines Investmentfonds ist kein Garant für künftige Gewinne. Es kann ein Produkt des Zufalls sein, wenn ein Fondsmanager drei Jahre hintereinander besser abschneidet als der Markt. Jeder Fondsmanager, der versucht, den Markt zu schlagen, möchte sich das (vermeintlich) irrationale Verhalten der anderen Marktteilnehmer zunutze machen, die zu Über- oder Unterbewertung eines Wertpapiers geführt haben. Dabei darf man jedoch nicht aus den Augen verlieren, dass die Investmentprofis selbst auch nur Entscheider aus Fleisch und Blut sind, die gleichfalls Gefahr laufen, intuitive Urteile zu fällen. Behalten Sie daher bei der Fondsauswahl die Gebühren im Auge. Während passive Indexfonds sehr preisgünstig sind, bieten aktiv gemanagte Fonds dagegen die Chance auf eine bessere Streuung bzw. ein geringeres Risiko als der Vergleichsindex.

Schauen Sie nicht zu häufig in Ihr Depot: Viele Anleger schrecken vor Aktien und Co. zurück, weil sie ihnen zu schwankungsanfällig erscheinen. Diese kurzsichtige Verlustaversion verfliegt jedoch, wenn man sich nicht ständig die volatilen Kursbewegungen anschaut. Wer ein langfristiges Anlageziel verfolgt, sollte nicht jeden Tag, sondern allenfalls einmal im Monat oder noch seltener sein Depot und seine Strategie überprüfen (Kapitel 6.4.5).

Rückschläge bleiben leider nicht aus. Besonders wenn Sie diszipliniert handeln, wird es nur allzu oft wehtun, sich eine Fehlentscheidung einzugestehen und sich von einer Position mit Verlust zu trennen. Lassen Sie deshalb jedoch nicht nach in Ihrem disziplinierten Handel – stattdessen können Sie sich darauf verlassen, dass die Gewöhnung die schmerzlichen Verluste schon innerhalb kurzer Zeit vergessen macht (siehe Kapitel 8.2).

Verlieren Sie nie das große Ganze aus den Augen: Für sich genommen mag Ihr jüngster Wertpapier-Kauf eine gute Wahl gewesen sein. Aber stimmt Ihr Depot auch mit Ihrer Risikoneigung überein? Schlummert in Ihrem Portfolio nun ein Klumpenrisiko, weil Sie schon die dritte Solaraktie gekauft haben? Das Thema Risikostreuung wird im nachfolgenden Abschnitt 12.1.3 noch einmal näher beleuchtet.

Besonders für den Finanzmarktanfänger gilt: Kaufen Sie nichts, was Sie nicht verstehen. Denn es birgt die Gefahr, irgendwann schmerzlich erkennen zu müssen, dass wahrgenommene und tatsächliche Risiken weit auseinanderklaffen. Dies führt zu einem unangenehmen Kontrolldefizit, das im ungünstigsten Fall in einer Panikreaktion mit hohen Verlusten endet. Und auch das sollte man bei all den verlockenden Anleiheangeboten mit hohen Zinserträgen, die regelmäßig im Briefkasten landen, nicht vergessen: Es gibt keine Rendite ohne Risiko! Werden Sie misstrauisch bei hohen Renditeversprechen, fragen Sie sich, warum jemand Zinsen deutlich oberhalb des aktuellen Marktzinses bieten kann – oder vielleicht: bieten muss.

Es heißt zwar so eingängig »Selbsterkenntnis ist der erste Weg zu Besserung«, aber so einfach, wie das klingt, ist es in der Praxis leider nicht. Überprüfen Sie Ihre jüngsten Investmententscheidungen auf ihre Tauglichkeit. Beantworten Sie etwa oben stehende Fragen nach versunkenen Kosten etc. Haben Sie Ihr ursprüngliches Ziel beibehalten oder zu früh Gewinne mitgenommen oder schlimmer noch: Verluste zu spät begrenzt? Tatsächlich kann man einige der beschriebenen Verhaltensweisen üben, die dann auch in Fleisch und Blut übergehen, sodass man künftig bessere Entscheidungen treffen kann. Gerade Laien haben noch ein großes Verbesserungspotenzial, weil sich ihnen allein schon durch zusätzliches Finanzwissen eine viel größere Palette an Produkten und Investitionsmöglichkeiten eröffnet. Aber dem Lernen sind Grenzen gesetzt: Da ein Großteil der Entscheidungsprozesse völlig unbewusst abläuft, sind diese oft nur schwer zugänglich und steuerbar. Hier gilt es, Vorkehrungen zu treffen, z. B. mittels der beschriebenen Stopp-Loss-Orders.

Will man allerdings sichergehen, dass sämtliche Selbstkontrolldefizite ausgemerzt sind, bleibt kaum etwas anderes übrig, als das Handeln einem Computer zu überlassen. Dieser spürt keine Verlustaversion, hat kein Bedürfnis nach Wohlbefinden, lässt sich nicht von aktuellen Medienberichten beeinflussen und reagiert nie panisch.

Wer den Markt schlagen möchte, versucht vor allem, die »Fehler« der anderen auszumachen. Über- oder Unterbewertungen lassen sich etwa mit Momentumstrategien ausnutzen (siehe Kapitel 5.7.2). Allerdings darf man dabei nicht vergessen, dass man nicht der Einzige ist, der derlei Strategien anwendet, und dass sie bei Weitem nicht in allen Phasen eines Trends funktionieren. Um eine Marktphase zu bestimmen, bieten sich Sentiment-Indikatoren an (Kapitel 11.4, »Was die Stimmung verrät«).

Disziplin läuft dem eigenen aktuellen, kurzfristigen Wohlbefinden häufig zuwider – dann etwa, wenn man sich konsequent eine Fehlentscheidung eingesteht und Verluste reduziert. Für einen Privatanleger muss das Ziel des disziplinierten Handelns daher sein, dass man sich langfristig mit dem angesammelten Vermögen mehr Wohlbefinden und schöne Erlebnisse ermöglichen kann, als man kurzfristig unangenehme Gefühle durchleben muss. Um die widrigen Momente so kurz wie möglich zu halten, gilt es etwa – wie beschrieben – nicht so häufig sein Depot zu inspizieren oder kein zu hohes Commitment einzugehen, indem man Freunden und Kollegen eben nicht seine jüngste Anlagestrategie weiterempfiehlt.

Das erklärte Ziel eines Investmentprofis, z. B. eines Fondsmanagers, ist freilich nicht so sehr das langfristige Glück seiner Kunden, sondern vor allem Überrenditen zu erreichen und damit seine Kunden zu binden. Doch auch seine Entscheidungen werden vielfach davon bestimmt, kurzfristig unangenehmen Dissonanzen aus dem Weg zu gehen – und nur allzu oft verliert auch er dabei seine langfristigen Ziele aus den Augen. Daher gelten die meisten der hier vorgestellten Tipps nicht nur für den Privat-, sondern auch für den Profianleger.

12.1.3 Die hohe Kunst der Diversifikation

»Lege nicht alle Eier in einen Korb« – das mag banal klingen, ist aber eine wichtige Börsenregel. Sie beruht auf der Portfolio-Selektion des US-Ökonomen und Nobelpreisträgers Harry M. Markowitz aus den 1950er-Jahren.[385] Hat man sein ganzes Kapital lediglich in ein bestimmtes Wertpapier investiert und wird nun ausgerechnet dieses Papier wertlos, verliert man sein gesamtes Vermögen. Hat man jedoch zwei verschiedene Wertpapiere erworben, dann steigt das eine im Idealfall sogar im Kurs, während das andere fällt. Die Risiken verschiedener Anlageinstrumente addieren sich nicht immer, sondern können einander sogar aufheben, sodass das Verlustrisiko durch die Beimischung eines weiteren Wertpapiers deutlich reduziert wird.[lxiv] Diesen Umstand machte sich Markowitz zunutze und entwickelte eine Strategie für das perfekt diversifizierte Portfolio, in dem Wertpapiere kombiniert werden, die untereinander möglichst geringe Abhängigkeiten aufweisen. Die Abhängigkeit zweier Aktien ist z. B. umso stärker, je ähnlicher sich die beiden Unternehmen sind, da ihr Erfolg vielfach von denselben Faktoren beeinflusst wird. Gleichzeitig wandern nach Markowitz nur diejenigen Wertpapierkombinationen ins Depot, die bei gleichem Risiko die höchstmögliche Rendite bzw. bei gleicher Rendite das geringstmögliche Risiko aufweisen. In der Praxis ist die perfekte Diversifikation gemäß der Portfoliotheorie schlichtweg unmöglich: Die Theorie berücksichtigt keine Transaktionskosten und man müsste alle auf der Welt verfügbaren Anlageinstrumente zunächst miteinander kombinieren, um die passenden Investments auszuwählen. Ganz davon zu schweigen, dass die Parameter Rendite, Risiko und Korrelation (Abhängigkeiten der Wertpapiere untereinander) nicht statisch sind, sondern sich ständig verändern können.

Allerdings wäre man in der jüngsten globalen Finanzkrise auch mit einem perfekt diversifizierten Depot nicht vor Verlusten gefeit gewesen, da die Investments durch den hohen Grad der globalen Verflechtungen stärker voneinander abhängig waren. Nach der Krise haben viele Investoren ihr Kapital jedoch zurück ins eigene Land oder in die eigene Währung geholt (Repatriierung). Durch den gleichzeitigen massiven Abbau von gehebelten Engagements (deleveraging: Anleger nutzen weniger Fremdkapital für ihre Investments) und letztlich durch die entstandenen Verluste dürften die Kapital-Verflechtungen und damit die Abhängigkeiten zwischen den einzelnen Anlageklassen und Anlageinstrumenten wieder geringer geworden sein. Der Grundgedanke, breit und zielgerichtet zu streuen, bleibt weiterhin gültig.

---

lxiv Diversifiziert man ein Aktienportfolio nach der Methode von Markowitz, kann nur das sogenannte unsystematische Risiko (unternehmensspezifisches Risiko) eliminiert werden. Das systematische Risiko (Marktrisiko) jedoch trifft alle Dividendentitel gleichermaßen und kann nur durch Hinzumischen anderer Anlageklassen reduziert werden.

In der Praxis kann man bereits mit rund 20 bis 30 zufällig ausgewählten Aktien aus mindestens zwei Branchen eine ordentliche Risikostreuung innerhalb der Anlageklasse Aktien erreichen. Jenseits von 50 ausgewählten Aktien kann jedoch nahezu kein zusätzlicher Diversifikationseffekt erreicht werden[386], aber auch das zieht mancher kritische Wissenschaftler in Zweifel. Ein Blick in viele typische Portfolios zeigt allerdings: In einem typisch deutschen Privatanleger-Depot liegen gerade einmal 5 Aktien verschiedener Unternehmen (Median: 5 Stück, Mittelwert: 7,6 Stück), die häufig einander auch noch zu ähnlich sein dürften. Nur fünf Prozent der heimischen Privatinvestoren kommen auf 20 bis 30 Titel, lediglich drei Prozent der Anleger können 30 und mehr Aktien vorweisen.[387]

Anleger verzichten nicht nur wegen der Komplexität der Diversifikationstheorie auf eine breite Streuung, sondern auch aus nur allzu menschlichen Gründen: Auf der einen Seite investieren sie in Sparbücher, Geldmarktfonds oder Staatsanleihen, um sich gegen den Ernstfall abzusichern. Andererseits halten viele in einem anderen mentalen Konto eine Handvoll Aktien, schlichtweg, um reich zu werden.[388] Aus dem Bauch heraus versuchen die meisten ihr Portfolio auszubalancieren zwischen der Chance auf Reichtum und dem Risiko, arm zu werden. Eines steht nämlich fest: Mit dem im Sinne Markowitz perfekt diversifizierten Portfolio wird man zwar selten arm, aber genauso selten wird man zum Multimillionär. Derlei typisch menschliche Ängste und Wünsche hat Markowitz in seiner Theorie natürlich nicht berücksichtigt.

Dazu kommt: Die meisten Akteure lassen bei der Anlageentscheidung den Zusammenhang zwischen Rendite und Risiko völlig außer Acht – ganz zu schweigen davon, dass menschliche Anleger Risiken ganz anders wahrnehmen als in Markowitz' Modell berechnet – und vergessen das große Ganze (Stichwort Mentale Kontenführung, siehe Kapitel 6.4.) Kauft man die Aktie eines soliden deutschen Versorgungsunternehmens, mag das als Einzelentscheidung zwar sinnvoll sein, aber womöglich holt man sich damit noch mehr Risiko ins Depot, wenn dort schon andere deutsche Versorgeraktien liegen.

Gerne neigen deutsche Anleger dazu, sich hauptsächlich deutsche Dividendentitel ins Depot zu legen, weil sie sich damit besonders kompetent fühlen (siehe

»Exkurs: Zu viel Deutschland im Depot« im Kapitel 3.3). Auf risikominimierende Anlageinstrumente aus anderen Ländern der Welt wird dabei allerdings verzichtet. Ähnliches gilt für die beliebten Belegschaftsaktien. »Da kenne ich mich aus, da weiß ich, was kommt«, mag sich der Angestellte eines Unternehmens sagen. Dass damit aber nicht nur sein Arbeitseinkommen, sondern auch sein Kapitalvermögen von Wohl und Wehe des eigenen Arbeitgebers abhängen, wird oft vergessen.

Eine ordentliche Risikostreuung innerhalb der Anlageklasse Aktien ist bereits mit 20 bis 30 Titeln zu erreichen.[389] Das klingt fast so, als könne man aus dem Bauch heraus mit naiver Diversifikation (Exkurs im Kapitel 5.4) – man verteilt seinen Anlagebetrag gleichmäßig auf mehrere zur Auswahl stehende Investmentalternativen – eine angemessene Streuung erreichen. Das funktioniert aber eben nur dann, wenn die Vorauswahl nicht verzerrt ist. Stattdessen muss man dabei über den deutschen Tellerrand hinausschauen und Aktien mehrerer Branchen auswählen. Dabei ist noch nicht berücksichtigt, dass sich das Risiko im Portfolio durch weitere Anlageklassen (etwa Anleihen, Immobilien, Rohstoffe) zusätzlich reduzieren lässt. Sie sehen: Mit wenigen Einzelpositionen im Depot ist es nicht getan, wenn man gut diversifiziert sein möchte. Angesichts der Kosten, die mit einem breit diversifizierten Portfolio aus Einzelwerten verbunden sind, bieten sich etwa Investmentfonds an, die zahlreiche Einzeltitel abbilden können. Auch hier gilt jedoch: Stellen Sie sicher, dass Sie nicht nur »Deutschland« im Depot haben oder zu stark auf eine einzige Branche oder eine einzige Anlageklasse fokussiert sind.

***

Kann man den Markt schlagen? Ja, man kann, wenn man seine eigenen Disziplin- und Kontrollprobleme in den Griff bekommt und in der Lage ist, die suboptimalen Verhaltensweisen der anderen, die zu Über- oder Unterbewertung eines Wertpapiers führen, zu identifizieren und konsequent auszunutzen. An der Börse werden letztlich nicht Fundamentaldaten gehandelt, sondern die mitunter verzerrten Erwartungen der Marktteilnehmer. Allerdings ist das eine echte Herkulesaufgabe, sowohl seine eigenen Verhaltensmuster zu erkennen und zu verbessern als auch das Handeln der anderen vorauszusehen. Ganz gleich, ob Sie es sich zum Ziel gemacht haben, den Markt zu schlagen, oder nur eine marktnahe Rendite erreichen bzw. lediglich Ihr Vermögen sichern wollen: Nutzen Sie Bauch und Kopf, um nicht nur erfolgreich, sondern auch glücklich mit Ihrer Investition zu sein.

12.2 Einkaufsbummler, Glückssucher, Fußballspieler und Co.

Versuchen Sie, eine bewusst rationale Entscheidung zu treffen! Lassen Sie den Bauch entscheiden! Solche Ratschläge hört und liest man immer wieder. Mancher Ratgeber differenziert sogar: In komplexen Situationen solle man doch eher intuitiv entscheiden, da das bewusste Denksystem ohnehin überfordert sei. Bei einfachen Entscheidungen hingegen könne man bewusst auswählen. Ganz so einfach, wie das klingt, ist es in der Realität nur leider nicht: Niemand verfügt über einen Schaltknopf, mit dem man nach Lust und Laune seine beiden Denksysteme aktivieren und deaktivieren kann.

12.2.1 Vergeblich gesucht: Schaltknopf im Gehirn

Das unbewusste Denken, der Bauch, lässt sich nicht abschalten. Es arbeitet immer und liefert ungefragt Entscheidungen bzw. Entscheidungsgrundlagen. Das bewusste, vernünftige System kann man zumindest leidlich kontrollieren: Wenn man sich Zeit nimmt, sich fokussiert, sich zwingt über etwas nachzudenken, kann man es hinzuschalten. Aber es gibt keinen Schalter, mit dem man es wieder abstellen kann. Wenn Ihnen jemand rät, die Vernunft einmal auszuschalten, funktioniert das so gut, wie wenn man Sie bittet, nicht an einen rosa Elefanten zu denken. Das Denken macht sich einfach selbstständig, genauso wie das Bild des rosa Elefanten, das vor dem inneren Auge erscheint, ohne dass man es verhindern kann. Einige Möglichkeiten der Kontrolle bleiben jedoch: Wenn man dem bewussten System keine Zeit lässt oder schläft, kann es seinen Dienst nicht verrichten.

Immer wieder wurde in den vorhergehenden Kapiteln deutlich: Manchmal macht der Bauch Fehler, häufig liefert er aber auch in kürzester Zeit brauchbare Ergebnisse. In einigen Situationen sind die intuitiven Urteile sogar besser, als wenn man noch stundenlang darüber nachsinnt. Demnach kann man sich eine Entscheidung auch schlechtdenken. Allerdings sind diese Forschungsergebnisse in der Fachwelt sehr umstritten.

Der Sozialpsychologe Ap Dijksterhuis und seine Kollegen konnten nachweisen, dass potenzielle Autokäufer, denen man eine Vielzahl von Attributen mehrerer Autos vorstellt, sich mit größerer Wahrscheinlichkeit für den objektiv besseren Wagen entscheiden, wenn man sie nach dieser Informationsphase ablenkt. In der Zwischenzeit könne das unbewusste Denksystem eine Entscheidung treffen, ohne dass das Bewusstsein »stört«.[390] Einige andere Wissenschaftler zweifeln diese Erkenntnisse jedoch an, denn sie konnten seine Ergebnisse bei Weitem nicht in vollem Umfang reproduzieren. Stattdessen vermuten sie, dass die Entscheider ihr Urteil bereits während der Informationsphase fällen und lediglich nach dem kleinen Ablenkungsmanöver wiederholen.[391] Auch diesen Forschern fiel allerdings auf, dass die Urteile unter bestimmten Bedingungen oft schlechter ausfielen, wenn die potenziellen Autokäufer zu viel über die verschiedenen Attribute nachdachten.

Schwierig: Wenn man die Versuchsanordnung bei diesen Befragungen nur ein klein wenig verändert, kommt man bereits zu völlig unterschiedlichen Ergebnissen, etwa wenn man die Informationen zu einem Auto en bloc präsentiert oder die einzelnen Attribute in zufälliger Reihenfolge weitergibt. Die alltäglichen Entscheidungen sind zu vielfältig, als dass man sie einfach so in ein Laborexperiment pressen könnte. Am Ende bleibt von derlei Experimenten übrig: Wenn sich ein klarer erster Eindruck herauskristallisiert (der vermutlich bereits eine Mischung aus bewussten und unbewussten Denkvorgängen ist), nachdem man alle wichtigen Informationen erhalten hat (!), kann man sich meist ziemlich gut darauf verlassen. Weiteres bewusstes Nachdenken und der Versuch, sein Gefühl zu verbalisieren, verschlechtern das Urteil nur noch. Doch wenn man eben keinen ersten Eindruck entwickelt hat, sollte man ruhig noch ein wenig länger darüber nachdenken.[392]

Wenn der Bauch ständig im Denkbetrieb ist, bleibt also lediglich zu lernen, wann man ihm freien Lauf lässt und wann man sein Urteil hingegen bewusst überprüfen und im Zweifel korrigieren muss. An einigen wenigen weiteren Beispielen soll hier deutlich werden, wie man Bauchentscheidungen mit Köpfchen trifft.

12.2.2 Wenn der Bauch einkaufen geht

Der Bauch schert sich nicht um Ihr Budget. Er weiß nicht, wie viel Geld Sie ausgeben möchten oder wie viel in diesem Monat noch übrig ist. Ausprobieren kostet nichts? Falsch! Wenn Sie in den sündhaft teuren Schuh schlüpfen, das schöne Kleid anprobieren oder den sportlichen Flitzer Probe fahren, laufen Sie Gefahr, das gute Stück mental in Besitz zu nehmen. Müssen Sie es danach hergeben, fühlt es sich an wie ein schmerzhafter, mentaler Verlust. Und nur allzu oft überstrapaziert man am Ende doch sein Budget und kauft z. B. den anprobierten Schuh, den man gar nicht zwingend benötigt, da man dieses Verlustgefühl – wortwörtlich: um jeden Preis – vermeiden möchte (Besitztumseffekt, Kapitel 6.2). Daher gilt: Wenn Sie genau wissen, dass das ersehnte Gut im Moment nicht erschwinglich oder nicht nötig ist, führen Sie sich gar nicht erst in Versuchung. Lassen Sie den Schuh im Regal stehen; suchen Sie am besten gleich ein günstigeres Schuhgeschäft.

Auch das passiert immer wieder: Man steht im Laden mit dem festen Plan, ein bestimmtes Gut zu kaufen. Schnell hat man das favorisierte Bild, das Lieblingskleidungsstück oder die schönste Aktentasche auserkoren, doch dann wird man doch wieder unschlüssig, lässt sich vom Verkäufer beeinflussen und geht entnervt und unverrichteter Dinge nach Hause, nimmt mehrere Sachen zur Ansicht mit oder schlimmer noch: hat viel zu viel gekauft, obwohl man es gar nicht benötigt.

Auch Entscheiden will gelernt und geübt sein. Entscheiden, genauso wie grundlegende Fähigkeiten, z. B. Sprechen oder Lesen, trainiert der Mensch jeden Tag seines Lebens. Doch während Sprechen, Lesen und Ähnliches im Kindergarten, in der Schule oder auch später noch mit speziellen Trainings korrigiert und verbessert werden, ist man beim Entscheiden zumeist auf sich allein gestellt. Man wird gar noch von findigen Marketing-Strategen, Verkäufern und Beratern umgarnt, die das Verkaufen wiederum trainiert oder studiert haben. Sie wollen vor allem eines: dass Sie kaufen und konsumieren, nicht aber, dass Sie die für Sie beste Entscheidung treffen.

Seien Sie Ihr eigener Lehrer: Beobachten Sie, bei welchen Entscheidungen Sie typischerweise scheitern, zu viel kaufen oder Ihren Kauf hinterher bereuen. Oftmals sind sich das bewusste und das unbewusste Denksystem dann in die Quere gekommen und Sie wussten einfach nicht, welchem der beiden Urteile Sie vertrauen sollten: dem intuitiven oder dem völlig bewusst getroffenen Urteil. Auch beim Entscheiden heißt es: Diszipliniert üben, üben, üben.

Hier ein Beispiel: Schon mehrfach haben Sie bei einem Versandhandel eifrig und viel zu viel bestellt, wohl wissend, dass Sie einen Teil der Sachen ja eigentlich wieder zurückschicken können. Doch als die Sachen erst einmal alle angekommen waren und auch noch gefallen haben, konnten Sie sich nicht mehr davon trennen – der Besitztumseffekt hatte längst eingesetzt. Nun schmökern Sie wieder im Katalog oder auf den Internetseiten des Versandhändlers. Stopp! Stellen Sie sich die Frage: Wie viele Pullover wollen Sie wirklich kaufen? Wie viele benötigen Sie? Am besten schreiben Sie die Zahl tatsächlich auf. Bestenfalls bestellen Sie auch nur die geplanten zwei Pullover, doch wenn Sie sich dennoch eine Auswahl zuschicken lassen wollen, nehmen Sie Ihre Notizen bei der späteren Anprobe wieder zur Hand. So haben Sie Ihren ursprünglichen Plan wieder vor Augen, ohne dass Ihnen die Erinnerung einen Streich spielt.

Und kennen Sie das? Sie stehen im Laden, überfordert mit der Auswahl, können sich nicht entscheiden und gehen unverrichteter Dinge wieder nach Hause, besuchen bei nächster Gelegenheit ein zweites und ein drittes Geschäft und sind dennoch genauso verwirrt wie zuvor – auch die Beratung der jeweiligen Fachverkäufer bringt Sie kaum weiter. Was tun?

Spielen Sie es einmal gedanklich an einem konkreten Beispiel durch: Sie wollen eine neue Matratze erstehen. Im ersten Laden legen Sie sich ohne große Vorkenntnisse auf die erstbeste Schlafunterlage und fühlen sich sogleich wie im

Himmel. Ihr Bauch hat schon entschieden. Doch sogleich meldet sich die Stimme der Vernunft: Wirklich? Die soll es sein? Was, wenn es bessere, günstigere Alternativen gibt? Spätestens nach der dreißigsten Probe gelegenen Matratze, nach unzähligen Beratungsgesprächen, Preisvergleichen und gelesenen Testberichten im Internet dürften Sie vollends verwirrt sein. Das bewusste Denken ist völlig überfordert mit der Informationsfülle und der Auswahl.

Dass das bewusste, vermeintlich rationale Denksystem schnell überfordert ist, haben Wissenschaftler anhand eines Konfitüren-Tests belegt: Sie luden Studenten zur Geschmacksprobe. Die eine Gruppe wurde lediglich gefragt, welche Erdbeermarmelade im Test sie am liebsten mochten. Sie entschieden sich spontan und interessanterweise spiegelten die Vorlieben der Studenten ziemlich genau die Bewertung einer professionellen Jury wider, die die Konfitüren zuvor auf 16 verschiedene Eigenschaften wie Süße und Streichfähigkeit geprüft hatten. Eine zweite Gruppe Studenten wurde gleichfalls zum Geschmackstest gebeten, allerdings sollten sie begründen, warum sie eine Marke lieber mochten als eine andere. Das Ergebnis hatte nichts mehr mit der Bestenliste der Experten zu tun. Stattdessen schnitt bei diesen Studenten die schlechteste Konfitüre besser ab als der Favorit der professionellen Geschmackstester.[393] Verließen sie sich auf den ersten Eindruck, waren die Studenten Geschmacksprofis, doch bemühten sie ihren Verstand, war ihr Urteil beklagenswert. Denn das bewusste Denksystem mühte sich mit Eigenschaften wie der Streichfähigkeit ab, die aber für das Frühstücksvergnügen nur eine untergeordnete Rolle spielen.

Allerdings: Hat man bei der Marmelade intuitiv danebengegriffen, lässt sich schnell Abhilfe schaffen und eine neue kaufen. Doch beim Kauf einer kostspieligen Matratze lässt sich ein Fehler nicht so leicht korrigieren. Man wird in den Folgejahren Tausende Stunden auf ihr verbringen. Sich zu informieren, welches Matratzenmaterial für Ihre jeweiligen Schlafgewohnheiten sinnvoll ist, ist daher unerlässlich. Auch hier muss man Kopf und Bauch wieder gemeinsam arbeiten lassen: Man sollte sich zunächst über die eigenen Ansprüche klar werden und zwar bevor man sich auf die erste Matratze zur Probe legt – und nicht umgekehrt. Informieren Sie sich vorher, wählen Sie ein Geschäft mit einer breiten Auswahl und tragen Sie dem Verkäufer Ihre konkreten Wünsche und Vorstellungen vor. Lassen Sie sich anschließend zu einer begrenzten Anzahl von Matratzen führen. Und wenn sich eine davon anfühlt, als wären Sie auf Wolken gebettet, dann kaufen Sie das gute Stück!

Zu viel Auswahl ist oft zu viel des Guten: Wenn man die Qual der Wahl hat und sich mit Informationen überfrachtet fühlt, greifen viele Konsumenten häufig zu Standard-Paketen oder gar zu Pauschaltarifen (Flatrates). In der Hoffnung, so wenig wie möglich falsch zu machen (siehe auch Kapitel 3.2.2, »Die Angst vor der Reue«). Allerdings bezahlt man am Ende oftmals zu viel Geld für Funktionen oder Dienstleistungen, die man gar nicht benötigt und nutzt. Auch hier empfiehlt es sich, schon vor dem Gang ins Geschäft seine Vorlieben und sein Budget festzulegen. Nur dann führt eine größere Auswahl auch zu besseren Ergebnissen (Kapitel 3.3.5, »Die Qual der Wahl«).

Geht es um Fragen des persönlichen Geschmacks, kommt man mit Logik nicht sonderlich weit. Gerade beim Kauf von reinen Genussobjekten, etwa einem neuen Dekorationsgegenstand oder einem neuen Roman, ist der Bauch der beste Ratgeber. Sobald man anfängt Vor- und Nachteile abzuwägen, bringt man sich schnell in eine missliche Lage, denn man fokussiert sich auf Eigenschaften etwa eines Kunstgegenstandes, die zwar leicht zu verbalisieren sind, aber für die erste impulsive Bewertung gar keine Rolle gespielt haben. Für die schönen Künste gilt, was auch schon am Beispiel des Marmeladen-Tests deutlich wurde: Ist man Laie, sollte man sich auf die erste Eingebung verlassen. Der Verstand ist ein viel größerer Kunstbanause als der Bauch. Das zeigt sich auch daran, dass die Spontankäufer später viel zufriedener mit dem neuen Bild oder der neuen Skulptur sind als die Käufer, die ihre Auswahl wohl überdacht haben.[394] Wenn es in Ihr Budget passt, seien Sie spontan und greifen Sie zu, ohne Ihrem bewussten Denken Zeit zum Widerruf zu geben.

Setzen Sie sich und ihm ein Preislimit, denn der Bauch wird gern ein bisschen übermütig. Etwa, wenn man an einer der beliebten Internetauktionen teilnimmt – auch hier hat man das gewünschte Gut schnell mental in Besitz genommen und ertappt sich nicht selten dabei, wie man am Ende einen deutlich höheren Preis akzeptiert als ursprünglich geplant. Setzen Sie sich zu Beginn der Versteigerung eine Obergrenze für Ihr eigenes Gebot – und bleiben Sie dabei!

Gleiches gilt auch für Shopping-Touren in der realen Welt. Im Elektrofachgeschäft mag der Bauch schnell signalisieren: 3-D-Technik wäre doch genial. Und Sie können sich schon lebhaft vorstellen, wie die Nachbarn staunen werden, wenn in Ihrem Wohnzimmer bald ein Fernseher mit überdimensionaler Bildschirmgröße steht. Hier lohnt es, sich einmal bewusst zu machen: »Will ich wirklich eine 3-D-Brille aufsetzen müssen? Wie häufig würde ich diese Technik überhaupt nutzen? Und brauche ich wirklich so einen großen Bildschirm?« Hinzu kommt: Der Verkäufer wird Ihnen vermutlich erst einmal den teuersten Fernseher im Laden oder die hochpreisige Kaffeemaschine vorführen, sodass Ihnen sämtliche Geräte, die er Ihnen im Anschluss zeigt, ziemlich günstig erscheinen – der Verkäufer nutzt dabei die relative Bewertung (Kapitel 5.3.2) und die Verankerungsheuristik (Kapitel 4.3.3) zu seinen Gunsten. Diese Anker zu lichten, ist schwer, denn man merkt gar nicht, dass sich ein Preis im Kopf festgesetzt hat. Sie können aber einen eigenen Anker werfen: Schauen Sie sich vor der Beratung im Laden oder auch im Internet an, wie viel ein günstiger Fernseher kostet. Und auch hier gilt wieder: Legen Sie im Vorfeld ein Budget fest. Und solange dieser Betrag noch nicht überschritten ist, können Sie sich gerne vom Verkäufer auch noch mit einigen Extras locken lassen.

Das Budget lässt sich übrigens viel leichter einhalten, wenn Sie Ihre Kreditkarte zu Hause lassen und lediglich mit Bargeld bezahlen. Dazu kommt: Wenn man mit Bargeld zahlt, wird die innere Abneigung gegen das Geldausgeben größer – Sie agieren automatisch disziplinierter, wenn Sie mit ansehen müssen, wie Ihnen Ihr Geld buchstäblich durch die Finger rinnt. Wenn Sie dennoch Gefahr laufen, einem Kaufrausch zu erliegen – der Nucleus accumbens ist in diesem Fall aktiv – gönnen Sie sich eine Pause: Verlassen Sie das Geschäft und denken Sie zehn Minuten später noch einmal über Ihre Kaufabsichten nach. Dann werden Sie zumindest nicht mehr so stark durch die verkaufsfördernden Maßnahmen im Laden beeinflusst (Kapitel 10, »Dem Entscheider in den Kopf geschaut«).

Und am Ende noch ein – eigentlich altbekannter – Tipp für den Gang zum Supermarkt: Gehen Sie nicht mit leerem Magen einkaufen. Denn im hungrigen Zustand überschätzt man leicht, wie viele Lebensmittel man für das Wochenende benötigt.

Kaufentscheidungen sind vielfältig und von unterschiedlicher Komplexität. Pauschale Tipps wie »Entscheiden Sie rein intuitiv« oder »Benutzen Sie Ihren Verstand« helfen oft nicht weiter. Die meisten Entscheidungen sind eine Mischung aus Kopf- und Bauchentscheidung. Es gilt, sich selbst unter die Lupe zu nehmen, um die jeweils richtige Balance zwischen Bauch und Kopf herauszufinden.

12.2.3. Glücklich entschieden!

Wer sich oder anderen mit seinem Geld ein Maximum an Glücksgefühlen »erkaufen« möchte, darf die menschliche Fähigkeit, sich an fast alles zu gewöhnen, nicht unterschätzen. Überhäuft man die Ehefrau zum Hochzeitstag mit teurem Schmuck, wird sie sich schon bald daran gewöhnt haben. Um der Adaption entgegenzuwirken, sollte man vielmehr verschiedene Gelegenheiten nutzen, um den Partner mal mit großen, mal kleinen Aufmerksamkeiten zu überraschen. Dasselbe gilt für das eigene Hochgefühl: Die Freude über einen Kaufrausch verfliegt schnell. Gönnen Sie sich hin und wieder etwas, statt alles auf einmal, egal ob es sich um monetäre oder nicht monetäre Wünsche handelt. Gehen Sie neue Wege, machen Sie neue Erfahrungen!

Die Kunst liegt darin, für Abwechslung und Spannung zu sorgen, aber auch an der rechten Stelle einmal eine Pause einzulegen. Halten Sie doch einmal bewusst inne, wenn Sie gerade etwas Schönes erleben. Damit unterbrechen Sie den Adaptionsprozess und können die Massage oder den spannenden Film wieder in vollen Zügen genießen, sobald Sie erneut starten (8.3.3, »Auch Glück ist relativ – aber nicht immer«).

Grämen Sie sich nicht, dass so viele schöne Erfahrungen im Leben endlich sind: Es ist die Endlichkeit selbst, die dafür sorgt, dass Sie etwas in bester Erinnerung behalten. Eine Urlaubsreise, ein Konzert oder ein toller Abend mit Freunden und Familie endet, lange bevor man sich daran gewöhnt hat. Könnten Sie sich noch daran erinnern und in den stressigen Stunden des Arbeitslebens von diesen Erlebnissen zehren, wenn Sie all diese Erfahrungen längst als gewöhnlichen Alltag abtun würden? Sicher nicht. Um diesen Effekt noch zu verstärken, lohnt es sich, den Abschluss einer tollen Erfahrung noch mit einem besonderen Höhepunkt zu krönen. Planen Sie das Highlight Ihrer Reise am Ende ein, sorgen Sie für einen glänzenden Schlusspunkt auf der Party – umso lieber werden Sie im Nachhinein daran zurückdenken (Peak-End-Effekt, siehe Kapitel 8.4).

Wer will das nicht? Nicht nur das kleine, sondern auch das große Glück! Auch wenn es gern in Vergessenheit gerät, auch wenn man nur allzu oft in das menschliche Hamsterrad einsteigt, um mit anderen in den Wettbewerb um das schnellste Auto, das tollste Haus und die schönsten Kleider zu treten. Wissenschaftler konnten zwar nachweisen, dass auch Geld zur langfristigen Lebenszufriedenheit beiträgt, aber eben nur in begrenztem Rahmen. Auf den inneren Wert kommt es viel mehr an: Die zufriedensten Menschen stehen – wissenschaftlich erwiesen – in ständiger Interaktion mit Freunden und Familie. Sie haben eine Aufgabe, die sie als sinnstiftend empfinden, und sorgen für einen gesunden Geist und einen gesunden Körper (8.3.3, »Auch Glück ist relativ – aber nicht immer«).

12.2.4 Noch mehr erfolgreiche Entscheidungen

Der Sportler und sein Autopilot

Jeder Sportler kennt das Hochgefühl, wenn er gerade ein Tor geschossen hat, wenn beim Hochsprung die Latte liegen bleibt und er damit den Turniersieg erringt, wenn er den Berggipfel erklommen hat oder der perfekte Schlag beim Golf gelingt.

Ein versierter Fußballspieler etwa, wie jeder erfahrene Sportler, verlässt sich auf seinen Autopiloten: Er berechnet nicht erst die Flugbahn des Balls mit einer komplizierten Formel, er wendet einfach unbewusst seine vielfach trainierte Technik an und schießt. Je mehr er bestimmte Spielzüge und Schüsse übt, desto präziser wird seine intuitive Einschätzung. Desto besser sein Spiel. Der Autopilot, der auf den eigenen Erfahrungsschatz zurückgreift, wird also mit jedem weiteren Training der Bewegungsabläufe treffsicherer. Damit das in Fleisch und Blut übergeht, müssen der Fußballer, der Hochspringer und der Golfer jeden Schritt unzählige Male geübt haben.

Ein Anfänger jedoch hat seinen Autopiloten noch nicht ausreichend trainiert. Er tut besser daran, sich vor dem Elfmeterschuss zu konzentrieren und sämtliche Bewegungsabläufe im Kopf noch einmal durchzugehen.

Der Diätwillige und sein innerer Schweinehund

Vielfach wurde in diesem Buch aufgezeigt, dass der Mensch immer wieder mit Problemen bei der Selbstkontrolle zu kämpfen hat. Der Klassiker: Man hat sich fest vorgenommen, seinen Diätplan endlich einzuhalten, um sich und seinem Körper langfristig etwas Gutes zu tun, und doch lässt man sich immer wieder dazu verlocken, abends eine Tüte Gummibärchen zu naschen oder auf dem Geburtstag eines Freundes immer wieder in die Schüssel mit Chips zu greifen. Sicherlich kann man mit Behavioral Economics keinen Ernährungsplan erstellen, aber man kann die Rahmenbedingungen verbessern, damit das Vorhaben gelingt. Wer für Zeugen sorgt, erhöht sein Commitment: Hat man Freunde und Familie in den Plan, abzunehmen, eingeweiht, fällt es deutlich schwerer, in gemeinsamer Runde noch nach den Naschereien am Tisch zu greifen. Dank des eingeweihten Publikums fühlen Sie sich stärker an Ihren Entschluss gebunden. Und wer sich und seinen inneren Schweinehund, der einen immer wieder in Versuchung führen möchte, kennt, kauft im Supermarkt erst gar nicht die günstige Großpackung der favorisierten Süßigkeit, sondern legt sich zu Hause lediglich einen kleinen Vorrat an (Kapitel 8, »Auch die Zeit legt uns Stolpersteine in den Weg«).

Der Neustarter und sein Selbstvertrauen

Jeder potenzielle Firmenneugründer ist natürlich von seiner Idee überzeugt. Eine Portion Selbstvertrauen ist gleichwohl notwendig, aber hüten Sie sich vor zu viel Vertrauen in die eigenen Fähigkeiten (Overconfidence)! Möchten Sie ein neues Produkt auf den Markt bringen, eine Existenzgründung wagen und glauben felsenfest an Ihren Erfolg? Nehmen Sie einmal an, es wäre ein Jahr später und Ihr Geschäft schreibt rote Zahlen, Ihr Produkt will niemand kaufen. Nun stellen Sie sich die Frage, welche Umstände zu diesen Ergebnissen geführt haben könnten (nutzen Sie den Rückschaufehler für sich, siehe Kapitel 4.2.3). Aus diesem Blickwinkel lässt sich ein Vorhaben realistischer und objektiver beleuchten und mögliche Hürden von vornherein aus dem Weg räumen. Wer sich selbstständig machen möchte, sollte sich Informationen über vergleichbare Unternehmen in der Region einholen. Wie viele dieser Unternehmen haben überlebt, warum sind andere gescheitert? Arbeiten Sie diese Statistiken in Ihr Vorhaben mit ein. Lassen Sie Zweifel zu: Warum könnten Sie gleichfalls scheitern? Auf diese Weise können Sie sich bestens vorbereiten, damit Ihre Idee tatsächlich ein Erfolg wird.

Genau wie für den Finanzmarktinvestor gilt auch hier: Seien Sie Ihr eigener Kritiker! Fragen Sie sich, wie Ihre Entscheidungen unter anderen Referenzpunkten oder in einem anderen Rahmen aussehen würden. Und lassen Sie nicht zu, dass versunkene Kosten Ihre Entscheidung beeinflussen.

12.3 Politik

Wäre der Mensch ein Homo oeconomicus, könnte sich der Staat getrost zurücklehnen, denn die Bürger wären zu jedem Zeitpunkt in der Lage, die für sie besten Entscheidungen zu treffen und zu verfolgen. Es wäre kein Verbraucherschutz notwendig, Kleinanleger würden nicht immer wieder windigen Spekulationsangeboten zum Opfer fallen – diese Liste könnte man beliebig fortführen. Die Realität sieht anders aus: Häufig weiß der Mensch nicht, was gut für ihn ist. Und selbst wenn er es weiß, ist er oft nicht diszipliniert genug, um das vermeintlich richtige Ziel zu verfolgen und entscheidet sich kurzfristig doch für etwas anderes. Seine Präferenzen sind inkonsistent, sodass viele schon morgen bereuen, wofür sie sich heute entschieden haben: etwa der Diätwillige, der am Abend unvorhergesehen eine Tüte Chips verputzt, oder der Sparer, der sich verlocken lässt, einen neuen Fernseher zu kaufen, dessen teure Technik schon in kürzester Zeit veraltet sein wird, während auf seinem Sparkonto eine immer größer werdende Lücke klafft. Leider ist jedoch die Politik bislang oft derart gestaltet, als ob die Bürger immer wüssten, was das Richtige ist, und Meister der Selbstkontrolle wären.

12.3.1 Ein Schubs in die richtige Richtung

Der Schluss liegt nahe, dass die Politik dort einspringt, wo der Bürger selbst zu schwach ist, ohne dabei allerdings wichtige Grundpfeiler unserer Gesellschaft, wie den individuellen Willen und die Wahlfreiheit, abzusägen. Der Staat darf seinen Bürgern nicht sämtliche Entscheidungen aus der Hand nehmen. Das ist nicht nur gefährlich, sondern auch unbeliebt. Der Ökonom Richard Thaler und der Jurist Cass Sunstein plädieren in ihrem Buch »Nudge« dafür, dass die Politik den Bürgern lediglich einen Schubs (*nudge*) in die richtige Richtung gibt, damit sie bessere Entscheidungen zu ihrem eigenen Besten treffen. Statt mit Sanktionen zu drohen, Verbote auszusprechen oder Vorschriften zu machen, sollen Politiker die Entscheidungssituation lediglich so verändern, dass das Handeln der Bürger in die richtige Richtung gelenkt wird. Die Freiheit jedes Einzelnen bleibt erhalten, bewusst eine andere Entscheidung zu treffen. Diesen »Schubs« nennen Thaler und Sunstein »liberalen Paternalismus«[395], also eine liberale Bevormundung.

Will man die Bevölkerung etwa vom Alkoholkonsum abhalten und weiß um die Selbstkontrolldefizite seiner Bürger, würde ein traditioneller Paternalist, der seine Mitmenschen einfach nur bevormunden will, Alkohol schlichtweg verbieten. Der liberale Paternalist hingegen würde etwa die Spirituosen in die dunkelsten Ecken der Supermärkte verbannen und so Impulskäufe einschränken. Doch gut gemeint ist nicht immer gleich gut gemacht: Denn wie sieht denn die richtige Entscheidung aus? Auch das von den Politikern gewählte Entscheidungsdesign kann möglicherweise nicht optimal sein. Schließlich stecken dahinter auch nur Menschen mit Schwächen und Fehlern, die zudem noch über die Vorlieben und Kontrollprobleme fremder Menschen urteilen müssen. Kritiker bemängeln überdies, dass die Bürger durch das Nudge-Konzept einen Teil ihrer Selbstständigkeit aufgeben müssten und Minderheiten durch das Konzept benachteiligt würden.[396]

Ist der liberale Paternalismus also noch zu retten? Politiker dürfen sich nicht an Zeitgeist-Phänomenen oder Trends orientieren, sondern daran, welche Ziele das Gros der Bürger selbst erreichen möchte, z. B. weniger Alkohol trinken, weniger rauchen, gesünder leben, Organe spenden, für die Altersvorsorge sparen.

Natürlich könnte man versuchen, selbst die Machete in die Hand zu nehmen und sich einen Weg durch den alltäglichen Entscheidungsdschungel zu bahnen. Den eigenen Selbstkontrolldefiziten kann man begegnen, indem man beispielsweise im Vorhinein Verträge abschließt, um künftig besser für das Alter vorzusorgen, oder Vereinbarungen mit Freunden und Familie eingeht, um endlich eine erfolgreiche Diät zu machen oder mit dem Rauchen aufzuhören. Doch viele werden sich trotz aller Vorsichtsmaßnahmen verlaufen. Nicht nur, weil sie an ihrer eigenen Selbstkontrolle scheitern, sondern weil sie an jeder Ecke hin und her geschubst werden – die Selbstständigkeit aller wird längst untergraben.

Viele Entscheidungsdesigns sind historisch gewachsen, etwa wenn es um die Zustimmung zur Organspende geht – in anderen Ländern wird die Organspende längst anders gelöst als in Deutschland. Und glauben Sie wirklich, dass die Produkte im Supermarkt rein zufällig angeordnet sind? Längst nutzen findige Marketingstrategen die Erkenntnisse der Verhaltenswissenschaften, um das Kaufverhalten der Konsumenten zu steuern und sie in Richtung der margenträchtigen Produkte zu schubsen. Dabei haben sie freilich weniger das Wohlergehen der Kundschaft, sondern vor allem den Profit ihres Unternehmens im Sinn. Wohlwissend um die nur allzu menschlichen Selbstkontrolldefizite und die Nachteile des liberalen Paternalismus: Was ist Ihnen lieber? Wer soll Ihnen eine Schneise durch den täglichen Entscheidungsdschungel bahnen, die Marketingprofis der Unternehmen oder die Politik?

Das Nudge-Konzept arbeitet mit diversen Kniffen, die auf den Erkenntnissen der Verhaltenswissenschaften basieren. Um Entscheidungssituationen zum Wohle der Bürger umzugestalten, werden Anreize neu gesetzt (siehe Kapitel 7, »Nicht immer war die Schlange schuld«), die Bürger dabei unterstützt, Vorabvereinbarungen einzugehen, etwa um ihnen Hilfestellungen bei der Altersvorsorge zu geben, oder voreingestellte Handlungs- und Wahloptionen verändert.

Gleichzeitig muss man den Bürgern Schutz vor denjenigen bieten, die die menschlichen Schwächen für sich gewinnbringend ausnutzen wollen. Damit die Verbraucher, besonders die Kinder, nicht am laufenden Band von der Konsumgüterindustrie »geschubst« werden, lohnt auch der Gedanke, materialistische Werbung zu limitieren: Bei dem ständigen Vergleich mit den Reichen und Schönen kann Otto Normalverbraucher nur schlechter abschneiden – besonders für Kinder und Jugendliche kann das sehr belastend sein, während sie gleichzeitig sehr anfällig für verlockende Werbebotschaften sind. In Schweden etwa wurde daher Werbung, die auf Kinder unterhalb von zwölf Jahren abzielt, verboten.

Im den nächsten beiden Abschnitten werden exemplarisch einige Themenbereiche angesprochen, bei denen die Politik den Bürgern einen kleinen Schubs in die richtige Richtung geben kann.

12.3.2 Aus alt mach neu

Indem die althergebrachten Strukturen verändert werden, lassen sich Entscheidungssituationen schaffen, die die »richtige« Entscheidung erleichtern. In mehreren Kapiteln (z. B. Kapitel 6.2 – hier ging es um den Besitztumseffekt – oder 3.2.2, »Die Angst vor der Reue«) wurde deutlich: Der Mensch hält gern am Status quo fest; auf Neuerungen lässt er sich nur ungern ein. Dass Konsumenten dazu neigen, sich für den Standard zu entscheiden, wird von Marketing-Strategen weidlich ausgenutzt: Beim Autokauf oder Versicherungsabschluss wird ein Kunde häufig zum Standardpaket greifen, das natürlich im Vorfeld großzügig (und teuer) ausgestattet wurde.

Entscheidet sich die Regierung eines Landes, diese typische Verhaltensweise im Sinne der Bürger zu nutzen, lassen sich beachtliche Veränderungen erreichen. Nicht um die Bevölkerung zu manipulieren, sondern um Entscheidungen zum Wohl aller zu begünstigen, ohne die Wahlfreiheit des Einzelnen einzuschränken. Erfolge konnten einige Länder etwa damit erzielen, dass man zur Organspende nicht mehr ausdrücklich und schriftlich zustimmen muss. In Deutschland, wo bislang noch letztere Variante (Zustimmungslösung) praktiziert wird, sind Umfragen zufolge mehr als 70 Prozent aller Bundesbürger zu einer Spende bereit, aber nur jeder Vierte hat seine Einwilligung auch aktiv in einem entsprechenden Spenderausweis dokumentiert.[397] In anderen Ländern hat man mit einem einfachen psychologischen Kniff hingegen sensationelle Organspendequoten erreicht, indem man den Spieß einfach umgedreht hat: Jeder

Bürger ist grundsätzlich Organspender, es sei denn, er widerspricht ausdrücklich – die Widerspruchslösung. Wer aus tiefer moralischer oder religiöser Überzeugung seine Organe nach dem Tod nicht zur Verfügung stellen möchte, kann widersprechen. Natürlich muss sichergestellt werden, dass jeder Bürger nicht nur von der Änderung informiert ist, sondern auch eine einfache Möglichkeit bekommt, Nein zu sagen. Dieser Widerspruch würde vermerkt, etwa auf dem Führerschein oder in einer zentralen Kartei. Die Selbstbestimmung der Bürger würde nicht beschnitten. Wem das allerdings als Politik zu weit geht, der kann immer noch die Wahl zur Pflicht machen: etwa bei der Erstbeantragung eines Personalausweises oder der Führerscheinprüfung.[lxv]

Was das Sparen für das Alter betrifft, können betriebliche Vorsorgeverträge wirkungsvoll sein, die automatisch nach Eintritt in ein Unternehmen in Kraft treten, sofern man nicht aktiv innerhalb einer bestimmten Frist widersprochen hat. Oder aber man animiert die Bürger, Vorab-Vereinbarungen einzugehen nach dem Beispiel des SMarT-Programms, bei dem sich Arbeitnehmer verpflichten, einen Teil ihrer künftigen Gehaltserhöhungen für die Altersvorsorge zu verwenden (Kapitel 8.1.5, »Strategien gegen den inneren Schweinehund«). Damit könnte auch verhindert werden, dass sich die Sparer zu sehr mit zu ambitionierten Sparverträgen selbst geißeln.

Im Kapitel 5.4, »Verkehrte Welt«, wurde deutlich: Je nachdem, in welchem Rahmen eine Auswahl präsentiert wird, fällt die Entscheidung anders aus. Der Gesetzgeber kann da eingreifen, wo Industrie und Handel diesen Effekt längst für sich nutzen, und den Kunden mit gezielten, mitunter irreführenden Werbebotschaften locken. Ein Konsument reagiert anders auf einen Joghurt, der mit »90 Prozent fettfrei« gekennzeichnet ist, als auf dasselbe Produkt, das aber mit »10 Prozent Fett-Gehalt« etikettiert ist. Wären Joghurt-Hersteller gezwungen, beide Informationen in gleicher Schriftgröße und -farbe auf die Verpackung zu schreiben, wäre der Schubs, den Industrie und Handel dem Kunden versetzen, umge-

lxv In Deutschland hat es die Politik jüngst verpasst, sich von der Zustimmungslösung abzuwenden. Letztere wird zwar in die sogenannte Entscheidungsregelung umgewandelt, was aber weiterhin bedeutet, dass man aktiv werden muss, um als Organspender zu gelten. In der Zukunft wird man in Deutschland lediglich öfter darum gebeten, seine Entscheidung zu dokumentieren. Zumindest dürften damit kleinere Erfolge bei der Erhöhung der Spenderquote zu verzeichnen sein.

hend neutralisiert. Und würde man im Supermarkt im Kassenbereich Obst und Gemüse platzieren statt Süßigkeiten, würden sicherlich weniger Kalorienbomben konsumiert werden.

Der Gesetzgeber kann in zahlreichen Situationen lenkend wirken, ohne zu bevormunden, etwa auch, wenn es um die Beratung von Privatanlegern geht. Mit dem Wissen um die menschliche Verlustaversion und die mentale Kontenführung könnte die Honorarberatung attraktiver gemacht werden, indem der Staat die Banken zwingt, die Kosten der bislang hauptsächlich praktizierten Provisionsberatung detailliert, separat und transparent aufzulisten. Allerdings ist Vorsicht geboten, um weniger betuchte Anleger nicht gänzlich von der Beratung abzuschrecken (siehe Kapitel 6.4.4, »Das Kreuz mit der Honorarberatung«). In jedem Fall sollte in der Finanzdienstleistungsbranche für bessere Vergleichbarkeit und Transparenz zwischen den Anbietern gesorgt werden.

Aus alt mach neu – gilt das auch für das Glück? Soll die Politik aktiv werden, damit die Bürger messbar glücklicher werden? Hier ist eine Intervention der Politik noch schwieriger, als wenn es um Gesundheit oder Altersvorsorge geht. Bei solchen Zielen sind sich die meisten Bürger noch einig: Gesundheit ist wichtig, Altersvorsorge ist wichtig. Aber unter Glück mag jeder etwas anderes verstehen und möchte sich nicht seitens der Politik dreinreden oder beeinflussen lassen – Glückspolitik bringt daher häufig keine Wählerstimmen und stößt auf aktiven Widerstand, weil sich die Bevölkerung bevormundet fühlt. Zweifelsohne ist es sinnvoll, Glücksindikatoren zu entwickeln, die neben den klassischen Wohlstands- und Wirtschaftsindikatoren nicht nur einen erweiterten Einblick in die Gesellschaft und ihre Missstände bieten, sondern auch messen können, ob die Staatsausgaben glücksfördernd eingesetzt werden. Bei der Suche nach dem Glück darf man die Bürger jedoch nur ganz sanft schubsen: Erfolgreiche und beliebte Glückspolitik kann lediglich darin bestehen, die richtigen Rahmenbedingungen zur Verfügung zu stellen, innerhalb derer jeder sein Glück selbst in die Hand nehmen kann. Hierfür müssen vor allem eine stabile Demokratie, Menschenrechte, Sicherheit, konsistente Rechtsprechung, gute Schulbildung und medizinische Versorgung sichergestellt sein. Ein glückliches Land weist überdies nur eine geringe Arbeitslosenrate und wenig Inflation auf (mehr hierzu können Sie noch einmal im Kapitel 8.3.4, »Glückspolitik«, nachlesen).

12.3.3 Der Moral auf die Sprünge helfen

Wenn man erwägt, gegen gesellschaftliche Normen zu verstoßen oder gar ein Verbrechen zu begehen, rechnet man nicht einfach Kosten und Nutzen gegeneinander auf. Stattdessen haben die meisten Bürger ein gutes Gespür für Moral und nutzen die Spielräume für Fehlverhalten längst nicht aus (Kapitel 7.2, »Der kleine Wachmann im Kopf«). Sie reagieren auf bestimmte Rahmenbedingungen und Anreize, die man so wählen kann, dass soziale Normen eher eingehalten werden: In der Folge lässt sich z. B. die Steuerzahlungsmoral der Bürger mit einfachen Mitteln erhöhen.

In Großbritannien wurde eigens ein »Behavioural Insights Team« ins Leben gerufen, das die Regierung zu unterstützen und ebendiese Rahmenbedingungen mit den Erkenntnissen der Behavioral Economics zu modellieren versucht. Richard Thaler ist einer der Berater dieses Teams, das salopp »Nudge-Truppe« (*nudge unit*) genannt wird und sich beispielsweise mit Themen wie der Förderung der Organspende, der Verwendung der Elektro-Zigaretten oder eben der Verbesserung der Steuerformulare und Steuermoral befasst.

In puncto Steuerformulare empfiehlt es mitunter minimale Änderungen: Hierbei werden Formulare und Schreiben neu verfasst. Damit wichtige Details nicht in der Informationsflut untergehen, werden Informationsbriefe vereinfacht und verschlankt, wichtige Informationen farblich oder mit gefetteter, vergrößerter Schrift abgesetzt.

Überdies wurden Vorschläge ausgearbeitet, die auf die Einhaltung sozialer Normen abzielen. Diverse Studien haben gezeigt, dass sich Menschen an ihrem Umfeld orientieren: Wenn andere Bürger ihren Abfall in den Mülleimer werfen, tun sie es ihnen gleich. Wenn die anderen Mietparteien im Haus Müll trennen, tun sie es auch. Steuerzahler werden entsprechend ehrlicher, wenn man sie wissen lässt, dass sich ihre Mitbürger rechtschaffen verhalten. Das britische Beraterteam hat hier schon beachtliche Erfolge erzielt: In Zusammenarbeit mit der Behörde, die für den Einzug und die Verwaltung von Steuern und Abgaben zuständig ist (HMRC), wurden 140 000 Briefe an säumige Steuerzahler versandt. Hierin wurden noch nicht gezahlte Steuern für die öffentliche Versorgung, die jeder Haushalt zu entrichten hat, angemahnt. Ein Teil erhielt den althergebrachten Erinnerungsbrief, andere jedoch ein Schreiben, in dem es hieß, »Neun von zehn Briten zahlen ihre Steuern rechtzeitig. Die meisten Menschen in Ihrer Stadt haben bereits gezahlt«. Und siehe da: Nach drei Monaten hatten 67,5 Prozent derer, die den altbekannten Brief bekommen hatten, ihre Steuern bezahlt. In der Gruppe, die jedoch das abgewandelte Schreiben erhalten hatte, das auf eine soziale Norm hingewiesen hatte, wurden Zahlungen von 83 Prozent der Säumigen verzeichnet (siehe Abbildung). Auch der Satz »Sie sind einer der wenigen, die noch nicht gezahlt haben« erwies sich als besonders wirksam.[398]

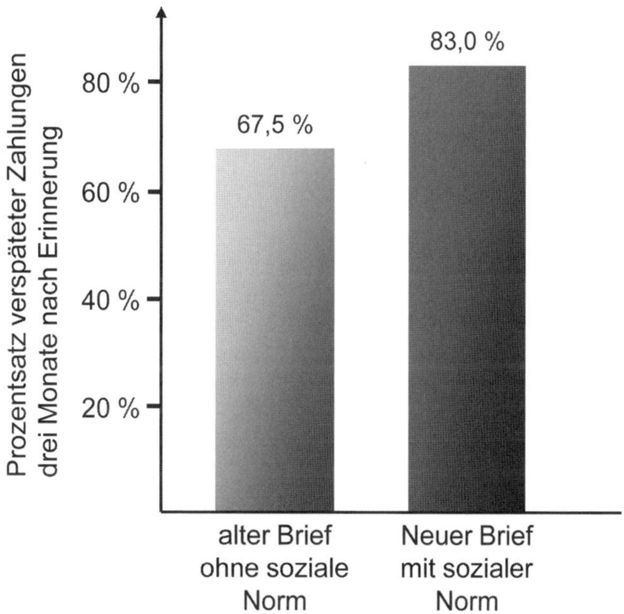

Abbildung 1: Soziale Normen beschleunigen Steuerzahlungen[399]

Von diesen Ergebnissen können auch die heimischen Behörden profitieren, wenn sie etwa die Steuerpflichtigen zur Abgabe ihrer Einkommensteuererklärung anmahnen.

Dank diverser Studien weiß man überdies, dass Ehrlichkeit gefördert wird, wenn die Bürger den Eindruck haben, dass das zugrunde liegende Verfahren fair und transparent ist. Fühlt man sich hingegen unfair behandelt, sehen sich viele herausgefordert, »ihr« Geld auf andere Weise zurückzuholen, etwa indem man die Zahl der gefahrenen Kilometer in der Werbungskostenabrechnung manipuliert (siehe Kapitel 7.2, »Der kleine Wachmann im Kopf«). Genauso werden unliebsame Sparmaßnahmen und Ausgabenkürzungen von der Bevölkerung leichter akzeptiert, wenn die Bürger der Mittelschicht das Gefühl haben, dass sie nicht die Einzigen sind, die leiden müssen, sondern eben auch die Reichen zur Kasse gebeten werden.

***

Eine Regierung sollte die Bürger nicht immer nur mit Ge- und Verboten sowie Strafen lenken – zumal sie ohnehin oft ihre gewünschte Wirkung verfehlen. Wer die Eigenheiten des Menschen kennt, kann eine Entscheidungssituation so modellieren, dass die richtige Entscheidung mit höherer Wahrscheinlichkeit aus freien Stücken fällt. Die Herausforderung ist sicherlich, eine gute Balance zu finden, sodass sich die Bürger nicht bevormundet fühlen, sondern ihre Selbstbestimmung und Wahlfreiheit erhalten bleibt.

12.4 Viel Erfolg beim Entscheiden

Wie immer man es auch nennen möchte: Ein kluger Bauch, eine gute Intuition, ein treffsicherer Autopilot – man muss ihn bzw. sie trainieren. Genauso muss man auch üben, den Bauch bewusst zu disziplinieren und ihm an der richtigen Stelle Grenzen zu setzen. Nur dann erreicht man die erfolgreiche Balance zwischen Bauch- und Kopfentscheidungen als Anleger oder als Einkaufsbummler. Das bedeutet: Trauen Sie sich – entscheiden Sie! Nur wer immer wieder mutig ist und Entscheidungen nicht aus dem Weg geht, lernt dazu.

Die schlechteste Entscheidung ist sicherlich, gar keine Entscheidung zu treffen. Denn in diesem Fall entscheiden andere für Sie – und sicherlich nicht immer in Ihrem Sinne.

Der Mensch ist nahezu perfekt an seine Umwelt angepasst, doch mit der rasanten Entwicklung, die die Welt in den letzten Jahrhunderten genommen hat, hat die Evolution nicht recht mithalten können. Vielfach sind typische Verhaltensweisen der Entscheider dazu bestimmt, den Erfolg in der Steinzeit zu sichern, liefern aber im heutigen Umfeld oft nur suboptimale Ergebnisse. In diesem Buch ist er Ihnen begegnet: Der Steinzeitmensch an der Wall Street oder im Kaufhaus.

Ob man es nun will oder nicht: All diese Verhaltensweisen, die in den vorangegangenen Kapiteln beschrieben wurden, sind der tägliche Begleiter eines jeden Entscheiders. Das menschliche Denken besteht eben nicht nur aus bewussten Überlegungen, sondern vielfach aus unbewusst genutzten Heuristiken – einfachen Faustregeln, Abkürzungen des Gehirns. Damit lässt sich der Alltag gewöhnlich gut meistern, immer wieder aber steuert der menschliche Autopilot auf typische mentale Stolperfallen zu. Mit der richtigen Mischung aus Kopf- und Bauchentscheidungen lassen sich nicht nur bessere Entscheidungen treffen, sondern auch solche, die glücklicher machen.

Dieses Buch hat Sie hinter die Kulissen Ihrer eigenen Entscheidungen geführt. Entscheiden müssen Sie selbst – wir wünschen Ihnen viel Glück und Erfolg dabei!

Die Autoren

Christin Stock

Christin Stock beobachtet als verhaltensorientierte Kapitalmarktanalystin, wie Menschen und Märkte ticken. Schon während ihres Studiums stieß sie an die Grenzen der klassischen Kapitalmarktanschauungen. Heute analysiert sie die Kapitalmärkte durch die ökonomische ebenso wie durch die psychologische Brille und unterstützt private und institutionelle Investoren dabei, ihre Anlageentscheidungen zu optimieren.

Joachim Goldberg

Joachim Goldberg beschäftigt sich seit mehr als 30 Jahren mit dem Zusammenspiel von Menschen und Märkten. Mit regelmäßigen Auftritten in Radio und TV, zahlreichen Pressebeiträgen und Internetkolumnen (www.blognition.de) zur verhaltensorientierten Marktbetrachtung hat sich Joachim Goldberg als einer der bekanntesten Experten auf diesem Gebiet in Deutschland etabliert.

Abbildungsnachweise

Kapitel 3:

Abb. 1: Selektive Wahrnehmung von Unternehmensnachrichten Quelle: Eigene Darstellung Christin Stock

Abb. 2: Die Abneigung gegen Mehrdeutigkeit (Ambiguitätsaversion), Quelle: Eigene Darstellung Christin Stock

Abb. 3: Home Bias in Deutschland und den USA (2010), Quelle: Eigene Darstellung Christin Stock

Abb. 4: Home Bias in Deutschland lässt nach, Quelle: Eigene Darstellung Christin Stock

Abb. 5: Potenziale für Kontrolldefizit, Quelle: Eigene Darstellung Christin Stock

Kapitel 4:

Abb. 1: Anwendbarkeit von Schemata, Quelle: Eigene Darstellung Christin Stock

Abb. 2: Anwendbarkeit von Schemata - mehrere passen, Quelle: Eigene Darstellung Christin Stock

Abb. 3: Erinnerungsfehler mit Ansage, Quelle: Eigene Darstellung Christin Stock

Kapitel 5:

Abb. 1: Abnehmender Grenznutzen, Quelle: Eigene Darstellung Christin Stock

Abb. 2: Klassische Nutzenfunktion, Quelle: Eigene Darstellung Christin Stock

Abb. 3: Hypothetische Wertfunktion der Prospect-Theorie, Eigene Darstellung Christin Stock / Joachim Goldberg, angelehnt an: Kahneman, D. und Tversky, A. (1979): *Prospect Theory: An Analysis of Decision under Risk*, Econometrica, Vol. 47 (2), S. 263–291

Kapitel 6:

Abb. 1: Dispositionseffekt, Quelle: Eigene Darstellung Christin Stock / Joachim Goldberg

Abb. 2: Gewinn- und Verlustgefühl vor und nach der mentalen Inbesitznahme, Quelle: Eigene Darstellung Christin Stock

Abb. 3: Versunkene Kosten beim alten bzw. neuen Auto, Quelle: Eigene Darstellung Christin Stock

Abb. 4: Mentale Kontenführung beim Carry-Trade, Quelle: Eigene Darstellung Christin Stock / Joachim Goldberg

Abb. 5: Risikofreude auf einem mentalen Konto, Risikoscheu auf einem anderen, Quelle: Eigene Darstellung Christin Stock

Abb. 6: Verluste schönreden, Quelle: Eigene Darstellung Christin Stock

Abb. 7: Gegenüberstellung Honorar- und Provisionsberatung, Quelle: Eigene Darstellung Christin Stock

Abb. 8: Kurzsichtige Verlustaversion, Quelle: Eigene Darstellung Christin Stock

Kapitel 8:

Abb. 1: Klassisches Diskontierungsmodell (Aufschubperspektive), Quelle: Eigene Darstellung Christin Stock

Abb. 2: Klassisches Diskontierungsmodell (Warteperspektive), Quelle: Eigene Darstellung Christin Stock

Abb. 3: Klassisches Diskontierungsmodell – ohne Präferenzumkehr, Quelle: Eigene Darstellung Christin Stock

Abb. 4: Hyperbolisches Diskontierungsmodell, Quelle: Eigene Darstellung Christin Stock

Abb. 5: Hyperbolisches Diskontierungsmodell – mit Präferenzumkehr, Quelle: Eigene Darstellung Christin Stock

Abb. 6: Lebenszufriedenheit vor und nach der Heirat, Quelle: Eigene Darstellung Christin Stock, angelehnt an: Clark, A. E., Diener, E., Georgellis, Y. und Lucas, R. E. (2008): *Lags and Leads in Life Satisfaction: a Test of the Baseline Hypothesis*, Economic Journal, Vol. 118 (529), S. F222–243

Abb. 7: Autogewinner vor Adaption, Quelle: Eigene Darstellung Christin Stock

Abb. 8: Autogewinner nach Adaption, Quelle: Eigene Darstellung Christin Stock

Abb. 9: Gewöhnung an Verluste am Beispiel der Wertfunktion, Quelle: Eigene Darstellung Christin Stock

Abb. 10: Das Einkommen steigt, die Zufriedenheit stagniert, Quelle: Di Tella, R., Haisken-De New, J. und MacCulloch, R. (2010): *Happiness Adaptation to Income and to Status in an Individual Panel*, Journal of Economic Behavior & Organization, Vol. 76 (3), S. 834–852

Abb. 11: Glück und Unglück nach Gehaltsveränderungen, Quelle: Eigene Darstellung Christin Stock

Abb. 12: Lebenszufriedenheit in den USA während der globalen Finanzkrise 2008/09, Quelle: Eigendarstellung Christin Stock, angelehnt an: Graham, C., Chattopadhyay, S. und Picon, M. (2010): *Adapting to Adversity: Happiness and the 2009 Economic Crisis in the United States*, Social Research Vol. 77 (2), S. 715–748

Abb. 13: Glücksempfinden nach Kaufrausch bzw. Intervallkäufen, Quelle: Eigene Darstellung Christin Stock

Abb. 14: Peak-End-Regel für Menü mit vorzüglichem Dessert, Quelle: Eigene Darstellung Christin Stock

Abb. 15: Peak-End-Regel für Menü mit mäßigem Dessert, Quelle: Eigene Darstellung Christin Stock

Abb. 16: Nachträgliche Beurteilung eines Handelstages, Eigene Darstellung Christin Stock, angelehnt an: Stephan E. und Kiell, G. (2000): *Decision Processes in Professional Investors: Does Expertise Moderate Judgmental Biases*, in: Hölzl, E. (Hrsg.): Fairness and Cooperation, Proceedings of the IAREP/SABE 2000 Conference, WUV Universitätsverlag, Wien, S. 416–420

Kapitel 10:

Abb. 1: Reaktion Striatum bei unerwarteten Verlusten (links) und Gewinnen (rechts), Quelle: Seymour, B., Daw, N., Dayan, P., Singer, T. und Dolan, R. (2007): *Differential Encoding of Losses and Gains in the Human Striatum*, Journal of Neuroscience, Vol. 27 (18), S. 4826–31

Abb. 2: Reaktion Nucleus accumbens bei Präsentation eines attraktiven Produkts, Quelle: Knutson, B., Rick, S., Wimmer, G. E., Prelec, D. und Loewenstein, G. (2007): *Neural Predictors of Purchases*, Neuron, Vol. 53, S. 147–156

Kapitel 11:

Kapitel 12:

Endnoten

1. Persky, J. (1995): *Retrospectives: The Ethology of Homo Economicus*, Journal of Economic Perspectives, Vol. 9 (2), S. 221–231
2. Zizzo, D. J.; Oswald, A. (2001): *Are People Willing to Pay to Reduce Others' Incomes?* Annales d'Economie et de Statistique 63–64, Special Issue, S. 39–65
3. Güth, W.; Schmittberger, R.; Schwarze, B. (1982): *An Experimental Analysis of Ultimatum Bargaining*, Journal of Economic Behavior and Organization, Vol. 3 (4), S. 367–388
4. Camerer, C.; Thaler, R. H. (1995): *Anomalies: Ultimatums, Dictators and Manners*, Journal of Economic Perspectives, Vol. 9 (2), S. 209–219
5. Fehr, E.; Sigmund, K.; Nowak, M. A. (2002): *Teilen und Helfen – Ursprünge sozialen Verhaltens*, Spektrum der Wissenschaft, Vol. 3, S. 52–59
6. Camerer, C. F. (1997): *Progress in Behavioral Game Theory*, Journal of Economic Perspectives, Vol. 11 (4), S. 167–188 und Roth, A. E.; Prasnikar, V.; Okuno-Fujiwara, M.; Zamir, S. (1991): *Bargaining and Market Behavior in Jerusalem, Ljubljana, Pittsburgh, and Tokyo: An Experimental Study*, American Economic Review, Vol. 81 (5), S. 1068–1095
7. Henrich, J.; Boyd, R.; Bowles, S.; Camerer, C.; Fehr, E., Gintis, H.; McElreath, R.; Alvard, M.; Barr, A; Ensminger, J.; Henrich, N. S.; Hill, K.; Gil-White, F.; Gurven, M.; Marlowe, F. W.; Patton, J. Q.; Tracer, D. (2005): *»Economic Man« in Cross-Cultural Perspective: Behavioral Experiments in 15 Small-Scale Societies*, Behavioral and Brain Sciences, Vol. 28 (6), S. 795–815
8. Brafman, O.; Brafman, R. (2008): *Sway: The Irresistible Pull of Irrational Behavior*, 2. Auflage, Crown Business, New York
9. Dahrendorf, R. (2010): *Homo Sociologicus: Ein Versuch zur Geschichte, Bedeutung und Kritik der Kategorie der sozialen Rolle,* Neue Bibliothek der Sozialwissenschaften, 17. Auflage, VS Verlag, Wiesbaden
10. von Neumann J.; Morgenstern, O. (1947): *Theory of Games and Economic Behavior*, 2. Auflage, Princeton University Press, Princeton
11. Bentham, J. (1789): *An Introduction to the Principle of Morals and Legislations*, Clarendon Press, Oxford

12. Kahneman, D.; Wakker, P.P.; Sarin, R. (1997): *Back to Bentham? Explorations of Experienced Utility*, Quarterly Journal of Economics, Vol. 112 (2), S. 375–405

13. Simon, H. (1979): *Rational Decision Making in Business Organizations*, American Economic Review, Vol. 69 (4), S. 493–513

14. Simon, H. (1983): *Reason in Human Affairs*, Stanford University Press, Stanford/ California

15. Simon, H. (1955): *A Behavioral Model of Rational Choice*, Quarterly Journal of Economics, Vol. 69 (1), S. 99–118 und Simon, H. (1979): *Rational Decision Making in Business Organizations*, American Economic Review, Vol. 69 (4), S. 493–513

16. Gigerenzer, G.; Todd, P.M.; the ABC Research Group (1999): *Simple Heuristics That Make Us Smart*, Oxford University Press, New York.

17. Jones, O.D. (2001): *The Evolution of Irrationality*, Jurimetrics, Vol. 41, S. 289–318

18. Kirchgässner, G. (2008): *Homo Oeconomicus*, 3. Auflage, Mohr Siebeck, Tübingen

19. Friedman, M. (1953): *The Case for Flexible Exchange Rates*, in: Friedman, M.: *Essays in Positive Economics*, University of Chicago Press, Chicago, S. 157–203

20. Barberis, N.; Thaler, R. (2003): *A Survey of Behavioral Finance*, in: Constantinides, G.M., Harris, M.; Stulz, R.M. (Hrsg.): Handbook of the Economics of Finance, Vol. 1, Part B, Elsevier, Amsterdam, S. 1053–1128

21. Shiller, R.J. (2003): *From Efficient Markets Theory to Behavioral Finance*, Journal of Economic Perspectives, Vol. 17 (1), S. 83–104

22. Fama, E. (1970): *Efficient Capital Markets: A Review of Empirical Work*, Journal of Finance, Vol. 25 (2), S. 383–417

23. Shleifer, A. (2000): *Inefficient Markets: An Introduction to Behavioral Finance*, Oxford University Press, Oxford

24. Cutler, D.M.; Poterba, J.M.; Summers, L.H. (1989): *What Moves Stock prices?*, Journal of Portfolio Management, Vol. 15 (3), S. 4–12

25. Storbeck, O. (2008): *Wissenschaft mit Motorschaden?*, Handelsblatt Nr. 164 vom 25.08.2008, S. 9

26. Festinger, L. (1957): *A Theory of Cognitive Dissonance*, Stanford University Press, Stanford

27. Brehm, J.W.; Cohen, A.R. (1962): *Explorations in Cognitive Dissonance*, John Wiley & Sons, New York

28. Frey, D.; Gaska, A. (1998): *Die Theorie der kognitiven Dissonanz*, in: Frey, D.; Irle, M. (Eds.): Theorien der Sozialpsychologie, Band 1, S. 49–80, 2. Nachdruck, 2. Auflage, Verlag Hans Huber, Bern

29. Cooper, J. (2007): *Cognitive Dissonance – Fifty Years of A Classic Theory*, Sage Publications, London

30. Gilbert, D. T.; Malone, P. S. (1995): *The Correspondence Bias, Psychological Bulletin*, Vol. 117 (1), S. 21–38

31. Kahneman, D.; Miller, D. (1986): *Norm Theory: Comparing Reality to its Alternatives*, Psychological Review, Vol. 93 (2), S. 136–153

32. Zimbardo, P.G. (1965): *The Effect of Effort and Improvisation on Self-Persuasion Produced by Role-Playing*, Journal of Experimental Social Psychology, Vol. 1 (2), S. 103–120.

33. Bazerman, M.H. (2001): *Smart Money Decisions: Why You Do What You Do with Money (and How to Change for the Better)*, John Wiley & Sons, New York

34. van Veen, V.; Krug, M.K.; Schooler, J.W.; Carter, C.S. (2009): *Neural Activity Predicts Attitude Change in Cognitive Dissonance,* Nature Neuroscience, Vol. 12 (11), S. 1469–1474

35. Lee, S.W.S.; Schwarz, N. (2010): *Washing Away Postdecisional Dissonance*, Science, Vol. 328 (5979), S. 709

36. Cialdini, R.B.; Cacioppo, J.T.; Bassett, R.; Miller, J.A. (1978): *Low-Ball Procedure for Producing Compliance: Commitment then Cost*, Journal of Personality and Social Psychology, Vol. 36 (5), S. 463–476

37. Freedman, J.L.; Fraser, S.C. (1966): *Compliance Without Pressure: The Foot-in-the-Door Technique*, Journal of Personality and Social Psychology, Vol. 4 (2), S. 195–202

38. Frey, D. (1981): *Informationssuche und Informationsbewertung bei Entscheidungen*, Verlag Hans Huber, Bern

39. Wicklund, R.A.; Brehm, J.W. (1976): *Perspectives on Cognitive Dissonance*, Erlbaum, Hillsdale

40. Tversky, A.; Kahneman, D. (1991): *Loss Aversion and Riskless Choice: A Reference Dependent Model*, Quarterly Journal of Economics, Vol. 106 (4), S. 1039–1061 und Kahneman, D.; Tversky, A. (1979): *Prospect Theory: An Analysis of Decision under Risk*, Econometrica, Vol. 47 (2), S. 263–291.

41. Van Boven, L.; Dunning, D.; Loewenstein, G. (2000): *Egocentric Empathy Gaps between Owners and Buyers: Misperceptions of the Endowment Effect*, Journal of Personality and Social Psychology, Vol. 79 (1), S. 66–76.

42. Novemsky, N.; Kahneman, D. (2005): *The Boundaries of Loss Aversion*, Journal of Marketing Research, 42 (2), S. 119–128.

43. Loomes, G.; Sugden, R. (1982): *Regret Theory: An Alternative Theory of Rational Choice under Uncertainty*, The Economic Journal, Vol. 92 (368), S. 805–824 und Loomes, G.; Sugden, R. (1987): *Testing for Regret and Disappointment in Choice under Uncertainty*, The Economic Journal, Vol. 97 (388a), S. 118–129

44. Gilovich, T.; Medvec, V.H. (1995): *The Experience of Regret: What, When and Why*, Psychological Review, Vol. 102 (2), S. 379–395

45. Yu, R.; Mobbs, D.; Seymour, B.; Calder, A.J. (2010): *Insula and Striatum Mediate the Default Bias*, The Journal of Neuroscience, Vol. 30 (44), S. 14702–14707

46. Schulz, R.; Hanusa, B.H. (1978): *Long-Term Effects of Control and Predictability-Enhancing Interventions: Findings and Ethical Issues*, Journal of Personality and Social Psychology, Vol. 36 (11), S. 1194–1201

47. White, R.W. (1959): *Motivation Reconsidered: The Concept of Competence*, Psychological Review, Vol. 66 (5), S. 297–333.

48. Leotti, L.A.; Iyengar, S.S.; Ochsner, K.N. (2010): *Born to Choose: The Origins and Value of the Need for Control*, Trends in Cognitive Science, Vol. 14 (10), S. 457–463

49. Frey, D.; Jonas, E. (2002): *Die Theorie der kognizierten Kontrolle*, in: Theorien der Sozialpsychologie, Band 3, 2. vollständig überarbeitete und erweiterte Auflage, Verlag Hans Huber, Bern, S. 13–50

50. Rotter, J.B. (1966): *Generalized Expectancies for Internal versus External Control of Reinforcement*, Psychological Monographs: General and Applied, Vol. 80 (1), S. 1–28

51. Thompson, S.C. (1981): *Will It Hurt Less If I Can Control It? A Complex Answer to a Simple Question*, Psychological Bulletin, Vol. 90 (1), S. 89–101

52. Frey, D.; Jonas, E. (2002): *Die Theorie der kognizierten Kontrolle*, in: Theorien der Sozialpsychologie, Band 3, 2., vollständig überarbeitete und erweiterte Auflage, Verlag Hans Huber, Bern, S. 13–50

53. Leotti, L.A.; Iyengar, S.S.; Ochsner, K.N. (2010): *Born to Choose: The Origins and Value of the Need for Control,* Trends in Cognitive Science, Vol. 14 (10), S. 457–463

54. Presson, P.K.; Benassi, V.A. (1996): *The Illusion of Control: A Meta-Analysis*, Journal of Social Behavior and Personality, Vol. 11 (3), S. 493–510

55. Langer, E.J. (1975): *The Illusion of Control*, Journal of Personality and Social Psychology, Vol. 32 (1), S. 311–328

56. Wolosin, R.J.; Sherman, S.J.; Till, A. (1973): *Effects of Cooperation and Competition on Responsibility Attribution after Success and Failure*, Journal of Experimental Social Psychology, Vol. 9 (3), S. 220–235

57. Puetz, A.; Ruenzi, S. (2011): *Overconfidence Among Professional Investors: Evidence from Mutual Fund Managers*, Journal of Business Finance & Accounting, Vol. 38 (5–6), S. 684–712

58. Choi, D.; Lou, D. (2010): *A Test of the Self-Serving Attribution Bias: Evidence from Mutual Funds'*, AFA 2011 Denver Meetings Paper

59. Taleb, N. N. (2007): *The Black Swan – The Impact of the Highly Improbable*, Random House, New York

60. Kahneman, D. (2011): *Thinking, Fast and Slow*, Farrar, Straus and Giroux, New York

61. De Bondt, W. F. M.; Thaler, R. H. (1995). *Financial Decision-Making in Markets and Firms: A Behavioral Perspective*, in: Jarrow, R. A.; Maksimovic, V.; Ziemba, W. T.: Finance: Series of Handbooks in Operations Research and Management Science, Vol. 9, Elsevier, Amsterdam, S. 385–410

62. Barber, B. M.; Odean, T. (2000): *Trading is Hazardous to Your Wealth: The Common Stock Investment Performance of Individual Investors*, Journal of Finance, Vol. 55 (2), S. 773–806

63. Grinblatt, M.; Keloharju, M. (2009): *Sensation Seeking, Overconfidence and Trading Activity*, Journal of Finance, Vol. 64 (2), S. 549–578

64. Kahneman, D.; Renshon, J. (2007): *Why Hawks Win*, Foreign Policy, Nr. 158, S. 34–38

65. Badunenko, O.; Barasinska, N.; Schäfer, D. (2009): *Geldanlage: Frauen sind vorsichtiger als Männer – weil sie weniger Vermögen haben*, Wochenbericht des DIW Berlin Nr. 48/2009, S. 832–836

66. Badunenko, O.; Barasinska, N.; Schäfer, D. (2009): *Geldanlage: Frauen sind vorsichtiger als Männer – weil sie weniger Vermögen haben*, Wochenbericht des DIW Berlin Nr. 48/2009, S. 832–836

67. Wagner, G. G.; Frick, J. R., Schupp, J. (2007): *The German Socio-Economic Panel Study (SOEP) – Scope, Evolution and Enhancement*, in: Schmollers Jahrbuch (Journal of Applied Social Science Studies), Vol. 127 (1), S. 139–169

68. Gysler, M.; Kruse, J. B.; Schubert, R. (2002): *Ambiguity and Gender Differences in Financial Decision Making: An Experimental Examination of Competence and Confidence Effects*, Working Paper, Center for Economic Research, Swiss Federal Institute of Technology

69. Comdirect Bank (2011): *Kundensicht 2011*, Comdirect Compass, Nr. 1, S. 28–29

70. Barber, B. M.; Odean, T. (2001): *Boys Will Be Boys: Gender, Overconfidence and Common Stock Investment*, Quarterly Journal of Economics, Vol. 116 (1), S. 261–292

71. Roszkowski, M. J.; Davey, G. (2010): *Risk Perception and Risk Tolerance Changes Attributable to the 2008 Economic Crisis: A Subtle but Critical Difference*, Journal of Financial Service Professionals, Vol. 64 (4), S. 42–53

72. Zyphur, M. J.; Narayanan, J.; Arvey, R. D.; Alexander, G. J. (2009): *The Genetics of Economic Risk Preferences*, Journal of Behavioral Decision Making, Vol. 22 (4), S. 367–377

73. Boyle, P.A.; Yu, L.; Buchman, A.S.; Laibson, D.I.; Bennett, D.A. (2011): *Cognitive Function is Associated with Risk Aversion in Community-Based Older Persons*, BMC Geriatrics, Vol. 11 (53)

74. Kasten, G.W.; Kasten, M.W. (2011): *The Impact of Aging on Retirement Income Decision Making*, Journal of Financial Planning, Vol. 24 (6), S. 60–62, 64–69

75. Ellsberg, D. (1961): *Risk, Ambiguity and the Savage Axioms*, Quarterly Journal of Economics, Vol. 75 (4), S. 643–669

76. Heath, C.; Tversky, A. (1991): *Preference and Belief: Ambiguity and Competence in Choice under Uncertainty*, Vol. 4 (1), S. 5–28

77. French, K.R.; Poterba, J.M. (1991): *Investor Diversification and International Equity Markets*, American Economic Review, Vol. 81(2), S. 222–226.

78. Goldberg, J.; von Nitzsch, R. (2004): *Behavioral Finance – Gewinnen mit Kompetenz*, 4. Auflage, FinanzBuch Verlag, München

79. Hoffmann, A.O.; Post, T. (2012): *What Makes Investors Optimistic? What Makes Them Afraid?*, Working Paper, Maastricht University

80. Hoffmann, A.O.; Post, T.; Pennings, J.M. (2013): *Individual Investor Perceptions and Behavior During the Financial Crisis*, Journal of Banking & Finance, Vol. 37 (1), S. 60–74

81. Frey, D.; Jonas, E. (2002): *Die Theorie der kognizierten Kontrolle*, in: Theorien der Sozialpsychologie, Band 3, 2., vollständig überarbeitete und erweiterte Auflage, Verlag Hans Huber, Bern, S. 13–50

82. Maas, P.; Weibler, J. (1990): *Kontrollveränderungs- und Stressreaktionen an der Börse*, in: Maas, P.; Weibler (Hrsg.): Börse und Psychologie – Plädoyer für eine neue Perspektive, Deutscher Instituts-Verlag, Köln, S. 190–202

83. Seligman, M. (1999): *Erlernte Hilflosigkeit*, Beltz Verlag, Weinheim und Basel

84. Schwartz, B. (2007): *Can There Ever Be Too Many Flowers Blooming?*, in Ivey, W.; Tepper, S.J. (Hrsg.): Engaging Art: The Next Transformation of America's Cultural Life, Routledge, New York

85. Iyengar, S.S.; Lepper, M. (2000): *When Choice is Demotivating: Can One Desire Too Much of a Good Thing?*, Journal of Personality and Social Psychology, Vol. 79 (6), S. 995–1006

86. Scheibehenne, B.; Greifeneder, R.; Todd, P.M. (2010): *Can There Ever Be Too Many Options? A Meta-Analytic Review of Choice Overload*, Journal of Consumer Research, Vol. 37 (3), S. 409–425

87. Koch, K.; McLean, J.; Segev, R.; Freed, M.A.; Berry, M.J.; Balasubramanian, V.; Sterling, P. (2006): *How Much the Eye Tells the Brain*, Current Biology, Vol. 16 (14), S. 1428–1434

88. Nørretranders, T. (1994): *Spüre die Welt*, Rowohlt, Reinbek

89. Kahneman, D. (2011): *Thinking, Fast and Slow*, Farrar, Straus and Giroux, New York

90. Camerer, C.; Loewenstein, G.; Prelec, D. (2005): *Neuroeconomics: How Neuroscience Can Inform Economics*, Journal of Economic Literature, Vol. 43 (3), S. 555–579

91. Camerer, C.; Loewenstein, G.; Prelec, D. (2005): *Neuroeconomics: How Neuroscience Can Inform Economics*, Journal of Economic Literature, Vol. 43 (3), S. 555–579

92. Kahneman, D. (2011): *Thinking, Fast and Slow*, Farrar, Straus and Giroux, New York

93. Bechara, A.; Damasio, A. R.; Damasio, H.; Anderson, S. W. (1994): *Insensitivity to Future Consequences Following Damage to Human Prefrontal Cortex*, Cognition, Vol. 50 (1–3), S. 7–15

94. Kahneman, D. (2011): *Thinking, Fast and Slow*, Farrar, Straus and Giroux, New York

95. Taylor, S. E.; Crocker, J. (1981): *Schematic Bases of Social Information Processing*, in: Higgins, E. T.; Herman, C. P.; Zanna, M. P. (Hrsg.): Social Cognition, Erlbaum Associates, Hillsdale, NJ, S. 89–134

96. Brewer, W. F. (2000): *Bartlett's Concept of the Schema and its Impact on Theories of Knowledge Representation in Contemporary Cognitive Psychology*, in: Saito, A. (Hrsg.): Bartlett, Culture and Cognition, Psychology Press, New York, S. 69–89 und Kuipers, B. J. (1975): *A Frame for Frames: Representing Knowledge for Recognition*, in: Bobrow, D. G.; Collins, A. (Hrsg.): Representation and Understanding: Studies in Cognitive Science, Academic Press, New York

97. Augoustinos, M.; Walker, I.; Donaghue, N. (2006): *Social Cognition: An Integrated Introduction*, 2. Aufl., Sage Publishing, London

98. Augoustinos, M.; Walker, I.; Donaghue, N. (2006): *Social Cognition: An Integrated Introduction*, 2. Aufl., Sage Publishing, London

99. Fiske, S. T. (1998): *Stereotyping, Prejudice and Discrimination,* in: Gilbert, D. T., Fiske, S. T.; Lindzey, G. (Hrsg.): Handbook of Social Psychology, 4. Aufl., Vol. 2, McGraw-Hill, New York, S. 357–411

100. Stangor, Charles (2000): *Stereotypes and Prejudice: Essential Readings*, Psychology Press, Philadelphia

101. Devine, P. (1989): *Stereotypes and Prejudice: Their Automatic and Controlled Components*, Journal of Personality and Social Psychology, Vol. 56 (1), S. 5–18

102. Augoustinos, M.; Walker, I.; Donaghue, N. (2006): *Social Cognition: An Integrated Introduction*, 2. Aufl., Sage Publishing, London

103. Srull, T.K.; Wyer, R.S. (1979): *The Role of Category Accessibility in the Interpretation of Information about Persons: Some Determinants and Implications*, Journal of Personality and Social Psychology, Vol. 37 (10), S. 1660–1672 sowie Srull, T.K.; Wyer, R.S. (1980): *Category Accessibility and Social Perception: Some Implications for the Study of Person Memory and Interpersonal Judgments*, Journal of Personality and Social Psychology, Vol. 38 (6), S. 841–856

104. Augoustinos, M.; Walker, I.; Donaghue, N. (2006): *Social Cognition: An Integrated Introduction*, 2. Aufl., Sage Publishing, London

105. Dijksterhuis, A.; Aarts, H.; Smith, P.K. (2005): *The Power of the Subliminal: On Subliminal Persuasion and Other Potential Applications*, in: Hassin, R.R.; Uleman, J.S.; Bargh, J.A. (Hrsg.): The New Unconscious, Oxford University Press, New York, S. 77–106

106. McGlone, M.S.; Aronson, J. (2007): *Forewarning and Forearming Stereotype-Threatened Students*, Communication Education, Vol. 56 (2), S. 119–133

107. Shih, M.; Pittinsky, T.L.; Ambady, N. (1999): *Stereotype Susceptibility: Identity Salience and Shifts in Quantitative Performance*, American Psychological Society, Vol. 10 (1), S. 80–83

108. Eden, D.; Shani A.B. (1982): *Pygmalion Goes to Boot Camp: Expectancy, Leadership and Trainee Performance*, Journal of Applied Psychology, Vol. 67 (2), S. 194–199

109. Kierein, N.M.; Gold, M.A. (2000): *Pygmalion in Work Organizations: A Meta-analysis*, Journal of Organizational Behavior, Vol. 21 (8), S. 913–928

110. Levy, B.R.; Slade, M.D.; Gill, T.M (2006): *Hearing Decline Predicted by Elders' Stereotypes*, Journals of Gerontology, Series B, Psychological Sciences and Social Sciences, Vol. 61 (2), S. 82–87

111. Levy, B.R. (1996): *Improving Memory in Old Age Through Implicit Self-Stereotyping*, Journal of Personality and Social Psychology, Vol. 71 (6), S. 1092–1107

112. Levy, B.R.; Slade, M.D.; Kunkel, S.R.; Kasl, S.V. (2002): *Longevity Increased by Positive Self-Perceptions of Aging*, Journal of Personality and Social Psychology, Vol. 83 (2), S. 261–270

113. Biesanz, J.C.; Neuberg, S.L.; Smith, D.; Asher, T.; Judice, T.N. (2001): *When Accuracy-Motivated Perceivers Fail: Limited Attentional Resources and the Reemerging Self-Fulfilling Prophecy*, Personality and Social Psychology Bulletin, Vol. 27 (5), S. 621–629

114. Weinert, A. (2004): *Organisations- und Personalpsychologie*, Psychologie Verlags Union, Weinheim

115. Huffcutt, A.I. (2011): *An Empirical Review of the Employment Interview Construct Literature*, International Journal of Selection and Assessment, Vol. 19 (1), S. 62–81

116. Hyman, I. E. (1999): *Creating False Autobiographical Memories: Why People Believe Their Memory Errors*, in: Winograd, E.; Fivush, R.; Hirst, W. (Hrsg.): Ecological Approaches to Cognition: Essays in Honor of Luric Neisser, Erlbaum, Mahwah, NJ, S. 229–252

117. Roediger, H. L.; McDermott, K. B. (1995): *Creating False Memories: Remembering Words not Presented in Lists*, Journal of Experimental Psychology: Learning, Memory and Cognition, Vol. 21 (4), S. 803–814

118. Fiske, S. T.; Taylor, S. E. (2008): *Social Cognition, From Brains to Culture*, Mc Graw-Hill, New York und Stangor, C.; McMillan, D. (1992): *Memory for Expectancy-Congruent and Expectancy-Incongruent Information: A Review of the Social and Social Developmental Literatures*, Psychological Bulletin, Vol. 111 (1), S. 42–61

119. Fischhoff, B. (1975): *Hindsight ≠ Foresight: The Effect of Outcome Knowledge on Judgment under Uncertainty*, Journal of Experimental Psychology: Human Perception and Performance, Vol. 1 (3), S. 288–299 und Hawkins, S. A.; Hastie, R. (1990): *Hindsight: Biased Judgments of Past Events After the Outcomes Are Known*, Psychological Bulletin, Vol. 107 (3), S. 311–327

120. Stephan, E.; Kiell, G. (1998): *Urteilsprozesse bei professionellen Akteuren im Finanzmarkt: Abschlussbericht einer experimentellen Studie mit Trade- und Salespersonal einer deutschen Geschäftsbank*, Beitrag zum 41. Kongress der Deutschen Gesellschaft für Psychologie, Dresden, Universität zu Köln, Institut für Wirtschafts- und Sozialpsychologie

121. Ariely, D.; Gneezy, U.; Loewenstein, G.; Mazar, N. (2009): *Large Stakes and Big Mistakes*, Review of Economic Studies, Vol.76 (2), S. 451–469

122. Wolford, G.; Miller, M. B.; Gazzaniga, M. (2000): *The Left Hemisphere's Role in Hypothesis Formation*, Journal of Neuroscience, Vol. 20 (6), S. RC64 1–4

123. Tversky, A.; Kahneman, D. (1974): *Judgment under Uncertainty*: *Heuristics and Biases, Science*, Vol. 185 (4157), S. 1124–1131

124. Strack, F. (1998): *Urteilsheuristiken*, in: Frey, D.; Irle, M. (Hrsg.): Theorien der Sozialpsychologie, Bd. 3, Nachdruck der 1. Aufl., Bern, S. 239–268

125. Tversky, A.; Kahneman, D. (1974): *Judgment under Uncertainty: Heuristics and Biases*, Science, Vol. 185 (4157), S. 1124–1131

126. Maital, S. (1986): *What Do People Bring to the Stock Markets (Besides Money)? The Economic Psychology of Stock Market Behavior*, in: Gilad, B.; Kaish, S. (Hrsg.): Handbook of Behavioral Economics, Vol. B, JAI Press, London, S. 273–307

127. Sirry, E. R.; Tuffano, P. (1998): *Costly Search and Mutual Fund Flows*, Journal of Finance, Vol. 53 (5), S. 1589–1622

128. Stephan E.; Kiell, G. (2000): *Decision Processes in Professional Investors: Does Expertise Moderate Judgmental Biases*, in: Hölzl, E. (Hrsg.): Fairness and Cooperation, Proceedings of the IAREP/SABE 2000 Conference, WUV Universitätsverlag, Wien, S. 416–420

129. Tversky, A.; Kahneman, D. (1982): *Evidential Impact of Base Rates*, in: Kahneman, D., Slovic, P.; Tversky, A. (Hrsg.): Judgment under Uncertainty: Heuristics and Biases, University Press, Cambridge, S. 156–160

130. Koehler, J. J. (1996): *The Base Rate Fallacy Reconsidered: Descriptive, Normative, and Methodological Challenges*, Behavioral and Brain Sciences, Vol. 19 (1), S. 1–53

131. Kahneman, D.; Frederick, S. (2002): *Representativeness Revisited: Attribute Substitution in Intuitive Judgment*, in: Gilovich, T.; Griffin, D.; Kahneman, D. (Hrsg.): Heuristics of Intuitive Judgment: Extensions and Applications, Cambridge University Press, New York, S. 49–81

132. Barras, L.; Scaillet, O.; Wermers, R. (2010): *False Discoveries in Mutual Fund Performance: Measuring Luck in Estimated Alphas*, Vol. 65 (1), S. 179–216

133. Statistisches Bundesamt (Hrsg.) (2011): *Gesundheit – Todesursachen in Deutschland* 2010, Fachserie 12, Reihe 4, Wiesbaden

134. Tversky, A.; Kahneman, D. (1974): *Judgment under Uncertainty: Heuristics and Biases*, Science, Vol. 185 (4157), S. 1124–1131

135. Tversky, A.; Kahneman, D. (1973): *Availability: A Heuristic of Judging Frequency and Probability*, Cognitive Psychology, Vol. 5 (2), S. 207–232

136. Tversky, A.; Kahneman, D. (1974): *Judgment under Uncertainty: Heuristics and Biases*, Science, Vol. 185 (4157), S. 1124–1131

137. Hastie, R.; Dawes, R. M. (2010): *Rational Choice in an Uncertain World: The Psychology of Judgment and Decision Making*, 2. Aufl., Sage Publications, Los Angeles

138. Barber, B.; Odean, T. (2008): *All that Glitters: The Effect of Attention and News on the Buying Behavior of Individual and Institutional Investors*, Review of Financial Studies, Vol. 21 (2), S. 785–818

139. Kahneman, D. (2011): *Thinking, Fast and Slow*, Farrar, Straus and Giroux, New York

140. Tversky, A.; Kahneman, D. (1974): *Judgment under Uncertainty: Heuristics and Biases*, Science, Vol. 185 (4157), S. 1124–1131

141. Montier, J. (2007): *Behavioural Investing: A Practitioner's Guide to Applying Behavioural Finance*, John Wiley & Sons, West Sussex, England

142. Kahneman, D. (2011): *Thinking, Fast and Slow*, Farrar, Straus and Giroux, New

143. Englich, B.; Mussweiler, T. (2001): *Sentencing Under Uncertainty: Anchoring Effects in the Courtroom*, Journal of Applied Social Psychology, Vol. 31 (7), S. 1535–1551

144. Lee, C.M.C.; Swaminathan, B. (2000): *Price Momentum and Trading Volume*, Journal of Finance, Vol. 55 (5), S. 2017–2069 und Griffin, J.M.; Ji, X.; Martin J.S. (2003): *Momentum Investing and Business Cycle Risk: Evidence from Pole to Pole*, The Journal of Finance, Vol. 58 (6), S. 2515–2547

145. Damasio, A. (1994): *Descartes' Error: Emotion, Reason, and the Human Brain*, GP Putnam, New York

146. Bechara, A.; Damasio, H.; Tranel, D.; Damasio, A.R. (1997): *Deciding Advantageously Before Knowing the Advantageous Strategy*, Science, 275 (5304), S. 1293–1295

147. Epstein, S. (2003): *Cognitive-Experiential Self-Theory of Personality*, in: Millon, T.; Lerner, M.J. (Hrsg.): Comprehensive Handbook of Psychology, Vol. 5: Personality and Social Psychology, John Wiley & Sons, Hoboken NJ, S. 159–184

148. Traufetter, G. (2006): *Stimme aus dem Nichts*, Der Spiegel, Ausgabe 15, S. 158–171

149. Slovic, P.; Finuncane, M.; Peters, E.; MacGregor, D.G. (2002): *Rational Actors or Rational Fools: Implications of the Affect Heuristic for Behavioral Economics*, Journal of Socio-Economics, Vol. 31 (4), S. 329–342

150. Zajonc, R.B. (1980): *Feeling and Thinking: Preferences Need No Inferences*, American Psychologist, Vol. 35 (2), S. 151–175

151. Slovic, P.; Finuncane, M.; Peters, E.; MacGregor, D.G. (2002): *Rational Actors or Rational Fools: Implications of the Affect Heuristic for Behavioral Economics*, Journal of Socio-Economics, Vol. 31 (4), S. 329–342

152. Slovic, P.; Finuncane, M.; Peters, E.; MacGregor, D.G. (2004): *Risk as Analysis and Risk as Feelings: Some Thoughts about Affect, Reason, Risk, and Rationality*, Risk Analysis, Vol. 24 (2), S. 311–322

153. Ganzach, Y. (2000): *Judging Risk and Return of Financial Assets*, Organizational Behavior and Human Decision Processes, Vol. 83 (2), S. 353–370

154. Slovic, P.; Finuncane, M.; Peters, E.; MacGregor, D.G. (2002): *Rational Actors or Rational Fools: Implications of the Affect Heuristic for Behavioral Economics*, Journal of Socio-Economics, Vol. 31 (4), S. 329–342

155. LaFrance, M.; Hecht, M.A. (1995): *Why Smiles Generate Leniency, Personality and Social Psychological Bulletin*, Vol. 21 (3), S. 207–214

156. Slovic, P.; Finuncane, M.; Peters, E.; MacGregor, D.G. (2002): *Rational Actors or Rational Fools: Implications of the Affect Heuristic for Behavioral Economics*, Journal of Socio-Economics, Vol. 31 (4), S. 329–342

157. Kahneman, D.; Frederick, S. (2002): *Representativeness Revisited: Attribute Substitution in Intuitive Judgment*, in: Gilovich, T.; Griffin, D.; Kahneman, D. (Hrsg.): Heuristics of Intuitive Judgment: Extensions and Applications, Cambridge University Press, New York, S. 49–81

158. Kahneman, D.; Frederick, S. (2002): *Representativeness Revisited: Attribute Substitution in Intuitive Judgment*, in: Gilovich, T.; Griffin, D.; Kahneman, D. (Hrsg.): Heuristics of Intuitive Judgment: Extensions and Applications, Cambridge University Press, New York, S. 49–81

159. Kahneman, D.; Frederick, S. (2002): *Representativeness Revisited: Attribute Substitution in Intuitive Judgment*, in: Gilovich, T.; Griffin, D.; Kahneman, D. (Hrsg.): Heuristics of Intuitive Judgment: Extensions and Applications, Cambridge University Press, New York, S. 49–81

160. Hirt, E.R.; Kardes, F.R.; Markman, K. (2004): *Activating a Mental Simulation Mind-Set Through Generation of Alternatives: Implications for Debiasing in Related and Unrelated Domains*, Journal of Experimental Social Psychology, Vol. 40 (3), S. 374–383.

161. von Neumann J.; Morgenstern, O. (1947): *Theory of Games and Economic Behavior*, 2. Aufl., Princeton University Press, Princeton

162. Rabin, M. (2000): *Diminishing Marginal Utility of Wealth Cannot Explain Risk Aversion*, in: Kahneman, D.; Tversky, K. (Hrsg.): Choices, Values and Frames, Cambrigde University Press, New York, S. 202–208

163. Kahneman, D. (2011): *Thinking, Fast and Slow*, Farrar, Straus and Giroux, New York

164. Helson, H. (1964): *Adaption-Level Theory: An Experimental and Systematic Approach to Behavior*, Harper & Row, New York

165. Frank, R.H. (1985): *The Demand for Unobservable and Other Nonpositional Goods*, American Economic Review, Vol. 75 (1), S. 101–116 und Hirsch, F. (1976): *Social Limits to Growth*, Harvard University Press, Cambridge

166. Frank, R.H. (2005): *Positional Externalities Cause Large and Preventable Welfare Losses*, American Economic Review, Vol. 95 (2), S. 137–141

167. Kahneman, D.; Tversky, A. (1979): *Prospect Theory: An Analysis of Decision under Risk*, Econometrica, Vol. 47 (2), S. 263–291

168. Kahneman, D. (2011): *Thinking, Fast and Slow*, Farrar, Straus and Giroux, New York

169. Kahneman, D.; Tversky, A. (1979): *Prospect Theory: An Analysis of Decision under Risk*, Econometrica, Vol. 47 (2), S. 263–291

170. Coval, J.D.; Shumway, T. (2005): *Do Behavioral Biases Affect Prices?*, Journal of Finance, Vol. 60 (1), S. 1–34

171. Kliger, D.; Tsur, I. (2011): *Prospect Theory and Risk-Seeking Behavior by Troubled Firms*, Journal of Behavioral Finance, Vol. 12 (1), S. 29–40

172. Tversky, A.; Kahneman, D. (1986): *Rational Choice and the Framing of Decisions*, Journal of Business, Vol. 59 (4), Part 2: The Behavioral Foundations of Economic Theory, S. S251–S278

173. von Neumann J.; Morgenstern, O. (1947): *Theory of Games and Economic Behavior*, 2. Aufl., Princeton University Press, Princeton

174. Kahneman, D. (2011): Thinking, Fast and Slow, Farrar, Straus and Giroux, New York

175. Shlomo Benartzi; Richard H. Thaler (2001): *Naive Diversification Strategies in Defined Contribution Saving Plans*, American Economic Review, Vol. 91(1), S. 79–98

176. Kahneman, D.; Tversky, A. (1984): *Choices, Values, and Frames*, American Psychologist, Vol. 39(4), S. 341–350

177. Tversky, A.; Kahneman, D. (1986): *Rational Choice and the Framing of Decisions*, Journal of Business, Vol. 59 (4), Part 2: The Behavioral Foundations of Economic Theory, S. S251–S278

178. Detweiler, J. B.; Bedell, B. T.; Salovey, P.; Pronin, E.; Rothman, A. J. (1999): *Message Framing and Sunscreen Use: Gain-Framed Messages Motivate Beach-Goers*, Health Psychology, Vol. 18 (2), S. 189–196

179. Kahneman, D.; Tversky, A. (1979): *Prospect Theory: An Analysis of Decision under Risk*, Econometrica, Vol. 47 (2), S. 263–291

180. Frank, R. (2008): *Richistan: A Journey Through the 21st Century Wealth Boom and the Lives of the New Rich*, Piatkus Books, London

181. Kahneman, D.; Tversky, A. (1992): *Advances in Prospect Theory: Cumulative Representation of Uncertainty*, Journal of Risk and Uncertainty, Vol. 5 (4), S. 297–323

182. Rottenstreich, Y.; Hsee, C. K. (2001): *Money, Kisses, and Electric Shocks: On the Affective Psychology of Risk*, Psychological Science, Vol. 12 (3), S. 185–190

183. Kahneman, D.; Tversky, A. (1981): *The Framing of Decisions and the Psychology of Choice*, Science, New Series, Vol. 211 (4481), S. 453–458

184. Kahneman, D.; Tversky, A. (1984): *Choices, Values, and Frames,* American Psychologist, Vol. 39 (4), S. 341–350

185. Kostakis, A. (2009): *Performance Measures and Incentives: Loading Negative Coskewness to Outperform the CAPM*, European Journal of Finance, Vol. 15 (5–6), S. 463–486

186. Vrecko, D.; Klos, A.; Langer, T. (2009): *Impact of Presentation Format and Self-Reported Risk Aversion on Revealed Skewness Preferences*, Decision Analysis, Vol. 6 (2), S. 57–74

187. Barberis, N.; Huang, M. (2008): *Stocks as Lotteries: The Implications of Probability Weighting for Security Prices*, American Economic Review, Vol. 98 (5), S. 2066–2100

188. Campbell, J. Y.; Hilscher, J.; Szilagyi, J. (2008): *In Search of Distress Risk*, Journal of Finance, Vol. 63 (6), S. 2899–2939

189. Kostakis, A. (2009): *Performance Measures and Incentives: Loading Negative Coskewness to Outperform the CAPM*, European Journal of Finance, Vol. 15 (5–6), S. 463–486

190. Harvey, C. R.; Siddique, A. (2000): *Conditional Skewness in Asset Pricing Tests*, Journal of Finance, Vol. 55 (3), S.1263–1295

191. Lee, C. M. C.; Swaminathan, B. (2000): *Price Momentum and Trading Volume*, Journal of Finance, Vol. 55 (5), S. 2017–2069

192. Shefrin, H.; Statman, M. (1985): *The Disposition to Sell Winners Too Early and Ride Losers Too Long: Theory and Evidence*, Journal of Finance, Vol. 40 (3), S. 777–792

193. Harvey, C. R.; Siddique, A. (2000): *Conditional Skewness in Asset Pricing Tests*, Journal of Finance, Vol. 55 (3), S.1263–1295

194. Shefrin, H.; Statman, M. (1985): *The Disposition to Sell Winners Too Early and Ride Losers Too Long: Theory and Evidence*, Journal of Finance, Vol. 40 (3), S. 777–792

195. Weber, M.; Zuchel, H. (2001): *How Do Prior Outcomes Affect Risky Choice? Further Evidence on the House-Money-Effect and Escalation of Commitment,* Working Paper, Universität Mannheim

196. Odean, T. (1998): *Are Investors Reluctant to Realize Their Losses?*, Journal of Finance, Vol. 53 (5), S. 1775–1798

197. Brown, P.; Chappel, N.; da Silva Rosa, R.; Walter, T. (2006): *The Reach of the Disposition Effect: Large Sample Evidence Across Investor Classes*, International Review of Finance, Vol. 6 (1–2), S. 43–78

198. Weber, M.; Zuchel, H. (2001): *How Do Prior Outcomes Affect Risky Choice? Further Evidence on the House-Money-Effect and Escalation of Commitment*, Working Paper, Universität Mannheim

199. Thaler, R. H.; Johnson E. J. (1990): *Gambling with the House Money and Trying to Break Even: the Effects of Prior Outcomes on Risky Choice*, Management Science, Vol. 36 (6), S. 643–660

200. Brown, P.; Chappel, N.; da Silva Rosa, R.; Walter, T. (2006): *The Reach of the Disposition Effect: Large Sample Evidence Across Investor Classes*, International Review of Finance, Vol. 6 (1–2), S. 43–78

201. Thaler, R. H. (1980): *Toward a Positive Theory of Consumer Choice*, Journal of Economic Behavior and Organization, Vol. 1 (1), S. 39–60.

202. Strahilevitz, M. A.; Loewenstein, G. (1998): *The Effect of Ownership History on the Valuation of Objects*, Journal of Consumer Research, Vol. 25 (3), S. 276–289

203. Kahneman, D.; Knetsch, J. L.; Thaler, R. H. (1990): *Experimental Tests of the Endowment Effect and the Coase Theorem*, Journal of Political Economy, Vol. 98 (6), S. 1325–1348

204. Knutson, B.; Wimmer, G.E.; Rick, S.; Hollon N.G.; Prelec, D.; Loewenstein, G. (2008): *Neural Antecedents of the Endowment Effect*, Neuron, Vol. 58 (5), S. 814–822

205. Heyman, J.; Orhun, Y.; Ariely, D. (2004): *Auction Fever: the Effect of Opponents and Quasi-Endowment on Product Valuations*, Journal of Interactive Marketing, Vol. 18 (4), S. 7–21

206. Heyman, J.; Orhun, Y.; Ariely, D. (2004): *Auction Fever: the Effect of Opponents and Quasi-Endowment on Product Valuations*, Journal of Interactive Marketing, Vol. 18 (4), S. 7–21

207. Wolf, J.R.; Arkes, H.R.; Muhanna, W.A. (2008): *The Power of Touch: An Examination of the Effect of Duration of Physical Contact on the Valuation of Objects*, Judgement and Decision Making, Vol. 3 (6), S. 476–482

208. Lerner, J.S.; Small, D.A.; Loewenstein, G. (2004): *Heart Strings and Purse Strings: Carryover Effects of Emotions on Economic Decisions*, Psychological Science, Vol. 15 (5), S. 337–341

209. Ariely, D. (2008): *Predictably Irrational: The Hidden Forces That Shape Our Decisions*, Harper Collins Publishers, New York

210. Samuelson, W.; Zeckhauser, R. (1988): *Status Quo Bias in Decision Making*, Journal of Risk and Uncertainty, Vol. 1 (1), S. 7–59

211. Arkes, H.; Blumer, C. (1985): *The Psychology of Sunk Cost*, Organisational Behavior and Human Decision Processes, Vol. 35 (1), S. 124–140

212. Navarro, A.D.; Fantino, E. (2009): *The Sunk-Time Effect: An Exploration*, Journal of Behavioral Decision Making, Vol. 22 (3), S. 252–270

213. Arkes, H.R.; Ayton, P. (1999): *The Sunk Cost and Concorde Effects: Are Humans Less Rational Than Lower Animals?*, Psychological Bulletin, Vol. 125 (5), S. 591–600

214. Thaler, R.H. (1999): *Mental Accounting Matters*, Journal of Behavioral Decision Making, Vol. 12 (3), S. 183–206

215. Tversky, A.; Kahneman, D. (1981): *The Framing of Decisions and the Psychology of Choice*, Science, Vol. 211 (4481), S. 453–458

216. Tversky, A.; Kahneman, D. (1981): *The Framing of Decisions and the Psychology of Choice*, Science, Vol. 211 (4481), S. 453–458

217. Shefrin, H.; Statman, M. (1985): *The Disposition to Sell Winners Too Early and Ride Losers Too Long: Theory and Evidence*, Journal of Finance, Vol. 40 (3), S. 777–792

218. Odean, T. (1998): *Are Investors Reluctant to Realize Their Losses?*, Journal of Finance, Vol. 53 (5), S. 1775–1798

219. Grinblatt, M.; Han, B. (2005): *Prospect Theory, Mental Accounting and Momentum*, Journal of Economics, Vol. 78 (2), S. 311–339

220. Linville, P.W.; Fischer, G.W. (1991): *Preferences for Separating or Combining Events*, Journal of Personality and Social Psychology, Vol. 60 (1), S. 5–23 und Thaler, R.H.; Johnson E.J. (1990): *Gambling with the House Money and Trying to Break Even: the Effects of Prior Outcomes on Risky Choice*, Management Science, Vol. 36 (6), S. 643–660

221. Thaler, R.H. (1985): *Mental Accounting and Consumer Choice*, Marketing Science, Vol. 4 (3), S. 199–214

222. Thaler, R.H. (1999): *Mental Accounting Matters*, Journal of Behavioral Decision Making, Vol. 12 (3), S. 183–206

223. Thaler, R.H. (1999): *Mental Accounting Matters*, Journal of Behavioral Decision Making, Vol. 12 (3), S. 183–206

224. Mehra, R.; Prescott, E.C. (1985): *The Equity Premium: a Puzzle*, Journal of Monetary Economics, Vol. 15 (2), S. 145–161

225. Thaler, R.H. (1999): *Mental Accounting Matters*, Journal of Behavioral Decision Making, Vol. 12 (3), S. 183–206

226. Benartzi, S.; Thaler, R.H. (1999): *Risk Aversion or Myopia? Choices in Repeated Gambles and Retirement Investments*, Management Science, Vol. 45 (3), S. 364–381

227. Thaler, R.H.; Johnson E.J. (1990): *Gambling with the House Money and Trying to Break Even: the Effects of Prior Outcomes on Risky Choice*, Management Science, Vol. 36 (6), S. 643–660

228. Brooks, C.; Clare, A.; Motson, N. (2008): *The Gross Truth About Hedge Fund Performance and Risk*: The Impact of Incentive Fees, Journal of Financial Transformation, Vol. 24, S. 33–42

229. Szarek, D. (2012): *Riesen-Skandal um Manipulation des Libor-Zinssatzes: Zins-Zocker verschieben Nulllinie des Kapitalmarkts*, Focus Online, 05.07.2012

230. Preuß, R.; Schultz, T. (2011): *Plagiatsvorwurf gegen Verteidigungsminister – Guttenberg soll bei Doktorarbeit abgeschrieben haben*, Süddeutsche Zeitung Digitale Medien, 16.02.2011

231. Schulz, V. (2000): *Nichtmaterielle Anreize als Instrument der Unternehmensführung: Gestaltungsansätze und Wirkungen*, Deutscher Universitätsverlag, Wiesbaden

232. Mazar, N.; Amir, O.; Ariely, D. (2008): *The Dishonesty of Honest People: A Theory of Self-Concept Maintenance*, Journal of Marketing Research, Vol. 45 (6), S. 633–644

233. Falk, A. (2003): *Homo Oeconomicus versus Homo Reciprocans: Ansätze für ein neues Wirtschaftspolitisches Leitbild?*, Perspektiven der Wirtschaftspolitik, Vol. 4 (1), S. 141–172

234. Rilling, J.K.; Gutman, D.A.; Zeh, T.R.; Pagnoni, G.; Berns, G.S.; Kilts, C.D. (2002): *A Neural Basis for Social Cooperation*, Neuron, Vol. 35 (2), S. 395–405

235. Greene, J. D.; Paxton, J. M. (2009): *Patterns of Neural Activity Associated with Honest and Dishonest Moral Decisions*, PNAS, Vol. 106 (30), S. 12506–12511

236. Ariely, D. (2008): *Predictably Irrational: The Hidden Forces that Shape Our Decisions*, Harper Collins Publishers, New York

237. Ariely, D. (2008): *Predictably Irrational: The Hidden Forces that Shape Our Decisions*, Harper Collins Publishers, New York

238. McCabe, D. L.; Trevino, L. K.; Butterfield K. D. (2001): *Cheating in Academic Institutions: A Decade of Research*, Ethics & Behavior, Vol. 11 (3), S. 219–232

239. Sykes, G. M.; Matza, D. (1957): *Techniques of Neutralization: A Theory of Delinquency*, American Sociological Review, Vol. 22 (6), S. 664–670

240. Greenberg, J. (1993): *Stealing in the Name of Justice: Informational and Interpersonal Moderators of Theft Reactions to Underpayment Inequity*, Organizational Behavior and Human Decision Processes, Vol. 54(1), S. 81–103 und Mastilak, C.; Matuszewski, L.; Miller, F.; Woods, A. (2011): *Designing Honesty into Your Organization*, Strategic Finance, Vol. 93 (6), S. 35–40

241. Mastilak, C.; Matuszewski, L.; Miller, F.; Woods, A. (2011): *Designing Honesty into Your Organization*, Strategic Finance, Vol. 93 (6), S. 35–40

242. Stewart, B. (2006): *The Real Reasons Enron Failed*, Journal of Applied Corporate Finance, Vol. 18 (2), S. 116–119

243. Beaman, A. L.; Klentz, B.; Diener, E.; Svanum, S. (1979): *Self-Awareness and Transgression in Children: Two Field Studies*, Journal of Personality and Social Psychology, Vol. 37 (10), S. 1835–1846.

244. Mazar, N.; Amir, O.; Ariely, D. (2008): *The Dishonesty of Honest People: A Theory of Self-Concept Maintenance*, Journal of Marketing Research, Vol. 45 (6), S. 633–644

245. Fisman, R.; Miguel, E. (2008): *Corruption, Norms, and Legal Enforcement: Evidence from Diplomatic Parking Tickets*, Journal of Political Economy, Vol. 115 (6), S. 1020–1048

246. Falk, A. (2003): *Homo Oeconomicus versus Homo Reciprocans: Ansätze für ein neues Wirtschaftspolitisches Leitbild?*, Perspektiven der Wirtschaftspolitik, Vol. 4 (1), S. 141–172

247. Kaptein, M. (2011): *Toward Effective Codes: Testing the Relationship with Unethical Behavior*, Journal of Business Ethics, Vol. 99 (2), S. 233–251

248. McCabe, D. L.; Trevino, L. K.; Butterfield K. D. (2001): *Cheating in Academic Institutions: A Decade of Research*, Ethics & Behavior, Vol. 11 (3), S. 219–232

249. Worm, B. et al (2006): *Impacts of Biodiversity Loss on Ocean Ecosystem Services*, Science, Vol. 314 (5800), S. 787–790

250. Costello, C.; Gaines, S.D.; Lynham, J. (2008): *Can Catch Shares Prevent Fisheries Collapse?*, Science, Vol. 321 (5896), S. 1678–1681

251. Harris, J.; Bromiley, P. (2007): *Incentives to Cheat: The Influence of Executive Compensation and Firm Performance on Financial Misrepresentation*, Organization Science, Vol. 18 (3), S. 350–367

252. Harris, J.; Bromiley, P. (2007): *Incentives to Cheat: The Influence of Executive Compensation and Firm Performance on Financial Misrepresentation*, Organization Science, Vol. 18 (3), S. 350–367

253. Bertsch, K.; Mann, C. (2005): *CEO Compensation and Credit Risk*, Special Comment Moody's Investors Service

254. Stern, H. J. (2008): *Ein Bonus in der Rezession? – Ja, vorausgesetzt, er ist marktorientiert! Leistungsgerechte Vergütung für Manager – egal wohin sich die globale Wirtschaft entwickelt*, CFO aktuell, Vol. 6, S. 245–247

255. Van der Stede, W. (2009): *Designing Effective Reward Systems*, Finance & Management, Vol. 170, S. 6–9

256. Frey, B.S.; Osterloh, M. (2005): *Yes, Managers Should Be Paid Like Bureaucrats*, Journal of Management Inquiry, Vol. 14 (1), S. 96–111

257. Deci, E.L. (1971): *Effects of Externally Mediated Rewards on Intrinsic Motivation*, Journal of Personality and Social Psychology, Vol. 18 (1), S. 105–115

258. Frey, B.S.; Osterloh, M. (2010): *Für eine manipulationsresistente Management-Entlöhnung – Was der Verwaltungsrat gegen die Vereinnahmung variabler Vergütungssysteme durch Manager unternehmen kann*, Neue Zürcher Zeitung, Nr. 251 vom 28.10.2012, S. 32

259. Samuelson, P. (1937): *A Note on Measurement of Utility*, Review of Economic Studies, Vol. 4 (2), S. 155–161

260. Frederick, S.; Loewenstein, G.; O'Donoghue, T. (2002): *Time Discounting and Time Preference: A Critical Review*, Journal of Economic Literature, Vol. 40 (2), S. 351–401

261. Green, L.; Myerson, J.; McFadden, E. (1997): *Rate of Temporal Discounting Decreases with Amount of Reward,* Memory & Cognition, Vol. 25 (5), S. 715–723.
Auch: Green, L.; Myerson, J. (2004): *A Discounting Framework for Choice with Delayed and Probabilistic Rewards*, Psychological Bulletin, Vol. 130 (5), S. 769–792

262. Loewenstein, G.; Thaler, R. (1989): *Anomalies: Intertemporal Choice*, Journal of Economic Perspectives, Vol. 3(1), S. 181–193.

263. Odum, A.L.; Baumann, A.L.; Rimington, D.D. (2006): *Discounting of Delayed Hypothetical Money and Food: Effects of Amount*, Behavioral Processes, Vol. 73 (3), S. 278–284

264. Arkes, H.; Joyner, C.; Pezzo, M.; Nash, J.; Siegel-Jacobs, K.; Stone, E. (1994): *The Psychology of Windfall Gains*, Organizational Behavior and Human Decision Processes, Vol. 59 (3), S. 331-354.

265. Thaler, R. (1981): *Some Empirical Evidence on Dynamic Inconsistency,* Economic Letters, Vol. 8 (3), S. 201-207

266. Thaler, R. (1981): *Some Empirical Evidence on Dynamic Inconsistency*, Economic Letters, Vol. 8 (3), S. 201-207

267. Roelofsma, P.; Keren, G. (1995): *Immediacy and Certainty in Intertemporal Choice*, Organizational Behavior and Human Decision Processes, Vol. 63 (3), S. 287-297

268. Loewenstein, G. (2000): *Emotions in Economic Theory and Economic Behavior*, American Economic Review, Vol. 90 (2), S. 426-432

269. Loewenstein, G. (1996): *Out of Control*, Organizational Behavior and Human Decision Processes, Vol. 65 (3), S. 272-292

270. Christensen-Szalanski, J. J. (1984): *Discount Functions and the Measurement of Patients' Values: Women's Decisions During Childbirth*, Medical Decision Making, Vol. 4 (1), S.47-58

271. Ariely, D.; Loewenstein, G. (2006): *The Heat of the Moment: The Effect of Sexual Arousal on Sexual Decision Making*, Journal of Behavioral Decision Making, Vol. 19 (2), S. 87-98

272. McClure, S.M.; Laibson, D.I.; Loewenstein, G.F.; Cohen J.D. (2004): *Separate Neural Systems Value Immediate and Delayed Monetary Rewards*, Science, Vol. 306 (5695), S. 503-507

273. Camerer, C.; Loewenstein, G.; Prelec, D. (2005): *Neuroeconomics: How Neuroscience Can Inform Economics*, Journal of Economic Literature, Vol. 43 (3), S. 555-579

274. Ariely, D.; Wertenbroch, K. (2002): *Procrastination, Deadlines, and Performance*, Psychological Science, Vol. 13 (3), S. 219-224

275. Thaler, R.; Benartzi, S. (2004): *Save More Tomorrow: Using Behavioral Economics to Increase Employee Saving*, Journal of Political Economy, Vol. 112 (1), S. S164-S187

276. Laibson, D. (1997): *Golden Eggs and Hyperbolic Discounting*, Quartely Journal of Economics, Vol. 112 (2), S. 443-478

277. Clark, A.E.; Diener, E.; Georgellis, Y.; Lucas, R.E. (2008): *Lags and Leads in Life Satisfaction: a Test of the Baseline Hypothesis*, Economic Journal, Vol. 118 (529), S. F222-243

278. Lucas, R.E.; Georgellis, Y.; Clark, A.E.; Diener, E. (2003): *Reexaming Adaptation and the Set Point Model of Happiness: Reactions to Changes in Marital Status*, Journal of Personality and Social Psychology, Vol. 84 (3), S. 527-539

279. Lucas, R. E. (2007): *Adaptation and the Set-Point Model of Subjective Well-Being: Does Happiness Change After Major Life Events?*, Current Directions in Psychological Science, Vol. 16 (2), S. 75–79

280. Frederick, S.; Loewenstein, G. (1999): *Hedonic Adaptation*, in: Kahneman, D.; Diener, E.; Schwartz, N. (Hrsg.): Well Being: The Foundations of Hedonic Psychology, Russell Sage Foundation, New York, S. 302–328

281. Truglia-Perez, Ricardo (2009): *On the Causes and Consequences of Hedonic Adaptation*, MPRA Paper Nr. 23080

282. Frederick, S.; Loewenstein, G. (1999): *Hedonic Adaptation*, in: Kahneman, D.; Diener, E.; Schwartz, N. (Hrsg.): Well Being: The Foundations of Hedonic Psychology, Russell Sage Foundation, New York, S. 302–328

283. Arkes, H.; Hishleifer, D.; Jiang, D.; Lim, S. (2008): *Reference Point Adaptation: Tests in the Domain of Security Trading*, Organizational Behavior and Human Decision Processes, Vol. 105 (1), S. 67–81

284. Brown, P.; Chappel, N.; da Silva Rosa, R.; Walter, T. (2006): *The Reach of the Disposition Effect: Large Sample Evidence Across Investor Classes*, International Review of Finance, Vol. 6 (1–2), S. 43–78

285. Brickman, P.; Campbell, D. T. (1971): *Hedonic Relativism and Planning the Good Society*, in: Appley, M. H. (Hrsg.): *Adaptation Level Theory: A Symposium*, Academic Press, New York, S. 287–302

286. Butler, C. (2010): *Want To Be Happy? More Money Won't Tip the Balance*, Washington Post, 21.09.2010

287. Diener, E.; Lucas, R. E.; Scollon, C. N. (2006): Beyond *the Hedonic Treadmill: Revising the Adaptation Theory of Well-Being*, American Psychological Association, Vol. 61 (4), S. 305–314

288. Weiss, A.; Bates, T. C.; Luciano, M. (2008): *Happiness Is a Personal(ity) Thing*, Psychological Science, Vol. 19 (3), S. 205–210

289. Fujita, F.; Diener, E. (2005): *Life Satisfaction Set Point: Stability and Change*, Journal of Personality and Social Psychology, Vol. 88 (1), S. 158–164

290. Kahnehman, D.; Deaton, A. (2010): *High Income Improves Evaluation of Life But Not Emotional Well-Being*, Proceedings of the National Academy of Sciences, Vol. 107 (38), S. 16489–16493

291. Di Tella, R.; Haisken-De New, J.; MacCulloch, R. (2010): *Happiness Adaptation to Income and to Status in an Individual Panel*, Journal of Economic Behavior & Organization, Vol. 76 (3), S. 834–852

292. Di Tella, R.; Haisken-De New, J.; MacCulloch, R. (2010): *Happiness Adaptation to Income and to Status in an Individual Panel*, Journal of Economic Behavior & Organization, Vol. 76 (3), S. 834–852

293. Kahnehman, D.; Deaton, A. (2010): *High Income Improves Evaluation of Life But Not Emotional Well-Being*, Proceedings of the National Academy of Sciences, Vol. 107 (38), S. 16489–16493

294. Butler, C. (2010): *Want To Be Happy? More Money Won't Tip the Balance*, Washington Post, 21.09.2010

295. Kahnehman, D.; Deaton, A. (2010): *High Income Improves Evaluation of Life But Not Emotional Well-Being*, Proceedings of the National Academy of Sciences, Vol. 107 (38), S. 16489–16493

296. Di Tella, R.; Haisken-De New, J.; MacCulloch, R. (2010): *Happiness Adaptation to Income and to Status in an Individual Panel*, Journal of Economic Behavior & Organization, Vol. 76 (3), S. 834–852

297. Graham, C.; Chattopadhyay, S.; Picon, M. (2010): *Adapting to Adversity: Happiness and the 2009 Economic Crisis in the United States*, Social Research Vol. 77 (2), S. 715–748

298. Graham, C.; Chattopadhyay, S.; Picon, M. (2010): *Adapting to Adversity: Happiness and the 2009 Economic Crisis in the United States*, Social Research Vol. 77 (2), S. 715–748

299. Frederick, S.; Loewenstein, G. (1999): *Hedonic Adaptation*, in: Kahneman, D.; Diener, E.; Schwartz, N. (Hrsg.): Well Being: The Foundations of Hedonic Psychology, Russell Sage Foundation, New York, S. 302–328

300. Smith, D.M.; Loewenstein, G.; Jankovich, A.; Ubel, P.A. (2009): *Happily Hopeless: Adaptation to a Permanent, But Not to a Temporary Disability*, Health Psychology, Vol. 28 (6), S. 787–791

301. Kurtz, J. L.; Wilson, T.D.; Gilbert, D.T. (2007): *Quantity Versus Uncertainty: When Winning One Prize Is Better Than Winning Two*, Journal of Experimental Social Psychology, Vol. 43 (6), S. 979–985

302. Hsee, C.K.; Xu, F.; Tang, N. (2008): *Two Recommendations on the Pursuit of Happiness*, Journal of Legal Studies, Vol. 37 (S2), S. 115–132

303. Frey, B.S.; Stutzer, A. (2012): *Economic Consequences of Mispredicting Utility*, Mimeo, Universität Basel

304. Kahneman, D.; Krueger, A.B.; Schkade, D.A.; Schwarz, N.; Stone, A.A. (2004): *A Survey Method for Characterizing Daily Life Experience: The Day Reconstruction Method*, Science, Vol. 306 (5702), S. 1776–1780

305. Hamilton, N.A.; Gallagher, M.W.; Preacher, K.J.; Stevens, N.; Nelson, C.A., Karlson, C.; McCurdy, D. (2007): *Insomnia and Well-Being*, Journal of Consulting and Clinical Psychology, Vol. 75 (6), S. 939–946

306. Blanchflower, D.G.; Oswald, A.J. (2004): *Money, Sex and Happiness: An Empirical Study*, Scandinavian Journal of Economics, Vol. 106 (3), S. 393–415

307. Seligman, E.P.; Diener, E. (2002): *Very Happy People*, Psychological Science, Vol. 13 (1), S. 81–84

308. Headey, B.; Wagner, G.G.; Muffels, R. (2011): *Choices Which Change Life Satisfaction: Similar Results for Australia, Britain and Germany*, SOEP Paper Nr. 302, DIW Berlin

309. Howell, R.T.; Pchelin, P.; Iyer, R. (2012): *The Preference for Experiences over Possessions: Measurement and Construct Validation of the Experiential Buying Tendency Scale*, Journal of Positive Psychology, Vol. 7 (1), S. 57–71

310. Diener, E.; Seligman, M.E.P. (2004): *Beyond Money: Toward an Economy of Well-Being*, Psychological Science in the Public Interest, Vol. 5 (1), S. 1–31

311. Harter, J.K.; Arora, R. (2010): The *Impact of Time Spent Working and Job Fit on Well-Being Around the World*, in: Diener, E.; Helliwell, J.F.; Kahneman, D. (Hrsg): International Differences in Well-Being, Oxford University Press, New York, S.398–435

312. Clark, A.E.; Diener, E.; Georgellis, Y.; Lucas, R.E. (2008): *Lags and Leads in Life Satisfaction: a Test of the Baseline Hypothesis*, Economic Journal, Vol. 118 (529), S. F222–F243

313. Clark, A.E. (2010): *Work, Jobs, and Well-Being across the Millennium*, in: Diener, E.; Helliwell, J.F.; Kahneman, D. (Hrsg): International Differences in Well-Being, Oxford University Press, New York, S. 436–468

314. Nelson, L.D.; Meyvis, T. (2008): *Interrupted Consumption: Disrupting Adaptation to Hedonic Experiences*, Journal of Marketing Research, Vol. 45 (6), S. 654–664

315. Ariely, D. (2010): *The Upside of Irrationality: The Unexpected Benefits of Defying Logic at Work and at Home*, Harper Collins Publishers, New York

316. Hsee, C.K.; Xu, F.; Tang, N. (2008): Two *Recommendations on the Pursuit of Happiness*, Journal of Legal Studies, Vol. 37 (S2), S. 115–132

317. Easterlin, R.A. (1974): *Does Economic Growth Improve the Human Lot? Some Empirical Evidence*, in: David, P.A.; Meder, M.W. (Hrsg.): Nations and Households in Economic Growth: Essays in Honor of Moses Abramovitz, Academic Press, New York, S. 89–125

318. Luttmer, E.F. (2005): *Neighbors as Negatives: Relative Earnings and Well-Being*, Quarterly Journal of Economics, Vol. 120 (3), S. 963–1002

319. Benjamin, D.J.; Heffetz, O.; Kimball, M.S.; Rees-Jones, A. (2011): *What Do You Think Would Make You Happier? What Do You Think You Would Choose?*, American Economic Review, Forthcoming

320. Oishi, S.; Diener, E.; Lucas, R.E. (2007): *The Optimum Level of Well-Being: Can People Be Too Happy?*, Perspectives on Psychological Sciences, Vol. 2 (4), S. 346–360

321. Helliwell, J.F. (2003): *How's Life? Combining Individual and National Variables to Explain Subjective Well-Being*, Economic Modelling, Vol. 20 (2), S. 331–360

322. Oishi, S.; Diener, E.; Lucas, R.E. (2007): *The Optimum Level of Well-Being: Can People Be Too Happy?*, Perspectives on Psychological Sciences, Vol. 2 (4), S. 346–360

323. Clifton, J.; Morales, L. (2011): *Egyptians', Tunisians' Wellbeing Plummets Despite GDP Gains*, 02. Februar 2011, [http://www.gallup.com/poll/145883/Egyptians-Tunisians-Wellbeing-Plummets-Despite-GDP-Gains.aspx]

324. Ray, J. (2012): *Nearly One in Four Worldwide Thriving*, 10. April 2012, [http://www.gallup.com/poll/153818/Nearly-One-Four-Worldwide-Thriving.aspx]

325. Graham, C.; Chattopadhyay, S.; Picon, M. (2010): *The Easterlin and Other Paradoxes: Why Both Sides of the Debate May Be Correct*, in: Diener, E.; Helliwell, J.F.; Kahneman, D. (Hrsg): International Differences in Well-Being, Oxford University Press, New York, S. 247–288

326. Stiglitz, J.E.; Sen, A.; Fitoussi, J.-P. (2009): *Report by the Commission on the Measurement of Economic Performance and Social Progress*, 14. September 2009, [http://stiglitz-sen-fitoussi.fr/documents/rapport_anglais.pdf]

327. Fischer, L.; Fischer, O. (2011): *Die Einkommensteuer-Progression: Tatsächlich illegitim?*, Wirtschaftspsychologie (Ökonomisch-psychologische Überlegungen zum Steuerverhalten), Vol. 1/2011, S. 13–28

328. Überblick: Diener, E.; Seligman, M.E.P. (2004): *Beyond Money: Toward an Economy of Well-Being*, Psychological Science in the Public Interest, Vol. 5 (1), S. 1–31
Arbeitslosigkeit, Inflation: Di Tella, R.; MacCulloch, R.J.; Oswald, A.J. (2001): *Preferences over Inflation and Unemployment: Evidence from Surveys of Happiness*, American Economic Review, Vol. 91 (1), S. 335–341
Rechtsprechung, Sicherheit, Gesundheit: Helliwell, J.F. (2003): *How's Life? Combining Individual and National Variables to Explain Subjective Well-Being*, Economic Modelling, Vol. 20 (2), S. 331–360
Schulbildung: Blanchflower, D.G.; Oswald. A.J. (2011): *International Happiness,* NBER Working Paper, Nr. 16668

329. Kundera, M. (1991): *Immortality*, Grove Press, New York

330. Fredrickson, B.L.; Kahneman, D. (1993): *Duration Neglect in Retrospective Evaluations of Affective Episodes*, Journal of Personality and Social Psychology, Vol. 65 (1), S. 45–55

331. Redelmeier, D. A.; Kahneman D. (1996): *Patients' Memories of Painful Medical Treatments: Real-Time and Retrospective Evaluations of Two Minimally Invasive Procedures*, Pain, Vol. 66 (1), S. 3–8

332. Kahneman D.; Fredrickson B. L.; Schreiber C. A.; Redelmeier D. A. (1993): *When More Pain Is Preferred to Less: Adding a Better End*, Psychological Science, Vol. 4 (6), S. 401–405

333. Fredrickson, B. L.; Kahneman, D. (1993): *Duration Neglect in Retrospective Evaluations of Affective Episodes*, Journal of Personality and Social Psychology, Vol. 65 (1), S. 45–55

334. Ariely, D.; Carmon, Z. (2003): *Summary Assessment of Experiences: The Whole Is Different From the Sum of Its Parts*, in: Loewenstein, G.; Read, D.; Baumeister, R. (Hrsg.): Time and Decision: Economic and Psychological Perspectives on Intertemporal Choice, Russell Sage Foundation, New York, S. 323–349

335. Stephan E.; Kiell, G. (2000): *Decision Processes in Professional Investors: Does Expertise Moderate Judgmental Biases*, in: Hölzl, E. (Hrsg.): Fairness and Cooperation, Proceedings of the IAREP/SABE 2000 Conference, WUV Universitätsverlag, Wien, S. 416–420

336. Stephan E.; Kiell, G. (2000): *Decision Processes in Professional Investors: Does Expertise Moderate Judgmental Biases*, in: Hölzl, E. (Hrsg.): Fairness and Cooperation, Proceedings of the IAREP/SABE 2000 Conference, WUV Universitätsverlag, Wien, S. 416–420

337. Jones, O. D. (2001): *The Evolution of Irrationality*, Jurimetrics, Vol. 41 (3), S. 289–318

338. Friedman, D. (2005): *Economics and Evolutionary Psychology*, Advances in Austrian Economics, Vol. 7, S. 17–33

339. Darwin, C. (1859): *On the Origin of Species by Means of Natural Selection, or the Preservation of Favoured Races in the Struggle for Life*, Murray, London

340. Jones, O. D.; Brosnan, S. F. (2008): *Law, Biology and Property: A New Theory of the Endowment Effect*, William & Mary Law Review, Vol. 49 (6), S. 1935–1990

341. Jones, O. D. (2001): *The Evolution of Irrationality*, Jurimetrics, Vol. 41 (3), S. 289–318

342. Friedman, D. (2005): *Economics and Evolutionary Psychology*, Advances in Austrian Economics, Vol. 7, S. 17–33

343. McDermott, R.; Fowler, J. H.; Smirnov, O. (2008): *On the Evolutionary Origin of Prospect Theory Preferences*, Journal of Politics, Vol. 70 (2), S. 335–350

344. Cassill, D.; Watkins, A. (2004): Mogul *Games: In Defense of Inequality as an Evolutionary Strategy to Cope with Multiple Agents of Selection*, Advances in Austrian Economies, Vol. 7, S. 35–59

345. Hammerstein, P.; Hagen, E.H. (2005): *The Second Wave of Evolutionary Economics in Biology*, Trends in Ecology and Evolution, Vol. 20 (11), S. 604–609

346. Cassill, D.; Watkins, A. (2004): *Mogul Games: In Defense of Inequality as an Evolutionary Strategy to Cope with Multiple Agents of Selection*, Advances in Austrian Economies, Vol. 7, S. 35–59

347. Rose, H.; Rose, S.; Jencks, C. (Hrsg.) (2000): *Alas Poor Darwin: Arguments Against Evolutionary Psychology*, Harmony Books, Nevada City

348. Bauer, J. (2008): *Das kooperative Gen – Abschied vom Darwinismus*, Hoffman und Campe Verlag, Hamburg

349. McClintock, B. (1983): *The Significance of Responses of the Genome to Challenge*, Science, Vol. 226 (4676), S. 792–801

350. Bauer, J. (2008): *Das kooperative Gen – Abschied vom Darwinismus*, Hoffman und Campe Verlag, Hamburg

351. Bauer, J. (2008): *Das kooperative Gen – Abschied vom Darwinismus*, Hoffman und Campe Verlag, Hamburg

352. Seymour, B.; Daw, N.; Dayan, P.; Singer, T.; Dolan, R. (2007): *Differential Encoding of Losses and Gains in the Human Striatum*, Journal of Neuroscience, Vol. 27 (18), S. 4826–31

353. Seymour, B.; Daw, N.; Dayan, P.; Singer, T.; Dolan, R. (2007): *Differential Encoding of Losses and Gains in the Human Striatum*, Journal of Neuroscience, Vol. 27 (18), S. 4826–31

354. Seymour, B.; Daw, N.; Dayan, P.; Singer, T.; Dolan, R. (2007): *Differential Encoding of Losses and Gains in the Human Striatum*, Journal of Neuroscience, Vol. 27 (18), S. 4826–31

355. Kuhnen, C.M.; Knutson, B. (2005): *The Neural Basis of Financial Risk Taking*, Neuron, Vol. 47, S. 763–770

356. Kuhnen, C.M.; Knutson, B. (2005): The *Neural Basis of Financial Risk Taking*, Neuron, Vol. 47, S. 763–770

357. Knutson, B.; Wimmer, G.E.; Kuhnen, C.M.; Winkielman, P. (2008): *Nucleus Accumbens Activation Mediates the Influence of Reward Cues on Financial Risk Taking*, Neuroreport, Vol. 19 (5), S. 509–513

358. Knutson, B.; Samanez-Larkin, G.R. (2012): *Brain, Decision and Debt*, in: Brubaker, R.; Lawless, R.M.; Tabb, C.J. (Hrsg.): A Debtor World: Interdisciplinary Perspectives on Debt, Oxford University Press, New York, S. 167–180

359. Peterson, R.L. (2005): *The Neuroscience of Investing: FMRI of the Reward System*, Brain Research Bulletin, Vol. 67 (5), S. 391–397

360. Knutson, B.; Rick, S.; Wimmer, G. E.; Prelec, D.; Loewenstein, G. (2007): *Neural Predictors of Purchases*, Neuron, Vol. 53, S. 147–156

361. Knutson, B.; Rick, S.; Wimmer, G. E.; Prelec, D.; Loewenstein, G. (2007): *Neural Predictors of Purchases*, Neuron, Vol. 53, S. 147–156

362. Knutson, B.; Rick, S.; Wimmer, G. E.; Prelec, D.; Loewenstein, G. (2007): *Neural Predictors of Purchases*, Neuron, Vol. 53, S. 147–156

363. Knutson, B.; Wimmer, G. E.; Kuhnen, C. M.; Winkielman, P. (2008): *Nucleus Accumbens Activation Mediates the Influence of Reward Cues on Financial Risk Taking*, Neuroreport, Vol. 19 (5), S. 509–513

364. Hein, G.; Silani, G.; Preuschoff, K.; Batson, C. D.; Singer, T. (2010): *Neural Responses to Ingroup and Outgroup Members' Suffering Predict Individual Differences in Costly Helping*, Neuron, Vol. 68, S 149–160

365. Hein, G.; Silani, G.; Preuschoff, K.; Batson, C. D.; Singer, T. (2010): *Neural Responses to Ingroup and Outgroup Members' Suffering Predict Individual Differences in Costly Helping*, Neuron, Vol. 68, S 149–160

366. Hein, G.; Silani, G.; Preuschoff, K.; Batson, C. D.; Singer, T. (2010): *Neural Responses to Ingroup and Outgroup Members' Suffering Predict Individual Differences in Costly Helping*, Neuron, Vol. 68, S 149–160

367. Singer, T.; Seymour, B.; O'Doherty, J. P.; Stephan, K. E.; Dolan, R. J.; Frith, C. D. (2006): *Empathic Neural Responses Are Modulated by the Perceived Fairness of Others*, Nature, Vol. 439, S. 466–469

368. Rilling, J. K.; Gutman, D. A.; Zeh, T. R.; Pagnoni, G.; Berns, G. S.; Kilts, C. D. (2002): *A Neural Basis for Social Cooperation*, Neuron, Vol. 35, S. 395–405

369. Corradi-Dell'Acqua, C.; Civai, C.; Rumiati, R. I.; Fink, G. R. (2012): *Disentangling Self- and Fairness-Related Neural Mechanisms Involved in the Ultimatum Game: an fMRI Study*, Social Cognitive and Affective Neuroscience, published online

370. Greene, J. D.; Nystrom, L. E.; Engeli, A. D.; Darley, J. M.; Cohen, J. D. (2004): *The Neural Bases of Cognitive Conflict and Control in Moral Judgement*, Neuron, Vol. 44, S. 389–400

371. Sanfey, A. G.; Rilling, J. K.; Aronson, J. A.; Nystrom, L. E.; Cohen, J. D. (2003): *The Neural Basis of Economic Decision-Making in the Ultimatum Game*, Science, Vol. 300 (5626), S. 1755–1758

372. Greene, J. D.; Nystrom, L. E.; Engeli, A. D.; Darley, J. M.; Cohen, J. D. (2004): *The Neural Bases of Cognitive Conflict and Control in Moral Judgement*, Neuron, Vol. 44, S. 389–400

373. Greene, J.D.; Nystrom, L.E.; Engeli, A.D.; Darley, J.M.; Cohen, J.D. (2004): *The Neural Bases of Cognitive Conflict and Control in Moral Judgement*, Neuron, Vol. 44, S. 389–400

374. Knauff, M.; Fangmeier, T.; Raabe, M.; Greenlee, M.W. (2009): *A Functional Brain Imaging Study on the Neural Correlates of Altruism in Social Decision-Making*, in: Taatgen, N.A.; van Rijn, H. (Hrsg.): Proceedings of the 31st Annual Meeting of the Cognitive Science Society, Cognitive Science Society, Austin/Texas, S. 538–543

375. Koenigs, M.; Tranel, D. (2007): *Irrational Economic Decision-Making after Ventromedial Prefrontal Damage: Evidence from the Ultimatum Game*, Journal of Neuroscience, Vol. 27 (4), S. 951–956

376. Koenigs, M.; Tranel, D. (2007): *Irrational Economic Decision-Making after Ventromedial Prefrontal Damage: Evidence from the Ultimatum Game*, Journal of Neuroscience, Vol. 27 (4), S. 951–956

377. Bechara, A.; Damasio, H.; Damasio, A.R. (2000): *Emotion, Decision Making and the Orbifrontal Cortex*, Cerebral Cortex, Vol. 10 (3), S. 295–307

378. Bechara, A.; Tranel, D.; Damasio, H.; Damasio, A.R. (1996): *Failure to Respond Autonomically to Anticipated Future Outcomes Following Damage to Prefrontal Cortex*, Cerebral Cortex, Vol. 6 (2), S. 215–225

379. Lamm, C.; Singer, T. (2010): *The Role of Anterior Insular Cortex in Social Emotions*, Brain Structure and Function, Vol. 214 (5–6), S. 579–591

380. Jegadeesh, N.; Titman, S. (1993): *Returns to Buying Winners and Selling Losers: Implications for Stock Market Efficiency*, Journal of Finance, Vol. 48 (1), S. 65–91

381. Frazzini, A. (2006): *The Disposition Effect and Underreaction to News*, Journal of Finance, Vol. 61 (4), S. 2017–2046

382. Der Spiegel (1965): *Sieg der Mikrosekunde – Rationalisierung/Elektronenroboter*, Nr. 22 vom 26.05.1965, S. 52–66

383. Max Planck (1948): *Wissenschaftliche Selbstbiografie,* Johann Ambrosius Barth Verlag, Leipzig, S. 22

384. Cognitrend GmbH, Sentiment-Erhebung in Zusammenarbeit mit der Börse Frankfurt vom 7.11.2012

385. Markowitz, H. (1952): *Portfolio Selection*, Journal of Finance, Vol. 7 (1), S. 77–91

386. Malkiel, B.G. (2011): *A Random Walk Down Wall Street: The Time-Tested Strategy for Successful Investing,* 10. vollständig überarbeitete Auflage, W.W. Norton & Co., New York

387. Ernst, E.; Gassen, J.; Pellens, B. (2009): *Verhalten und Präferenzen deutscher Aktionäre – eine Befragung von privaten und institutionellen Anlegern zum Informationsverhalten, zur Dividendenpräferenz und zur Wahrnehmung von Stimmrechten*, Studien des Deutschen Aktieninstituts, Heft 42

388. Shefrin, H.; Statman, M. (2000): *Behavioral Portfolio Theory*, Journal of Financial and Quantitative Analysis, Vol. 35 (2), S. 127–151

389. z. B. Elton, E. J.; Gruber, M. J.; Brown, S. J.; Goetzmann, W. N. (2009): *Modern Portfolio Theory and Investment Analysis*, 8. Auflage, John Wiley & Sons, New York

390. z. B. Dijksterhuis, A.; Nordgren, L. F. (2006): *A Theory of Unconscious Thought, Perspectives on Psychological Science*, Vol. 1 (2), S. 95–109

391. Lassiter, G. D.; Lindberg, M. J.; Gonzáles-Vallejo, C.; Bellezza, F. S.; Phillips, N. D. (2009): *The Deliberation-Without-Attention-Effect: Evidence for an Artifactual Interpretation*, Psychological Science, Vol. 20 (6), S. 671–675

392. Waroquier, L.; Marchiori, D.; Klein, O.; Cleeremans, A. (2010): *Is It Better to Think Unsconsciously or to Trust Your First Impression? A Reassessment of Unconscious Thought Theory*, Social Psychological and Personality Science, Vol. 1 (2), S. 111–118

393. Wilson, T.; Schooler, J. (1991): *Thinking Too Much: Introspection Can Reduce the Quality of Preferences and Decisions*, Journal of Personality and Social Psychology, Vol. 60 (20), S. 181–192

394. Wilson, T. D.; Lisle, D. J.; Schooler, J. W.; Hodges, S. D.; Klaaren, K. J.; LaFleur, S. J. (1993): *Introspecting About Reasons Can Reduce Post-Choice Satisfaction*, Personality and Social Psychology Bulletin, Vol. 19 (3), S. 331–339

395. Thaler, R.; Sunstein, C. (2008): *Nudge: Improving Decisions about Health, Wealth and Happiness*, Yale University Press, New Haven/Connecticut

396. Schnellenbach, J. (2011): *Wohlwollendes Anschubsen: Was ist mit liberalem Paternalismus zu erreichen und was sind seine Nebenwirkungen?*, Perspektiven der Wirtschaftspolitik, Vol. 12 (4), S. 445–459

397. Watzke, D.; Stander, V. (2010): *Einstellung, Wissen und Verhalten der Allgemeinbevölkerung zur Organ- und Gewebespende*, Bundeszentrale für gesundheitliche Aufklärung, Köln

398. Cabinet Office Behavioural Insights Team (2012): *Applying Behavioural Insights to Reduce Fraud, Error and Debt*, London

399. Cabinet Office Behavioural Insights Team (2012): *Applying Behavioural Insights to Reduce Fraud, Error and Debt*, London

Stichwortverzeichnis